DIREITO E VERDADE

DIREITO E VERDADE

Fábio Ulhoa Coelho

wmf **martinsfontes**

© 2024, Editora WMF Martins Fontes Ltda., São Paulo, para a presente edição.

Todos os direitos reservados. Este livro não pode ser reproduzido, no todo ou em parte, armazenado em sistemas eletrônicos recuperáveis nem transmitido por nenhuma forma ou meio eletrônico, mecânico ou outros, sem a prévia autorização por escrito do editor.

1ª edição 2024

Acompanhamento editorial
Márcia Leme
Preparação de texto
Márcia Leme
Revisões
Alessandra Miranda de Sá
Enrico Miranda
Edição de arte
Gisleine Scandiuzzi
Produção gráfica
Geraldo Alves
Paginação
Renato Carbone
Capa
Vitor Carvalho

Dados Internacionais de Catalogação na Publicação (CIP)
(Câmara Brasileira do Livro, SP, Brasil)

Coelho, Fábio Ulhoa
  Direito e verdade / Fábio Ulhoa Coelho. – São Paulo : Editora WMF Martins Fontes, 2024.

  Bibliografia.
  ISBN 978-85-469-0690-1

  1. Argumentação 2. Dialética 3. Direito – Filosofia 4. Persuasão (Retórica) 5. Veracidade e falsidade I. Título.

24-228423   CDU-34

Índice para catálogo sistemático:
1. Direito   34

Cibele Maria Dias – Bibliotecária – CRB-8/9427

Todos os direitos desta edição reservados à
Editora WMF Martins Fontes Ltda.
Rua Prof. Laerte Ramos de Carvalho, 133 01325-030 São Paulo SP Brasil
Tel. (11) 3293-8150 e-mail: info@wmfmartinsfontes.com.br
http://www.wmfmartinsfontes.com.br

Sumário

Prefácio   xiii
   O inacreditável caso do professor e do aluno de retórica   xiv
   "Vossa Excelência me concede um aparte?"   xvi
   Uma explicação sobre a palavra "retórica"   xvii
   A retórica na cosmovisão europeia   xviii
   Conflitos e retórica   xxi
   Causalidade   xxiii
   O que sabemos   xxviii
   A relativização da ciência no século XX   xxxi
   Algumas características do conhecimento científico   xxxiv
   Tarefas epistemológicas   xxxvii
   Estrutura do livro   xxxviii
   Mais um *teaser*   xlii

PARTE UM – CONHECIMENTO   1

1. Ciência   3
   Os positivistas entusiasmados com o poder da ciência   5
   Saberes   6
   O que é ciência?   8
   Não falseabilidade e não corroboração   12

Os positivismos   14
As pseudociências   15
Conhecimentos formais: a matemática e a lógica   17
Os saberes tecnológicos   22
"Ciências humanas" *versus* humanidades   25

2. Projeto   27
Idade Moderna e modernidade   28
O grande projeto da modernidade   33
O positivismo comtiano   35
O dedutivismo concreto milliano   36
O positivismo durkheimiano e a concepção fisicalista   38
O historicismo dialético marxista   40
Engajamentos no século XX   41
Cibernética, estruturalismo e teoria dos sistemas   42
O desencantamento do grande projeto da modernidade   45
Resquiciais do grande projeto   48

3. Humanidades   53
Mimetização das ciências   54
A unidade metodológica das ciências e das humanidades   56
"Ciência social" e ideologia liberal   58
A demarcação das humanidades   61
A demarcação pela compreensão   62
Crise da demarcação pela compreensão   65
Uniformização metodológica   68
Uma explicação sobre a palavra "sistema"   69
Sistemas abertos e recursividade   73
A teoria dos sistemas complexos   76
Os conflitos no fluir histórico-biológico   79
O conhecimento físico-biológico-etológico   81
Demarcação das humanidades pela verossimilhança   82

4. Dialética 85
   A arte de persuadir   88
   Os diálogos na ágora   90
   A sedução dos argumentos   95
   Filósofos *versus* sofistas   97
   Equiparação entre lógica e retórica   100
   Retórica volta a ser confundida com sofística   103
   O apagamento da retórica   104
   A dialética erística de Schopenhauer   111
   Os muitos sentidos de "dialética"   113

PARTE DOIS – DIREITO   115

5. Doutrina   117
   As duas duas filosofias do direito   119
   Teoria Pura do Direito   122
   A ciência para um mundo em transformação   124
   A doutrina como ciência empírica   126
   Cientificidade por empréstimo   128
   Antipositivismo de apelo moral   132
   A ciência formal do direito: lógica jurídica   134
   Impossibilidade de uma doutrina formalizada   137
   Fracasso da epistemologia normativa   140

6. Argumentação   143
   O giro epistemológico   144
   Teoria normativa da argumentação   146
   A tópica e a doutrina jurídica   148
   A nova retórica   149
   Doutrina como tecnologia   152
   Persuasão e convencimento   154
   Doutrina e lógica   158

Lógica paraconsistente?   161
A ocultação da retórica   164
Contenção, desinteresse e recuos   165
A Grande Astúcia do Direito   167

7. **Comunidade**   171
Norma jurídica como linguagem-objeto   172
Norma jurídica e proposição jurídica   174
Onde estão as normas jurídicas?   176
Sistema social de tratamento dos conflitos endógenos   178
Normas jurídicas como resultado da interpretação   181
Os concursos de tragédia nas Grandes Dionisíacas   182
As tragédias de "Antígona"   184
Apegados e desapegados   189
Para melhorar o direito brasileiro   191

PARTE TRÊS – VERDADE   193

8. **Incertezas**   195
As certezas científicas e as incertezas das humanidades   197
As incertezas da replicabilidade   198
As incertezas dos experimentos mentais   202
As incertezas do método científico   205
As incertezas do progresso científico   207
De funeral em funeral   209
As incertezas que conhecemos   211
O tempo e as incertezas   212
A força da ciência   216

9. **Desempenho**   217
Genealogia do fenômeno   218
A "coisa em si"   222

Estaríamos todos alucinados?　224
　　Conhecemos a "coisa em si" no tanto que precisamos conhecer　226
　　As estonteantes ou divertidas reflexividades　229
　　O desempenho como categoria epistemológica　233
　　Desempenho e práxis　235
　　Desempenho para o bem e para o mal　236
　　Ideologia　241
　　Humanidades e valores　243
　　Ciência e valores　245
　　Ordenações do entorno e desempenho　249

10. Verossimilhança　253
　　Bobagens e mais bobagens　254
　　A dupla interpretação　260
　　Humanidades como o saber das opiniões verossímeis　261
　　A verossimilhança da demarcação pela verossimilhança　264
　　Uma redemarcação　266
　　Comunidades acadêmicas　268
　　Linguagem persuasiva e retórica　271
　　Ciências lógicas e humanidades retóricas　272
　　Humanidades replicáveis e ciências persuasivas　274
　　"Voi che 'ntendendo il terzo ciel movete"　276
　　A sustentação do céu　278
　　Orgulho das humanidades retóricas　279

PARTE QUATRO – PÓS-VERDADE　281

11. Narradores　283
　　Produtores e reprodutores de narrativas no mercado de engajamento　284

A exortação da nova sofística   287
A igualação subentendida   287
Destruindo as tribunas de legitimação   288
Limites e limitações   290
As limitações de Einstein   292
Meu Deus! Olha o que os alemães estão aprontando!   295
A falácia da hierarquização dos saberes   297
Limitações e informações complexas   298
O humano sem limitações do liberalismo   301
Nova sofística e repertório limitado   302
Pontos de vista ou insuficiência de repertório?   304
Busca do consenso ou da controvérsia?   306

12. Narrativas   309
A indiferença com a verdade e a verossimilhança   313
A pós-verdade seria culpa dos pós-modernos?   314
Os mercadores da dúvida   316
Uma epidemia de irracionalidade?   320
Causa e condições da nova sofística   322
O modelo de negócios "caça-cliques"   323
O algoritmo da nova sofística   327
O campo de batalha: a epistemologia   330
Moderação   332
Tecnologia persuasiva?   334
Configuração do algoritmo e valores democráticos   335
A conclusão do aparte   336

Bibliografia   339

Para
Tércio Sampaio Ferraz Júnior

Prefácio

> *A gente precisa uma hora ampliar as leituras de mundos para minimamente ser justo com aquilo ou aquele que a gente pesquisa.*
>
> Jaider Esbell

O autor não é o senhor absoluto da escrita. E isso não é um chiste.

Este livro só existe porque o texto começou a desobedecer às minhas intenções originais a respeito dele. É uma reflexão sobre a teoria do conhecimento destinada inicialmente a fazer parte do meu livro anterior, *Conflito: a origem do direito*.

O plano de trabalho de *Conflito* previa quatro núcleos temáticos. O primeiro núcleo, de teoria jurídica, para definir o objeto cuja origem era pesquisada. O segundo, de teoria da evolução, porque a origem do direito não está, segundo conjecturo, em uma ascendência da natureza à cultura. O terceiro núcleo temático abordava as antropologias, em uma tentativa de investigar os modos como os coletivos lidam com os conflitos.

Conflito foi publicado com esses três núcleos, mas eu havia planejado, como disse, mais um, dedicado à teoria do conhecimento. Ele é necessário à reflexão sobre a origem do direito porque, ao afastar a descontinuidade que separa a natureza da cultura, é inevitável que surjam questões epistemológicas como "a pesquisa da origem do direito é um problema teórico da biologia ou da antropologia?".

A certa altura da escrita de *Conflito* deixei de lado o núcleo da teoria do conhecimento. Uma das razões foi o tamanho do texto, que estava ficando desproporcional em relação aos dos demais núcleos temáticos. Mas o principal motivo foi outro. No contínuo digitar e deletar de que surgem todos os livros, foi ficando cada vez mais evidente a impossibilidade de se tratar hoje da verdade, uma das questões epistemológicas inevitáveis, sem transitar pelas narrativas de pós-verdade que nos cercam por todos os lados.

Contudo, se tratasse dessas narrativas, *Conflito* se afastaria de seu propósito original, perderia o foco. A pós-verdade é um conflito exacerbado e tem por isso uma indiscutível dimensão jurídica. Mas, sendo uma forma de conflito muito recente, típica do século XXI, não ajuda a compreender a origem do direito. Foi assim que nasceu o *Direito e verdade*.

Quando contei essa história para Inaê Siqueira de Oliveira, ela ponderou que o texto do quarto núcleo temático havia exigido um livro só para ele.

O inacreditável caso do professor e do aluno de retórica

Sexto Empírico foi um médico grego que deve ter vivido entre os séculos II e III. Ele é classificado, na história da filosofia, como um filósofo cético. Escreveu, como outros céticos de seu tempo, uma série de textos "contrários": *Contra os lógicos*, *Contra os professores*, *Contra os físicos*, *Contra os geômetras* etc. Em seu *Contra os retóricos*, ele conta que o professor de retórica Córax foi procurado por um jovem interessado em aprender a arte e eles chegaram a um acordo – o aluno só precisaria pagar pelo treinamento se fosse vitorioso no primeiro processo judicial em que atuasse. Tão logo terminado o aprendizado e antes que o jovem retórico pudesse ter tido a chance de ser contratado como defensor por um litigante, Córax ingressou com um processo de cobrança. Alegou: este é o primeiro processo em que o meu antigo aluno está atuando; se ele ganhar, tem de me pagar porque foi assim que contratamos; se ele perder, tem também de me pagar porque, se eu venci o processo, é por ter razão em cobrar o devido. De acordo com Sexto, os juízes teriam ficado muito impressionados com essa argumentação. Quando chegou a sua vez, o jovem retórico argumentou: este é mesmo o primeiro processo judicial em que estou atuando; mas se eu perder, não preciso pagar porque foi isso que contratamos; e se eu ganhar, também não preciso pagar porque foi reconhecido o meu direito de não fazer o pagamento. Segundo Sexto, os juízes se enfureceram diante do paradoxo criado pelos argumentos retóricos e decidiram expulsar os dois, professor e aluno, do tribunal (*Contra os retóricos*, 97-99).

Quando os juízes expulsaram os dois litigantes retóricos, fizeram isso por considerarem que a questão-objeto de litígio teria ficado indecidível. Mas eles estavam errados. O processo judicial movido por Córax pode ter ficado indecidível pela lógica, em razão do paradoxo. Porém, isso não quer dizer que a disputa não possa ser decidida de outro modo, isto é, por um argumento *não lógico*. Se, na Grécia antiga, os juízes podiam não decidir o processo, essa alternativa não existe para os magistrados das democracias contemporâneas (princípio da proibição do *non liquet*). Consequentemente, se uma decisão lógica não é possível, outra forma de raciocinar e argumentar deverá ser empregada pelo julgador.

No caso Córax, seria necessário invocar valores do tipo "houve trabalho, precisa ser remunerado" ou "houve contrato, precisa ser interpretada a real intenção das partes". Somente invocar esses valores não resolveria o litígio, porque um fundamenta a pretensão de Córax, que trabalhou, e o outro, a do ex-aluno, que contratou uma condição para o pagamento pelas aulas no pressuposto de que o primeiro processo judicial não seria nenhum movido pelo astucioso professor. Mais que introduzir valores, portanto, será necessário hierarquizá-los, dizer se o valor "trabalho" prevalece sobre o valor "contrato" ou se o mais justo é o inverso. A decisão judicial não será lógica, por não poder ser lógica, mas será um discurso em torno de valores – um discurso retórico, portanto.

A despeito disso, a anedota de Sexto conclui que o modo certo de lidar com os retóricos é expulsá-los da sala, mandá-los às favas. A retórica... interrompo aqui: preciso fazer um aparte!

"Vossa Excelência me concede um aparte?"

Nos ambientes de discussão ritualizada, como são os tribunais e parlamentos (um pouco menos as aulas e os eventos acadêmicos), o orador não deve ser interrompido pelos ouvintes para que ele possa, como se diz, ter plenas condições para alicerçar, desenvolver e concluir o seu raciocínio. Quando a contribuição de um participante pode enriquecer o debate se for apresentada no minuto exato do discurso em ação em que ela se mostra mais relevante, estabelece o protocolo desses ambientes ritualizados que deve ser pedido um *aparte* ao orador. Se quem está exercendo o direito ao microfone naquele momento aceitar, o aparteante pode dar a sua contribuição concordando, discordando, esclarecendo um pormenor, exemplificando etc.

Este livro é um aparte que peço no debate público sobre a pós-verdade.

Nesse debate, as narrativas pós-verdadeiras são constantemente acusadas de "retóricas", e a contribuição do meu aparte pretende ser a demonstração da impertinência de tal acusação. Chamar de retórica uma narrativa de pós-verdade é incorreto e injusto. Há muitos conhecimentos essencialmente retóricos que são válidos, úteis e indispensáveis, mas que não propagam nenhum descrédito da ciência ou discurso de ódio.

A acusação correta a fazer aos narradores da pós-verdade é a de que são *sofistas*. Os argumentos sofísticos são indiferentes à verdade, enquanto os retóricos nem sequer conseguiriam mostrar indiferença. A retórica não trata de nada que se possa crivar como verdadeiro ou falso. Um exemplo: não existe verdade nas leis jurídicas aprovadas pelos legisladores democraticamente eleitos; essas leis podem ser válidas ou inválidas, justas ou injustas, aplicadas ou ineficazes, inovadoras, conservadoras ou retrógradas etc., mas nunca serão verdadeiras ou falsas. Por isso, não há como definir cientificamente a única interpretação correta de uma lei. Somente um conhecimento retórico pode explicar o significado de normas jurídicas. Saber interpretar as leis vigentes em um país não é descobrir uma verdade.

Apartes, diz o protocolo dos debates, devem ser breves. Mas, para que o meu seja compreendido, preciso de tempo, isto é, de páginas. Isto porque a equiparação entre retórica e lógica como saberes de mesma hierarquia foi apagada ao longo da história. Como se tivesse sido escrita num palimpsesto que, há muito tempo, reproduz trechos do *Atos dos apóstolos*. Para atender a objetivos políticos e não à depuração dos conceitos epistemológicos, confundiu-se a retórica com a sofística, esta sim um saber desqualificado.

A retórica nunca foi prestigiada como deve ser. Surgida na Antiguidade grega, foi soterrada por camadas sobrepostas pelo cristianismo, racionalismo, Iluminismo e positivismo. Não se estranha, assim, que as narrativas da pós-verdade sejam inapropriadamente chamadas de retóricas. Apenas em meados do século passado, teve início a tentativa de resgate do saber retórico de seu mais que milenar ocultamento. É a "nova retórica". Em paralelo a essa revitalização, é preciso dar às narrativas da pós-verdade a designação que as demarque adequadamente na teoria do conhecimento. Elas são a "nova sofística".

É esse, em sua essência, o nosso itinerário por aqui.

Uma explicação sobre a palavra "retórica"

"Retórica" é associada comumente a três significados.

O primeiro é o de argumento vazio ou mentiroso, sem substrato de nenhuma espécie, destinado a desnortear o debate ou desinformar o interlocutor. O segundo significado aponta para um conjunto de técnicas argumentativas, irresponsáveis e sem pudores éticos, destinadas a vencer um debate a qualquer custo. Por fim, o terceiro evoca a eloquência desmedida, a ornamentação *démodé*, a fanfarronice. São três significados depreciativos, como se pode ver. Quem é chamado de "retórico" geralmente se enganaria se recebesse isso como um elogio.

De vez em quando, a atribuição de significados depreciativos à palavra "retórica" é amainada. Edgar Lyra, por exemplo, propõe "convincência" como uma nova tradução para a palavra grega *pístis* (πίστης); e, a partir do neologismo, trata a retórica dissociada da finalidade de persuasão e definida como a capacidade de construir discursos dignos de atenção. Ele está dando mais ênfase ao significado de "eloquência", mas sem a carga pejorativa. A sua preocupação é a dificuldade dos professores de hoje de se fazerem ouvir na sala de aula (Lyra, 2021).

A "retórica" a que se refere o meu aparte não é nenhuma dessas. Meu objetivo é tratar dela como um tipo de conhecimento – um conhecimento não binário, isto é, que não pode ser mensurado a partir dos dois únicos valores mutuamente excludentes de verdadeiro ou falso. Com esse significado, a retórica surgiu feito um relampejo na Grécia da Antiguidade e rapidamente desapareceu no contexto da monopolização do conhecimento pela Igreja Católica, durante a Idade Média; e depois na difusão do racionalismo e do Iluminismo. Apenas na segunda metade do século passado, esse significado epistemológico foi recuperado.

A retórica na cosmovisão europeia

A cosmovisão europeia é carregada de contraposições binárias: verdade-falsidade, corpo-alma, céu-inferno, natureza-sociedade. Essa última, por vezes, se expressa pela contraposição causalidade-imputação: a natureza está sujeita a leis causais, enquanto a sociedade se organiza por normas, isto é, por imputações de certas consequências (em geral, punições) a condutas não desejadas. São duas esferas separadas: de um lado, seria ridículo ditar regras para os movimentos mecânicos ou termodinâmicos obedecerem; de outro, as normas jurídicas, morais, de etiqueta etc. não são decorrência de nenhuma característica da natureza dos humanos. "Ser" e "dever ser" são irredutíveis na cosmovisão europeia.

A impossibilidade de se derivar a ordenação da imputação da ordenação da causalidade foi afirmada logo no início da Idade Moderna. Em David Hume enraizaram a concepção de que nenhum preceito axiológico pode se fundar numa causalidade ontológica, isto é, nenhuma regra sobre comportamento certo ou errado (um "dever ser") pode ser demonstrada como derivação da natureza (do "ser") dos humanos.

Mesmo assim, a despeito da radicalidade da contraposição, a cosmovisão europeia fica de certo modo inconformada com a divisão do entorno nas duas ordenações irredutíveis que ela mesma engendrou. Esse inconformismo alimenta a esperança de a ciência europeia um dia vir a conhecer as leis causais (psicológicas, sociológicas, econômicas, históricas etc.) do comportamento dos humanos. A cosmovisão europeia separou bem o causal do imputado; mas ao mesmo tempo aspirou dispensar as imputações e suas incertezas, valorações e subjetividades e, enfim, tendo entendido como manejar as relações causais que governariam os comportamentos humanos, conseguir reorganizar cientificamente a sociedade. A transformação dos saberes imprecisos das humanidades em conhecimentos rigorosos e preditivos de "ciências humanas" foi o grande projeto da modernidade; um projeto fracassado.

Duas iniciativas se destacaram nesse projeto: a eugenia de inspiração mais ou menos darwinista e a planificação econômica marxista. A derrota de duas experiências totalitárias empreendidas no século XX (o nazifascismo na Segunda Guerra Mundial e o comunismo soviético na Guerra Fria) desacreditou as duas e pôs em questão a viabilidade do grande projeto de reorganização científica da sociedade.

A eugenia foi considerada uma ciência promissora e séria; isso até o Holocausto promovido pelos nazistas mostrar a que inominável tragédia conduz a pretensa aceleração da seleção natural da espécie humana segundo a concepção da prevalência da raça mais forte. Já a planificação econômica marxista, onde quer que se tenha tentado implementá-la, fracassou por completo em tornar racionalmente igualitárias as relações entre os humanos. Como o Holocausto, o experimento social soviético também custou a vida de milhões de pessoas.

Até agora, os positivistas que descreem de Hume e investem no grande projeto da modernidade não conseguiram ainda encontrar os meios de submeter o comportamento humano à ordenação da causalidade. Entendo que nunca conseguirão porque não há leis causais determinando as ações dos animais, humanos ou não. Mas, ainda que essa pressuposição esteja totalmente equivocada e haja as tais leis causais do comportamento, o melhor para todos será que continuem desconhecidas. O descobrimento dessas leis estimulará mais uma leva de tentativas de controle político das massas e renovadas aventuras totalitárias, com revitalização da eugenia e supressão da liberdade.

A retórica é o conhecimento adequado para lidar com valores. Se o comportamento certo e o errado fossem ou forem cientificamente definíveis, a democracia deixa de ter sentido; uma vez descobertas as leis causais do comportamento humano, o racional seria o Estado substituir suas instituições democráticas (alternância do poder, Judiciário livre, liberdade de organização política etc.) por laboratórios bem equipados. O tratamento dos conflitos endógenos seria não mais a tarefa de julgadores treinados em argumentos convincentes a respeito do conteúdo das leis, mas a de cientistas presumivelmente neutros que dominariam o conhecimento de como corrigir o comportamento dos criminosos de todos os tipos e de como levar os devedores renitentes a se desdobrarem para conseguir pagar o devido a seus credores.

O alento em face das investidas da ciência sobre as humanidades é a epistemologia contemporânea. O século XIX tinha se entusiasmado com os feitos da ciência e foi otimista: *podemos saber tudo, podemos controlar tudo!* Tinham todos desmedida confiança nos cientistas. A ciência era uma árvore frondosa, madura e frutífera. O século XX, na segunda metade, confrontou as limitações da ciência: *não podemos saber tudo, não podemos controlar tudo!* Deixou-se de devotar confiança cega aos cientistas. A ciência não era mais uma árvore e, sim, um rizoma, uma erva que se espraiava de modo preocupante – a imagem é de Gilles Deleuze e Félix Guattari (1980:38-46). Mas aí veio o século XXI com as redes sociais e a verdade nunca mais foi a mesma.

Conflitos e retórica

Este livro pode ser lido por quem ainda não leu o *Conflito*. Mas por ser um desgarramento, ele será mais bem entendido se conhecidos os principais argumentos daquela pesquisa sobre a origem do direito.

Somos incapazes de grandes consensos. Não fizemos os grandes consensos fundacionais, como o contrato social de que cogitaram os pensadores modernos. Tampouco a esfera pública da sociedade democrática gera os grandes consensos que legisladores se sentem premidos a traduzir em leis, como Jürgen Habermas imagina. Somos incapazes também de pequenos consensos: as alianças, bem entendidas, são apenas o adiamento dos conflitos (Coelho, 2023:115-127). O direito não é o produto de nenhum consenso construído entre os legisladores. As normas positivadas nos ordenamentos jurídicos são padrões de orientação para o tratamento de conflitos endógenos específicos. Esses padrões são estabelecidos não como resultados de supostos consensos, e sim como expressão do estado dos embates entre interesses conflitantes; na origem de qualquer lei jurídica, não há acordos, mas confrontos.

Onde há vida, há escassez e conflitos. Aprendemos, pela herança cultural do último ancestral comum dos primatas, a tratar uma parte dos conflitos de um modo diferente e o aperfeiçoamos. A diferença foi empoderar paulatinamente os mais fracos no tratamento dos conflitos entre indivíduos do mesmo coletivo (endógenos) em vez de invariavelmente prestigiar a "lei do mais forte".

Não dispomos, até o momento, de registros sobre o tratamento dos conflitos endógenos por muitas culturas. A de raízes europeias, que o colonialismo espalhou violentamente pelo globo, é uma das poucas a fornecer informações sobre o assunto. Nessas culturas, alguns indivíduos em cada coletivo são treinados para tratar os conflitos endógenos. São inicialmente os mesmos que governavam o coletivo. Nessa tarefa de governo, orientavam-se por padrões que reputavam existir desde o início do coletivo e que eram transmitidos de geração a geração por tradição oral. Os povos com escrita registraram esses padrões, valendo-se no início de grandes pedras fixadas em lugares públicos. O objetivo do registro não era informar às pessoas o conteúdo desses padrões para que fossem obedecidos, porque somente alguns pouquíssimos indivíduos eram treinados na decifração daqueles signos. Como a maioria era iletrada, o escrito solene só podia ser um sinal de poder, uma advertência aos guardiões da tradição oral de que se mantivessem fiéis aos padrões.

Em uma etapa importante dessa trajetória, a cultura de raízes europeias, após um longo processo, ressignificou a legitimação dos padrões. Os encarregados do tratamento dos conflitos endógenos passaram a justificá-los não mais como a repetição de padrões imemoriais, e sim como direito positivado, isto é, posto por um soberano (um ditador ou uma assembleia eleita com poderes legislativos). E, assim como pode instituí-los, o soberano também os pode alterar a qualquer momento. Em paralelo, um departamento do Estado foi organizado para a arbitragem dos conflitos orientados pelos padrões positivados: os juízes foram conquistando independência.

Na trajetória do modo como são tratados os conflitos endógenos pela cultura de raízes europeias, um ingrediente sempre é visível: uma parte do coletivo se apropria do saber fazer esse tratamento. Esse conhecimento atualmente é dominado por um conjunto de profissionais especializados que sabem dizer quais são as leis e demais normas jurídicas e, sobretudo, sabem dizer o que elas dizem, sabem interpretá-las. E esse conhecimento sempre foi, é e será retórico. É um conhecimento sobre produzir persuasão, gerar convencimento. Os integrantes da comunidade jurídica sabem como se faz para convencerem a si mesmos de que certa lei deve ser interpretada de modo determinado. Eles são os encarregados do tratamento dos conflitos endógenos tanto quanto eram os guardiões da tradição oral antes da lei escrita; tanto quanto os escribas, os homens letrados que sabiam produzir e decifrar a lei escrita.

Também não há consensos na comunidade jurídica. Há repertórios que não podem ser ignorados por quem deseja ser eficiente em seu esforço persuasivo. Quem mais conhece a fundo esses repertórios, mais convincente consegue ser em suas argumentações.

Esse saber precisa ser retórico, porque a crescente complexidade das relações sociais e econômicas gera conflitos que demandam tratamentos flexíveis. Mas ele precisa também ocultar o seu caráter retórico numa aparência de lógica e cientificidade. É necessário afirmar a existência de uma verdadeira interpretação de cada norma jurídica. Direito e verdade: no contexto da cosmovisão europeia, essa associação é dita e redita o tempo todo.

Isso porque a ressignificação da tradição em positivação, acontecida na trajetória dos conflitos na cultura de raízes europeias, levou à crença de que a tríade Estado-leis-juízes seria *o* instrumento eficiente de ordenação racional da sociedade. Aliada a outras noções da cosmovisão europeia (como a excepcionalidade humana, a cultura como autodomesticação, a hipótese do *Gênesis* etc.), a positivação não é propagada como uma mera mudança na legitimação dos padrões de orientação do tratamento dos conflitos endógenos, mas principalmente como a demonstração cabal da plena capacidade humana de completa racionalização da sociedade. Nesse contexto, a verdade é convocada a abraçar o direito e não sobra lugar para a verossimilhança.

Causalidade

Um ajuste fino em *Conflito*, que teria lugar no núcleo temático da epistemologia, está relacionado à ordenação europeia da "causalidade ou imputação". Por essa cosmovisão, repito, o "mundo do ser" e o "mundo do dever ser" são diferentes. No mundo do ser, um evento é causa de outro evento (se A é, B é); mas, no mundo do dever ser, um evento é imputado a outro (se A é, B deve ser). No mundo do ser, se a água for aquecida a 100 °C, ela muda do estado líquido para o gasoso, isto é, o evento aquecimento causa o evento evaporação; enquanto no mundo do dever ser, se alguém matar outra pessoa, ela deve receber a pena prevista na lei, isto é, o evento punição é imputado ao evento assassinato.

Ser e dever ser, na cosmovisão europeia, não são apenas mundos diferentes, mas irredutíveis. Não é possível derivar do mundo do dever ser nenhuma causa para atuar no mundo do ser – seria mesmo ridículo alguém imputar o evento da não vaporização ao evento aquecimento da água a 100 °C. Do mesmo modo não se deriva do mundo do ser nenhum preceito de dever ser – a punição ao assassinato não é uma exigência de qualquer traço natural dos humanos, mas uma decisão tomada por alguém (nas democracias contemporâneas, pelos parlamentares eleitos). Essa segunda impossibilidade de derivação é conhecida como "guilhotina de Hume".

A cosmovisão europeia ordena o entorno de acordo com essa separação entre os dois mundos, sendo um o da natureza, em que se encontram as causalidades, e outro o da cultura, em que se abrigam as imputações. Mas essa formulação requer um ajuste fino. Afinal, o que os cientistas entendem por *causalidade* mudou muito desde o início da Idade Moderna.

Não temos hoje nenhuma dificuldade para entender Isaac Newton, seja com o objetivo de aproveitar suas leis, refutá-las ou limitar seu âmbito de atuação. Mas Newton foi um revolucionário, que precisou convencer seus contemporâneos sobre suas novas ideias. Em sua ordenação do entorno, o espaço e o tempo eram absolutos. O Universo era uma caixa em que estavam todos os existentes e ao lado da qual havia um único relógio marcando o mesmo tempo para todos eles. A causalidade era uma *necessidade*, um efeito necessário de certa causa: "se A é, B sempre é". A partir da notícia de um evento físico A, era possível prever com toda certeza o evento B que o sucederia.

Albert Einstein reordenou o entorno. O espaço e o tempo deixaram de ser dois absolutos e se aglutinaram numa única variável "espaço-tempo". Não há mais a caixa ao lado de um único relógio, mas "campos gravitacionais". Einstein se inspirou nos campos eletromagnéticos já bastante conhecidos dos físicos. Dedicou boa parte da vida pensando em uma teoria do campo unificado, em que tanto a gravitação como a eletromagnética fossem explicadas de uma mesma maneira. Não conseguiu, de modo que os campos gravitacionais e eletromagnéticos são "sobrepostos" (superposição entre aspas porque não temos mais a caixa e o relógio).

Mas se Einstein reordenou o espaço e o tempo newtonianos, ele manteve as ordenações da física mecânica sobre massa e energia. Foi a física quântica que reordenou esses entornos. E, nessa reordenação, a causalidade-necessidade de Newton não fazia sentido. As medições, quando possíveis, informavam probabilidades. A causalidade passou a ser a probabilidade de um evento acontecer se outro evento aconteceu: "se *A* é, *B* provavelmente é".

Em seu início, a física quântica havia reordenado a massa e energia newtonianas, mas manteve certo absolutismo no espaço e no tempo. Uma reordenação do mundo de Newton, conciliando relatividade e quântico, tem sido tarefa da física dedicada à gravitação quântica. Nela, a causalidade é causalidade-probabilidade. Na verdade, é uma questão que remanesce em aberto, para os físicos, se a causalidade seria mesmo probabilística por si mesma ou necessária, embora ainda não inteiramente sabida. Se Deus não joga dados, como dizia o ateu Einstein, a probabilidade é apenas o índice do nosso desconhecimento.

Como essa alteração profunda na física repercutiu nos fundamentos da cosmovisão europeia? Existe uma proximidade entre causalidade-probabilidade e imputação que não se veria em relação à causalidade-necessidade. O fato de nem todos os assassinos serem presos mostra sem dúvida nenhuma que o evento assassinato não pode ser causa do evento punição nos quadrantes da causalidade-necessidade. Mas nos da causalidade-probabilidade, essa percepção não é imediata. Se o que interessa é medir a probabilidade de um evento acontecer quando outro evento aconteceu, poderia ser calculado o percentual de assassinatos punidos. O "dever ser" (punição do assassino) acaba "sendo" em uma medida (alguns assassinos são punidos, outros não), tal como o "ser" (que acontece e não acontece nas probabilidades correspondentes).

A aproximação entre causalidade-probabilidade e imputação levou Goffredo Telles Júnior, em sua *Teoria quântica do direito*, a considerar superada a separação entre natureza e cultura. Não haveria nada de essencialmente diferente entre a probabilidade de um "dever ser" não ser no plano ético e a de um "ser" não ser no plano quântico (1971:433). Era como se a guilhotina de Hume finalmente tivesse sido desarmada por uma teoria "avançada" do direito natural. Telles, porém, não descontinuou natureza e cultura com a sua teoria, tendo, como muitos outros, pulado repentinamente, ou seja, transcendido das descrições para as prescrições, de como as coisas *são* na natureza para como elas *deveriam ser* de acordo com a cultura dos humanos (Coelho, 2023:60).

Na verdade, a reordenação da causalidade pela causalidade-probabilidade não traz nenhuma implicação para os fundamentos da ordenação da cosmovisão europeia. "Se *A* é, *B* provavelmente é" continua a ser uma ordenação muito diferente de "se *A* é, *B* deve ser". Quando se imputa uma consequência a determinada ação humana, ela deve ser sempre que esta última acontecer. Muitas vezes não é, mas isso não muda nada porque, mesmo o imputado não tendo ocorrido, a imputação continua um dever ser, no caso, um "deveria ter sido".

A posição de um elétron em seus giros em grande velocidade ao redor do próton varia dentro de uma margem de probabilidade estatística. É provável, mas não é aleatória por estar constrangida pelos *quanta* – só percorrem determinadas linhas, podendo saltar de uma a outra, mas sem transitar de uma a outra. Mas não faz sentido dizer que os eventos de certa probabilidade associáveis a determinado elétron *deveriam ter sido* em razão de uma imputação enquanto os de outra probabilidade não foram a despeito da imputação e sem a invalidar.

Quando uma pessoa vacinada pega a doença para a qual havia se protegido, esse é um evento perfeitamente explicável pela probabilidade estatística: algumas vezes, a vacina não vai funcionar.

Mas, quando um assassino não é preso, isso não se deve ao fato de que ser preso é uma probabilidade estatística, mas à incapacidade humana de organizar racionalmente a sociedade: se houvesse essa capacidade, *todos* os assassinos seriam presos *sempre* porque é esse o único objetivo da imputação. O "deveria" na frase "a vacina deveria ter protegido" não é igual ao "deveria" na frase "o assassino deveria ter sido preso". A vacina deveria ter protegido, mas não protegeu, porque ela é o que é, enquanto o assassino deveria ter sido preso, mas não foi, porque os humanos não conseguem realizar tudo o que planejam.

No mundo do ser, a probabilidade mede uma relação entre dois eventos acontecerem e é possível também medir, por exemplo, a probabilidade com que os assassinos são presos. Isso, porém, não tem nada a ver com o mundo do dever ser, em que, tenha ou não acontecido a prisão, continua valendo que os assassinos devem ser punidos. Quando o "ser" não é porque não foi escolhido pela probabilidade estatística de ser, ele não é de nenhuma maneira; mas quando o "dever ser" não é porque não aconteceu o que deveria ter acontecido, isso, se de um lado alimenta as taxas de probabilidades de não acontecer, de outro confirma que o "dever ser" continuou existindo tal e qual — no fim das contas, acontecido ou não, ele sempre deveria ter sido. Na natureza regida pela causalidade-probabilidade, o não acontecido não invalida a lei natural; ao contrário, cumpre a expectativa nela depositada e a reforça. Já na sociedade regida por imputações, o não acontecido é uma transgressão à lei jurídica; descumpre-se a expectativa do que deveria ter sido.

Desse modo, a profunda alteração no modo como a causalidade passou a ser ordenada pela ciência a partir do século XX não alterou a essência da cosmovisão europeia de "causalidade *ou* imputação": o encontro entre natureza e cultura continuou estressado por conta da descontinuidade, da transcendência por meio do contrato social, da autodomesticação ou da hipótese do *Gênesis* (Coelho, 2023:16). A superação da dicotomia entre ser e dever ser não seguirá a trilha aberta pela redefinição de causalidade como probabilidade estatística, mas por uma vereda bem diferente, a da demarcação das humanidades pela retórica e do desaparecimento da norma reificada (isto é, da norma como algo diferente de sua interpretação). Chegaremos lá.

O que sabemos

Durante a Idade Média europeia (séculos V a XV), as ideias gerais sobre o conhecimento dos humanos então em voga poderiam ser sintetizadas na locução "*conhecemos tudo*". Fortemente marcado pelo cristianismo na concepção da Igreja Católica Apostólica Romana, o pensamento medieval considerava a *revelação divina* a fonte de todo conhecimento. Quando uma pessoa inquieta do sexo masculino descobria algo a partir de suas investigações, entendia-se que Deus lhe havia revelado o novo conhecimento – se a inquietude era de uma mulher, ela era queimada na fogueira como feiticeira possuída por demônios.

Desse modo, de acordo com a cosmovisão europeia medieval, se os humanos não sabiam algo era apenas porque Deus considerava prematuro que soubessem. Aliás, gozava de bom prestígio nos meios eclesiásticos a ideia de que o excesso de curiosidade "científica" era um grave pecado (Nixey, 2017:27-51). A Igreja repreendia como pecadores os que se empenhavam sistematicamente na ampliação do conhecimento. Se algo é indecifrável, difícil de entender, incompreensível, então Deus certamente não quer que saibamos nada a respeito; pelo menos, não considera ter chegado o momento para a revelação da verdade. Insistir, ter curiosidade desmedida, é pecar. É, aliás, segundo Agostinho de Hipona (Santo Agostinho), incorrer em um pecado tão grave quanto a concupiscência da carne e ainda mais perigoso: "pulula na alma, em virtude dos próprios sentidos do corpo, não um apetite de se deleitar na carne, mas um desejo de conhecer tudo, por meio da carne"; um desejo que mal se disfarça "sob o nome de 'conhecimento' e 'ciência'" (Agostinho, *Confissões*, X, 35, 54).

A condenação do conhecimento como um grande e perigoso pecado, é fácil perceber, mirava a inquietação analítica. O sujeito curioso, desconfiado, indagador, insubmisso às verdades proclamadas pelas autoridades, inconformado com as explicações correntes, questionador de premissas, raciocínios e conclusões da maioria, inventor de conjecturas, desafiador dos sábios renomados e dos saberes consolidados é, antes de tudo isso, um sujeito livre. E a liberdade, pela qual preza, representava um enorme perigo para o projeto cristão de monopólio da verdade.

Se a única fonte do conhecimento é a vontade de Deus, ser muito afoito e empenhado na formulação de explicações, na pesquisa das propriedades dos materiais ou mesmo na invenção de mais máquinas é uma maneira bastante censurável de a contrariar. Fiquemos todos orando à espera da revelação, que virá se e quando Deus quiser. É isso que diz a síntese *"conhecemos tudo"*: o que não conhecemos não devemos mesmo conhecer.

Com o advento da Idade Moderna (séculos XV a XVIII), o processo de corrosão da enorme influência política e cultural da Igreja se acelerou e a hipótese do conhecimento como revelação divina foi progressivamente desacreditada. *Pari passu*, clérigos e Bíblia deixaram de ser as autoridades incontestes na definição dos saberes lícitos. Galileu Galilei foi um dos que responderam a processo eclesiástico por ter insistido em continuar pesquisando e propagando o sistema heliocêntrico de Nicolau Copérnico. Em meados do século XVII, ecoando ideias propagadas desde a América, alguns pensadores reconfiguraram a filosofia, a política e as ciências europeias em torno da afirmação da razão como a fonte do conhecimento. Foram chamados de iluministas, e suas concepções fundamentais, de Iluminismo. Uma profusão de descobertas científicas irrompeu e se acomodou em novos departamentos do conhecimento humano, cada vez mais especializados. As religiões se especializaram nas questões da salvação da alma e deixaram de ter qualquer função na filosofia e ciência.

Com o Iluminismo, a ideia-síntese do conhecimento muda de *"conhecemos tudo"* para *"não conhecemos tudo"* (Harari, 2012:260--264). Mas, assim como a síntese medieval não conotava nada como uma capacidade humana plena de investigar e descobrir, muito ao contrário, também a síntese moderna não tinha a conotação da incapacidade. A síntese iluminista é uma referência à imensidão da tarefa que se apresentava. Ela conotava, porém, a plena capacidade de os humanos se desincumbirem dela, desde que respeitassem um método e fossem criativos, honestos, perseverantes e operosos. A ideia-síntese é um peremptório *"não conhecemos tudo, ainda"*. A inabalável confiança nas certezas da ciência descortinava um porvir promissor preenchido de paz, segurança, saúde, cooperação, conforto e ócio.

A crença no poder ilimitado do conhecimento humano espraiou-se durante a Idade Moderna e adentrou a Contemporânea (século XIX em diante). Os resultados proporcionados pela visão do conhecimento como fruto da razão eram nada menos que surpreendentes, encantadores, espantosos. Todos se maravilharam com os incessantes progressos da ciência e da tecnologia, que não pareciam ter limite. Novos medicamentos e tratamentos surgiam o tempo todo, vacinas poderosas detinham eficientemente as epidemias, meios de transporte cada vez mais rápidos, seguros e acessíveis diminuíam distâncias antes invencíveis, eletrodomésticos de eficiência crescente dominavam o ambiente doméstico, uma gama de equipamentos, de computadores pessoais a telefones-espertos (*smartphones*), passou a facilitar a vida em praticamente todos os seus aspectos, um extraordinário veículo levou dois militares à Lua e os trouxe de volta...

O otimismo racional-iluminista tinha atravessado incólume o século XIX e chegou ainda altivo ao século XX, quando os limites do conhecimento começaram a se revelar. Os progressos proporcionados pela ciência eram inegáveis, frutíferos e consistentes, mas nada assegurava o poder ilimitado em que todos estavam pondo fé.

A ideia-síntese precisou mudar uma vez mais para se tornar *"não conhecemos tudo e não podemos conhecer tudo"*. O século XX reservou um duro golpe para a autoimagem da ciência. O humano pode muito, mas nunca vai controlar tudo à sua volta. Tinha chegado a hora de substituir a arrogância iluminista por uma atitude mais humilde.

PREFÁCIO

A relativização da ciência no século XX

No século XIX, acompanhando as profundas mudanças econômicas, políticas e culturais provocadas pela Segunda Revolução Industrial e pela difusão do capitalismo em todo o mundo, a ciência havia prometido uma redentora libertação da espécie humana de suas mazelas naturais e, em seguida, das desordens sociais. Mas o cumprimento dessa promessa parecia ser constantemente adiado: novas doenças apareceram, a miséria aumentou, vícios e crimes cresceram, as guerras se tornaram cada vez mais devastadoras e as conturbações políticas, mais violentas. Certas preocupações até então inexistentes, como a relativa à qualidade do ar e água, acidentes de trabalho e de trânsito, previdência e outras, tornaram-se causas de *stress* cotidiano. No saldo final, os proveitos da ciência pareciam neutralizados pelos danos que ela mesma gerava. A pequena fatia formada pelos mais ricos se beneficiava do melhor do conhecimento científico, enquanto a maioria dos mais pobres tinha de suportar suas piores consequências.

Nesse quadro de otimismo de poucos e desesperança de muitos, o século XX assistiu a vários episódios da epistemologia em que afloraram os limites do conhecimento humano. Vou listar os mais impactantes.

- A física quântica descobriu propriedades inusitadas nos elementos subatômicos, que se mostram simultaneamente como partículas e como ondas. Concluiu que a matéria é feita de coisinhas que pulam de órbitas em órbitas a uma velocidade estonteante; e, mais, que entre elas não há nada. A estrutura mais elementar da matéria é um intervalo vazio entre quantidades de energia. Em 1927, Werner Heisenberg constatou a impossibilidade de se realizarem medidas precisas no plano subatômico e traçou a régua com o "princípio da incerteza". Não é uma questão de insuficiência dos instrumentos de medição, que um dia poderia ser sanada. A física estava às voltas com um inesperado: se media inicialmente a

posição da partícula, a velocidade dela era uma; se media primeiro a velocidade da partícula, a medida era outra, assim como a da posição. Descobre-se que a interação entre o pesquisador e o objeto durante a pesquisa não pode ser desconsiderada também nas ciências naturais.
- A matemática conheceu seus limites numa demonstração feita por Kurt Gödel em 1931. O jovem gênio provou matematicamente que os sistemas baseados em axiomas são invariavelmente incompletos e se deparam sempre com pelo menos uma ideia a respeito da qual nunca conseguiriam afirmar se é verdadeira ou falsa. Descobre-se que nem mesmo a milenar, impassível e autossuficiente matemática é uma "ciência exata".
- Em 1934, Popper perturbou o ambiente otimista das academias de ciências ao afirmar que as verdades científicas são sempre provisórias. Mais que afirmações corroboradas por experimentos replicáveis, as verdades são conjecturas que podem ser refutadas a qualquer momento. A ciência só poderia garantir que suas proposições ainda não tinham sido falseadas, mas nunca que elas seriam definitivamente verdadeiras. Descobriu-se que a ciência é dona das dúvidas e não das certezas.
- Em 1962, Thomas Kuhn questionou a percepção de que a ciência progride porque os cientistas levam adiante o trabalho de seus antecessores, numa acumulação linear de experimentos bem-sucedidos. Ele mostrou que, ao contrário, o progresso acontece quando paradigmas são rompidos por conceitos fundamentais diferentes dos que eram até então aceitos como verdadeiros. A quebra de paradigma significa que é falso aquilo que anteriormente era a mais translúcida expressão da verdade. Descobre-se que a ciência progride não por ampliar suas certezas, mas por abandoná-las.
- Mais um abalo acontece em 1975, ano em que Paul Feyerabend questionou a existência de métodos científicos. A ciência se desenvolve graças à criatividade dos cientistas em investigar, propor e resolver velhas e novas questões. É até mesmo prejudicial ao conhecimento científico que os investigadores se

apeguem a determinada metodologia. Não há métodos porque os cientistas lançam mão de todo e qualquer procedimento em seu trabalho ("*anything goes*"). Descobre-se não existir nenhum sacrossanto método pelo qual a ciência afiançaria a verdade.
- Também nos anos 1970, filósofos chamados (a contragosto) de pós-modernos afirmaram que a ciência depende, para se legitimar, de um saber que ela mesma desdenha e desqualifica, o de fazer relatos. A verdade dependeria não mais do desempenho das aplicações da ciência, mas do adequado manejo do saber-fazer narrativas. Jean-François Lyotard provoca: se a verdade é demonstrada por provas científicas, o que demonstra a veracidade dessas provas? O saber científico é qualificado pelos filósofos da pós-modernidade como uma espécie de discurso, um jogo de linguagem (Lyotard, 1979). Descobre-se que a ciência pode não ser a demonstração lógica e objetiva de uma verdade.
- Nos anos 1990, Bruno Latour estudou antropologicamente os cientistas. Acompanhou os trabalhos deles de forma similar à do antropólogo dedicado a compreender a cultura de uma etnia. Revelou competições mesquinhas, mais périplos atrás de apoio governamental e de financiamento do que trabalho nos laboratórios, emprego de recursos retóricos e outras indiscrições que pôde catalogar ao estudar como era a ciência efetivamente "em ação" (Latour, 1998). Descobriu-se que os cientistas são demasiadamente humanos.

Esses episódios, entre vários outros que apontam os limites do conhecimento humano, não tornaram os acadêmicos menos presunçosos, como seria de esperar. Após cada um deles, a vida seguiu e a ciência continuou entregando resultados vistosos, a despeito de vacilações, contradições e derrapagens. Os cientistas, em geral, não se tornaram mais humildes; eles deram de ombros para essas questões epistemológicas sobre os limites do conhecimento científico, como se não passassem de deleites inúteis de filósofos desocupados. Continuaram a produzir e difundir seus conhecimentos nos laboratórios, nas salas de aula, nos congressos, nas revistas científicas etc. Continuam a desempenhar, a entregar resultados.

Até que o século XXI deu voz a uma multidão de pessoas, todas leigas para as ciências, mas extremamente ansiosas por se fazerem ouvir. As redes sociais fizeram algo de que a sucessão de relativizações no plano da discussão epistemológica não tinha minimamente chegado perto: empurraram a ciência para a defensiva.

Algumas características do conhecimento científico

A definição do que é ciência – ou, na expressão técnica da epistemologia, a sua demarcação – será um dos primeiros temas do nosso itinerário. Desde logo, contudo, quero apresentar algumas características do conhecimento científico. São dois conceitos que convém ficarem estabelecidos desde o início: experimento e contextos.

Experimento. Uma imagem usualmente associada à ciência apresenta as coisas que se supõe existir em qualquer laboratório de química: microscópio e cadinhos de diversos tamanhos e formas. Embora boa parte da ciência hoje seja feita pelo cientista à frente da tela de um computador, igualando-o aos contadores pelo menos nesse aspecto, a figura de uma pessoa de jaleco branco, concentrada ao manusear equipamentos e vidrarias é a substância do imaginário difundido acerca do trabalho científico. O experimento é mesmo a alma da ciência.

Há dois tipos de experimentos científicos. De um lado, os desenvolvidos em ambientes artificiais, especialmente organizados para permitirem o controle de determinadas variáveis. Esses ambientes são os laboratórios, os prédios construídos e equipados especificamente para a realização das pesquisas científicas. Pode ser também o espaço natural preparado para uma intervenção controlada (ou supostamente preparado, como no caso da área do deserto do Novo México que foi isolada para a explosão do protótipo da bomba atômica, em 1945). De outro, há os experimentos realizados mediante observação da natureza por um cientista que se pretende invisível. A observação pode ser feita diretamente em campo, pelo cientista armado de seu binóculo, ou por meio de sofisticados equipamentos de captura de dados (sondas espaciais, *drones*, telescópios etc.).

O experimento feito no laboratório é chamado de *experiência*, e o realizado por observação, de *experimento natural*. A pesquisa farmacológica é feita em experiências e a climatologia, por experimentos naturais. Quando eu mencionar simplesmente "experimento" estou englobando genericamente as duas formas de trabalho científico.

Além delas, há uma terceira categoria que se costuma chamar também de experimento. É o "experimento mental", em que o cientista descreve uma experiência que não poderia ser de nenhum modo realizada por impedimentos de ordem material. São experimentos em que se mentaliza a aceleração de um trem até alcançar a velocidade da luz, por exemplo. Na verdade, essa terceira categoria está longe de ser um experimento. Trata-se apenas de uma narrativa cuja plausibilidade inspira outros cientistas a pensarem como poderiam confirmar a hipótese em experimentos materialmente realizáveis. A ciência nunca se contenta com essas descrições mentais para dar por corroborada qualquer conjectura. Os chamados experimentos mentais são meras conjecturas. Quando eu empregar "experimento" não estarei incluindo essa "vivência" dos cientistas.

Contextos. No esquema descritivo das descobertas científicas, o cientista, ao observar uma mudança de estado na natureza, passa por uma súbita vivência mental em que uma explicação passa a fazer sentido. É a "*Heureca!*", o grito de Arquimedes ao perceber como se poderia calcular o volume dos objetos irregulares (o corpo humano, a coroa do rei etc.) com a ajuda de um tonel com água.

Ainda nesse esquema descrito, o cientista seria um herói solitário, introspectivo, antissocial. Ele precisaria, por isso, depois da "*eureka!*", encontrar a forma de anunciar ao mundo a sua descoberta para cumprir dois objetivos: a socialização do conhecimento em prol de toda a humanidade e o registro histórico da sua genialidade.

A esses dois momentos do vulgar esquema descritivo correspondem dois contextos do trabalho científico, tal como percebido pelos próprios cientistas: a descoberta (ou heurística) e a justificação. No contexto da descoberta, há muito tempo o trabalho é de equipe em um laboratório ou pesquisa de campo de custo elevado. E o contexto da justificação se desdobra em três círculos: o menor, endereçado à comunidade científica interessada naquele tema; o intermediário, em que se encontram os empresários atrás de bons negócios com inovações resultantes da aplicação da descoberta; e o mais largo, em que estão os consumidores de divulgação científica. Evidentemente, para cada um, a linguagem e o veículo são modulados em função do auditório.

O contexto da justificação voltada ao primeiro círculo é visto como sendo também importante para realimentar o contexto heurístico. É a partir dos textos de justificação que os pares poderiam replicar os experimentos, suscitar novas conjecturas, identificar equívocos e contribuir para o esforço coletivo do desenvolvimento do saber. Estou ainda descrevendo o esquema idealizado do trabalho científico e não a "ciência em ação", que é bem diferente.

No início da ciência moderna, Robert Boyle chamava homens cultos para serem testemunhas das experiências com a sua bomba de ar. Curiosamente, ele se valeu das normas aplicáveis ao testemunho judicial (quantidade de depoentes, requisitos para um depoimento válido, modo de registrar, valor da prova etc.). Provavelmente, achava que isso resguardaria a credibilidade da sua descrição do experimento e sustentação das conclusões. Se a verdade sobre um crime decorre de tais ou quais condições, a verdade sobre a elasticidade do ar poderia também se afirmar a partir delas.

Em certo sentido, o contexto da justificação mantém ainda hoje a característica de um testemunho. Se as testemunhas juram dizer a verdade perante o juiz, os cientistas colocam a reputação em jogo a cada artigo científico que encaminham para as revistas; assim como o escrivão redige o termo com os fatos relatados pela testemunha obedecendo à forma determinada pela lei do processo judicial, os cientistas também precisam atender às regras da metodologia científica; do mesmo modo que o juiz faz a sua convicção sobre a verdade do crime também em função das provas testemunhais, os pares farão as deles acerca da verdade sobre a natureza levando em conta os relatórios e artigos científicos. Os dois meios de justificar a verdade revelada – o judicial e o científico – são documentos extremamente formais, embora a maioria dos cientistas não se dê conta disso.

Da distância entre esse esquema idealizado e a realidade da ciência teremos muitas oportunidades para falar.

Tarefas epistemológicas

Este é um livro de demarcações: o que é "ciência", o que são "humanidades" e o que é "sofística". E isso pode soar estranho a algumas pessoas que, acompanhando os movimentos na trajetória da teoria do conhecimento, têm uma leitura ligeira e não inteiramente precisa das tarefas epistemológicas hoje em pauta. Essas pessoas desdenham como obsoleta a simplificação "ciências naturais *versus* humanidades". Apontando para o sistema complexo de Edgar Morin ou o conhecimento dos híbridos de Latour, essas pessoas consideram que a tarefa epistemológica das últimas décadas tem sido a supressão das especialidades e não a sua reafirmação por novos meios, por novas demarcações.

Para elas, respondo que a demarcação de saberes *não* está na contramão das discussões epistemológicas mais recentes. A verdadeira complexidade consiste em absorver ciências naturais e humanidades sem mutilar as características próprias de cada um desses saberes. Nem unidade metodológica nem uniformização metodológica, mas respeito às especificidades de cada modo de fazer a ordenação do entorno – natural e cultural; sem descartar a eventualidade de uma revisão dessa ordenação e da agregação de novos métodos.

O mero descarte das especializações leva a holismos ingênuos. A saída não está no *Tao da física*, mas na *Teoria de Gaia*. Essa observação não deve fazer sentido nenhum para boa parte dos entusiastas da ciência, para quem Fritjof Capra e James Lovelock são ambos escritores de ficção, antes de cientistas. Mas há uma diferença entre eles: os paralelos de Capra entre a física atômica e o misticismo oriental são informativos e talvez interessantes (1975), nada mais; já Lovelock propõe uma nova abordagem científica para uma questão mensurável, a da singularidade da composição gasosa da atmosfera da Terra (2000).

A tarefa epistemológica à frente não é a superação das especializações. A simplificação (natureza *versus* cultura), friso, não é o contraponto à complexidade, mas um ingrediente a mais a ser compreendido no todo complexo. ("Compreendido" tanto no sentido de *integrado* como no de *entendido*.) A tarefa é absorver os conhecimentos demarcados sem os demarcar, porque as necessidades dos humanos e o próprio conhecimento produzido demandam objetos mais complexos.

Antes de a empreender, precisamos olhar para outra tarefa epistemológica pendente: a demarcação das humanidades. Ela não foi, até o momento, concluída a contento. O critério demarcatório da retórica ainda não foi exaustivamente discutido. Assim, além da importância política na luta contra as narrativas de pós-verdade, a redemarcação das humanidades tem também essa outra importância, nas cercanias da teoria do conhecimento – a de ombrear humanidades e ciências.

Estrutura do livro

Nosso itinerário se inicia demarcando a ciência, a partir do desafio lançado à filosofia no início do século XX por pensadores que achavam já ter passado há muito a hora de continuar a perder tempo com saberes não empíricos, não testáveis por observação (Cap. 1). O critério que demarca a ciência é o falseamento de suas conjecturas por experimentos. Fica evidente, a partir dele, que as humanidades não cumprem os requisitos de um conhecimento científico.

Mas isso não quer dizer que todos se conformem. Segue o itinerário para o grande projeto da modernidade, que consistiu no programa epistemológico e político de ampla reorganização científica da sociedade. Um ambicioso projeto que pressupunha a transformação dos humanistas em cientistas, o desaparecimento da projeção da divisão fundamental da cosmologia europeia, entre natureza e cultura, na teoria do conhecimento (Cap. 2). O projeto não vingou e voltou à mesa a questão da demarcação, de como distinguir ciências naturais e humanidades.

Desse modo, na sequência, vai-se à demarcação das humanidades por meio da tentativa de definir a característica fundamental do processo de conhecimento dos humanistas. Argumentou-se que estes *compreendem* o objeto que *interpretam*, enquanto os cientistas *explicam* o objeto que *conhecem experimentalmente*. A crise dessa demarcação não tardou a eclodir em razão da constatação de que cientistas também interpretam, o que tornava nebulosa a solução aventada (Cap. 3). Uma nova demarcação deve ser buscada, o que nos leva à Grécia clássica.

Entre os gregos, sempre houve uma relação de amor e ódio com os professores das técnicas de convencimento por meio de um eloquente discurso público. De um lado, esses professores eram admirados e procurados – ganhavam a vida cobrando para ensinar essas técnicas aos jovens interessados em terem protagonismo na cena política da cidade-Estado. De outro lado, eram execrados como mercenários, principalmente pelos filósofos, que abominavam o conhecimento dessas técnicas. Houve, porém, um filósofo que achou essa divisão em dois conhecimentos opostos insuficiente para compreender a complexa sociedade grega da Antiguidade. Ele pensou em um terceiro tipo de conhecimento, situado entre a filosofia e as criticáveis técnicas argumentativas, que seria a dialética (Cap. 4).

Para esse filósofo, haveria uma equiparação entre a busca da verdade (lógica) e o convencimento necessário às deliberações políticas, aos julgamentos e às homenagens fúnebres (dialética). Dependendo da situação, caberia usar a lógica ou a dialética. Essa equivalência, contudo, não vingou por muito tempo e foi apagada sucessivamente pelo cristianismo, racionalismo, Iluminismo e positivismo. Somente em meados do século XX restaurou-se a ideia de que a dialética (agora com outro nome: retórica) era tão importante quanto a lógica. O resgate da equivalência deve-se à teoria jurídica, ao conhecimento dos meios de interpretação das leis, a um saber especializado e milenar chamado "doutrina" (Cap. 5).

O saber dos doutrinadores é um saber argumentativo. Não existe como valorar os enunciados de interpretação de uma norma jurídica em termos binários, isto é, como "verdadeiro" ou "falso". Os juristas debatem as muitas interpretações que cada dispositivo de lei suscita e nunca chegam a uma conclusão definitiva porque não concordam nem ao menos acerca dos critérios para avaliar os acertos e desacertos delas. Discutem não somente a própria interpretação a ser dada para uma lei, como também como se faz para concluir se uma interpretação foi ou não corretamente dada. Argumenta-se por todos e para todos os lados (Cap. 6).

Prossegue o itinerário com a atenção voltada a essas pessoas, os juristas, os fazedores de doutrina. Eles pertencem a uma comunidade que compartilha um repertório. Mas esse repertório não é lógico, completo e isento de contradições e contrariedades. Ao contrário, é um repertório flexível, lacunoso, cheio de conflitos que não têm pressa para resolver. No modo de trabalhar dessa comunidade pode-se encontrar a nova demarcação das humanidades (Cap. 7).

Demarcadas as humanidades, é hora de retornar às ciências. Aquele critério de demarcação do início do século XX permanece prestigiado, mas precisa lidar com diversas críticas: não existe um único método científico universalmente empregado, a evolução do conhecimento transforma em falso o que antes era tido por verdadeiro, nem tudo pode ser mensurado pelos cientistas, a replicabilidade é um mito. Em suma, nas humanidades há por todos os lados discussões infindáveis e, nas ciências, incertezas (Cap. 8).

Mas, a despeito dos percalços, uma diferença notável entre as ciências naturais e as humanidades se sobressai: aquelas entregam resultados, são eficientes, desempenham em um grau mais elevado. A causalidade como necessidade sem exceção que a ciência moderna pensava ter encontrado revelou-se probabilística; mas índices elevadíssimos de probabilidade permitem intervenções eficientes no entorno natural. Citarei sempre quatro exemplos de desempenho (vacinas, aviões, *smartphones* e *GPS*), mas evidentemente são inumeráveis os benefícios que a ciência nos proporciona (Cap. 9). Há também o outro lado da medalha; a ciência desempenha catástrofes (como a bomba atômica e o colapso ambiental) e tem uma relação complicada com a ideologia, isto é, com os valores, tanto os dos cientistas como os disseminados pela sociedade.

E, enfim, concluímos a demarcação das humanidades pela chave que a nova retórica, nascida na doutrina jurídica, foi buscar na Grécia antiga: a verossimilhança. As humanidades são os saberes que articulam argumentos sobre opiniões verossímeis. São retóricas, têm a finalidade explicitamente persuasiva. Seus pontos de partida podem ser replicados e, portanto, valorados binariamente; mas qualquer elucubração que seja feita a partir deles é inevitavelmente retórica, uma discussão sobre opiniões. A ciência também tem seu aspecto persuasivo, principalmente no contexto da justificação. Mas, se toda retórica é persuasão, nem toda persuasão é retórica: o cientista precisa ser lógico para convencer os seus pares (Cap. 10).

E agora, uma vez devidamente assentadas essas premissas, pode-se ir ao fim do aparte sobre as narrativas da pós-verdade. E são dois capítulos os reservados para esse arremate. O penúltimo é dedicado aos autores dessas narrativas, que nem sempre são humanos (Cap. 11). No último, a atenção se volta à demarcação epistemológica dessas narrativas, como a "nova sofística", um discurso indiferente à verdade ou à verossimilhança comprometido unicamente com a exortação do destinatário a aderir a uma causa: venha ser antivacina, atuar numa ação política, engrossar ações preconceituosas, fazer cancelamentos espetaculares, associar-se a um *bullying* e a outros horrores (Cap. 12). A demarcação da nova sofística e sua diferenciação com a retórica é a luta política em que se pretende engajar o aparte.

Os primeiros quatro capítulos estão reunidos na *Parte Um*, sobre o "conhecimento"; os capítulos 5 a 7, na *Parte Dois*, referente ao "direito"; os capítulos 8 a 10 compõem a *Parte Três*, que trata da "verdade"; e os dois últimos são os da *Parte Quatro*, da "pós-verdade".

Mais um teaser

Todo prefácio é um agregado de *teasers*, de chamamentos à leitura do livro. Aqui vai mais um: incidentalmente ao aparte, é apresentada a receita para a melhoria do direito brasileiro.

PARTE UM – CONHECIMENTO

1. Ciência

O diagnóstico do câncer é sempre impactante, uma reviravolta, um *tsunami* para qualquer pessoa. Apesar do notável desenvolvimento da oncologia, da eficiência de vários tratamentos e da possibilidade de cura total em muitos casos, o diagnosticado sempre se vê diante de uma encruzilhada. Os tratamentos quimioterápicos, radioterápicos e cirúrgicos disponíveis são agressivos e cobram um alto preço na qualidade de vida. Quando os oncologistas prognosticam a chance de sobrevivência de 50%, o paciente precisa escolher o que sacrificar: a qualidade de vida, que entregará em troca de uma incerta recuperação ou do alongamento da vida em meses; ou a quantidade, de uma vida também incerta e contada em meses, mas que entregará em troca de momentos os menos dolorosos possíveis. Nesses casos-limite, há sempre o dilema: tratar-se com a inevitável perda de qualidade de vida sem garantia de cura ou deixar a natureza seguir o seu curso, protegido apenas por medidas paliativas.

Nesse dilema, os pacientes são colhidos por duas ondas irresistíveis.

A primeira é o complexo médico-hospitalar-farmacêutico, para o qual a opção pela tentativa de prolongar a quantidade de vida sempre é oferecida como a mais correta. Ninguém toca no assunto, apenas presume que todos simplesmente querem sempre viver mais, a qualquer custo. É a lógica dos lucros e não propriamente qualquer sensibilidade ao dilema do paciente que move esse complexo de negócios.

A segunda vaga é a afeição dos amigos e familiares. Estão em uma posição delicadíssima. Aqueles que acreditam sinceramente que vida é qualidade, e não quantidade, não encontrarão meios para expressar esses seus valores. Dizer ao paciente qualquer coisa sobre o balanceamento soará como afã de abreviar a convivência. O diagnosticado só ouvirá de quem o ama apoios à alternativa do tratamento. A decisão do dilema é individual e solitária.

Além desses turbilhões, há outros que podem arrastar alguns pacientes. São os valores religiosos sacralizando a quantidade e não a qualidade da vida ou o assédio de outro complexo de negócios, o da medicina alternativa, com seus chás, banhos de cores e pedras reluzentes. Se o Universo conspira, como dizem, conspira a favor do alongamento da vida a qualquer custo. O diagnosticado com câncer nem sempre está sereno para meditar e descobrir o que ele considera melhor para sua vida; o que ele quer fazer dessa experiência única, que subitamente mostrou a implacável face da finitude.

A medicina não tem resposta para o dilema. Se pode ajudar, nesse momento, é apenas subsidiando o paciente das informações para a decisão dele. Com todos os seus números, suas terapias e seus equipamentos, o conhecimento médico não é capaz de fornecer a resposta ao dilema. E não é capaz porque não se trata de uma questão científica. Decidir submeter-se à agressividade do tratamento ou deixar fluir o restante da vida com o mínimo de dores é uma ponderação de valor e não uma decisão a partir de dados estatísticos e provas científicas de um conhecimento baseado em evidências. É uma escolha que depende exclusivamente do que o *paciente* valoriza mais em sua vida; depende, em última análise, do que ele *conceitua como vida*. Uma vez diagnosticado o câncer, o que fazer não é uma questão médica, mas filosófica.

CIÊNCIA

Os positivistas entusiasmados com o poder da ciência

Alguns entusiastas da ciência têm a firme convicção de que, um dia, dilemas como estes não existirão mais. Poderemos dispensar a filosofia porque a medicina baseada em evidências terá experimentado um tal progresso que programas de inteligência artificial dirão se a solução correta será tratar-se com dor ou viver o restante da vida com o mínimo de dor. Confiam que a medicina do futuro terá um cardápio de tratamentos indolores para todos os males.

Essa é, contudo, uma convicção ingênua, cegada pelo entusiasmo. Mesmo que a medicina futuramente ofereça respostas seguras sobre os procedimentos a serem adotados em cada caso individual, ela não nos tornará imortais. E se a medicina evoluir a ponto de nos proporcionar a imortalidade, sempre o conceito de vida se contraporá às recomendações dos médicos-robôs: *"vale a pena ser imortal?"* é uma questão filosófica e não científica; decide-se pela ponderação de valores e não por números de medidas.

Há quem projete progressos espetaculares da ciência. São entusiastas confiantes de que a medicina e a farmacologia terão medicamentos para curar todas as doenças, a física e a engenharia construirão máquinas perfeitas, a agronomia e a química saberão dizer como produzir alimentos de qualidade e a baixo custo para toda a humanidade, a economia e a matemática encontrarão uma solução científica para acabar de vez com a pobreza, a sociologia e o direito desenvolverão instrumentos plenamente eficazes de convivência social pacífica etc. É tudo uma questão de tempo, de continuarmos fazendo igual. Esse entusiasmo, porém, é *démodé*. Em um sentido que se elucidará aos poucos, os crentes no poder ilimitado da ciência nutrem expectativas fundadas em uma cosmovisão anacrônica. Quem propaga a capacidade de a ciência resolver todos os males e aplacar todas as dificuldades está ecoando, no início do século XXI, a crença difundida na Europa principalmente ao longo dos séculos XVII a XIX. O entusiasta da ciência pulou o século XX.

A ciência tem admiradores de dois tipos: de um lado, os que reconhecem os resultados alcançados pelos cientistas, mas não desprezam outros tipos de saberes, os quais intuitivamente não classificam como científicos; de outro, os que devotam toda a admiração e maravilhamento exclusivamente à ciência. São admiradores que desdenham dos saberes não científicos. Eles podem ser chamados de positivistas – positivistas entusiasmados. Logo mais, a razão de ser desse nome será compreendida.

Saberes

Qualquer ser humano sabe muitas coisas. Sabe tantas, na verdade, que é impossível inventariá-las por completo. Os leitores deste livro muito provavelmente sabem adquirir os ingressos de um *show* via aplicativo, esquentar a refeição no micro-ondas, chamar o elevador e usar talheres, conhecem a etiqueta adequada para ir a um funeral, a diferença entre um quadro febril leve tratável em casa e aquele que demanda atendimento médico, a importância dos hábitos saudáveis para a qualidade de vida (mesmo que não os observe) e o significado dos sinais de trânsito; aprenderam as operações aritméticas, a gramática de pelo menos uma língua, meios de expressão artística e os rudimentos da biologia, física, química, história, geografia e filosofia; dominam os princípios, saberes especializados, procedimentos e técnicas de uma profissão; estão informados em termos gerais sobre os serviços públicos à sua disposição, as principais leis em vigor, seus direitos e deveres básicos etc.

Esses vastíssimos conhecimentos podem ser grosseiramente classificados de acordo com a complexidade. Vou chamar os mais complexos de estruturados. Claro que, por definição, qualquer conhecimento, mesmo o mais simples, tem uma estrutura, uma organização. Estou aqui propondo uma graduação. Para explicar melhor esse ponto, tomo por exemplo o conhecimento sobre o jogo de xadrez. Pode-se conhecer somente o movimento das peças, as aberturas e defesas comumente usadas ou as estratégias enxadristas mais sofisticadas – são três níveis bastante diferentes de complexidade e estruturação de um saber. Caracteriza-se o conhecimento como estruturado quando o seu aprendizado demanda um investimento de tempo e energia não desprezível.

São conhecimentos estruturados: engenharia, rituais da monarquia britânica, geologia, astronomia, filosofia, jornalismo, piano, contabilidade, taromancia, desenho industrial, comércio, marcenaria, liturgia de cerimônias religiosas, medicina, programação de computadores, sobrevivência na selva, museologia, protocolo de posse de um presidente da República brasileiro, arquitetura, culinária, filatelia, astrologia, defesa pessoal, procedimentos burocráticos, climatologia, física, homeopatia, regras de um campeonato de futebol, crítica de arte, política, jardinagem, economia, pintura, matemática, mitologia, literatura, biologia, sociologia, teologia, teatro, psicologia, fotografia, advocacia, moda etc.

Pois bem. No imenso universo dos conhecimentos estruturados, há muitos (mas não a maioria) que se classificam como acadêmicos. São conhecimentos em que o principal elemento de estruturação é o nível extremo de rigor, mensurado por uma metodologia específica de observância obrigatória. Exatamente por conta dessa característica, a apreensão desses conhecimentos demanda grande investimento de tempo e energia, tanto no plano individual como no social. Por isso, é um conhecimento gerado, transmitido e aprendido em instituições altamente sofisticadas e especializadas: as universidades. O aprendizado de qualquer conhecimento estruturado consome tempo e energia consideráveis – sem dedicação, ninguém aprende a jogar xadrez ou a ler bem as cartas de tarô. Já os conhecimentos acadêmicos são os que consomem um elevado grau de tempo e energia para serem aprendidos – os cursos universitários duram em geral entre quatro e cinco anos.

Da lista de conhecimentos estruturados que apresentei acima, não são acadêmicos, entre outros, os rituais da monarquia britânica, a taromancia, a marcenaria, a sobrevivência na selva, o protocolo de posse de um presidente da República brasileiro, a filatelia, a astrologia, a defesa pessoal, procedimentos burocráticos, as regras de um campeonato de futebol e a jardinagem. Essa lista não é rígida porque, a qualquer momento, um desses conhecimentos pode ser transposto à categoria dos acadêmicos, se uma universidade com certo prestígio passar a tratá-lo de modo mais rigoroso, de acordo com uma metodologia aceita pelos pares. Economia, desenho industrial, jornalismo e psicologia, por exemplo, só foram legitimados como saberes acadêmicos por instituições universitárias ao longo do século XX.

Entre os conhecimentos acadêmicos interessam aqui duas espécies: de um lado, as ciências, como física, química, biologia e astronomia; de outro, as humanidades, como história, sociologia e antropologia. Há, anoto, conhecimentos acadêmicos que não se classificam nem como ciência nem como humanidades. É o caso da matemática, da lógica e da engenharia, entre outros. Todos eles são, porém, saberes estruturados de modo rigoroso num ambiente institucional específico, o acadêmico.

O que é ciência?

Ciência é o conhecimento com a característica exclusiva da falseabilidade – os enunciados científicos são as conjecturas que podem ser refutadas por meio de experimentos naturais (observação direta ou indireta da natureza) ou de experiências laboratoriais (observação em ambientes artificialmente controlados). O conhecimento humano que não se consegue refutar por esses meios não é científico, e nunca poderá ser. Dançar uma dança de salão (samba, tango, valsa, maxixe etc.), fazer o acesso intravenoso no braço de um paciente hospitalizado, preparar uma saborosa xícara de café *espresso*, calcular a quantidade de concreto para a coluna de sustentação de um edifício, pilotar um avião a jato, reproduzir literalmente a criação de Adão e Eva por Deus narrada no *Gênesis*, historiar a invasão das Américas pelos europeus, organizar uma exposição de arte e escrever um livro de ficção são exemplos de conhecimentos, mais ou menos estruturados, que simplesmente ninguém conseguiria refutar por experimentos. Não são testáveis. Não são ciência. Já o conhecimento do processo de produção de energia pelas plantas por meio da fotossíntese, do tempo-espaço como campo gravitacional, do efeito da dipirona na temperatura corporal dos humanos, da identificação das moléculas dos neurotransmissores nos neurônios intestinais e muitos outros são falseáveis, isto é, passíveis de refutação por observações criteriosas. São testáveis. São ciência.

Foi o filósofo Karl Popper quem propôs, nos anos 1930, os fundamentos para esse modo de definir ciência. A definição, que hoje granjeia enorme e merecido prestígio na teoria do conhecimento, resulta da resposta ao "problema da demarcação", que Popper contrapôs ao positivismo no debate epistemológico mais importante da primeira metade do século XX. É certo que Popper estava preocupado apenas com a definição de ciência empírica para diferenciá-la da filosofia (e não, como faço aqui, das humanidades). Ele participou do debate, que o positivismo havia pautado naqueles tempos, para defender a filosofia (Popper, 1934:10-20).

A que debate me refiro? Ao questionamento da própria filosofia como um tipo de conhecimento que ainda merecia existir. Ludwig Wittgenstein, na primeira fase de seu pensamento, inspirou o debate com a famosa proposição nº 7 do seu *Tratactus Logico-Philosophicus*: "sobre aquilo de que não se pode falar, deve-se calar". É um cala-boca endereçado à filosofia, como se pode conferir na proposição 6.53: "o método correto da filosofia seria propriamente este: nada dizer, senão o que se pode dizer, portanto, proposições da ciência natural – portanto, algo que nada tem a ver com filosofia". O primeiro Wittgenstein calou peremptória e especificamente a filosofia porque considerava suas reflexões desprovidas de significação (1921:281). Via-a como uma escada que devemos jogar fora após subirmos por ela.

Uma síntese da postura positivista sobre o estatuto do conhecimento filosófico poderia ser a seguinte: por não conseguir demonstrar empiricamente a pertinência de suas afirmações, o filósofo faz bem em se manter mudo – e os cientistas, em ignorá-lo. O positivismo wittgensteiniano concedia uma hesitante tolerância aos sociólogos, historiadores, juristas e alguns outros humanistas (estudiosos dedicados a objetos culturais), por nutrir a esperança de que evoluiriam para um conhecimento empírico, passível de verificação rigorosa e replicação; mas a filosofia, para o positivismo, não tinha salvação, não passava de um "sem-sentido" a ser atirado longe.

Popper questionou a aniquilação da filosofia pelos positivistas, aduzindo que a questão a ser verdadeiramente posta não é a da "significação" (a que objetos do mundo físico corresponde esse conhecimento?), e sim a de "demarcação" (o que distingue ciência e filosofia?). Argumentou que a ciência em si nunca poderia ser objeto de um conhecimento científico (isto é, falseável), mas apenas do conhecimento filosófico, sugerindo que, pelo menos por essa razão, não fazia sentido a desqualificação epistemológica da filosofia empreendida pelo positivismo wittgensteiniano.

A reação popperiana ao positivismo iniciou-se pela discussão da estrutura lógica do conhecimento científico. Era corrente, pelo menos desde o século XIX, a concepção de que a ciência operaria com a lógica *indutiva*: as verdades científicas eram vistas como generalizações feitas com base na observação criteriosa de uma série significativa de fatos repetidos, de uma regularidade. Por exemplo, o físico constatava que, em todas as medições por ele realizadas, os mais diferentes corpos se atraíram de acordo com certa relação matemática entre as respectivas massas e a distância de um ao outro; da sucessão sem exceção de uma regularidade ao longo de várias observações particulares, ele concluía a lei geral de que a força de atração entre dois corpos será sempre "proporcional às suas massas e inversamente proporcional ao quadrado da distância que separa os respectivos centros de gravidade". Como se costuma esquematizar, esse cientista partiu de uma série de enunciados particulares para chegar a um enunciado universal. É o procedimento lógico da indução. Nessa esquematização, a dedução é o inverso, porque entre os pontos de partida há pelo menos uma proposição universal.

Os positivistas aceitavam, sem problematizar, a lógica indutiva das ciências. Popper os desafiou afirmando que a tese seria uma verdadeira "ilusão de óptica". A lógica da ciência, para ele, não é uma indução porque nas premissas do raciocínio científico não estão exclusivamente enunciados particulares. As observações dos cientistas não são por assim dizer espontâneas, mas escolhidas em função da teoria a ser refutada ou corroborada por elas. Entre as premissas do raciocínio científico, assim, embrenha-se um enunciado universal, a conjectura a ser testada. A lógica da pesquisa científica não vai, em suma, do "particular ao universal", como diz a fórmula simplificadora da indução.

A lógica da ciência, para Popper, é hipotético-dedutiva, porque o raciocínio do cientista adota duas premissas: uma abrigando o enunciado universal da hipótese a testar e a outra com um enunciado particular. Ele cita com frequência o seguinte exemplo: para explicar por que um fio se rompe ao sofrer a ação de um corpo pesando 2 quilos, o físico adota duas premissas, sendo a primeira um enunciado universal ("para cada fio s há um peso p, de modo que o fio se rompe sempre que se dependura nele um corpo com peso maior que p") e a segunda, um particular ("para o fio $s1$, o peso p é 1 quilo"). A segunda premissa foi chamada por Popper de "condição inicial específica" (1957:95-96).

Além de delimitar ciência da filosofia, a falseabilidade por testes popperiana também servia à desqualificação dos conhecimentos "pseudocientíficos". Popper tinha uma predileção especial por dirigir a artilharia da pseudociência contra a psicanálise freudiana e a visão marxista de história. Essas "teorias" (modo como as chamava) estavam na sua mira desde o início. Aliás, numa conferência em Cambridge, em 1953, Popper contou qual foi a inquietação germinal das reflexões conducentes ao conceito de ciência como conhecimento refutável: "O que há de errado com a psicanálise e o marxismo? Por que são tão diferentes das teorias de Newton ou de Einstein?" (1963:45).

Popper demonstrou, por vários exemplos, que, diante de fatos incompatíveis com as afirmações de Marx, o marxismo não só se recusava a admitir a inconsistência delas como as alterava para afastar a incômoda incompatibilidade. Em vez de descartar como falsa a teoria não confirmada empiricamente, o marxismo ajustava-a aos fatos com o objetivo de desfazer a desconfirmação. Marx, por exemplo, considerava a acentuada crise econômica num país com capitalismo desenvolvido uma condição material incontornável para a revolução proletária (a outra condição seria o proletariado suficientemente organizado em um partido comunista). Para ele, uma "lei da história" determinava que as revoluções aconteciam para alterar radicalmente a superestrutura social (cultura, direito, moral etc.) quando entravam em contradição dialética o desenvolvimento das forças produtivas (as inovações tecnológicas, diríamos hoje) e o sistema de produção econômica nele adotado. Em outros termos, em Marx, para uma revolução pôr fim ao capitalismo, era necessário que o desenvolvimento tecnológico tivesse se estagnado em razão do exaurimento, num país, do potencial de inovação do sistema capitalista. Quando eclodiu a Revolução Russa, porém, essa condição material visivelmente não estava atendida. A Rússia de 1917, além de ser uma economia de industrialização muito rudimentar e sem importância, ainda explorava a atividade agrícola pelo anacrônico modo da servidão – não se via por ali absolutamente nenhuma estagnação das forças produtivas motivada pelo exaurimento do capitalismo. Mas, diante da clara refutação à teoria, o marxismo ajustou-se para passar a admitir a implantação da economia planificada por uma revolução proletária também em países sem pleno desenvolvimento capitalista. Fez de conta, pode-se dizer, que a Revolução Russa não contrariava frontalmente a "lei da história", segundo a qual as revoluções sociais nascem das contradições dialéticas entre modo de produção e desenvolvimento de forças produtivas.

O estratagema de salvaguardar as teses das refutações empíricas foi chamado por Popper de *distorção convencionalista* (1945: 319/755; 1963:48).

Não falseabilidade e não corroboração

Um exame mais acurado da formulação de Popper revela que, nela, a ciência é demarcada *por exceção*. O modelo se presta antes à demarcação do conhecimento não científico do que da ciência mesmo. São duas camadas, a da não falseabilidade e a da não corroboração.

Na camada da não falseabilidade, a demarcação popperiana exclui da ciência os conhecimentos cujos enunciados não são testáveis por experimentos. O criacionismo não é científico por ser impossível submeter o relato do *Gênesis* a qualquer tipo de experiência laboratorial ou experimento natural. É por isso, entre outras razões, que não faz nenhum sentido apresentar a narrativa bíblica como uma alternativa à teoria da evolução darwiniana. A filosofia também não é ciência por não ultrapassar essa primeira camada de exclusões. O dilema epistemológico entre as concepções da verdade como representação mental ou relação mental não pode ser resolvido por experimentos.

Na camada da não corroboração, a demarcação exclui os conhecimentos que até podem ser objeto de testagem via experimentos, mas que já se mostraram inconsistentes depois de uma série considerável de falseamentos. A astrologia é excluída da ciência por esse segundo nível de filtragem. Se a posição dos astros na hora do nascimento de uma pessoa interfere ou não na personalidade dela é uma conjectura perfeitamente testável em experimentos. A corroboração não aconteceu e a hipótese, há muito tempo, não tem a plausibilidade mínima para ser admitida à ciência nem mesmo como conjectura. A homeopatia é outro saber não científico porque não foi corroborado por vários testes que um princípio ativo, definido em função do conjunto de sintomas relatados pelo paciente e diluído de modo infinitesimal até desaparecer, ou quase, teria eficácia medicamentosa diferente da de qualquer outro placebo.

É notável que, sendo uma noção epistemológica, a demarcação popperiana de ciência seja excepcionalmente longeva. As críticas que sofreu mostraram as limitações do modelo, como a de não demarcar propriamente a ciência (Lewens, 2016:26-32); elas não levaram, porém, à imprestabilidade do falseamento como elemento central na demarcação dos saberes. Para a discussão que se vai empreender neste livro, o critério popperiano é suficiente para entender as humanidades como não científicas em razão do crivo da primeira camada. Os enunciados dos humanistas não passam pelo filtro da falseabilidade por não serem testáveis.

Os positivismos

Positivismo tem um significado na filosofia e outro na teoria jurídica.

Como conceito filosófico, é uma referência às crenças no gigantesco poder da ciência. Neste livro, adjetiva-se a expressão por pelo menos três modos diferentes. O *positivismo comtiano*, ou sociológico, é o típico do fim do século XIX. Ele considera existir uma escala evolutiva pela qual todas as ciências percorrem. Nessa concepção, por exemplo, a sociologia é uma protociência, uma ciência em desenvolvimento. O *positivismo wittgensteiniano* surge nas primeiras décadas do século XX e é também chamado de neopositivismo, positivismo lógico ou filosofia analítica. Para essa segunda vertente de positivismo, a sociologia fundada em estudos empíricos é uma ciência fraca, porque as conclusões de seus experimentos não desempenham tanto quanto as das ciências fortes (física, química, astronomia, genômica etc.). E, por fim, o *positivismo entusiasmado* é a manifestação de crença, nutrida no século XXI, no poder ilimitado da ciência, em razão de supostos fatores de garantia da objetividade, como a adoção do método científico, a impermeabilidade ideológica e a repetibilidade dos experimentos. Os adeptos dessa concepção, como disse, "pularam o século XX", isto é, não se interessaram pelas diversas discussões epistemológicas que relativizam essa admiração desmedida pelo científico e pelos cientistas.

Como conceito da teoria jurídica, positivismo é a convicção de que no direito positivo (isto é, as leis editadas pelo Estado) se encontra, expressa ou implicitamente, todo o direito. O positivismo jurídico é, como bem sintetiza Mario Losano, a "recusa de incluir valores no raciocínio jurídico" (2008, 2:33). São positivistas os juristas resistentes às argumentações que sustentam, por exemplo, que as leis injustas não devem ser aplicadas pelos juízes, que as decisões judiciais imorais não podem decorrer das leis, que estas devem ser interpretadas de modo razoável para correção das intenções dos legisladores. Muitas vezes, os dois conceitos de positivismo (filosófico e jurídico) se aproximam: o positivista jurídico geralmente defende que a doutrina deve adotar métodos que a transformem em uma verdadeira ciência do direito, sendo também um positivista filosófico.

Há, ainda, mais uma adjetivação: o positivismo popperiano, o entendimento convergente de Popper e dos positivistas wittgensteinianos acerca das pseudociências.

As pseudociências

A discordância entre Popper e os positivistas wittgensteinianos se limitava a um único saber, a filosofia. Para Popper, há nela um conhecimento útil que vale a pena continuar pesquisando e ampliando. Para o positivismo, ao contrário, teria chegado a hora de abandonar de vez qualquer conhecimento que não pudesse se validar por meio de investigação empírica, por carecer de um objeto passível de significação.

Na questão do estatuto epistemológico da filosofia, contudo, cessam as diferenças entre as duas abordagens. Em relação aos demais saberes, popperianos e positivistas estão em pleno acordo em enterrá-los todos numa vala comum. Em outros termos, se não faz muito sentido falar-se em um Popper positivista, é viável considerar um positivismo popperiano com o objetivo de circunscrever essa visão comum; esse amplo acordo sobre os saberes que, à exceção da filosofia, não passam pelo critério de definição da ciência (seja por significação wittgensteiniana ou por demarcação popperiana). Assim, uma vez estabelecido que tipo de conhecimento é ciência, o que não é deveria deixar prontamente de merecer qualquer consideração pela epistemologia. Os saberes não científicos, para o positivismo popperiano, são irrelevantes, uma perda de tempo.

Mas o positivismo popperiano distingue dois grupos entre os saberes não científicos aos quais reserva graus diferenciados de desprezo.

De um lado, concede a alguns saberes o estatuto de ciências em potencial. São saberes que, atualmente, ainda não atingiram o rigor ou a falseabilidade próprios do conhecimento científico, mas que poderão evoluir e se tornar ciência no futuro se seus estudiosos fizerem a "lição de casa". Nesse grupo estão a sociologia, a psicologia, a economia, a história e o direito, por exemplo. São desprezados enquanto não amadurecerem, tomando por paradigma uma das ciências evoluídas, em especial a física.

Desanimados com a demora nessa evolução, alguns positivistas cunharam, depois de algum tempo, a distinção entre ciências *fortes* e *fracas*, acomodando nessa última categoria os saberes em vias de amadurecimento. Essa designação tem sido preferida à que se empregava anteriormente, a de "protociências", denotativa de conhecimentos ainda em evolução ao estágio científico. O desdém nesse caso é menor que o dispensado à generalidade dos demais saberes não científicos.

O outro grupo ao qual o positivismo popperiano dispensa um grau diferenciado de desprezo reúne as pseudociências. Agora, o grau de desprezo não poderia ser maior. As pseudociências são saberes que nunca poderão evoluir para o estágio avançado da ciência. Infelizmente, não podem ser ignoradas porque, embora não tenham nenhum assento entre as dignidades epistemológicas, elas apresentam uma característica nefasta, uma perniciosidade que exacerba o descaso nutrido pelo positivismo popperiano. As pseudociências representam um grande perigo para a sociedade porque muitas pessoas desprovidas de um raciocínio minimamente racional tornam-se vítimas fáceis e ingênuas de embusteiros que se passam por cientistas. São saberes como a astrologia, a cartomancia, a psicanálise, a homeopatia e afins.

Em suma, os positivistas adotam uma hierarquia rígida que separa, de um lado, o que consideram científico (testável empiricamente, rigoroso, preditivo, verdadeiro, consistente etc.) e, de outro, o resto. Mas não tratam todos os saberes não científicos da mesma forma, distinguindo três situações. A primeira diz respeito aos saberes que consideram estar ainda em desenvolvimento, as chamadas ciências fracas ou protociências, às quais devotam certa condescendência (sociologia, história etc.). A segunda situação corresponde às perigosas pseudociências, que precisam ser denunciadas e combatidas sem temor ou descanso (astrologia, homeopatia etc.). Na terceira, estão os demais saberes, que não merecem a atenção da teoria do conhecimento (culinária, pintura etc.).

Por fim, o esquematismo positivista não acomoda bem pelo menos três saberes que não passam pelo critério da demarcação por falseabilidade: os conhecimentos formais (matemática e lógica), a tecnologia (engenharia, medicina etc.) e as humanidades. Os limites desses saberes não são precisos e, na verdade, eles se justapõem em diversas hipóteses: os físicos empregam fórmulas para sintetizar leis, formalizando boa parte de seus conhecimentos, e os juristas são especialistas no estudo de meios jurídicos apropriados para determinados fins, revelando-se como tecnólogos.

Conhecimentos formais: a matemática e a lógica

Aprendemos matemática como se ela fosse um conhecimento empírico. Somos estimulados a usar os dedos da mão, umas bolinhas ou a imagem de laranjas para compreender as operações aritméticas básicas que envolvam apenas números naturais. À medida que as coisas se complicam, o apoio em recursos empíricos vai escasseando até desaparecer por completo. Não há nada ao redor dos alunos que consiga ilustrar, por exemplo, o enunciado $3 - 5 = -2$ (três menos cinco é igual a menos dois). Ainda assim, a natureza formal da matemática remanesce nas sombras. Engenheiros fazem cálculos matemáticos para erguer seus edifícios, projetar motores, a linha de produção das fábricas etc. Médicos, arquitetos, contadores e grande quantidade de profissionais também a utilizam cotidianamente. Parece que nada pode ser mais real e presente que a matemática.

Mas o objeto desse conhecimento é pura forma. Significa dizer que é axiomático e inferencial. Axiomático porque os matemáticos adotam premissas definidas (mas não demonstradas) por eles próprios, os axiomas; inferencial porque delas extraem a prova de certos teoremas raciocinando por regras que também são definidas pela própria matemática. É uma das maravilhas do engenho humano que essas puras elucubrações mentais forneçam ferramentas poderosas para as extraordinárias transformações eficientes do entorno natural.

O objeto da matemática (ciência formal) e os da física, química, genética, astronomia etc. (ciências empíricas) não são postos à prova do mesmo modo. A verdade de um teorema se demonstra pela apresentação de sua congruência com os axiomas e as regras de inferência escolhidos de antemão. É um raciocínio de inferências dedutivas. Já a testagem das conjecturas científicas se faz transformando uma situação de fato, isto é, criando laboratórios assépticos, prendendo *chips* na cabeça de aves migratórias, acelerando partículas subatômicas etc. Não ser uma asserção congruente com axiomas e regras de inferência predeterminados não é igual a ser desconfirmada em uma experiência artificial ou um experimento natural.

Não é óbvio, em suma, que as proposições matemáticas sejam falseáveis como as das ciências empíricas. Contudo, a aptidão de um conhecimento axiomático de atender à demarcação da ciência pela falseabilidade não pareceu ser uma questão importante para Popper.

A demarcação popperiana, porém, inspirou o matemático Imre Lakatos, que tomou os teoremas como conjecturas e as demonstrações como testagens destinadas a desafiar a falseabilidade deles. Fez essas associações ao escrever um diálogo, ambientado em uma sala de aula imaginária, com o professor e alunos interessados em um problema sobre poliedros (Lakatos, 1976). Ele era um crítico da classificação da matemática como conhecimento formal e admitia até mesmo aspectos "quase empíricos" ou "semiempíricos" nela. Lakatos adotou a diferenciação entre contexto da descoberta (ou "da heurística") e contexto da justificação.

CIÊNCIA

Referindo-se ao contexto da descoberta, Lakatos afirmou, sobre as associações teorema-conjectura e demonstração-testagem, que "a heurística matemática é muito parecida com a heurística científica". A ciência empírica e a matemática, para ele, adotam lógicas diferentes somente no contexto da justificação: nesse momento, enquanto a descoberta é *explicada* pelos cientistas, ela é *provada* pelos matemáticos. Para Lakatos, a grande semelhança na heurística com as demais ciências autorizaria a demarcação da matemática também pela falseabilidade. Ele afirma se distanciar de Popper apenas por considerar que a análise e a síntese do contexto da justificação podem também melhorar a conjectura e não apenas falseá-la ou corroborá-la.

Na concepção de Lakatos, porém, a matemática, mesmo caracterizada por uma heurística com "conjecturas, provas e refutações", não compartilha a *indução* com a ciência. A inexistência de indução, contudo, é exatamente a característica que torna problemática a demarcação da matemática pelo mesmo critério da falseabilidade adotado para as ciências em geral. Proposição particular como uma das premissas (que Popper identifica na dedução dos cientistas) não existe nunca nos raciocínios dos matemáticos.

Explico. Na ciência empírica sempre se pesquisa quantidade significativa de indivíduos de um conjunto, mas não todos (isso seria impossível), e se faz uma extrapolação para a população de indivíduos em idêntica situação. O cientista constata que os indivíduos testados (a, b, c...) em determinada situação (x) apresentaram uma propriedade (P). Concluem, se isso for compatível com os métodos assentes da sua área de conhecimento, que os demais indivíduos daquele conjunto (aa, bb, cc...) apresentarão a propriedade P se estiverem na situação x. Essa, como visto, é uma descrição esquemática do procedimento chamado de lógica indutiva. A indução é amplamente considerada um importante componente do conhecimento científico.

Na matemática, a prova da descoberta é bem diferente porque simplesmente não há lugar para as extrapolações das inferências indutivas. O matemático não parte da propriedade de alguns indivíduos para afirmar a de todos do mesmo conjunto que forem surpreendidos na situação investigada. Ao contrário, escolhe algumas proposições primitivas (definindo os axiomas A_1, A_2 e A_3), explicita as regras de inferência admissíveis (R_1, R_2 e R_3) e demonstra como determinadas proposições (chamando-as de teoremas T_1, T_2, T_3...) são congruentes com essas duas balizas (A_x e R_x). É um raciocínio puramente dedutivo.

Pois bem. O falseamento, na ciência empírica, acontece quando outro cientista submete a teste quantidade também significativa de indivíduos do mesmo conjunto, na mesma situação, e não encontra a propriedade apontada pelo primeiro. O segundo cientista testou *aaa*, *bbb*, *ccc*... na situação *x*, mas esses indivíduos não apresentaram a propriedade *P*. O teste dele pode ser igual ou diferente do realizado pelo primeiro cientista. Na verdade, em geral é um teste diferente porque as condições objetivas e subjetivas costumam representar obstáculos à simples repetição da mesma experiência ou experimento – como discutirei à frente, a replicabilidade é um mito. De qualquer modo, porém, a falseabilidade surge quando a extrapolação indutiva que o primeiro cientista fez não se confirma nas novas testagens. Essa extrapolação simplesmente não existe em conhecimentos formais como a matemática. Demonstrar a incongruência de um teorema diante de determinados axiomas e regras de inferência dedutiva não é igual a desconfirmar, por meio de um teste, uma inferência indutiva que se considerava verdadeira.

Um problema matemático ainda em aberto pode ilustrar a diferença no tipo de prova. Sabe-se que todo número par maior que dois é a soma de dois números primos, mas não se sabe por que é assim. É a conjectura forte de Goldbach. Todos os indivíduos deste conjunto (números pares maiores que dois) que foram testados apresentaram a propriedade assinalada (são a soma de dois números primos). Se a prova fosse científica, a enorme quantidade de indivíduos testados já seria mais que suficiente para inferir que todos os números pares são a soma de dois números primos. Em 2015, Tomás de Oliveira e Silva tinha testado os primeiros quatrocentos quintilhões de números pares e confirmado que eram a soma de dois números primos (Silva, 2015). Mas, enquanto não houver uma sólida demonstração dedutiva, a partir dos axiomas e das regras de raciocínio assentes, os matemáticos não se sentirão autorizados a fazer essa afirmação.

Pode ser que, no futuro, alguém demonstre dedutivamente a correção da conjectura forte de Goldbach e, então, a questão estará resolvida. Pode ser que isso nunca venha a acontecer, já que, conforme demonstrado por Gödel, nos sistemas axiomáticos há sempre pelo menos uma proposição indecidível, isto é, cuja congruência ou incongruência são ambas indemonstráveis. Mas, se algum dia um matemático apontar para um único número par maior que dois que não é a soma de dois números primos, isso certamente terá um impacto enorme na matemática e demonstrará a inconsistência do problema forte de Goldbach; mas de nenhuma maneira essa demonstração será um *falseamento*. Não será porque não havia nenhuma verdade provisória passível de ser falseada. E não havia nenhuma verdade, nem mesmo provisória, porque os matemáticos são dedutivos e não poderiam admiti-la apenas por inferência indutiva.

Essa argumentação, convém ressalvar, parte de um pressuposto que Lakatos não aceitava, o da matemática como conhecimento formal; além disso, parte de uma descrição do raciocínio científico como puramente indutivo com o qual Popper, inspirador de Lakatos, não concordava. A argumentação continua pertinente, contudo, porque nem um nem outro demonstrou de que modo a "condição inicial específica" (isto é, a proposição particular que se introduz nas premissas de acordo com o esquema popperiano) se manifestaria nos raciocínios matemáticos. O questionamento lakatiano da natureza formal da matemática, enquanto derivação da epistemologia de Popper, demandaria incontornavelmente essa demonstração. Sem ela, não se sustenta a tentativa de Lakatos de demarcar a matemática como ciência pela falseabilidade.

Na mesma situação da matemática encontra-se a lógica. Também ela é um conhecimento formal (axiomático e inferencial) insuscetível de se demarcar pela falseabilidade de conjecturas. Aliás, desde o fim do século XIX, não há mais diferença substancial entre matemática e lógica.

Os saberes tecnológicos

O sentido corrente e o epistemológico de "tecnologia" não coincidem. No sentido corrente, a expressão é utilizada como *aplicação técnica* dos conhecimentos científicos. Nas demarcações da epistemologia, no entanto, a expressão identifica *um tipo de saber*, que nem sempre está associado a uma ciência. É somente nesse segundo significado que a palavra "tecnologia" será empregada neste livro.

Tecnologia, assim, é o conhecimento dos meios associados a determinados fins. Para o auxiliar de enfermagem fazer o acesso ao soro intravenoso no braço do paciente hospitalizado, ele precisa ter determinado conhecimento. A maioria das pessoas simplesmente não tem a menor ideia de como fazer isso. Esse saber, contudo, não corresponde a um conhecimento científico, por não ser refutável. É um conhecimento tecnológico, que responde à seguinte indagação: dado o fim "inserir acesso para nutrir o paciente de soro intravenoso", quais são os meios adequados para a sua realização? Diante do braço estendido de um paciente, decidir em qual veia instalar o cateter não é decisão tomada a partir de verdades ou falsidades, mas de adequações. Não faz sentido nenhum tratar uma veia como "verdadeira" e as demais como "falsas", porque o desafio é distinguir aquelas veias em que o objetivo de nutrir o paciente por via intravenosa, com os menores danos possíveis, será mais (ou menos) bem atendido.

Muitas vezes, tecnologia e ciência não são inteiramente distinguíveis pelo caráter preditivo dos dois níveis de conhecimento. Mas são diferentes as predições de um e de outro (cf. Popper, 1957:35-37). A ciência prediz os eventos que só não acontecerão se os humanos conseguirem interferir de algum modo: os astrônomos preveem os eclipses que, até o momento, não são evitáveis ou modificáveis pelos humanos; os epidemiologistas conseguem calcular o número provável de mortes em razão de uma epidemia, a menos que se faça a vacinação em massa etc. Já a tecnologia prediz as maiores ou menores chances, ou mesmo a inexistência de qualquer chance, de um objetivo ser alcançado por cada um dos meios imagináveis: o advogado empresarialista estima anualmente para o auditor as chances de sucesso das ações judiciais sob seus cuidados, o enfermeiro pode desaconselhar o cateter no braço e recomendar o acesso por uma veia da mão por conseguir antever que, naquele paciente, a primeira alternativa trará desconfortos mais severos que a segunda etc.

Medicina, engenharia, arquitetura, contabilidade e advocacia são exemplos de conhecimentos tecnológicos: eles definem quais são os meios para a realização de fins dados (isto é, fins externos ao conhecimento). O médico consegue definir a estratégia de um tratamento de saúde porque conhece os meios (os medicamentos, suas doses e periodicidade, as mudanças de hábitos de vida, intervenções cirúrgicas etc.) que podem ajudar um paciente a se curar de certa enfermidade. O engenheiro civil sabe os meios adequados para a construção do edifício que o arquiteto projetou. O arquiteto, por sua vez, conhece os meios para a elaboração de um projeto edificável. O contador sabe quais são os meios corretos para sintetizar a situação patrimonial, econômica e financeira de uma empresa em instrumentos úteis às decisões de seus acionistas e administradores. O advogado conhece as leis, sua interpretação pelos doutrinadores e as decisões dos juízes (precedentes jurisprudenciais), e sabe opinar se a melhor decisão para o cliente seria negociar ou litigar; e, se houver litígio, quais são os argumentos mais eficientes a usar e os ineficientes a evitar, para a defesa dos interesses do litigante que o contratou.

É sempre *externo* o objetivo último associado a cada tecnologia: a nutrição intravenosa do paciente para a enfermaria, a cura para a medicina, a construção do edifício para a engenharia e a arquitetura, as decisões de investimentos ou administração de empresas para a contabilidade, a defesa dos interesses do cliente numa negociação ou litígio para o advogado etc. Quer dizer, o tecnólogo não define o objetivo final, embora saiba dizer, a partir da definição deste, quais são os meios mais ou menos apropriados e quais são os inapropriados para a sua realização. Quando define um objetivo, o tecnólogo está na verdade fixando metas táticas ou operacionais (parciais) no contexto de uma estratégia visando à realização do objetivo final externo: o médico orienta o paciente a emagrecer antes de ser operado, o advogado propõe ao cliente fazer uma derradeira tentativa de acordo antes de iniciar o litígio etc.

Algumas tecnologias dependem do conhecimento científico, outras não. A farmacologia é uma ciência: por meio de experiências laboratoriais, os farmacêuticos refutam suas conjecturas acerca da interação de elementos químicos com funções biológicas. A medicina é uma tecnologia dependente da farmacologia. O médico não precisa necessariamente saber como funciona determinada droga no plano celular, embora esse conhecimento contribua para a compreensão do processo de cura. Ele precisa conhecer, isto sim, as drogas que poderiam ser empregadas na estratégia de melhoria da condição de saúde do paciente e, a partir das respectivas bulas "escritas" pelos farmacêuticos, prescrever dosagens e periodicidade. A engenharia civil e a arquitetura dependem do conhecimento científico da física acerca da resistência dos materiais, a tecnologia da enfermagem depende da ciência da anatomia etc. Já conhecimentos tecnológicos como a contabilidade e a advocacia não dependem de nenhuma ciência. O contador certamente precisa conhecer aritmética para fazer o trabalho dele, mas a matemática é um conhecimento formal, insuscetível de falseabilidade. O advogado, por sua vez, opera com argumentos de retórica, mas essa divisão da filosofia é outro exemplo de conhecimento inteiramente não falseável. De qualquer modo, a tecnologia não perde a sua natureza de conhecimento de meios para a realização de fins dados por depender mais ou menos da ciência, ou não depender dela de nenhum modo.

As tecnologias dependentes da ciência podem adotar os métodos científicos para testar os meios e mensurar a maior ou menor aptidão deles para a realização dos fins dados. A eficiência da medicina integrativa no bem-estar de pacientes diagnosticados com câncer pode ser testada, mostrando "evidências" dos benefícios de práticas como meditação e ioga no contexto do tratamento oncológico. A testabilidade dos meios, contudo, não é suficiente para tornar a tecnologia uma ciência. Uma vez feitas essas testagens e delimitados os meios eficientes para a realização de certo fim, a decisão de qual é o mais apropriado ao tratamento de um indivíduo em particular é o resultado de outro tipo de conhecimento, o tecnológico.

No meio acadêmico, as tecnologias nem sempre desfrutam de estatuto institucional próprio. Parece haver certo receio de que maior rigor epistemológico na institucionalização dos ramos de conhecimento venha acompanhado de perdas na disputa pelos sempre modestos financiamentos da pesquisa acadêmica. Assim, quando não são erroneamente classificadas todas como ciência "prática", as tecnologias são distribuídas pelas instituições acadêmicas entre seus departamentos. Algumas tecnologias que dependem fortemente da ciência, como medicina e engenharia, são tratadas como conhecimentos científicos; as que não dependem são albergadas nas humanidades; e, por fim, há as tecnologias que desafiam a lógica desse critério, como a arquitetura, que se sente mais confortável entre as humanidades, apesar da dependência de conhecimentos científicos (física da resistência dos materiais, por exemplo).

"Ciências humanas" versus humanidades

Sou um admirador da ciência, mas não sou positivista. Refuto a hierarquia dos saberes que eleva a ciência de bases empíricas sobre as demais, assim como rejeito completamente a ideia de ciências fracas ou protociências que ainda podem evoluir e chegar ao patamar superior de uma suposta escala evolutiva.

A ideia central da teoria do conhecimento adotada neste livro aponta para saberes que são úteis, necessários, estruturados e congruentes, a despeito de não serem e não poderem ser científicos. Filosofia, letras, história, sociologia, psicologia, antropologia, economia, direito e vários outros pertencem a essa categoria de conhecimentos. São saberes estruturados, acadêmicos, mas definitivamente não falseáveis por meio de experimentos. Parte desses conhecimentos também se classifica como saber tecnológico. É o caso, por exemplo, da psicologia, da economia e do direito. Há a sobreposição da tecnologia quando o conhecimento tem a propriedade que se costuma chamar de "aplicação", no contexto de uma divisão bastante difundida entre ciência pura ou aplicada, que consiste no conhecimento dos meios mais (ou menos) adequados à realização de um objetivo externamente dado.

Agrupo essas disciplinas acadêmicas não científicas no conceito de "humanidades". Anoto que essa não é uma categorização usual nas universidades, nas agências de fomento ou mesmo na epistemologia. E, para frisar que elas não serão nunca científicas, recuso designá-las por expressões como "ciências humanas", "ciências sociais", "ciências culturais" etc. Vez por outra, para descrever com maior fidelidade o pensamento de um autor, usarei essas expressões entre aspas.

Os positivistas entusiastas torcem o nariz para essa perspectiva de retroceder na vereda iluminista e voltar a cindir o que estavam todos se empenhando em reunir sob o *ombrellone* da unidade metodológica. Mas essa separação (demarcação) é o caminho para o enfrentamento de um dos grandes desafios do nosso tempo: a proliferação do fundamentalismo e do negacionismo científico pelas redes sociais. Com a sua devoção extremada à ciência, o entusiasmo positivista acaba paradoxalmente atrapalhando a defesa da racionalidade na luta contra os fundamentalistas e narradores da pós-verdade. O entusiasmo é tamanho que os cega. A admiração não positivista da ciência sai-se melhor na compreensão do contexto dessa luta por ser mais realista em relação aos limites do conhecimento científico.

É necessário separar as ciências das humanidades, demarcando cada área desses gêneros de conhecimentos acadêmicos. Na luta da razão contra as narrativas da pós-verdade, precisamos rever conceitos e preconceitos abrigados na teoria do conhecimento. A pobre estratégia positivista de contrapor a rígida racionalidade científica às narrativas de pós-verdade, qualificando-as de pseudociências, nunca será eficiente. Só nos livraremos dessas torpes narrativas *filosofando*.

2. Projeto

Não faz nenhum sentido hierarquizar os saberes. Saber pilotar um avião não é mais nem menos importante que conhecer álgebra com profundidade; tocar uma sonata ao piano não é mais nem menos importante que preparar o jantar; conhecer a técnica de elaboração de balanço patrimonial das empresas também não é comparável, em termos de importância, a conseguir consertar o motor de um carro etc. Pode-se dizer apenas que, dependendo do contexto, um saber será mais útil que outro.

Mas, apesar do despropósito, a hierarquização de saberes é recorrente na sociedade, na economia e nas universidades. Os diferentes valores de mercado na remuneração dos empregados e prestadores de serviço e a desigualdade na divisão dos recursos de financiamento da pesquisa são reflexos notáveis da maior ou menor importância socialmente atribuída aos diversos saberes.

Interessa discutir aqui uma hierarquia em particular: a maior valorização do conhecimento científico em relação às humanidades.

É indiscutível que as ciências naturais apresentam caráter preditivo mais apurado, que possibilita realizações fantásticas, como o controle de epidemias por meio de vacinas, o transporte aéreo, a comunicação em tempo real entre pessoas que estão em hemisférios diferentes do planeta e a localização exata de uma pessoa em qualquer parte do globo, desde que ela porte um aparelho receptor de sinais emitidos por três (de preferência, quatro) dos satélites do sistema de posicionamento global (*GPS*). Pode-se dizer que as ciências, a despeito das infindáveis controvérsias, das incertezas e vacilações, dos avanços e recuos, decididamente entrega resultados palpáveis, que melhoram a vida das pessoas. É visível, por outro lado, que as humanidades não performam do mesmo modo. Seus resultados não são rigorosos nem preditivos como os das ciências naturais.

Em razão dessas características de cada ramo do saber acadêmico, a ciência é vista como um conhecimento *superior* às humanidades. Os astrônomos há séculos preveem os eclipses com considerável antecedência e apurada precisão, enquanto os sociólogos nunca sabem dizer se e quando acontecerá uma mudança substancial nos costumes. Vários humanistas chegam a nutrir um nítido sentimento de *inveja* de seus colegas cientistas. Por isso, de tempos em tempos, renovam-se as tentativas de reconstrução da história, antropologia, sociologia etc. como conhecimentos científicos, isto é, como saberes capazes de desempenhar tanto quanto a física, química, astronomia etc.

A transformação das humanidades, ou de alguns de seus departamentos, em ciência não foi um projeto exclusivo de estudiosos ensimesmados envolvidos em obscuras elucubrações epistemológicas. Foi um projeto que parte considerável da humanidade cultivou durante um largo período histórico: a modernidade.

Idade Moderna e modernidade

Modernidade e Idade Moderna são dois recortes históricos diferentes. Nas historiografias de origem francesa, a Idade Moderna tem início com os otomanos conquistando Constantinopla, em 1453, e termina com a tomada da Bastilha pelos injuriados cidadãos parisienses em 1789. De lá para cá, essa tradição historiográfica, em que se insere a brasileira, chama o recorte histórico de Idade Contemporânea. Sugere, com tal nomenclatura, que, após o surgimento da sociedade burguesa dos escombros da Revolução Francesa, nada mais aconteceria de tão importante que justificasse inaugurar uma nova era histórica. Os historiadores nunca precisariam se haver com a dificuldade insuperável de designar uma nova era, na qual o presente paradoxalmente sucedesse ao contemporâneo, porque esse tempo nunca viria... A historiografia de origem britânica, ao seu turno, adota os mesmos marcos temporais, mas não sugere que a história terminou por obra dos revolucionários franceses. Chamam, assim, o primeiro recorte (Constantinopla--Bastilha) de *Early Modern Age*, e o segundo (Bastilha-hoje), de *Late Modern Age*.

A modernidade, como se disse, não coincide com a Idade Moderna recortada por qualquer uma dessas duas tradições historiográficas. É referência a um período iniciado no transcurso da Idade Moderna (ou *Early Modern Age*) e encerrado no decorrer da Contemporânea (ou *Late Modern Age*). A modernidade abrange o intervalo temporal entre o surgimento do Iluminismo (transição do século XVIII ao XIX) e a queda do Muro de Berlim (1989).

Há convergência entre os humanistas aparentemente apenas em relação a duas questões temporais. Primeira: o recorte da modernidade não coincide com o das divisões tradicionais da historiografia, isto é, não corresponde nem ao tempo da Idade Moderna nem ao da Contemporânea. Segunda: a modernidade acaba em 1989, ano da queda do Muro de Berlim, sinalizando o fim da desastrosa experiência soviética.

Ainda não há, porém, convergências sobre o que define a modernidade.

Para Latour, por exemplo, o moderno é a purificação de "zonas ontológicas inteiramente distintas", uma dos humanos (cultura) e outra dos não humanos (natureza). Essa polarização, afirma Latour, é atravessada por paradoxos que tentam lidar com duas questões: de um lado, com a criação dos fatos científicos nos laboratórios (cultura fazendo natureza?) e a de entidades políticas independentes da vontade humana (natureza fazendo cultura?); e, de outro, com os entes "híbridos", que são simultaneamente natureza e cultura, não se acomodando bem em nenhum dos polos (Latour, 1991:20-50). Por conta dessa visão do espírito da modernidade, ao assinalar o marco temporal em que ela se encerra, Latour também dá importância ao fato de que, contemporaneamente à queda do Muro, foram realizadas as primeiras conferências internacionais sobre o risco de colapso ambiental, revelando o lado sombrio dos avanços científicos (1991:17-19).

Não é desse modo, no entanto, que defino o espírito moderno e o marco temporal correspondente, a modernidade. A polarização, sim, tensiona a modernidade, que admite a separação entre os âmbitos da natureza e da cultura apenas provisoriamente. Mas o desafio da época era unir os dois polos não numa zona por assim dizer intermediária, híbrida. A fusão moderna, ambicionada pelos iluministas, dependia de se encontrarem os meios para um dos polos (a cultura) ser absorvido pelo outro (a natureza). Entre os modernos, a polarização é constantemente posta em xeque pela hierarquização dos saberes e pela almejada cientificação da vida em sociedade.

Já para Lyotard, enquanto a característica da modernidade seria a legitimação da ciência por seus resultados, na sociedade pós-moderna, ela teria passado a ser os "jogos de linguagem" das narrativas (1979:102-103). A transição da modernidade para a pós-modernidade é, para ele, uma questão ligada à autoridade para dizer o que é o conhecimento. Antes, a própria ciência tinha essa autoridade, legitimando-se por si mesma. A revelação de sua relatividade, sua contingência, teria deteriorado o poder de se autolegitimar. A ciência, então, teria buscado a nova legitimação em outro tipo de saber: o saber narrativo fundado em tradições e não em resultados. Com isso, a ciência teria se tornado um relato a mais, como outro qualquer. Para Lyotard, trata-se de um retorno, porque o primeiro discurso de legitimação da ciência, o mito da caverna de Platão, era uma narrativa (1979:79).

A explicação de Lyotard não parece referendada pela realidade. A "pragmática do discurso científico" nunca cessa de ser o desempenho: se a vacinação detém realmente a epidemia, há mais coisa na ciência do que a linguagem e seus jogos. Não é nada visível, como pretende Lyotard, que a ciência teria se percebido deslegitimada pela relativização epistemológica. Ao contrário, manteve-se indiferente à discussão, vendo-a mais como um passatempo de filósofos do que um desafio. Também não é evidente que tenha partido em busca de uma nova autoridade, muito menos que a fosse encontrar exatamente nos recantos dos saberes não científicos. Em nenhum momento, a ciência se viu ou pretendeu ser vista como um relato. Ao contrário, na pós-modernidade, continuou a se legitimar pelo mesmo critério de legitimação anterior, o seu desempenho. Foram as humanidades que precisaram buscar uma nova identidade após o fracasso do grande projeto que a modernidade havia reservado para elas.

Jacques Derrida, por sua vez, não assinalaria no fracasso da experiência soviética o completo descrédito do marxismo, tornando assim, de certo modo, o marco temporal do colapso do Muro um fato histórico sem importância para a epistemologia. Escrevendo logo após o evento, Derrida lembra que um *espectro* nunca morre, que pode ser tanto o fantasma de algo vivo no passado como o de algo vivo no futuro. O comunismo, o espectro que Marx e Friedrich Engels mencionam logo na abertura do *Manifesto comunista* (Derrida, 1993:135-137), é a alternativa a outro espectro, o da barbárie. Planejamento econômico estatal ou desorganização do tecido social são os fantasmas que excitam e atormentam Marx. Na perspectiva aventada por Derrida, se o fracasso da experiência soviética não é o fim do comunismo marxista enquanto projeto de reorganização da sociedade, então não há como marcar o fim da pós-modernidade nesse fato histórico.

Boaventura de Souza Santos, por fim, destaca da modernidade o caráter hegemônico das ciências naturais e prognostica que, na pós-modernidade, ocorria a inversão de hegemonia, dessa vez pendendo em favor das humanidades ("ciências sociais", para ele). Santos acredita que apenas o "conhecimento científico da sociedade permite compreender o sentido da explicação" da natureza porque "todo o conhecimento científico é social na sua constituição e nas consequências que produz" (1989:68). A pós-modernidade revisaria, assim, a pirâmide comtiana das ciências. Santos afirma que, diante da relatividade (Einstein) e do princípio da incerteza (Heisenberg), "em vez de os fenômenos sociais serem estudados como se fossem fenômenos naturais", como queria o projeto comtiano-durkheimiano, são os fenômenos naturais que teriam passado a "ser estudados como fenômenos sociais" (1978:42). O novo "etnocentrismo epistemológico" da pós-modernidade de Santos naturalmente deixou alguns cientistas preocupados, se não enfurecidos: se todas as ciências serão incertas, não testáveis, dispersas e confusas como as humanidades, há o risco de minguar ainda mais o financiamento para as pesquisas. A reação dos cientistas foi denominada por Santos de "guerras da ciência"; e, entre os episódios do confronto, Santos inseriu o "caso Sokal" – publicação, em uma não muito criteriosa revista de sociologia, de um artigo fraudulento em que o físico Alan Sokal defendeu uma tese disparatada (a gravidade como constructo social) com o único propósito de desacreditar o veículo e, de roldão, todos os pós-modernos (Santos, 2012:19-23).

De minha parte, não vejo sentido na hierarquia de saberes, independentemente da área alocada no ápice da pirâmide. As humanidades não precisam se tornar modelo das ciências para reivindicar sua devida valorização. Além disso, ao se deparar com os inusitados dos *quanta* no plano subatômico, a física decididamente não correu ao repertório das humanidades para encontrar respostas, mas permaneceu tratando as incertezas de seu objeto como sempre tratou – com suas conjecturas, suas equações, suas mensurações probabilísticas e seus laboratórios.

O que define a modernidade é o grande projeto de transformar as humanidades em ciência. Marca o fim da modernidade a frustração dessa sua principal ambição, o patente fracasso em realizá-la. A modernidade se entusiasmou com o poder da razão nas mãos dos cientistas e a enorme capacidade de entender o mundo e moldá-lo; nutriu um entusiasmo arrogante e desmedido, semeado pelo Iluminismo e violentamente espalhado por todo o planeta pelo colonialismo. O surgimento triunfante e a desalentada ruína desse arroubo colonialista assinalam os marcos temporais de início e fim da modernidade. À medida que se aproxima do marco de término, esboça-se a tomada de consciência de que precisamos ser epistemologicamente mais humildes, isto é, não conhecemos tudo e não temos condições de conhecer, não dominamos tudo e não temos condições de dominar – tanto na economia, na sociedade e na cultura como na natureza.

Quando o assunto é a pós-modernidade, discordo desses quatro ícones do pós-modernismo.

O grande projeto da modernidade

Durante a modernidade, cultivou-se um projeto ambicioso. Pensadores se dedicaram a refletir sobre esse projeto, dar-lhe forma, aprimorá-lo, levar as ideias ao debate público, na academia ou em instâncias políticas. Alguns deles tentaram implementar o grandioso projeto, submetendo autoritariamente milhões de pessoas a mudanças abruptas e arbitrárias em seu modo de viver. As poderosas ideias daqueles e as destemidas ações destes tiveram um enorme alcance (de certo modo, ainda têm) e marcaram a vida de todos os humanos até os nossos dias (e certamente também as de várias das próximas gerações).

Que projeto é esse? Refiro-me à criação de uma ciência social com o mesmo rigor e eficiência das ciências naturais – uma "ciência natural do social" (Bauman, 1978:1213); isto é, à construção de um conhecimento capaz de orientar e assegurar a reorganização da sociedade em bases científicas.

A esse projeto dedicaram-se pensadores e políticos de variados matizes ideológicos. Inseriu-se em vertentes de pensamento muito diferentes, entre as quais o positivismo comtiano e o marxismo. Falarei um pouco mais delas adiante; por enquanto, quero pontuar as premissas comuns às abordagens engajadas no propósito de promover a reorganização científica da sociedade.

A primeira premissa é a de que existem regularidades causais nas ações dos indivíduos que podem ser generalizadas ao nível do grupo e ao longo do tempo. Em outros termos, o grande projeto da modernidade pressupunha a existência de "leis" psicológicas, comportamentais, sociais e históricas (no mesmo sentido da expressão quando empregada em "lei da gravidade", "leis da termodinâmica" etc.). No grande projeto, são presumidas como existentes "leis humanas" tão necessárias (ou altamente prováveis) quanto as descobertas pela física, química e demais ciências da natureza.

A segunda premissa comum a todas as vertentes do projeto definidor da modernidade é a admissão de que o conhecimento das leis humanas ainda seria lamentavelmente incipiente. Sabem haver regularidades e causalidades no âmbito humano tal qual existem na natureza, mas enquanto as desta última têm sido admiravelmente descobertas, testadas e constantemente corroboradas, as daquele permanecem desconhecidas. Os pensadores da modernidade compartilham a crença inabalável na capacidade da razão de subjugar não apenas todo o entorno natural, o que vinha fazendo com sucesso desde os tempos de Newton, como também a sociedade. Não viam motivos para que a convicção em torno do valor do progresso racionalmente impulsionado, que os extraordinários avanços das ciências naturais pareciam reconfirmar todos os dias, não pudesse frutificar também em proveitos palpáveis na esfera das relações sociais dos humanos.

A terceira premissa decorre da segunda: as ciências evoluem, mas cada ramo do saber científico se encontra num estágio diferente de uma única trajetória de evolução rumo às próprias certezas. Haveria, em outras palavras, uma hierarquia entre as ciências. A mais evoluída, para os cultores do projeto, pelo visível grau de maior rigor e predição, é a física newtoniana (na modernidade, ela substituiu a geometria, adotada como paradigma dos saberes confiáveis pela Antiguidade). Para as "ciências humanas" evoluírem a ponto de conseguirem orientar a reorganização científica da sociedade, a rota já estaria traçada: imitar a física. Enquanto o conhecimento do humano fosse as "humanidades", continuaria a ser a reunião nada metódica de um grupo de saberes imprecisos, inconciliáveis e sobretudo de desempenho lamentavelmente precário, ombreado às irracionalidades risíveis da astrologia, adivinhação, magia etc. Tomando por modelo a ciência mais evoluída, a física, as humanidades se tornariam "ciências humanas", a sociologia passaria a ser "ciências sociais", os relatos históricos se transformariam em "ciência da história", a interpretação das leis evoluiria para a "ciência jurídica", e assim por diante.

Uma constante do ambiente acadêmico da modernidade, assim, é a inevitável inveja da física nutrida pelos estudiosos das humanidades. Maravilhados com os fantásticos progressos alcançados pelos físicos, eles se empenhavam em descobrir como se tornar o Newton do departamento das humanidades a que se dedicavam.

A quarta premissa comum aos diversos projetos de reorganização científica da sociedade é a viabilidade de um conhecimento fortemente preditivo do comportamento humano e de suas implicações causais e necessárias no coletivo e na história. Conhecendo cientificamente as leis do humano, o "cientista social" poderia antever com elevado grau de precisão e acerto os comportamentos futuros e suas implicações sociais e históricas. Podendo antecipar acontecimentos e conhecendo as causas do porvir, os cientistas das questões humanas teriam meios para interferir no seu objeto de conhecimento de modo racional e eficiente. Isto é, conseguiriam mitigar ou mesmo neutralizar as causas de situações sociais problemáticas (pobreza, aumento da criminalidade, falta de acesso à educação etc.) ou mesmo interferir no curso dessas causas para assegurar o advento das situações sociais desejadas.

Essas premissas unem pensadores como Augusto Comte, John Stuart Mill, Émile Durkheim e Karl Marx.

O positivismo comtiano

Na primeira lição de seu *Curso de filosofia positiva*, Comte afirma ter descoberto uma lei fundamental ao realizar o estudo do "desenvolvimento total da inteligência humana". De acordo com essa lei, cada ramo do conhecimento humano progrediria por três estados históricos sucessivos.

No primeiro, o estado teológico ou fictício, o conhecimento humano explicava causas e efeitos como se fossem ações de agentes sobrenaturais. O que, no primeiro estado, lhe parecem anomalias são atribuídas à arbitrariedade da intervenção desses agentes. Ao evoluir para o segundo estado, o metafísico ou abstrato, o conhecimento humano substituiu os agentes sobrenaturais por forças inerentes aos seres do mundo. A tarefa passou a ser a identificação, para cada "existente", de uma entidade abstrata que o anima. Por fim, chegando ao terceiro estado, científico ou positivo, os humanos perceberam que não existem as noções absolutas que os haviam iludido anteriormente, renunciaram à pesquisa da origem e do destino do Universo e se concentraram na descoberta das leis naturais, isto é, as relações invariáveis de sucessão e similitude.

Os diferentes ramos do conhecimento não percorrem, segundo Comte, na mesma velocidade os três estágios de progressão determinada pela lei fundamental. Enquanto alguns já estão no estado positivo, outros ainda se encontram no teológico ou no metafísico. À frente, na escalada evolutiva, estão as científicas astronomia, física, química e fisiologia; atrás vem o conhecimento dos "fenômenos sociais", que ainda adota métodos teológicos e metafísicos. Para Comte, a grande lacuna a preencher para finalizar a construção da filosofia positiva consistiria na fundação da "física social".

O positivismo comtiano não tem dúvida nenhuma em relação à finalidade prática da física social que urge construir para completar a trajetória evolutiva do conhecimento humano rumo à filosofia positiva. O novo ramo do conhecimento é indispensável à criação das bases para a *reorganização social*. Somente a física social poderá pôr fim "ao estado de crise no qual se encontram, há tanto tempo, as nações mais civilizadas" (Comte, 1830:923).

O dedutivismo concreto milliano

Mill engaja-se no grande projeto da modernidade de maneira peculiar. De um lado, é utilitarista por considerar a busca da felicidade-modelo à qual se deveriam conformar as regras da prática, mas não acredita numa ciência moral e classifica o método da ética como uma arte (Mill, 1843:169). De outro lado, é bem menos otimista em relação à capacidade das ciências experimentais que os demais pensadores modernos. Está engajado no programa da modernidade para as humanidades, no entanto, porque, como todos os pensadores de seu tempo, acredita na existência de leis causais que operam tanto na psicologia como na sociedade. Ele distingue duas classes de investigações sociológicas: uma, investigando os efeitos decorrentes de situações gerais (as consequências do fim da monarquia, a imposição ou revogação de uma lei sobre cereais etc.); outra, ocupando-se das causas das situações gerais, das leis que as determinam. A primeira cuidaria dos *efeitos* decorrentes de determinado "Estado de Sociedade", enquanto a segunda cuidaria das *causas* dos "Estados de Sociedade" (Mill, 1843:129).

Mill ressalta, porém, o desafio de conhecer essas leis diante da enorme quantidade de dados que precisaríamos reunir, tendo em vista a sobreposição de inúmeras causas na determinação das ações individuais e coletivas. Uma quantidade muito superior, pondera, que as exigidas, por exemplo, para a astronomia dar conta de seu objeto. Por demandar imensa quantidade de dados, as ciências do homem individual (etologia é a designação que sugere) e do homem em sociedade ("ciência social") não conseguem ser rigorosamente preditivas, embora apontem tendências com certo nível de certeza. As leis causais das "ciências do humano" atuam quando nada as impede de atuar, não havendo a necessidade da causalidade física. Por conta disso, não precisamos antecipar com exatidão as nossas ações e as dos outros para decidir o que fazer, sendo suficiente conhecermos as tendências dos comportamentos.

Sutilmente Mill não descarta que, no futuro, esse desafio possa ser vencido pelas "ciências do humano". Mas, mesmo não sendo factível (por enquanto ou definitivamente) reunir toda a imensidão de dados que lhes permita compreender completamente o caráter dos indivíduos e as ações coletivas em sociedade, a etologia e a "ciência social" podem ser construídas a partir do que Mill chama de dedução concreta. Esse método seria o utilizado pela física – que ele considera "a mais perfeita das ciências" – no estudo das questões complexas, isto é, das questões insuscetíveis de experimentação, observação ou dedução abstrata.

Na ciência dedutiva concreta de que cogita Mill, as conclusões independentes das experiências e observações (*a priori*) precisam ser confirmadas por verificação empírica (*a posteriori*). É nessa verificação que se encontra não apenas a diferença com a ciência dedutiva abstrata (geometria) como sobretudo a razão da confiança nas conclusões das "ciências do humano", a confirmação de sua cientificidade.

A despeito dessas ressalvas, Mill concorda com Comte no essencial, na progressão das ciências pelas etapas teológica, metafísica e positiva. Como homem do século XIX, Mill nutre inabalável fé no contínuo progresso em direção ao aperfeiçoamento da sociedade humana. Coerente com essa concepção, vaticina que a "ciência social" alcançará a etapa positiva e conseguirá orientar os meios de aceleração do progresso e de correção de rumos (Mill, 1843).

O positivismo durkheimiano e a concepção fisicalista

Durkheim é visto, e se via, como um dos fundadores da sociologia. Ele criticou Comte por não ter se preocupado em determinar o método científico para o conhecimento objetivo dos fatos sociais, reprimenda que também dirigiu a Herbert Spencer; incumbiu-se, então, de suprir a lacuna metodológica e, com isso, impulsionar a nascente sociologia científica. O método seria o mesmo empregado por ciências naturais como física, fisiologia, morfologia e outras, com as quais estabelece recorrentes paralelos (Durkheim, 1894). A despeito da crítica endereçada à incompletude do projeto comtiano, a sociologia durkheimiana *é* a física social de Comte. Durkheim não apenas concorda com a lei fundamental dos três estágios como até mesmo desvenda a sua natureza: é uma lei sociológica. Quando todas as ciências forem positivas, haverá uma só, porque a realidade é una. E será a física social, a sociologia (Durkheim; Fauconnet, 1903).

O conhecimento que Durkheim tinha em mente, quando se via como pai da sociologia, não era apenas o de um departamento das humanidades. Prognosticava para a sociologia uma abrangência muito mais extensa, que englobasse as diversas "ciências sociais": economia política, história do direito, da moral e da religião etc. Essas áreas específicas falam de ações sociais mas não da sociedade; e a sociedade é o todo maior que as partes, cujas leis causais cabe à sociologia estudar, descobrir e enunciar.

Na concepção fisicalista inspirada no positivismo comtiano, a ampliação de abrangência da sociologia não se deteria na absorção de todas as humanidades. Em seu progresso como filosofia política, a sociologia abrangeria na sequência até mesmo as ciências naturais.

Para compreender essa implicação do positivismo comtiano é necessário lembrar que o progresso no qual acreditaram os europeus no século XIX tem sempre um ponto de chegada, um estágio final, o estado de perfeição em que a evolução se encerra. Assim, a física propriamente dita, que já estava no estágio positivo ao tempo de Comte, um dia entenderia completamente seu objeto e, então, concluiria a progressão, porque não existiria mais nada a descobrir. Em seguida, a biologia compreenderia todos os processos físico-químicos da vida e desapareceria como ciência autônoma. Ela seria reduzida à física. Também aconteceria de a psicologia, em seu estágio final de ciência positiva, compreender também os processos físico-químicos que determinam pensamentos e comportamentos e, ao se reduzir à física, igualmente deixaria de existir. O processo todo teria fim quando a sociologia descobrisse as leis físico-químicas que comandariam as ações sociais e se reduzisse, também ela, à física. É nesse sentido que a classificação da lei dos três estados de Comte como essencialmente sociológica é entendida pela concepção fisicalista. A física social estava predestinada a abarcar todo o conhecimento produzido pelos humanos quando finalmente tudo fosse conhecido, quando não houvesse mais nenhum mistério, quando vivêssemos todos na perfeição de uma sociedade cientificamente organizada.

Durkheim não foi um fisicalista. Considerava, ao contrário, um equívoco ver nas representações, individuais ou coletivas, realidades de natureza físico-química, isto é, como "epifenômenos físicos" (1911:26-32 e 42). Mas ao classificar a lei dos três estados comtiana como sociológica, deu a chave para alguns positivistas adotarem a concepção fisicalista. Uma das acusações de que Durkheim precisou se defender era precisamente a de ter criado uma sociologia "materialista" (1911:50).

O historicismo dialético marxista

O marxismo é a vertente do pensamento mais representativa do otimismo no progresso da humanidade, típico do século XIX e do grande projeto da modernidade de reorganização científica da sociedade. Por duas razões. De um lado, por estar assentado numa elaboração teórica sofisticada e abrangente, que se arroga o rigor e capacidade preditiva das ciências; uma concepção totalizante da vida, que espraiou resiliente influência em vários segmentos das humanidades. De outro, por ser o marxismo a única proposta de reorganizar cientificamente a sociedade implementada em larguíssima escala. Durante a segunda metade do século XX, cerca de um terço dos humanos vivia em países com planejamento econômico centralizado de inspiração marxista.

Antes de ser uma pauta revolucionária, o marxismo é uma ambição epistemológica. A agitação política, a organização do partido, o golpe de Estado, a guerra civil e a guerrilha são, na visão marxista, a expressão de uma lei da história: a luta de classes impulsionando as alterações profundas no modo de produção, sempre que elas são demandadas pela evolução tecnológica.

Por isso, o espetacular colapso da experiência soviética e a transição ao capitalismo na China (negada no discurso e efetivada na prática) têm um significado que transcende o fracasso do marxismo de entregar o que prometeu. Com o Muro de Berlim veio abaixo o grande projeto da modernidade. O malogro da experiência marxista de planificação centralizada da economia foi a demonstração eloquente de que os humanos não podem tudo com suas ciências. Não conseguem, por exemplo, organizar racionalmente as sociedades em que vivem.

A modernidade termina na noite berlinense de 9 de novembro de 1989, quando a derrubada do Muro demonstrou a inviabilidade de seu grande projeto. A partir de então, tivemos de nos tornar epistemologicamente mais humildes.

Corrigindo, *alguns de nós* ficamos mais humildes.

Engajamentos no século XX

O grande projeto da modernidade continuou engajando pensadores ao longo do século XX. Engajou-os, na verdade, mesmo após os claros sinais de fracasso da experiência soviética a partir dos anos 1970. Não se viu nesse episódio histórico a revelação da impossibilidade de *qualquer* reorganização científica da sociedade, mas apenas a defendida por uma teoria em particular.

A ambiciosa empreitada de reorganizar cientificamente a sociedade ainda estimula muita gente na academia. De modo geral, a cada novidade mais ou menos paradigmática surgida no campo das ciências naturais sempre alguém se apressa a apresentar sua aplicação às humanidades, como se tivesse finalmente chegado o aguardado cumprimento do programa moderno. Não há nenhuma novidade epistemológica nas ciências naturais que não inspire a busca da definitiva cientificidade da psicologia, da sociologia, da história e do direito.

Às vezes, os cientistas da natureza se dirigem expressamente aos acadêmicos das "ciências humanas" para os alertar da inexistência de qualquer fundamento para uma transposição para as humanidades da mudança em curso na área deles. Mas, mesmo nesses casos, o alerta não é ouvido por todos e há sempre quem se aventure a empreender a tentativa. Aconteceu, por exemplo, quando Humberto Maturana propôs o modelo dos sistemas autopoiéticos, apresentando-o como fundamental para a biologia, mas impossível de ser replicado pelas humanidades, e foi completamente ignorado por Niklas Luhmann (Losano, 2008, 3:406-409). Maturana acreditava que o sistema autopoiético até permitiria "compreender a dinâmica social humana", mas desde que ela fosse reduzida a um "fenômeno biológico". Sem essa redução, que os colegas humanistas não estariam preparados para fazer, estudar as sociedades humanas como um sistema autopoiético não seria factível porque os organismos e os sistemas sociais são opostos: na aglutinação dos respectivos sistemas "celulares", enquanto o organismo vivo os integra com o mínimo de autonomia, as sociedades o fazem com o máximo de autonomia (Maturana-Varela, 1984:220-221).

A síntese da teoria darwinista com a genética de Gregor Mendel, ocorrida nos anos 1940, é um exemplo de mudança de impacto nas ciências naturais que estimulou a exploração de novas possibilidades de engajamento no projeto que a modernidade reservou às humanidades. Dessa transposição originaram-se as "ciências" do comportamento (sociobiologia, etologia, psicologia e economia do comportamento), que são vertentes de reorganização científica da sociedade; vertentes que, como demonstrei em outra obra, levam-nos à antessala da eugenia (Coelho, 2023:232-233 e 250-252).

Mas as mudanças paradigmáticas ocorridas nas ciências naturais no século XX de maior inspiração para a revitalização do projeto da modernidade foram a cibernética, o estruturalismo e a teoria dos sistemas.

Cibernética, estruturalismo e teoria dos sistemas

A invenção dos computadores trouxe aos olhos de todos, pela primeira vez, uma realidade indiscutivelmente "sistêmica". Foi um maravilhamento: Norbert Wiener, um dos mais importantes nomes na origem da ciência da computação, considerava as novas máquinas uns "enclaves antientrópicos em um universo entrópico"; isto é, algo organizado que contraria a tendência à desorganização deste Universo em que estamos. O aparecimento dos computadores era, assim, similar nada menos que à própria vida, outro enclave antientrópico (Schrödinger, 1943:84-85). Wiener estabelece paralelos perfeitos entre o ser vivo e as "novas máquinas de comunicação" enquanto tentativas de controle da entropia (1950:25/194).

Durante algum tempo, admitiu-se a existência de enclaves antientrópicos (entropias negativas, sintropias ou neguentropias), mas essa noção não é mais aceita pelos cientistas, que ficam com Ludwig Boltzmann e com $\Delta S \geq 0$, isto é, a entropia é igual ou maior que zero. Mas, passando muito longe dessa questão, a extraordinária invenção sacudiu a epistemologia: o sistema se apresentou não mais apenas como a construção de um sistema mental, uma sistematização, mas sim como um dado da realidade. Com o aparecimento dessas máquinas, surgiu também um novo e vasto campo de conhecimento: o direcionado à construção dos programas de computadores, conjuntos de informações que acionam os fantásticos aparatos de computação. Esse novo saber logo despertou a especulação de se tratar do embrião de algo muito maior, uma revolucionária "ciência do controle e da comunicação no animal e na máquina", como a definiu Wiener (1948).

Na origem do promissor novo campo da ciência, "o controle da comunicação no animal" é referência apenas aos não humanos. Inicialmente, Wiener mostrou-se cético quanto à possibilidade de as humanidades se beneficiarem da revolução epistemológica deflagrada pela invenção dos computadores. Apontou para a carência de dados e a "falta de uma rotina razoavelmente segura de técnicas numéricas", ponderando que não valeria a pena tentar mudar essas condições porque os "cursos estatísticos das ciências sociais são inevitavelmente curtos" (1948:47 e 196). Vaticinou, por isso, serem falsas as "esperanças que alguns de meus amigos [da antropologia, sociologia e economia] depositaram na eficácia social" do novo ramo de conhecimento (Wiener, 1948:194-195). Não demorou muito, porém, para reconhecer na cibernética também um instrumento de controle da comunicação na sociedade (Wiener, 1950:26/194).

Enquanto foram vívidas as esperanças na redentora "ciência do controle e comunicação", que colocavam no horizonte até mesmo a unificação das ciências, o novo saber foi chamado de *cibernética*. Ela foi recebida pelas ciências naturais com imenso entusiasmo epistemológico. Parecia indicar um novo parâmetro para as pesquisas científicas de todas as áreas. Quando hoje climatologistas desenham modelos computacionais que calculam o ano em que a temperatura do planeta Terra alcançará determinado patamar se as causas antropogênicas do aquecimento não forem contidas, estão trabalhando nos rastros do ambicioso programa inaugural da cibernética.

Com o passar do tempo, a ambição desceu um degrau. Não se nutrem mais expectativas de um *megacampo* científico. Foram substituídas pela crença em um vigoroso salto no acúmulo de conhecimento em todas as áreas da ciência devido à extraordinária capacidade de operar com uma quantidade imensa de dados (*big data*). O conhecimento do controle e comunicação nas máquinas tornou-se ingrediente indispensável das pesquisas científicas. Para se afastar discretamente de seu desmedido programa epistemológico inicial, o conhecimento sobre os programas de computador não se chama mais *cibernética* e passou a ser chamado de *tecnologia da informação*, ou *informática*.

Além da cibernética, o surgimento de uma realidade indiscutivelmente sistêmica (os computadores) deu origem também ao estruturalismo e à teoria dos sistemas. O estruturalismo desapareceu em poucas décadas, ao passo que a teoria dos sistemas granjeia ainda inegável prestígio epistemológico.

A explicação para o desaparecimento do estruturalismo está, na minha opinião, no tratamento hesitante que dispensou a três questões.

A primeira diz respeito à realidade de objetos sistêmicos. Para o estruturalista Jean Piaget, as estruturas físicas, biológicas e sociais existem tanto quanto as correspondentes construções mentais de quem as estuda (1968:40 e 96), mas não é assim para Claude Lévi--Strauss. Embora tenha "escorregado" muitas vezes ao tratar da questão (Eco, 1968:284-301), pelo menos ao aderir ao estruturalismo, o antropólogo distinguiu com ênfase as "relações sociais" e as "estruturas sociais", essas últimas como mero constructo mental (Lévi-Strauss, 1952:13).

Na segunda questão que recebeu tratamento hesitante do estruturalismo, vê-se o apego à concepção de sistema como sistematização. Essa concepção, predominante antes da invenção dos computadores, preocupava-se fundamentalmente com as relações entre as partes e o todo. A visão antiga tinha em mente, assim, os sistemas fechados, diferentes dos recém-inventados processadores de informações. Esses são sistemas abertos, alimentados por *inputs* e produtores de *outputs*. O estruturalismo não entendeu bem a importante mudança de foco. Ao listar as características de definição das estruturas, Piaget inclui a autorregulação e observa que dela decorre a "conservação e certo fechamento" das estruturas (1968:14).

A terceira hesitação do estruturalismo, por fim, foi fatal para a sua sobrevivência. Os estruturalistas frequentemente empregavam o conceito de "sistema" para explicarem as estruturas. E, de qualquer modo, nunca se preocuparam em apontar quais poderiam ser as diferenças entre as duas categorias.

Tais questões foram, a seu turno, resolvidas sem vacilos pela teoria dos sistemas. Para essa vertente epistemológica, a realidade é sistêmica, o foco recai sobre as relações entre o sistema e o ambiente circundante e, enfim, não é preciso socorrer-se de qualquer noção de estrutura para entender o que é um sistema.

O desencantamento do grande projeto da modernidade

No início do século XX, pensadores influentes já não mais se engajavam no grande projeto da modernidade de construção de uma ciência do humano rigorosa suficiente para orientar a reorganização científica da sociedade.

Max Weber, por exemplo, negava a existência de leis históricas a serem desvendadas por um conhecimento científico. Para ele, estaria ao alcance da ciência estabelecer relações de causalidade entre dois fatos históricos, mas, como todos os fatos históricos são particulares, individuais, rigorosamente irrepetíveis, essa relação ela não pode estender a outros acontecimentos. Para Weber, seria um absurdo se valer do conhecimento acerca da plasticidade de um fato histórico singular para elaborar uma lei geral da história.

Ao investigar, por exemplo, como a ética protestante influenciou o sóbrio e racional capitalismo burguês, de forma nenhuma ele sugeriu, presumiu ou conjecturou que haveria uma lei geral da história, segundo a qual as religiões influenciam as relações econômicas. Sua reflexão era voltada especificamente a dois dados históricos singulares (protestantismo e capitalismo), entre os quais considerou cientificamente válido estabelecer uma relação – uma causalidade "adequada", como Weber a chamou para diferenciá-la das causalidades afirmadas em leis gerais. Ele não excluiu, aliás, que a ascese protestante poderia ter sido influenciada, por sua vez, pela "totalidade das condições sociais, especialmente econômicas", algo a ser investigado. E, provocando os marxistas, advertiu que não se devia substituir a interpretação materialista por uma "igualmente bitolada interpretação causal da cultura e da história" (Weber, 1904:132). Ao não acreditar em nenhum rumo guiando a história, Weber se afastou completamente do pressuposto da existência nela de regularidades passíveis de serem controladas.

Weber considerava que o objeto suscetível de conhecimento não seria propriamente a sociedade e a história, um composto de realidades particulares, individuais, singulares; mas sim alguns esquemas mentais compreensíveis. Esses esquemas seriam constituídos por elementos tendentes a captar homogeneidades na história e na sociedade, por meio de uma aproximação gradual com o acontecimento. Na aproximação, o historiador seleciona o essencial em detrimento do ocasional. Chamou esses esquemas mentais de *tipos ideais* (ou *puros*) e chegou mesmo a qualificá-los de *utopia* (Malerba, 2013:228). Não são representações abstratas da realidade, mas conceitos que ajudam a identificar pontos de semelhanças entre os fatos históricos em sua ínsita singularidade.

Mesmo com essa sofisticação epistemológica, Weber não se iludia com as promessas do grandioso projeto da modernidade e não se entendia como um cientista descobridor de leis gerais operando na sociedade, economia e história. Autor de referência para diversas áreas das humanidades, não se considerava um historiador, mas reconhecia ser indispensável conhecer a história para estudar economia, direito, sociedade etc. Concebia a historiografia como uma ciência capaz de desvelar relações causais entre acontecimentos particulares, mas de forma nenhuma com meios para traçar o curso de uma história universal. Weber, assim, se opôs não somente ao marxismo, mas também a cultores nada marxistas de uma ciência reveladora das leis históricas (Wilhelm Roscher, Karl Knies e Eduard Meyer).

Além de advogar essa singular abordagem científica de acontecimentos históricos e não da história, Weber descartava as ciências "mecânicas" como modelo para a historiografia. Os historiadores, para ele, não seriam nunca uma espécie de físicos da história porque os métodos de cada área são não apenas diferentes, mas essencialmente opostos. Os cientistas que descobrem as leis naturais precisam se afastar da realidade por meio de abstrações cada vez mais gerais, enquanto os historiadores fazem o movimento inverso e se aproximam progressivamente do acontecimento que lhes interessa, separando as camadas do essencial e do ocasional. Em outros termos, para Weber, a lógica das ciências naturais opera com conceitos de abrangência cada vez maior e conteúdo menor; e a das "ciências históricas", com conceitos relacionais de conteúdo cada vez maior e abrangência menor. É uma contraposição esquemática, que ele reconhece ser visualizável com exatidão apenas na mecânica pura e em certos setores das humanidades.

É na negativa de qualquer lei condutora da história que se pode encontrar a recusa de Weber de engajamento no grande projeto da modernidade. Para ele, a única sociedade que se permitia ser objeto de compreensão objetiva é a capitalista originada no Ocidente com a decisiva contribuição da ascese protestante. Somente ela se fez suficientemente racional para poder ser objeto de estudo científico. Também por isso, a sociologia weberiana não se via como a pesquisa de caminhos de reorganização da sociedade. De um lado, como liberal, nutria alguma crença de que tudo acabaria bem, em algum momento no futuro, bastando que a racionalidade do capitalismo não encontrasse maiores entraves; de outro, como "desencantado" pesquisador constantemente insatisfeito com os resultados da própria pesquisa, não tinha chegado a convicções suficientes para se propor uma tarefa de tal envergadura, a de racionalização da sociedade pela ciência.

Resquiciais do grande projeto

A despeito de perder aos poucos a sua proeminência no pensamento europeu, o grande projeto da modernidade resistirá até a derrocada soviética, em 1989. Mas a ambição moderna de controle científico do humano, dos comportamentos individuais ou em sociedade, do funcionamento de nossa psique, da organização da economia etc. ainda deixará resquícios mesmo após esse marco do fim da modernidade.

Esses resquícios não deixam de ser medidas da força e do carisma do grande projeto da modernidade. O inegável fracasso na tentativa de reorganização científica da economia e da sociedade, visível no desastrado fim da experiência soviética, foi uma demonstração por demais eloquente da inviabilidade de uma ciência do humano com o rigor e a capacidade preditiva das ciências naturais. Talvez se fizesse mesmo necessário um fato histórico espetacular, com a dramaticidade da derrubada do Muro pela ação determinada e festiva dos alemães dos dois lados, para desacreditar a ambiciosa aspiração dos modernos. Era um ideal poderoso demais para sucumbir apenas em razão de sisudos debates acadêmicos.

Dos autores de referência do grande projeto, Durkheim tem sido um dos padrinhos dos resquiciais. Os que ainda consideram viável a construção de uma ciência da sociedade rigorosa e preditiva pode-se dizer que são, de um modo ou de outro, durkheimianos.

Um durkheimiano metodológico se encontra no Programa Forte da sociologia do conhecimento, vertente também conhecida como "Escola de Edimburgo" e que desfrutou de certo prestígio nos anos 1990. Para David Bloor, um de seus adeptos, os sociólogos se concentram nos episódios em que a ciência não teria feito boa figura (os raios N de Prosper-René Blondlot, desmascarados por Robert Williams Wood, por exemplo) e, por isso, acabam fazendo a sociologia do erro, e não a do conhecimento. A ciência deve ser capaz, ao contrário, de estudar a si mesma cientificamente para explicar tanto as causas dos acertos como as dos erros. Ele acredita que a sociologia do conhecimento, em adotando o Programa Forte (isto é, o mesmo método das ciências fortes), descobriria leis como a da "mistificação" – pela qual, sempre que a sociedade se imagina ameaçada em sua estabilidade, ela mistifica o conhecimento científico (também os valores e outros padrões) (Bloor, 1991:122-123).

Bloor atribui o pouco desenvolvimento da sociologia do conhecimento ao modo como a ciência é abordada pelo imaginário social. Aqui, Durkheim é novamente convocado, dessa vez o do livro *As formas elementares da vida religiosa*, publicado em 1912. Para Bloor, a ciência estaria protegida de ser profanada pelo estudo científico dela mesma em razão do caráter sagrado que o imaginário social lhe atribui, semelhantemente ao que faz com os referenciais das religiões (1991:78-83). Uma sociologia científica precisa existir para que a nossa cultura não seja "irônica nem estranhável", o que aconteceria se a ciência não pudesse ser ela mesma cientificamente conhecida (Bloor, 1991:77). A impossibilidade de conhecer cientificamente a ciência transgride o princípio da reflexividade, um dos basilares do Programa Forte.

Não se pode descartar, contudo, que a ciência não consiga realmente conhecer-se a si própria. Sendo atividade humana, ela só é conhecível pelas humanidades. Os humanos não podem conhecer tudo e, sobretudo, há objetos que não são cientificamente apreensíveis (interpretação das leis, moralidade da conduta, negociações políticas, decisões econômicas...). Desse modo, não é nada estranhável que a ciência seja, em si mesma, um desses vários objetos incognoscíveis por falseamento de conjecturas via experimentos. Algo ser "tão obviamente desejável", como aspira Bloor, evidentemente não o torna possível. A cultura não é estranhável, embora seja mesmo um bocado irônica.

Outro padrinho dos resquiciais do grande projeto é a concepção fisicalista, para a qual a sociologia científica será capaz de explicar, em seu estágio mais evoluído, todos os fatos sociais como meros processos físico-químicos: se um homem estuprou a criança, isso se explicaria a partir da física e da química de seu cérebro. Esses autores residuais creem que a ciência, após finalmente descobrir de que modo os comportamentos e pensamentos humanos não passam de puras reações de ordem físico-química de um órgão da sua anatomia, o cérebro, poderá, então, pesquisar e desenvolver drogas para direcionar comportamentos. Conhecendo o processo físico-químico, não haveria dificuldade de inventar medicamentos para a "cura" de patologias que perturbam a ordem social, como a psicopatia, a perversão sexual, a mitomania. Levado às últimas consequências, o fisicalismo não pode deixar de considerar no horizonte a invenção de drogas para curar comportamentos como o inadimplemento de obrigação líquida e, com isso, fortalecer o mercado de crédito – de um tal ridículo, porém, não falam.

Pode-se exemplificar com Samuel Benjamin Harris o resquicial fisicalista. Harris compra o programa positivista do fisicalismo ao propor que a pesquisa científica, a partir dos avanços da neurociência, será capaz de distinguir os valores sociais verdadeiros dos falsos. Qual é o critério, no entanto, para julgar a verdade de um valor, na opinião dele? Harris considera que seremos capazes de definir cientificamente o que ajuda e o que prejudica o bem-estar. Não é uma definição estrita, esclarece, mas algo como percursos numa paisagem com picos (mais bem-estar) e vales (menos). Bem-estar, ressalta, é um estado do cérebro em reação a estados do ambiente. Por isso, a neurociência propiciará a base para a compreensão dos processos físico-químicos do bem-estar e definição, a partir desse conhecimento, das regras morais verdadeiras (Harris, 2010).

Ele, no entanto, nada diz sobre como a ciência norteará a solução de conflitos soma zero entre dois bem-estares cientificamente determinados. Um branco invade a terra indígena para fazer mineração ilegal, com o mercúrio poluindo as águas. O lucro com o crime provoca em seu sistema nervoso os processos físico-químicos do mais pleno bem-estar. Os indígenas, por sua vez, só sentirão algo assim quando a atividade minerária irregular cessar e o envenenamento das águas pelo mercúrio for revertido. Pois bem. Qual bem-estar prevalecerá entre os conflitantes? Harris sequer tangencia essa questão, embora ela seja a única genuinamente moral. Se a moral não der uma resposta para situações conflituosas, não é de moral que se está falando, mas de uma mera cartografia do cérebro, elucidativa do que é processado na estrutura evolucionariamente recente do córtex frontal e do que processamos em estruturas distais, reptilianas.

Em sua versão mais corriqueira, o fisicalismo segue a ordem *biologia se torna física* e, depois, *sociologia se torna física* (Piaget, 1968:20 e 41-42). Mas também há os que a invertem, propondo que a *sociologia se torna biologia* e, em seguida, a *biologia se torna física* (Da Costa, 2018:44).

3. Humanidades

O grande projeto da modernidade não gerou os resultados pretendidos. Não sabemos, até o momento, como se organiza cientificamente uma sociedade. O mais provável é que não saberemos nunca, pela simples razão de não existir um modo de a sociedade se organizar por decisões racionais.

O utópico projeto não cumpriu sua meta, mas produziu um fruto: a inveja nutrida pelas humanidades em relação ao desempenho das ciências naturais.

No programa da modernidade, a física é considerada o grande modelo de ciência plenamente evoluída. O complexo de inferioridade em relação ao desempenho superior do conhecimento dos físicos é assíduo em diversas obras. Para ficarmos em um único exemplo, veja como John von Newmann e Oskar Morgenstern inauguram o argumento em prol da aplicação da teoria matemática dos jogos na compreensão de questões econômicas, em livro publicado nos anos 1940: reconhecem que nenhuma teoria econômica é um "sistema universal", mas se desculpam lembrando que tal sistema não existiria nem "mesmo em ciências muito mais avançadas que a economia, como a física" (1943:2). Adiante comparam a mensuração das temperaturas antes e depois do desenvolvimento da área termodinâmica da física e prognosticam que, no futuro, com a evolução de uma economia científica estática para uma dinâmica, a mensuração das "utilidades" pela teoria dos jogos também alcançaria maior precisão, como aconteceu com o calor (Newmann-Morgenstern, 1943:23 e 44). Newmann e Morgenstern não poderiam ser mais positivistas, ao adotarem a física como modelo da cientificidade que buscam para a economia.

O tempo passa, o Muro de Berlim cai, demarcações são repensadas ou descartadas, mas a obstinação de alguns humanistas em se afirmarem como cientistas resiste como incômodo legado da modernidade. O que explicaria a resiliência da ambição cientificista, mesmo após o seu fracasso? De início, pode-se lembrar a associação entre ciência e poder: não são poucas as lideranças acadêmicas que se valem de sua reputação no jogo da política. O poder da ciência, aliás, é muito mais sutil que o exercido no âmbito das esferas institucionais; é um poder que não se exibe como espetáculo, mas se infiltra nos corpos de loucos, prisioneiros e pacientes (Foucault, 1979:171-173 *et passim*). Um saber afirmar-se como científico cria sempre uma chance de poder. Os humanistas não têm pressa de renunciar a *essa* oportunidade de poder.

Manter aberta uma via de acesso ao poder, porém, não explica tudo. Nem todos têm interesse em aproveitar essa oportunidade para empoderar-se. A maioria dos pesquisadores das humanidades que insistem em se enxergar, e sobretudo se apresentar, como cientistas capazes de entregar resultados confiáveis tem em vista outro objetivo, bem presente no cotidiano deles: não querer correr o risco de exclusão dos programas de fomento à ciência. Às humanidades já tem sido historicamente destinada uma parcela minguada dos sempre insuficientes recursos de financiamento da pesquisa acadêmica. Se os estudiosos da área assumirem explicitamente que constroem saberes não suscetíveis à falseabilidade por meio de experimentos, aí sim é que o gestor público não verá sentido nenhum em fomentar os estudos das humanidades.

Mimetização das ciências

O modelo fornecido atualmente pela física para as humanidades imitarem visando alcançar a dignidade epistemológica de ciência evoca duas marcas do conhecimento científico: a formalização e os laboratórios.

A formalização é a tradução das leis naturais em uma linguagem formal, em fórmulas de cálculo tipo $E = mc^2$. Trata-se de característica importante para a capacidade preditiva da física. A formalização não apenas permite a operacionalização das leis de modo preciso, por neutralizar as ambiguidades e vaguidades das línguas nativas dos inúmeros físicos espalhados mundo afora, como sobretudo as aproxima da matemática e da lógica, reforçando a aura de certeza. Dessa característica da física, de sua aptidão à formalização, têm inveja até mesmo outros ramos das ciências naturais, como a biologia.

Ao mimetizarem a física, as humanidades se valem de *simulacros de formalizações*, isto é, de esquemas mentais que em tese permitiriam delimitar o invariável nos complexos variáveis de natureza cultural, social, histórica etc. A sociedade é vista como um objeto de estudo tão complexo que não se consegue conhecê-la diretamente. Por isso, as humanidades são convocadas a se conformarem com um limite: só seria possível qualquer conhecimento rigoroso e preditivo de seu objeto por meio indireto, isto é, por esses esquemas mentais artificialmente construídos que mimetizam a formalização das leis da física.

Pode-se dizer também que os esquemas mentais das humanidades mimetizam igualmente os luzentes laboratórios das ciências naturais. Os cientistas dependem de um espaço totalmente asséptico, o mais rigorosamente isolado do ambiente que a engenharia puder construir, para estudar objetos como os vírus, por exemplo. A assepsia é condição material para os virologistas elaborarem conjecturas e as testarem sem nenhuma interferência da ação de outros microrganismos (pelo menos é esse o objetivo). Para que as interações acontecidas no ambiente possam ser controladas, administradas e estudadas pelos cientistas, eles precisam de um ambiente artificial que permita o mais completo isolamento possível do objeto. O laboratório asséptico possibilita aos cientistas administrar esse isolamento promovendo a interação do vírus com uma série de elementos químicos ou outros microrganismos.

Os humanistas engajados no grande projeto da modernidade pretendem encontrar, no ambiente desses esquemas mentais, o invariável, o estável, o uniforme, o reiterado em seus objetos. Contam com o isolamento construído no plano mental para possibilitar a identificação do que permanece igual quando tudo se transforma. O objetivo, no final, é aumentar o *desempenho* das humanidades, sua capacidade preditiva, sua aptidão para orientar com eficiência a intervenção racional nas relações sociais, no controle dos humanos sobre a própria história.

A *estrutura* é um desses esquemas mentais. Lévi-Strauss, por exemplo, ao discutir o estruturalismo na etnologia, distinguiu as "relações sociais" das "estruturas sociais", apresentando estas como modelos construídos em conformidade com aquelas. "As relações sociais", disse, "são a matéria-prima empregada para a construção de modelos que tornam manifesta a própria estrutura social". As estruturas, prossegue, são modelos revestidos de capacidade preditiva, isto é, aptidão para prever de que modo eles reagirão no caso de se modificar um de seus elementos. Mas, ressalta Lévi-Strauss, a predição pelo modelo de como ele mesmo se comportará deve fornecer explicações para os fatos observados (1952:13). Em suma, qualquer estrutura social deve ser construída para permitir uma antecipação (por assim dizer indireta) de mudanças na realidade da relação social a que corresponde.

Também o tipo ideal de Weber é um laboratório asséptico. Esse esquema de acomodação da homogeneidade identificada em fatos históricos singulares é declaradamente "estranho à realidade", que se encontra imersa em sua continuidade heterogênea (Weber, 1922:18).

A unidade metodológica das ciências e das humanidades

Popper rechaçava a hipótese de qualquer lei determinando o curso da história, contrapondo-se tanto ao "historicismo" do positivismo comtiano quanto ao marxismo. Ele compartilhava, contudo, dos mesmos anseios do grande projeto da modernidade de reorganização científica da sociedade, confiando na viabilidade de uma "ciência social" testável. Para Popper, algumas das asserções fundamentais de Marx podiam ser falseáveis. Por exemplo, o "materialismo", a afirmação de que a organização econômica da sociedade baliza todas as instituições sociais e o desenvolvimento histórico, é uma conjectura que pode ser conferida ou rechaçada por observação empírica (Popper, 1945:316-317/755). Desse modo, ele considerava que poderia encontrar algum material no marxismo útil ao início da construção da "ciência social" testável. Na avaliação dele, porém, a distorção convencionalista, aquela atitude de ajustar a teoria aos falseamentos em vez de a rejeitar, acabava impedindo que as conjecturas marxistas assimiláveis, como a do materialismo, pudessem ser depuradas e dotadas de maior precisão por meio dos testes científicos.

Além da distorção convencionalista, outra dificuldade para a construção de "ciências humanas" testáveis estaria no que Popper chamou de sociologia do conhecimento. Trata-se da crença de que os pensadores e pesquisadores estão invariavelmente contaminados por interesses políticos, econômicos ou de classe. Para Popper, a evolução para a "ciência social" testável dependia de os pesquisadores se livrarem dessa crença de inspiração marxista e deixarem de ser reféns de quaisquer ideologias totalizantes.

Ele estava convencido, no entanto, de que os humanistas um dia iriam deixar de lado a distorção convencionalista e a sociologia do conhecimento, isto é, passariam a descartar as teorias falseadas em vez de as adaptar à dinâmica dos fatos e a confiar na objetividade de um conhecimento científico da sociedade. Nesse dia, afirmou Popper, a "ciência social" encontrará o seu Galileu, fazendo uma alusão ao "fundador" da astronomia. Seria, então, criada uma "engenharia social", o conhecimento científico capaz de compreender as grandes tendências das sociedades e, partindo delas, planejar e criar instituições aptas ao controle, à obstrução ou à aceleração do desenvolvimento social. Com esse perfil de engenharia social, a sociologia se tornaria, segundo Popper, uma ciência teorética e empírica, tal qual a física: teorética, porque conseguiria explicar e prever grandes tendências a partir de suas leis; e empírica, porque suas explicações e predições teriam por base testes feitos a partir de fatos observáveis (Popper, 1957:30 e 92). Reconhecendo a importância da teoria psicológica, a despeito das inúmeras e mordazes críticas disparadas à psicanálise de Freud, Popper tinha igualmente fé no surgimento de uma psicologia científica (1963:49).

Para Popper, os métodos de todas as ciências teoréticas, naturais ou sociais, são fundamentalmente iguais e consistem em suscitar explicações casuais dedutivas e testá-las para fins de refutação ou corroboração. Advogou, assim, a tese da "unidade de método" das ciências naturais e humanas, alinhando a sua epistemologia ao grande projeto da modernidade.

"Ciência social" e ideologia liberal

Ao propor e resolver o problema da demarcação, Popper foi bastante feliz em relação às ciências naturais. O elemento comum à física, à química, à biologia, à astronomia etc. é a falseabilidade do conhecimento por experimentos. Apesar de seus limites, a epistemologia popperiana tem se mostrado razoavelmente satisfatória para a demarcação do estatuto científico dessas áreas do saber.

Mas, ao tratar das humanidades, Popper se atrapalhou; e tombou ao tentar se equilibrar entre o postulado epistemológico da unidade de métodos e a luta política do liberalismo contra o marxismo, na qual tinha se engajado.

Como foi o tombo? A teoria do conhecimento popperiana crê na viabilidade de "ciências sociais", nos moldes de uma engenharia social. É uma decorrência lógica de sua premissa da unidade de método, que o leva a visualizar, no futuro, um conhecimento científico de planejamento e controle do desenvolvimento social. Popper reconhece, contudo, que essa proposição podia ser entendida como uma concepção muito próxima do planejamento centralizado da economia defendido pelos marxistas. E, para "demarcar" o distanciamento do inimigo, ele aponta duas características da sua imaginada engenharia social: a ação gradual e as leis proibitivas.

O gradualismo da engenharia social excluiria a hipótese de mudança abrupta na sociedade, presente na concepção marxista de implantação do planejamento centralizado da economia por meio de revolução política. Para Popper, a reorganização científica da sociedade seria feita gradualmente, isto é, por etapas bem planejadas e consolidadas, sem atropelos ou radicalizações. A engenharia social de ação gradual, além disso, seria um conhecimento focado no âmbito das relações privadas e não exclusivamente na intervenção no plano público, como é o marxismo. O processo de reorganização científica deveria, em outros termos, amoldar-se à estrutura e ao ritmo da colaboração espontânea naturalmente resultante das iniciativas egoístas dos indivíduos. O gradualismo de Popper reverencia assim a mistificação liberal.

As leis científicas da engenharia social, por sua vez, apenas circunscreveriam o que é *impossível* acontecer. Popper as exemplifica com os seguintes enunciados: não é possível proceder ao planejamento centralizado da economia e concomitantemente manter um sistema de preços competitivos, não se alcança o pleno emprego sem inflação etc. Como se percebe, ele tinha em mente leis da natureza social com nítido sentido de exclusão, de proibição. Para ele, a propósito, nessa seara nada haveria de singular na engenharia social de ação gradual. Para a epistemologia popperiana, quaisquer leis científicas são mais dificilmente refutáveis quando formuladas como proibições: a lei da conservação da energia diz ser impossível construir uma máquina de movimento perpétuo, a lei da entropia afirma a impossibilidade de construção de uma máquina cem por cento eficiente etc. (Popper, 1945:427/755; 1957:5, 37, 47-51).

Mas, se admite uma "ciência social" na forma da aventada engenharia social de ação gradual assentada em leis proibitivas, Popper rejeita a hipótese de uma historiografia preditiva em razão da inexistência de causalidades no desenvolvimento histórico. Para ele, historiadores apenas dão diferentes *interpretações* aos fatos componentes do objeto de seus estudos. Aqui, há também um tanto de contradição no pensamento de Popper, ao diferenciar os ramos das humanidades. Afinal, se a engenharia social de ação gradual pode tratar cientificamente os comportamentos psicológicos, sociais e econômicos dos humanos, como não seria também possível o tratamento científico da história desses humanos? Predições no plano psicológico, social e econômico predizem também necessariamente no plano histórico. O próprio Popper, não sem alguma vacilação, admite a adoção *limitada* do método único das ciências teoréticas pelos historiadores (1957:112).

A dificuldade de conciliar a possibilidade de intervenção científica na sociedade com o liberalismo não é exclusiva de Popper. Outros defensores do liberalismo fracassaram no mesmo intento. O seu amigo Friedrich Hayek, o principal nome de referência do neoliberalismo, criticava severamente o "racionalismo construtivista" dos pensadores que consideravam as instituições sociais um produto de deliberações adotadas pelas pessoas. Para ele, a ordem econômica constituíra-se espontaneamente e não pela vontade consensual e racional dos humanos. Mas Hayek também dizia que certa ordem poderia ser racionalmente construída na sociedade complexa contemporânea. E, um tanto incongruente com a crítica ao racionalismo construtivista, considerava competir às "ciências sociais" a construção de modelos hipotéticos de mundos possíveis (Hayek, 1973:5, 17 e 60), o que pressupõe evidentemente a subsequente escolha racional e consensual de pelo menos um deles.

A dificuldade de Popper e Hayek é compreensível, porque, para o liberalismo, a produção e distribuição dos bens do modo mais eficiente possível faz-se naturalmente pela cooperação espontânea entre as pessoas. Os liberais em geral reputam desastrosamente ineficiente qualquer tentativa de interferência nessa ordem econômica, que enxergam como espontânea e natural (Coelho, 2022). Eles só podem ser coerentes, portanto, rejeitando por princípio qualquer forma de "ciência social", isto é, de conhecimento científico sobre a organização da sociedade. O preço a pagar pela unidade de método é escorregar em incongruências na defesa do liberalismo. A unidade de método põe em realce a aliança entre o liberalismo e o positivismo.

Mas é hora de deixar de lado as fragilidades de Popper e dos demais liberais dedicados à impossível conciliação entre o entusiasmo positivista e a crença na organização espontânea da economia e sociedade. Retornemos à questão da demarcação.

O critério da falseabilidade de Popper foi formulado para demarcar a ciência empírica em relação, de um lado, à filosofia e, de outro, aos conhecimentos pseudocientíficos. Defendendo a tese da unidade de método, ele tinha a esperança de as teorias psicológicas, sociais e econômicas virem a se assentar, um dia, em conhecimentos falseáveis, mas, até lá, fariam companhia à astrologia e à cartomancia no escaninho das pseudociências. O critério popperiano da falseabilidade não tinha, assim, o objetivo específico de demarcar a ciência em relação às humanidades.

História, sociologia, psicologia, economia e demais saberes dessa grande família epistemológica formulam conjecturas que não são minimamente refutáveis por experimentos. O critério popperiano, a despeito do próprio Popper, é suficiente para concluirmos que as humanidades nunca se classificarão como ciências, não se acomodam na divisão das protociências, tampouco são equiparáveis às pseudociências.

Concluir que as humanidades não podem ser ciência, porém, nada diz sobre as características do braço não científico do conhecimento acadêmico. Por isso, as humanidades criam os próprios critérios demarcatórios.

A demarcação das humanidades

A força do grande projeto da modernidade mede-se também pelo relativo pouco interesse demonstrado pela reflexão epistemológica acerca da demarcação das humanidades até meados do século XX. Na primeira metade do século, como visto, houve intenso debate acerca das ciências, centrado em seu distanciamento em relação à filosofia; um debate em que positivistas falavam em significação e Popper, em falseabilidade. As humanidades não foram convidadas para debater porque eram vistas como conhecimentos atrasados. Os humanistas deviam se preocupar unicamente em diminuir a dianteira em relação à física paradigmática. Foi apenas nos anos 1950 que frutificou a demarcação das humanidades empreendida pelos humanistas.

Na demarcação das humanidades pelas humanidades, distinguiram-se os *processos* de conhecimento empregados nelas e nas ciências. Caracterizou-se o processo mental dos estudiosos das humanidades como substancialmente diferente do empregado pelos cientistas da natureza. Por essa concepção, historiadores, sociólogos, psicólogos, juristas etc. *compreendem* seus respectivos objetos, a partir da vivência e da conversação; ao passo que físicos, químicos, biólogos, astrônomos etc. *explicam* os deles.

As humanidades são demarcadas como hermenêuticas. A compreensão, o processo específico de seu conhecimento, faz-se por meio da interpretação de ações, símbolos, normas, textos etc. As ciências da natureza não seriam compreensíveis, mas dedicadas às descrições, à reprodução das relações causais entre os fatos naturais feita com a máxima fidelidade possível. Pela demarcação das humanidades pela compreensão, tanto elas como as ciências estabelecem conexões, mas de tipos diferentes. As humanidades conectam sentidos e as ciências naturais conectam eventos singulares a leis gerais. Se a compreensão é a forma de conhecer consistente em interpretar e relacionar sentidos, a explicação é a de elucidar como um efeito está relacionado a determinada causa em razão de uma regularidade natural traduzida em lei.

O teórico de referência da demarcação das humanidades pela compreensão é o alemão Hans-Greog Gadamer.

A demarcação pela compreensão

Gadamer tomou por base a distinção elaborada por Wilhelm Dilthey, na transição do século XIX para o XX, entre ciências naturais e humanidades, associando aquelas à explicação e estas à compreensão.

De acordo com Dilthey, as ciências naturais *explicam* seus objetos a partir de experiências externas realizadas pelos cientistas: conectam fatos individuais às leis gerais que os explicam; já as humanidades – que ele denominou *Geisteswissenschaften* (literalmente, "ciências do espírito") – *compreendem* seus objetos pela vivência de experiências internas pelos humanistas: fazem conexões de sentidos entre ações ou expressões humanas. Gadamer assinala que compreender tem invariavelmente por objeto uma expressão, na qual se encontra o expressado de um modo diferente do que a causa se encontra no efeito: compreende-se ao mesmo tempo expressão e expressado, ao passo que a causa é encontrada a partir de efeitos conhecidos, mas ainda não explicados.

A diferenciação entre *explicação* e *compreensão* está na base da classificação das humanidades como hermenêuticas (Reis, 2013:111-123). Por essa classificação, as humanidades são teorias de interpretação e os humanistas são essencialmente intérpretes de textos, símbolos, ações, normas etc. História, sociologia, psicologia, direito e demais ramos das humanidades são conhecimentos de natureza hermenêutica, relacionados à identificação dos meios adequados para se interpretarem as mais diversas formas de expressão humana.

Entre o intérprete e a expressão a interpretar estabelece-se algo semelhante a uma conversação. Nela, tal como na conversação entre duas pessoas, há um processo de acumulação de acordos feitos pelos interlocutores. O primeiro acordo tem por objeto a língua, de conhecimento comum, a ser usada na conversa, isto é, na sucessão de perguntas e respostas reciprocamente endereçadas. É indispensável às conversações reais que cada um faça suas perguntas levando a sério o que ouviu nas respostas do outro às perguntas anteriores. Assim é também na conversação hermenêutica. Se a expressão a interpretar é, por exemplo, um documento escrito no passado, ele não pode ser visto como fixo, a simples repetição da mesma pergunta a todos os seus futuros intérpretes e interlocutores. Compreender o texto histórico, numa conversação hermenêutica, não é reconstruir exatamente o que ele retrata, mas "redespertar" o seu sentido. A história, em suma, deve ser constantemente reescrita "a cada presente" porque toda a experiência de sentido é necessariamente inconclusa (Gadamer, 1960:502-503; 1986:384).

Mas não haveria, assim, uma indesejável subjetividade em todo o saber produzido pelas hermenêuticas? Não seria necessário algum método para impedir que a reescrita da história, a cada presente, acabe gerando apenas arbitrariedades de diferentes sujeitos?

Em Gadamer, a objetividade na compreensão estaria garantida pelo método do "distanciamento alienante" do estudioso. O humanista teria à frente sempre um objeto familiar, um "pertencimento à história", mas deveria se distanciar dessa familiaridade, alienando-se do objeto. O distanciamento alienante perante o pertencimento à história é um verdadeiro esforço de autocontenção – tal é o método gadameriano de domar a subjetividade da interpretação.

A discussão sobre o estatuto epistemológico das humanidades foi impulsionada por uma empreitada teórica iniciada na distinção entre explicação e compreensão, e concluída na proposição de um novo modelo para a hermenêutica – o da conversação. Gadamer indagou a diferença entre a sabedoria prática do juiz (*phrónesis*, φρόνησις), por vezes referida como "prudência", e a técnica do artesão (*tékhnē*, τέχνη); uma indagação que reproduz a feita por Aristóteles em *Ética a Nicômaco* (Gadamer, 1960:418-422). A distinção é pertinente porque tanto o artesão como o juiz devem encontrar o meio correto para realizarem um objetivo: fabricar o utensílio ou julgar com ética.

A diferença entre a técnica artesanal e a sabedoria prática se encontra no sentido do *ajustamento* que, às vezes, artesão e juiz são obrigados a fazer. Quando acontece de o artesão precisar se afastar do projeto original para encontrar a solução correta em determinado caso, ele está apenas solucionando uma dificuldade surgida na execução, mais ou menos previsível. Ele faz uma mera correção de rumos, que se mostra necessária para o objetivo de fabricar o objeto planejado. Já o juiz, ao atenuar o rigor da regra moral que aplica, está determinado a fazer justiça. Não é uma correção de rumos, mas verdadeira *ampliação* do conhecimento sobre o sentido e a extensão da regra moral. O artesão ajusta porque, sem o ajuste, não conseguiria fazer o seu melhor trabalho; o juiz, porque precisou encontrar um direito melhor. A lei (norma jurídica), conclui Gadamer, é sempre deficiente, por nunca poder ser simplesmente aplicada à realidade humana. Dar conta de tal deficiência é o problema da hermenêutica jurídica (Gadamer, 1960:419; 1986:398-399).

O percurso de Gadamer pelo conhecimento jurídico teve o objetivo de desenhar o modelo para as demais humanidades se entenderem como hermenêuticas. A aptidão de *ajustamento para melhor*, de que não pode prescindir a hermenêutica jurídica, seria o paradigma para todas as "ciências do espírito". Se o juiz não trata a lei dogmaticamente e atenua seu rigor sempre que necessário à realização da justiça, o historiador nunca interpreta o texto do documento histórico sem o reescrever.

Crise da demarcação pela compreensão

A hermenêutica pareceu resolver a questão do estatuto epistemológico das humanidades de modo consistente até sofrer um curioso revés. A partir de uma crítica da demarcação da ciência pelo falseamento, a hermenêutica deixou de servir à demarcação das humanidades. O ricochete decorreu da constatação de que, também nas ciências naturais, os cientistas *interpretam* seus objetos (Gadamer, 1986:391-392; Bauman, 1978:23-24 e 156; Morin, 1986:164-167; Latour, 2002:272-274). Edmund Husserl foi o primeiro a demonstrar que a compreensão não era o modo de conhecer que garantia certeza e objetividade às humanidades e que os cientistas da natureza também produzem hermenêuticas (Bauman, 1978:23-24).

Martin Heidegger contribuiu para a fragilização da demarcação pela compreensão ao converter a hermenêutica num "existencial" (Gadamer, 1986:382). Em Heidegger, a hermenêutica não é apenas uma maneira de delimitar certo conjunto de saberes, as humanidades, e sim o *modo de ser* dos humanos. Em sua existência de feitios muito particulares, os humanos usam o que veem ao redor e, enquanto obtêm sucesso nesse fazer, usam-no sem o compreenderem propriamente. É quando surge uma dificuldade, quando um humano não consegue mais extrair de certa coisa o resultado pretendido, que ele se dedica a compreendê-la. Como diz Zygmunt Bauman: "só a experiência da incompreensão é que nos torna conscientes, instantaneamente, da tarefa da compreensão" (1978:274). Assim, a compreensão, para Heidegger, não é um atributo específico de alguns especialistas, mas o modo como todos nós somos. Embora a reclassificação da hermenêutica como ontologia seja um pequeno detalhe da filosofia de Heidegger – que depois foi descartada (Gadamer, 1986:383) –, ela acrescentou mais uma camada de descrédito na demarcação das humanidades pela compreensão. Para Gadamer, a elevação da hermenêutica à categoria ontológica por Heidegger teria esvaziado sua serventia epistemológica.

Paul Ricoeur questiona a demarcação de Gadamer de certo modo tomando partido de Heidegger, embora ressalvando que a subordinação da epistemologia à ontologia não é suficiente para superar a oposição entre a *explicação* pelas ciências naturais e a *compreensão* pelas humanidades. Para Ricoeur, explicação e compreensão são etapas do processo de conhecimento e não modalidades diferentes de conhecer. No início, temos uma compreensão provisória; em seguida, explicamos para, enfim, alcançarmos a compreensão mais precisa. Compreender e explicar não correspondem a duas formas diferentes de conhecimento. Ao contrário, a compreensão, um evento diferente do discurso, liga-se à explicação por dois movimentos: no primeiro, vai-se da compreensão ingênua de todo o texto para a explicação e, no segundo, da explicação para a compreensão mais sofisticada. A explicação é a mediação entre a compreensão inicial ingênua e a final sofisticada (Ricouer, 1973:104-106). O conhecimento se processa desse modo, tanto nas ciências como nas humanidades.

Reconhecendo a dívida com Ferdinando de Saussure, Ricoeur distingue discurso de fala. O discurso é a *performance* da competência linguística. Ele não traz em si mesmo a compreensão; antes, é "efetuado como evento" para poder ser "compreendido como significação" (Ricoeur, 1972:55). A significação não se limita ao que é dito no ato de dizer, mas abrange simultaneamente também a *intenção* de quem disse e a *reação* estimulada pelo que foi dito: quando alguém emite a frase "feche a porta" (nível locucionário), está dando uma ordem (nível ilocucionário) que será, ou não, obedecida (nível perlocucionário), e é esse "conjunto" que se dá à compreensão do ouvinte. Os três níveis são, em categorias husserlianas, o "noema do dizer" (Ricoeur, 1973:27-28; 1978:57).

Outra crítica de Ricoeur a Gadamer mira o método que este recomendava para os humanistas não perderem a objetividade na interpretação, o distanciamento alienante como autocontenção. Para Ricoeur, o distanciamento é inerente à significação de qualquer discurso. O discurso (ação de quem diz) e a significação (ação de quem ouve) são dois eventos e há sempre um hiato entre eles. Quem ouve não compreende o *evento* do discurso, que logo deixa de existir, mas a *significação* que permanece.

Ricoeur conclui que a discutível autocontenção recomendada por Gadamer não é capaz de mitigar o distanciamento entre evento e significação do discurso. O método de Gadamer para as humanidades leva a uma antinomia: o distanciamento alienante que asseguraria a objetividade das ciências do espírito é incompatível com a pertença à história que se quer por objeto (Ricoeur, 1972:51). Para Ricoeur, o distanciamento é já um traço, primitivo e essencial, do discurso, visto como um evento em que alguém sempre fala sobre algo a outra ou outras pessoas.

O distanciamento, chamado por Ricoeur de "dialética do evento e da significação do discurso" (1973:20-21), fica mais visível quando o discurso se faz por uma obra escrita, circunstância em que o orador-escritor perde totalmente o controle sobre o que queria dizer. A escrita não é apenas o recurso de proteção da fala contra a deterioração, mas a independência do discurso em relação às intenções de quem o disse. O texto escrito não significará mais exatamente o que o orador quis dizer. O distanciamento, então, não depende mais de nenhuma autocontenção, de um esforço subjetivo, como propusera Gadamer; ele decorre do fato de o discurso ter passado da fala à escrita, ter-se estruturado como obra. Conclui Ricoeur que "a objetivação do discurso na obra e o caráter estrutural da composição", acrescidos do "distanciamento pela escrita", levam ao completo desaparecimento da oposição entre *compreender* e *explicar* (1972:61).

A compreensão, assim, deixa de ser critério fiável para a demarcação das humanidades. Ricoeur propõe outro critério para a identificação do traço específico das humanidades: a incapacidade em cumprir *simultaneamente* dois pressupostos cumpridos pelas ciências naturais: fornecer explicações satisfatórias e resistir ao falseamento. As humanidades, quando cumprem um, não cumprem o outro. As humanidades conseguem formular teorias globais, mas que não são falseáveis; ou criam teorias verificáveis, mas inevitavelmente parciais. Dados demográficos podem ser falseados, mas nada explicam por si mesmos como as populações crescem, estagnam ou decrescem. Por outro lado, nenhuma explicação satisfatória sobre as transformações demográficas, relacionando-as ao desenvolvimento econômico, por exemplo, pode ser testada. A demografia não pode nutrir a "ambição de ser integradora" (Ricoeur, 1972:88).

Uniformização metodológica

Antes de falar sobre como evoluiu a questão da demarcação das humanidades após o descrédito da formulação dilthey-gadameriana, fundada na diferenciação entre explicação e compreensão, é preciso abrir um parêntese para tratar da *uniformização metodológica* entre os saberes acadêmicos, uma orientação epistemológica diferente da *unidade de métodos*.

A busca de um método unitário para as ciências e humanidades tem sido, como se pode concluir de Popper, a implementação do programa positivista-liberal de cientificação dos saberes sociológicos, jurídicos, psicológicos, históricos, econômicos etc. A unidade metodológica é uma epistemologia normativa destinada a ajustar os humanistas ao método científico. Impõe às humanidades regras metodológicas de mimetização da física, formalização, assepsia, criação apenas de conjecturas testáveis etc. Esta é a unidade metodológica, alternativa em que os humanistas se ajustam, enquanto os cientistas continuam seu trabalho modelar.

Já se explorou, contudo, a relação entre os dois conhecimentos acadêmicos pelo ângulo da uniformização, em que tanto cientistas como humanistas precisariam se ajustar. A uniformização metodológica seria o mais que bem-vindo resultado do progresso do conhecimento humano, na visão de quem a defende. Uma das formulações nessa linha é a teoria dos sistemas complexos de Morin. Antes de falar dela, porém, é preciso dar uma explicação sobre a palavra "sistema".

Uma explicação sobre a palavra "sistema"

"Sistema", em sentido corriqueiro, denota certa organização. Quando, por exemplo, defino o direito como o "sistema social de tratamento dos conflitos de interesses" (Coelho, 2023:xiv-xv), emprego a expressão nesse significado vulgar. Ele é visivelmente impreciso, mas, apesar da imprecisão, basta para a compreensão do conceito; e, mais importante ainda, é suficiente para o diferenciar do modo mais adotado de conceituar direito, apresentando-o como o "ordenamento de leis e normas" editado pelo Estado.

"Sistema" não é uma noção que me empolga. Na maioria das vezes, acho-a dispensável, no sentido de que a mesma ideia poderia ser transmitida e explorada perfeitamente sem o seu uso. Letícia Cesarino, por exemplo, explica a polarização radical nas redes sociais com a teoria do sistema. Atribui a polarização à *affordance*, as propriedades das plataformas não previstas pelos engenheiros e programadores que as desenharam e que se manifestam em razão do modo como os usuários interagiram com elas. Para Cesarino, a polarização radical não foi provocada nem pelos *designs* dos algoritmos nem pela "vida *off-line* dos usuários", mas surgiu "no sistema que coemerge entre eles" (2022:101).

Como se verá, a polarização se explica pelo modelo de negócios adotado pelas empresas de redes sociais (Cap. 11). A não ser pela menor dose de otimismo da minha parte, é uma explicação semelhante à de Cesarino, mas sem emprego da teoria dos sistemas, sem trazer um terceiro sistema para coemergir entre os usuários-sistemas e os algoritmos-sistemas. Cesarino estabelece um paralelo rico entre a polarização atual e a Reforma Protestante, do século XVI. Assim como a polarização é uma *affordance* dos programas de computador das empresas de redes sociais, as guerras religiosas na Europa são um efeito da Reforma não desejado pelos reformadores. É possível estabelecer e compreender o paralelo sem precisar de um sistema esticando-se para, então, dobrar-se sobre si mesmo a partir das bordas, como propõe Cesarino (2022:140-141).

Claro que existem sistemas; mas nem tudo é sistema nem se encontram nos sistemas existentes nenhum "modelo" suscetível de extrapolação para se compreender qualquer coisa, do entorno natural ou social. Se o som emitido por uma corda tensionada é um fato da física, o sistema musical é um fato da cultura. Culturas diferentes sistematizaram a duração, a altura, a intensidade e o timbre dos sons colhidos no entorno físico. Na cultura europeia, melodias tonais e harmonia deram certo arranjo ao repertório dos sons, que não é igual ao arranjo da cultura indiana, por exemplo. São dois sistemas musicais existentes e diferentes.

Antes da invenção dos computadores, o sistema era compreendido como uma ordem mental, uma organização lógica feita pela mente de humanos sobre um recorte qualquer da realidade. Os planetas mais próximos ao Sol apenas gravitam de acordo com os próprios movimentos. Os astrônomos mediam velocidades e distâncias dos astros mais próximos ao nosso planeta e, a partir dessas medidas, acomodavam cada um deles no "Sistema Solar". Não se considerava que o *objeto* fosse ordenado em si e por si mesmo. O sistema era visto sempre como uma construção mental, um "constructo", como se costuma dizer. Muitos pensadores ainda hoje operam com essa noção de sistema. Nesse sentido de ordenação mental, sistema é "sistematização", e os sistematizadores se preocupavam com temas como as relações entre as partes e o todo, o todo sendo maior que a soma das partes, as relações entre as partes se moldando ao pertencimento ao todo etc.

Com os computadores, surgiu aos olhos dos pensadores um objeto que era, em sua realidade mesma, um sistema. Não se deu importância ao fato de ser apenas uma máquina construída pelos humanos, isto é, algo inexistente na natureza antes de nós. O que interessou à teoria do conhecimento foi a possibilidade de um sistema num sentido bem diferente de sistematização (ordenação mental). Com os computadores conheceu-se um objeto "sistêmico" por si mesmo. Vários cientistas, então, passaram a considerar que seus objetos de estudo seriam *naturalmente* um sistema.

Depois dos computadores, sistema deixou de ser "sistematização" (expediente mental) e passou a ser predominantemente "sistêmico" (realidade). Se, no modelo pré-cibernético, o Sistema Solar era um arranjo lógico na cabeça dos astrônomos, no modelo pós-cibernético, deixa de ser um esquema feito para estudo dos movimentos dos planetas mais próximo ao Sol e se torna o próprio modo de ser dos astros em suas relações gravitacionais reais. Na substituição da sistematização pelo sistêmico, as digressões deixaram de privilegiar as relações entre as partes e o todo e voltaram os olhos para as relações entre o sistema e seu entorno. Para realçar essa mudança de enfoque, de uns tempos para cá a noção de sistema tem sido trocada pela de "ecossistema".

O meu desdém pelo "sistema" é bastante inusual nas reflexões acadêmicas da atualidade. Principalmente depois da invenção dos computadores, o "sistêmico" parece ser uma categoria fundamental da teoria do conhecimento, a chave poderosa para resolver todas as questões e assentar os alicerces das mais diversas áreas do conhecimento. Mas a "totalidade" sistêmica não prospera.

Na biologia, admito, "sistema" é um conceito de grande operabilidade. Não à toa, a teoria dos sistemas é criação de um biólogo (Ludwig von Bertalanffy), e vêm de biólogos os aperfeiçoamentos mais significativos, como os sistemas autopoiéticos (Maturana) e os desenvolventes (biologia do desenvolvimento). Em outras áreas das ciências naturais, como na termodinâmica e na química, o conceito de sistema também pode ajudar. Mas nas humanidades a teoria dos sistemas não tem trazido proveitos. Apresso-me em reconhecer, contudo, que estou bastante isolado nessa minha falta de entusiasmo.

Há uma situação em que "sistema" se mostra um conceito útil ao conhecimento acadêmico: quando o objetivo é estudar aspectos comuns a determinados objetos. Por exemplo, quando a biologia do desenvolvimento quer entender, a partir do estudo do crescimento de alguns seres vivos (o embrião humano e a semente de um pé de café, por exemplo), o que poderia ser comum a todos eles, é útil o conceito de "sistemas desenvolventes" (Oyama, 1985). Seria praticamente impossível tratar do que é comum ao desenvolvimento de todos os seres vivos sem um conceito abstrato desse tipo. Sempre que os biólogos quisessem estudar a interferência de fatores ambientais, como a nutrição, precisariam falar de nutrientes fornecidos ao feto humano via placenta e da absorção dos minerais do solo em que a semente de café foi plantada, perdendo tempo em desbastar uma e outra descrição das diferenças e, de qualquer modo, chegando a conclusões que não se estenderiam sem igual esforço ao estudo do desenvolvimento das formigas.

O que parece muito razoável para a biologia do desenvolvimento, porém, não é imediatamente justificável quando se voltam os olhos para as sociedades de humanos. Falar, nesse caso, em "sistema social" como uma espécie de "sistema desenvolvente" é pressupor que dois objetos (sociedade e seres vivos) são sistêmicos (isto é, são sistemas em sua própria realidade) e, mais que isso, possuiriam elementos comuns que só poderiam ser bem estudados por meio de uma categoria abstrata – o sistema. Esses dois pressupostos não estão minimamente assentados para que faça sentido empregar a teoria dos sistemas na compreensão da sociedade.

A sociedade não é como uma biblioteca, algo que pode realmente ser organizado de modo geralmente lógico, isto é, sistemático. O bibliotecário se deparará com uma quantidade não desprezível de livros que desafiam as classificações da biblioteconomia. Mas achará uma estante para os acomodar na qual poderão ser sempre encontrados. Cada biblioteca é um sistema, define-se como uma estruturação lógica de seu repertório. Mas a sociedade, esse tecido de conflitos nem sempre tratados ou tratados da mesma maneira, não é um sistema. Quando um sociólogo a descreve como se fosse, na tentativa de construção de um laboratório asséptico (como os modelos, estruturas, tipos ideais etc.), isso não é evidentemente suficiente para tornar a sociedade um objeto sistêmico.

Na verdade, usar a expressão "sistema" nesse caso seria pôr as coisas de ponta-cabeça. Os "elementos comuns" deixam de ser *pressupostos* do emprego da teoria dos sistemas, como no estudo do desenvolvimento dos organismos vivos, e se tornam os *resultados* disso. Com essa inversão opaca e sofisticada, a teoria dos sistemas não contribui para conhecermos com mais acuidade o âmbito social do humano, mas certamente cumpre uma função ideológica; a função, também desempenhada por outras categorias epistemológicas, de revestir as humanidades de uma aura de cientificidade, contribuindo com os resquiciais do grande projeto da modernidade.

Sistemas abertos e recursividade

Antes de avançarmos para a teoria dos sistemas complexos de Morin, é conveniente o leitor e eu ficarmos na mesma página em relação à diferença entre os sistemas abertos e a recursividade.

O sistema é aberto quando ele recebe uma informação de um segundo sistema (*input*), processa-a e fornece uma nova informação (*output*) para o mesmo sistema que o alimentou, ou outro. Aberto, assim, é o sistema alimentado de "fora para dentro" e que alimenta o entorno de "dentro para fora". Note que a informação fornecida por um sistema aberto pode se tornar uma nova entrada a ser processada por ele, caso em que acontece a retroalimentação (*feedback*).

Você é um sistema; ou, para tornar as coisas um pouco mais sinistras, o aparelho sensitivo-neurocerebral do seu organismo (células nervosas, órgãos sensoriais etc.) é um sistema, que chamarei de *A*. A ferramenta de busca do Google é outro sistema, que chamarei de *B*. Quando seus dedos, acionados pelo sistema nervoso, digitam uma sequência de signos na ferramenta de busca, o sistema *A* está alimentando o sistema *B* com um *input*. Quando seus olhos captam os signos apresentados como resultados da busca pelo Google, o sistema *B* forneceu o *output*. Diante das respostas, a sua curiosidade pode ser atiçada para uma nova pesquisa, de modo que o sistema *B* é retroalimentado com um *input* correspondente ao próprio *output* que ele havia fornecido ao sistema *A*, a retroalimentação.

No caso da recursividade, tudo acontece "dentro" de um único sistema, seja aberto, fechado ou mesmo não classificável em nenhuma dessas categorias. Não há *inputs*, *outputs* nem *feedbacks* na alimentação recursiva do sistema. São apenas *insideputs* alimentando *insideputs*, alimentando *insideputs* etc. O sistema *B* da ferramenta de busca do Google aprende recursivamente sobre as "preferências de pesquisas" do sistema *A*, o suficiente para apresentar em suas respostas anúncios publicitários personalizados. Esses anúncios são *inputs* do sistema *B* no sistema *A*, com o objetivo de gerar como *output* pelo menos uma compra no mercado consumidor: a sua!

Os sistemas chamados "autopoiéticos" apresentam como uma de suas características a *recursividade*. Trata-se de uma invenção de Maturana, com a colaboração de Francisco Varela, dois biólogos chilenos (1984). Autopoiético é o sistema que se organiza autonomamente. Um exemplo é o organismo biológico pluricelular de reprodução sexuada, que se desenvolve a partir da união entre dois gametas e da subsequente divisão e especialização das próprias células sem nenhuma interferência externa que as deflagre. De acordo com essa visão do organismo vivo como sistema autopoiético, qualquer embrião humano devidamente alojado em um útero vai progressivamente se desenvolver por si mesmo como um organismo biológico e, após o nascimento, continuar seu desenvolvimento autônomo.

Duas são as características da auto-organização do sistema autopoiético: o encerramento operativo e o acoplamento estrutural.

HUMANIDADES

O encerramento operativo é a recursividade. O sistema autopoiético não é alimentado por *inputs* provindos de qualquer outro sistema, porque ele mesmo gera as "informações" de que se alimenta. Não se trata de um sistema fechado, porque a recursividade não é *causa* da auto-organização – pelo menos não no sentido de causalidade da ciência clássica. O acoplamento estrutural, por sua vez, é a perturbação mútua entre dois sistemas autopoiéticos, o modo como essa teoria explica fatos como a absorção pelo feto dos nutrientes que lhe são passados pelo cordão umbilical. Não se trataria de um *input*, como se o sistema-mãe e o sistema-feto fossem abertos. O acoplamento estrutural é o meio pelo qual o sistema autopoiético *seleciona* no entorno as "informações" que lhe interessam e as *absorve*: o feto selecionaria no corpo da mãe os nutrientes entre os vários que se aproximaram dele.

Na teoria do sistema autopoiético, o ser vivo e o meio ambiente são independentes. "Uma perturbação no meio", dizem Maturana e Varela, "não contém em si" a especificação dos efeitos sobre o ser vivo, porque é "a própria estrutura [que] especifica o domínio de suas interações" (1984:191). Em outros termos, a perturbação não é instrutiva, não determina as mudanças no ser, apenas as desencadeia. É o ser vivo que, pela própria estrutura, mudará em reação a essa perturbação. Uma interação igualmente não instrutiva ocorre no sentido inverso, do ser vivo perturbando o meio (Maturana-Varela, 1984:108).

Um exemplo elucida essa segunda característica do sistema autopoiético. Em geral, considera-se que uma comunicação tem três elementos: o emissor, o destinatário e a mensagem. Na teoria clássica dos sistemas, o sistema fornecedor do *input* é o emissor, o recebedor é o destinatário e a mensagem é o *input*. Maturana e Varela, no entanto, consideram que a comunicação entre dois sistemas autopoiéticos não possui mensagem como um elemento distinto do emissor e do destinatário (1984:218). Sem entrarmos em muitos detalhes, a mensagem seria sempre iniciativa do sistema autopoiético por acoplamento estrutural. O sistema autopoiético *C* traz para dentro, de algum modo (às vezes, por imitação), uma informação que ele identificou no sistema autopoiético *D* como interessante.

É fácil perceber por que a teoria dos sistemas autopoiéticos não desfruta mais de prestígio, nem mesmo na biologia. Considerar que o embrião se desenvolve por si mesmo, capturando na mãe os nutrientes que escolhe para se auto-organizar, é um modo por demais simplista de descrever o processo da geração de um humano; um modo que desconsidera a complexidade da influência do ambiente e, por isso, torna o conceito de autopoiese menos operacional do que, por exemplo, o de sistema desenvolvente da vertente eco-evo-devo da biologia.

Pois bem. Fizemos essa incursão por alguns aspectos da teoria dos sistemas porque a compreensão da recursividade ajuda a entender uma questão relacionada aos sistemas complexos. Trata-se da diferença entre a *unidade* de métodos e a *uniformização* de métodos das ciências e humanidades. Morin, que condena a duplicidade metodológica como uma simplificação, é enfático em dizer que não está propondo nenhuma unidade metodológica (1977:28; 2005:51).

A teoria dos sistemas complexos

Para Morin, "a grande divisão entre as ciências da natureza e as ciências do homem oculta, ao mesmo tempo, a realidade física das últimas e a realidade social das primeiras" (1977:24). A solução para esse ocultamento, contudo, não se encontra em um saber geral nem em qualquer forma de unidade metodológica. As coisas não são tão simples assim. Morin aponta para a circularidade entre física, biologia e antropossociologia, propondo não fugir do círculo, mas enfrentá-lo por meio de um conhecimento enciclopédico.

Ao falar de conhecimento enciclopédico, Morin não está empregando o adjetivo no significado corrente, alusivo a uma espécie de ampla aglutinação de todos os conhecimentos. É este, por exemplo, o sentido denotado pelos enciclopedistas franceses da virada do século XVIII para o XIX. Morin disseca a etimologia da expressão para revelar a circularidade, o "ciclo" contido em "en-ciclo-pédia"

(1977:33-34). À *simplificação* que distingue ciências naturais e humanidades ele contrapõe a *complexidade* desse conhecimento en--ciclo-pédico. Mais uma vez, Morin não está preocupado com a chave para um saber geral, abrangente, de espectro totalitário – iniciativa que chamarei de "flerte com a totalidade" (Cap. 7). O saber en-ciclo-pédico é a circularidade entre "os conhecimentos cruciais, os pontos estratégicos, as redes de comunicação, as articulações organizacionais" dos saberes que a simplificação insiste em separar e demarcar.

A simplificação, reconhece Morin, trouxe objetividade a certos conhecimentos e benefícios inestimáveis. Não é o caso de a desprezar, mas sim de integrar a simplificada separação entre ciências e humanidades para dar ao conhecimento "um terceiro olho para enxergar o que a objetividade não vê" (Morin, 1977:35). Como exemplo, Morin lembra que a causalidade, tal como entendida no contexto da simplificação, não ultrapassa os limites das ciências naturais. A causalidade do paradigma da simplificação estabelece relações de *necessidade* ou de *probabilidade estatística* entre eventos isolados (a causa e o efeito). No paradigma da complexidade, graças ao "terceiro olho", a causalidade se expande por meio de uma "dialética combinatorial infinita" e transita por várias possibilidades: duas causas podem conduzir a efeitos diferentes e/ou divergentes, causas diferentes podem produzir efeitos semelhantes, pequenas causas podem levar a grandes efeitos, grandes causas podem levar a efeitos muito pequenos, causas são seguidas de efeitos contrários, os efeitos das causas antagônicas são incertos etc. (Morin, 1977:323).

Enquanto projeto, a proposta moriniana de um novo paradigma é animadora. Não me entusiasma, no entanto, que tenha sido explorada como uma teoria dos sistemas, isto é, enquanto recursividade, na qual "a socialização da *physis* e a fisicalização da sociedade se tornariam coprodutoras uma da outra", constituindo, assim, "o princípio da nova visão teórica" (Morin, 1977:331).

É possível empreender a abordagem complexa, por exemplo, do conflito endógeno na origem do direito sem precisar da teoria dos sistemas.

Confira-se. A matéria de que é feita este Universo se movimenta em direção à desorganização, ao caos, ao esfriamento. É a entropia, efeito inafastável da segunda lei da termodinâmica. De acordo com essa lei física, a geração de calor, de energia calórica, não pode ser feita sem dissipação de energia. É uma dissipação irreversível: o calor gasto no trabalho não se recupera. A quantidade de energia disponível para o trabalho (no sentido físico) está sempre diminuindo. Por isso, um dia o Sol se apagará, depois de consumir-se por completo; por isso, um dia, todas as estrelas se apagarão como o Sol; por isso, como provou Stephen Hawking, os buracos negros "evaporam" a cada instante, por emitirem radiação e calor.

Enquanto ainda há Sol, surge na Terra, graças a uma infinidade de acasos, a vida. Ela parece ser antientrópica porque tende à organização nos seres que anima: células se dividem e se especializam no desenvolvimento dos organismos. Mas é apenas uma ilusão, incapaz de deter a entropia da matéria, tampouco a da matéria de que são feitos os seres vivos. Como diz Morin: "a organização viva é térmica: seus trabalhos inumeráveis e incessantes produzem calor, que produz ruído, que produz a autodegradação da máquina térmica", construindo-se a organização viva "nas próprias condições da sua destruição" (1980:408). O que se organiza como vida se desorganiza como morte, *enquanto* se organiza e se desorganiza.

A evolução dos seres vivos também é entrópica. É guiada pela sobrevivência do mais forte (ou mais apto, que seja). Vida se alimenta de vida: a vida do mais forte (apto) se alimenta da vida do mais fraco (inapto). A entropia está à espreita: no dia que só restarem os mais fortes (aptos) não haverá os mais fracos (inaptos) dos quais poderão se alimentar e eles também desaparecerão. A evolução da vida caminha para o caos, a desorganização, o fim, tanto quanto a matéria.

Mais entropia se insinua no Universo quando o LCA (*last common ancestral*), o último ancestral comum dos primatas, inicia uma nova estratégia evolutiva de alianças dos mais fortes (aptos) com os mais fracos (inaptos). Inverte a lógica da evolução, catalisando ainda mais complexidade na forma de ser da vida. Em sua descendência surge o *Homo sapiens*, que passa a evoluir tratando os conflitos endógenos de seus coletivos por outros padrões além da "lei do mais forte". É a estratégia do empoderamento do mais fraco. É o direito.

Como a vida, à primeira vista parece que o direito poderia ser antientrópico, um enclave de organização da sociedade dos humanos. Mas o direito não é isso. É apenas o sistema de tratamento de conflitos endógenos. Tratamento que não se faz com lógica, porque a imparável entropia aumenta a complexidade dos conflitos e exige retórica para dar conta dela.

Como se vê, é possível descrever esse complexo físico-biológico-etológico chamado Direito sem recorrer à teoria dos sistemas.

Os conflitos no fluir histórico-biológico

Em outra obra apresentei a seguinte conjectura: o direito é uma estratégia evolutiva dos humanos, enraizada nas alianças entre fortes e fracos feitas no tratamento de conflitos endógenos adotadas pelo último ancestral comum dos primatas (LCA) e expressa pelo empoderamento dos mais fracos paulatinamente substituindo a lei dos mais fortes (Coelho, 2023). Essa conjectura suscita, repito, inevitáveis questões epistemológicas, sendo uma delas a relativa ao tipo de conhecimento em que ela se insere. A conjectura é uma questão científica ou das humanidades? É falseável ou não?

A corroboração da conjectura, se um dia acontecer, afetaria muito a biologia e quase nada o direito. Noções como seleção natural do mais forte e sucesso reprodutivo precisariam ser repensadas. A classificação do conhecimento do comportamento animal (etologia) como um saber das humanidades (Coelho, 2023:222-226) ficaria mais bem evidenciada. Na teoria jurídica, a seu turno, a nova compreensão da origem do direito desacreditaria de vez a hipótese do contrato social, mas a interpretação das normas jurídicas continuaria impermeável à tese da estratégia evolutiva.

A "complexidade" de Morin sem a "teoria dos sistemas" de Morin pode ajudar na resposta à inevitável questão epistemológica que a pesquisa da origem do direito desperta. A simplificação que separa ciências de humanidades tem sido uma eficiente ordenação do entorno, com desempenho elevado (vacinas, aviões, *smartphones* e *GPS*), mas nem sempre dá conta de objetos de estudos mais complexos. A reversão do colapso ambiental é um exemplo de complexidade que escapa à demarcação da ciência em separado das humanidades. A origem do direito é outro exemplo.

A saída não está na interdisciplinaridade, conceito desgastado que muitas etnias acadêmicas celebram como mito, mas para o qual ninguém tem tempo – o interdisciplinar é apenas um trabalho conjunto entre estudiosos de disciplinas que se mantêm separadas. A identificação de objetos complexos é, ao contrário, o alicerce de um saber a ser ainda erguido. Um saber que não desfaz as demarcações entre ciências e humanidades, por serem elas algumas das muitas complexidades a serem estudadas e entendidas.

O ponto de partida é buscar outras ordenações do entorno, diferentes da que separa ciências naturais (causalidade) das humanidades (imputação). Haverá de ser ordenações que consigam lidar com a complexidade do objeto físico-biológico-etológico, ao mesmo tempo que preservam as especializações e seus desempenhos. Talvez na complexidade da ordenação da "necessidade e agência" dos ameríndios se encontrem elementos úteis a essa tarefa. Eu avancei um pouco nessa direção em outra obra (Coelho, 2023:350-354).

Demarcar ciências e humanidades teria, então, qual sentido? Se objetos complexos não podem ser plenamente compreendidos por saberes construídos na cosmovisão da "causalidade ou imputação", por que discutir o aprimoramento dos critérios de distinção desses dois ramos do conhecimento acadêmico?

A razão para continuarmos refletindo sobre como demarcar ciências naturais e humanidades, como caracterizar cada um desses conhecimentos acadêmicos, está ligada ao inacabado da tarefa de demarcação. O grande projeto da modernidade foi (ainda é, em certa medida) um obstáculo à adequada compreensão das humanidades. Outro obstáculo é o positivismo entusiasmado contemporâneo. Desdenhando a evidência da não falseabilidade do saber sobre o humano e insistindo na demanda pela evolução do que seriam protociências, esses obstáculos têm impedido uma reflexão epistemológica correta sobre as demarcações. Afastá-los para demarcar com mais acuidade os dois grandes ramos do conhecimento acadêmico é uma tarefa inconclusa; nem sequer bem iniciada, na verdade. Concluí-la é necessário para que possamos seguir em bases sólidas.

Sem a compreensão adequada de que as humanidades são um conhecimento retórico, isto é, assentado em enunciados não valoráveis de forma binária (Verdade ou Falsidade), qualquer tentativa feita, por exemplo, sob o paradigma da complexidade imaginado por Morin acabará resultando em mais um infértil resquicial do grande projeto da modernidade. Sem a demarcação adequada, em vez de as humanidades serem respeitadas como um saber retórico em seu envolvimento no circuito do conhecimento complexo, elas correriam o risco de ser uma vez mais vilipendiadas como um saber de segunda categoria.

Em outros termos, se a separação rígida entre ciências e humanidades é, como aponta Morin, uma simplificação que nos impede de compreender toda a complexidade do físico-biológico-antropossiológico (conceito moriniano), a absorção das humanidades pelas ciências representaria um degrau a mais de simplificação a nos afastar, em vez de nos aproximar, da compreensão complexa. Diferentemente do que poderia parecer à primeira vista, é necessário corrigir e manter as demarcações para chegar à complexidade do físico-biológico-etológico.

O conhecimento físico-biológico-etológico

Uma observação. Morin fala no conhecimento en-ciclo-pédico do físico-biológico-antropossociológico. De minha parte, o conceito mais apropriado é o da complexidade de um conhecimento físico-biológico-etológico, em que a etologia é o estudo dos comportamentos de animais humanos e não humanos.

Como desenvolvi em outra obra, a etologia, constituída como explicações evolutivas do comportamento dos animais não humanos, não é um conhecimento falseável. Por isso e pela oportunidade de abarcar também o comportamento dos animais humanos, ela é um ramo das humanidades (Coelho, 2023:222-226).

Demarcação das humanidades pela verossimilhança

O século XX desnorteou as humanidades invejosas. Nele malograram as aspirações cientificistas: malgrado os esforços, história, psicologia, sociologia, direito, economia e demais departamentos desse vasto campo de saber acadêmico não desempenharam como as ciências naturais. Não havia rigor, não havia predição. Fracassado o grande projeto, para onde vão as humanidades?

Para encontrar seus caminhos, precisam rever a própria demarcação. A compreensão é um critério insuficiente para o grau de complexidade que alçou a epistemologia. Precisamos de outra demarcação e a busca pode se voltar à recuperação de uma ideia de Aristóteles; uma ideia que não fez fortuna nem mesmo entre seus contemporâneos e que foi soterrada sob camadas de cristianismo, racionalismo, Iluminismo e positivismo. Nem todos os saberes válidos, úteis e estruturados – é esta a ideia – lidam com a verdade. Parte considerável do que precisamos saber para viver é assentada em premissas que não podem ser verdadeiras nem falsas e que conduzem a conclusões insuscetíveis de corroboração ou falseamento em experimentos. São conhecimentos baseados em opiniões verossímeis.

A nova demarcação das humanidades é a verossimilhança. E o ramo das humanidades que mais bem se adapta à demonstração desse critério demarcatório é o jurídico, o conhecimento da interpretação das leis que o Estado edita para proibir ou permitir comportamentos.

O conhecimento jurídico tem sido usado pela teoria do conhecimento para fins de modelar demarcações (Gadamer, Kuhn, Stephen

Toulmin etc.). A razão disso talvez se encontre na senioridade do saber dos juristas.

A sociologia, psicologia e economia pode-se dizer que começavam do zero quando eclodiu o grande projeto da modernidade. Desgarrando-se da filosofia, esses jovens departamentos das humanidades podiam almejar a chancela de científicos desde a origem. Isso não acontecia, porém, com o conhecimento jurídico, existente já havia quase dois milênios. Em relação à interpretação das leis, a cientificização viria por mudanças em uma prática longeva e não exatamente pela fundação de um novo ramo de conhecimento. A epistemologia, ao olhar para o departamento jurídico das humanidades, tinha algo em curso a descrever e não apenas uma tábua rasa para receber o método projetado e prescrito com inspiração na física. Na sociologia, por exemplo, Durkheim critica Spencer e Comte por não terem dado importância à discussão sobre o método científico para os fatos sociais, mas são eles os três pensadores que disputam a honra de fundadores da nova área de conhecimento. Já o saber sobre as leis, se teve fundadores, não foram modernos. Os juristas do direito romano não estavam de nenhum modo preocupados com o fato de a ciência fornecer, ou não, um paradigma para o trabalho deles.

A senioridade dos juristas tem certa utilidade para as demarcações que procuro em tempos de pós-verdade. Por isso, nos próximos capítulos, tratarei das tradições e trajetórias da epistemologia jurídica. Começarei pelas de índole normativa, que criticam o conhecimento jurídico existente como não científico e propõem métodos para ele se tornar ciência. Depois falarei da epistemologia jurídica puramente descritiva, que não se pretende a ditadora de regras metodológicas para os juristas. Esse percurso pelas epistemologias jurídicas será útil para concluirmos a discussão sobre a demarcação dos saberes acadêmicos e, enfim, retomarmos e enfrentarmos a nova sofística em que navegam os narradores e as narrativas da pós-verdade. Mas, antes, vamos à Grécia Antiga.

4. Dialética

Quando falam em excepcionalidade de um povo, isso geralmente é a preparação para a justificação de um ato de domínio pela força. A quintessência dos valores democráticos como a marca excepcional da sociedade norte-americana é a justificativa para os Estados Unidos se arrogarem o papel de guardião da democracia em outros países. Quando a filosofia é apresentada como uma excepcionalidade dos gregos, um "milagre" de que seriam herdeiros os europeus, prepara-se o terreno para a edulcoração do colonialismo como campanha civilizatória do mundo.

Não há excepcionalidades. Mas certamente há especialidades, características que predominam mais em um povo que em outro, nos mais variados graus e por mero acaso de suas trajetórias. Os gregos antigos, por exemplo, eram especiais por provavelmente haver entre eles um maior número de homens com acentuado espírito competitivo.

Que os gregos reservavam à competição espaço privilegiado em sua cultura, religião e política dá boa mostra o festival em celebração da vitória de Zeus sobre Cronos que, de quatro em quatro anos, realizava-se na cidade de Olímpia. As Olimpíadas só podiam mesmo ter sido inventadas por um povo especialmente competitivo. Mais que jogos destinados a celebrar os atletas com maior habilidade em atirar discos longe ou fazer cavalos correrem, a competição em Olímpia era o ritual de reafirmação de valores da sociedade grega como o machismo e o xenofobismo: mulheres e estrangeiros não eram admitidos.

O espírito competitivo impregnava várias dimensões da cultura grega e não somente a que hoje chamaríamos de atletismo. As tragédias do teatro grego foram escritas para competição em concursos realizados anualmente em um dos festivais atenienses em homenagem a Dionísio. Peças ainda hoje marcantes para a cultura ocidental, como *Prometeu acorrentado* e *Édipo rei*, disputaram e venceram esses concursos. Aliás, etimologicamente, "atuar" está ligado a "engajar-se numa competição" (Hall, 1998:315).

Mesmo nas guerras, presumivelmente havia confrontos diretos entre dois guerreiros de cada lado, um tanto à margem do desordeiro combate entre os exércitos. Pelo menos as narrativas dramáticas sugerem algo assim. Homero, em *Ilíada*, narra tanto episódios de luta esganiçada entre gregos e troianos como o enfrentamento direto entre heróis de valor excepcional. O confronto final entre o grego Aquiles e o troiano Heitor é o momento de maior carga dramática da epopeia. Aquiles se recusava a lutar contra os troianos por causa de uma desavença com o comandante da expedição grega, Agamênon. Os troianos colecionavam vitórias nas batalhas enquanto Aquiles permanecia indiferente em sua nau, desdenhando as seguidas súplicas e ofertas dos conterrâneos feitas para convencer o herói a lutar. Aquiles muda de ideia ao saber que um amigo especial, Pátroclo, que comandara um contra-ataque vitorioso dos gregos, havia sido morto por Heitor. A entrada de Aquiles na batalha dividiu os troianos em relação à melhor estratégia a adotar: enquanto Polidamas recomendou recuar para dentro das muralhas e aguardar, Heitor convenceu os patrícios a continuarem lutando. Aquiles, enraivecido pela morte de Pátroclo e armado pelos Deuses, virou decisivamente o jogo em favor dos gregos e os troianos foram buscar abrigo dentro das muralhas de sua cidade sitiada. Heitor havia sido aconselhado a não enfrentar diretamente Aquiles e se manter sempre junto aos compatriotas, mas, envergonhado e sem disposição de reconhecer que Polidamas tinha razão, ficou fora das muralhas à espera do encontro com o inimigo. Houve momentos em que vacilou e tentou fugir, mas, no final, lutou com o invencível herói grego. Enquanto os dois se enfrentavam no combate final, a que os Deuses desceram do Olimpo para assistir, as ações dos outros combatentes estão momentaneamente suspensas na narrativa de Homero – nem gregos ajudam Aquiles a derrotar o inimigo nem troianos saem das muralhas para socorrer Heitor.

Algo semelhante acontecia na ágora, a icônica praça das cidades-Estados gregas em que aconteciam deliberações políticas e julgamentos. Nela, como diz Jean-Pierre Vernant, "a palavra não é mais o termo ritual, a fórmula justa, mas o debate contraditório, a discussão, a argumentação"; o seu destinatário é "um público ao qual ela se dirige como a um juiz que decide em última instância" (Vernant, 1965:34). Mas a competição pelo público, por meio da palavra, não aconteceria somente nas deliberações e nos julgamentos. No dia a dia, a ágora devia ser um local barulhento, com persistente vozerio indistinto em que os presentes se dividiam em pequenos grupos e muitos falavam ao mesmo tempo, interrompendo-se uns aos outros, aumentando o volume da voz para se fazer ouvir ou se impor, coisas assim de um colorido vívido (um ambiente, aliás, desagradável a Sócrates, que preferia dialogar nas casas de aristocratas ou no campo fora dos muros da cidade). Mas, de tempos em tempos, ao meio da balbúrdia na ágora, uma conversa entre dois homens devia chamar aos poucos a atenção dos circunstantes, que se silenciavam para conseguir ouvir a troca de ideias. Os que dialogavam competiam pela razão e os risos e sorrisos, olhares e meneios de cabeça, gestos de aprovação e desaprovação dos homens ao redor serviam de veredicto acerca de quem tinha ganhado a disputa teórica. "O grego", diz Rachel Gazolla, "é um discutidor por excelência" (2011:230).

É nesse ambiente que nasce a filosofia. Como o teatro e o atletismo, ela é fruto da competição.

A arte de persuadir

Há pessoas com certas inquietações um tanto incomuns, que não compartilham com a generalidade dos humanos. São indivíduos com acentuado interesse em entender como as coisas se passam no seu entorno. É como se nelas a "idade dos porquês", aquela curiosidade exacerbada que todos experimentam entre os 3 ou 4 anos de idade, se estendesse por toda a vida. São pessoas com inquietações analíticas, que estão sempre refletindo sobre vários aspectos da vida, organizando pensamentos, encontrando explicações e ocasionalmente as revendo, trocando ideias com amigos. Se tiverem as oportunidades correspondentes, tendem a se profissionalizar como acadêmicas e ganharão a vida fazendo pesquisas em laboratórios, ensinando em universidades, escrevendo livros etc. Os inquietos são um grupo relativamente pequeno de humanos.

Provavelmente por uma série de acasos, entre os gregos da Antiguidade havia uma quantidade de pessoas com inquietação analítica maior que na média dos povos em geral. Não foram os únicos: ter muita gente inquieta é uma especialidade e não uma excepcionalidade.

A maior quantidade de gregos com inquietação analítica deu um perfil todo próprio à sua cultura. Em qualquer sociedade, discussões sobre as melhores decisões a se tomar no interesse do coletivo sempre aconteceram; discussões para tratar desde questões de maior importância, como a escolha entre caçar e coletar ou dedicar-se à agricultura, empreender uma guerra com o coletivo vizinho ou tentar fazer comércio com ele etc., até as cotidianas, como a direção em que devem partir os caçadores, o momento em que se deve encerrar a caça ou a coleta do dia etc. E, nesse processo coletivo, os indivíduos com maior capacidade oratória acabam se destacando e assumindo um tipo de liderança.

Todos os coletivos discutem as questões de interesse comum e isso cria a oportunidade para os mais capacitados nas artes de argumentar e persuadir se sobressaírem. Os inquietos gregos não se preocupavam apenas com as decisões em pauta e se indagavam

DIALÉTICA

também sobre a estrutura dos discursos. Graças a esse interesse e às riquezas proporcionadas pelo seu domínio comercial e militar do Mediterrâneo, os gregos desenvolveram saberes sobre muitos temas, incluindo o próprio saber. E criaram instituições de ensino: a "Academia" de Platão e o "Liceu" de Aristóteles são algumas das criadas em Atenas.

Obviamente nem todo grego tinha inquietações analíticas. Na verdade, era apenas uma parcela da aristocracia de algumas cidades que frequentava as instituições de ensino com real entusiasmo e dedicação. Pistas disso encontramos, por exemplo, no mito fundamental de Platão, em que o filósofo corre o risco de ser morto pelos muitos conterrâneos que permaneceram vendo sombras projetadas no fundo da caverna, ou nas recorrentes referências ao "vulgo" feitas por Aristóteles.

A maior inquietação analítica entre os gregos está na raiz do desenvolvimento do especial repertório de saberes que a posteridade chamou de filosofia. Um amplíssimo repertório de vários saberes que hoje identificamos como geometria, medicina, zoologia, física, astronomia, lógica, dramaturgia, arte, política etc.

Também em razão da inquietação analítica mais pronunciada, os gregos estudaram o que faziam aqueles oradores mais eficientes nas discussões do coletivo, analisando com cuidado a estrutura dos argumentos, suas demonstrações e refutações. Os argumentos enquanto forma atiçavam a inquietação analítica especial dos gregos.

Enfim, além de maior quantidade de pessoas inquietas, havia entre os gregos, como visto, muitas com espírito de competição um tanto mais acirrado. O debate público das questões de interesse do coletivo, os julgamentos e até mesmo os diálogos filosóficos tinham forte ingrediente competitivo. A ágora, a praça central das cidades-Estados gregas, era um campo de competição em que os mais habilidosos na "arte de persuadir" exibiam sua competência.

Como havia a demanda de jovens aristocratas querendo aprender as técnicas de ganhar discussões a qualquer custo, os mais talentosos na arte de persuadir se ofereciam para ensiná-las mediante remuneração. Iam de cidade em cidade, exibiam suas aptidões na ágora, nas casas de aristocratas ou onde houvesse aglomeração; e se dispunham a ensinar os segredos da persuasão. O provável sucesso desses argumentadores focados no resultado devia alimentar o inconformismo e desprezo dos filósofos amantes do saber. Platão, por exemplo, os definia por expressões depreciativas como "caçador interesseiro de jovens ricos", "comerciante em ciências", "erístico mercenário", "tagarela" e "prestidigitador" (*Sofista*, 223b, 224b, 225d e 235b).

Antes de Aristóteles refinar certas distinções, esses oradores com a *expertise* da persuasão eram chamados *indistintamente* de "retóricos" ou "sofistas".

Os diálogos na ágora

Os adestrados na arte da persuasão (retóricos ou sofistas) não tinham propriamente inquietações analíticas. Costumavam ser mais pragmáticos, no sentido de focarem o resultado. Não eram como os filósofos, que se deixavam atiçar por insaciáveis inquietações sobre o belo, o justo, o ser, a felicidade, a morte etc. Dominavam técnicas valorizadas pelos gregos em geral e sabiam monetizá-las. Górgias, um dos sofistas mais famosos, ganhou tanto dinheiro que encomendou uma estátua de si mesmo em ouro e a dedicou a Apolo, no templo de Delfos (Huizinga, 1938:215/346).

Filosofia e arte da persuasão se antagonizavam na ágora, como diferentes posturas assumidas nos diálogos travados diante dos circunstantes. Os filósofos se esmeravam na construção de argumentos de validade universal, no sentido de que a adesão não decorreria do resultado de um convencimento, mas da constatação mesma da verdade contida no que era dito. Se nem todos concordassem ou nem mesmo a maioria dos assistentes, tanto pior para os discordantes, desprezados pelos filósofos como ignorantes que não haviam compreendido a verdade. Os sofistas, ao contrário, queriam persuadir os homens na ágora a aderirem a seus argumentos independentemente de qualquer compromisso com uma validade universal do que diziam. Se a adesão da maioria ou preferencialmente de todos era alcançada em torno de algo não verdadeiro, tanto pior para a verdade.

No diálogo *Górgias*, escrito por Platão, Sócrates enfrenta sucessivamente três retóricos. São pessoas com experiências diferentes. Górgias, o interlocutor que empresta o nome ao diálogo e primeiro a lidar com Sócrates, é um professor de retórica. É respeitado por Sócrates, que o trata até mesmo com alguma reverência. Polo, o segundo, é um jovem e atabalhoado aluno de Górgias, que enfrenta um impaciente Sócrates. Este se mostra menos filósofo que o habitual e abusa de algumas artimanhas retóricas como ironia e atiçamento da raiva. Chega a mandar o jovem calar a boca com um mandatório "silêncio!". O terceiro sofista é Cálicles, provavelmente um político em ascensão bastante seguro de suas convicções e disposto a defendê-las no confronto de ideias com Sócrates.

Um tema atravessa os três embates: qual é o conhecimento mais útil, o da busca filosófica da verdade ou o manejo eficiente dos ardis da persuasão? Que vida vale a pena ser vivida: filosofando ou sofismando? Em termos atuais, a questão poderia ser posta assim: qual investimento de dinheiro, tempo e energia no treinamento em um desses saberes terá o retorno garantido: filosofia ou sofística? Quem lucrará mais: o que se dedicar ao estudo dos meios de conhecer a verdade ou quem se tornar hábil nas técnicas de convencer os outros?

Provocado por Sócrates, Górgias se vangloria de ser mestre de uma arte poderosa e dá diversos exemplos desse poder. Quando o irmão dele, que é médico, não consegue convencer um paciente a se submeter a determinado tratamento, Górgias é convocado e tem sucesso. Sem a retórica, a medicina não curaria aquele doente. Diante de leigos, o retórico consegue vencer qualquer médico em discussões sobre medicina. Se a assembleia se reúne para escolher qual construtor de navios ficará encarregado de reaparelhar a frota naval da cidade, qualquer retórico conseguiria ser o escolhido mesmo que não fosse o mais competente artífice para a tarefa. E devolve a provocação: "então, Sócrates, não é uma enorme comodidade: mesmo não tendo aprendido as demais artes, mas apenas esta, não ser em nada inferior aos artífices?" (*Górgias*, 459c).

Ao mesmo tempo, Górgias aconselha a contenção no manejo do poder da retórica (que Sócrates qualificara de "quase divino"). Chega a falar em boa retórica e critica aqueles que não a praticam por utilizarem a arte de persuadir sem nenhum pudor. Agem como agiria um habilidoso e forte pugilista que, em vez de empregar a técnica somente na defesa contra inimigos, agredisse covardemente os próprios pais. Mas ressalva que os professores de retórica não podem ser responsabilizados pelos abusos de seus alunos, assim como o treinador daquele desonrado pugilista não é culpado pelos atos de seu pupilo.

Já no áspero diálogo com Polo, o abissal desencontro entre filosofia e sofística se mostra na discussão sobre felicidade e justiça. O filósofo diz que os injustos são infelizes, enquanto o aprendiz de sofista insiste que um tirano injusto é feliz. Sócrates enuncia um refinado conceito moral e Polo dá voz à percepção generalizada entre os cidadãos. Não há como chegarem a um acordo porque um almeja encontrar a verdade e outro, reproduzir ideias que atraiam a adesão dos circunstantes mais facilmente. A despeito desse desencontro, Sócrates convence Polo de que haveria um consenso parcial entre eles sobre todos preferirem sofrer uma injustiça a cometê-la, mas o faz por um raciocínio tortuoso, típico dos retóricos, que sutilmente confunde dois conceitos de "vergonha".

E qual foi, afinal, a conclusão de Sócrates após a longa peroração empreendida para forçar a concordância de um cada vez mais monossilábico Polo? O filósofo questionou qual seria a utilidade da retórica se todos, conforme teria sido consensuado, devessem se "vigiar para não cometermos injustiças". Para chegar a essa conclusão, entretanto, não era necessário o estafante diálogo porque Górgias já havia explicitamente defendido a autocontenção dos retóricos.

Tão logo Sócrates reafirma a inutilidade da retórica no pressuposto de ter derrotado Polo, o experiente Cálicles intervém indagando se o filósofo estaria falando sério ou fazendo brincadeira. "Brincadeira" não é uma expressão à toa empregada por Cálicles, mas direta referência à sofística. Uma das artes dos sofistas, pelas quais eram remunerados, consistia em divertir os circunstantes encurralando o interlocutor com paradoxos e aporias (Huizinga, 1938:217/346). *Eutidemo* é um diálogo platônico sobre esses jogos conhecidos como disputas ou eurísticas. Nele, os irmãos Eutidemo e Dionisodoro cercam Sócrates no Liceu com o intuito de desafiá-lo, mas o filósofo se preserva escalando um dos jovens pupilos para participar do jogo. Os dois irmãos, então, alternam-se fazendo uma sucessão de perguntas ao desnorteado Clínias, que se atrapalha em contradições para o deleite dos presentes. "Todas as nossas perguntas", gaba-se Dionisodoro a Sócrates, "não admitem escapatórias" (*Eutidemo*, 276e). Sócrates tenta socorrer Clínias, apontando as antilogias (ambiguidades) nas artimanhas dos sofistas e fazendo uma demonstração de como perguntas, feitas com seriedade, levam ao conhecimento da verdade. Mas, com isso, se expõe às armadilhas dos irmãos sofistas e acaba por reconhecer a derrota. Chega a pedir a Eutidemo que o aceitasse em suas aulas. No dia seguinte, Sócrates narra o acontecido ao amigo Críton e lamenta: "estávamos em situação absolutamente ridícula" (*Eutidemo*, 291b).

Voltando ao *Górgias*, como os sofistas brincam, é visível que Cálicles, ao perguntar se Sócrates estava de brincadeira, acusava-o de praticar com Polo um sofismo fútil. Cálicles repreende: "tu, Sócrates, sob a alegação de que encalças a verdade, te envolve com essas coisas típicas da oratória vulgar"; para, em seguida, arrematar: "se alguém fala sobre a lei, tu lhe perguntas sub-repticiamente sobre a natureza, e se ele fala da natureza, tu tornas a lhe perguntar sobre a lei" (482e). Conhecedor das artimanhas da sofística, Cálicles denuncia a confusão entre a vergonha em razão do conceito moral de mal (lei) e a vergonha como sensação (natureza) em que Sócrates forçou o assentimento acuado de Polo.

Górgias é um diálogo que se abre a riquíssimas interpretações e não fica inteiramente definido se Sócrates venceu as disputas com os sofistas. Uma passagem é particularmente dúbia a esse respeito. Cálicles instiga: se Sócrates um dia fosse falsamente acusado de crime perante um tribunal, sentiria a falta que faz não conhecer retórica para se defender e perceberia como a filosofia não o poderia salvar de uma injusta sentença de morte. Cálicles provoca: "como pode ser sábio" Sócrates desconhecer meios para "salvar a si mesmo ou qualquer outra pessoa dos riscos mais extremos, despojado pelos inimigos de todos os seus bens e vivendo absolutamente desonrado na cidade?" (486b). Era um horripilante vaticínio: Sócrates irá morrer por "deficiência do discurso" (Nietzsche, 1876:145).

Platão escreveu *Górgias* após a morte de Sócrates, envenenado com a cicuta que bebeu em cumprimento da condenação decretada pelo tribunal ateniense. Ganha, por isso, uma coloração muito própria o terrível argumento em defesa da maior utilidade da retórica sobre a filosofia articulado por Cálicles. Em sua defesa no julgamento, Sócrates explicitamente se recusa a empregar alguns recursos banais da sofística, frequentemente usados pelos acusados, como as súplicas com lágrimas copiosas ou a convocação de filhos, parentes e amigos para mobilizar a piedade dos juízes (Platão, *Defesa*, 34b).

Olhando os fatos a partir do refinamento dos conceitos morais da filosofia, esta sai engrandecida pelo heroico gesto de Sócrates de não abdicar dela nem mesmo para salvar a própria vida. Em favor da superioridade da filosofia, Sócrates ofereceu mais que argumentos. Ofereceu a vida. E o fez em um gesto consciente porque tinha tido a oportunidade de refletir a respeito ao dialogar com Cálicles. Se o sofista lida melhor que o filósofo com os tribunais humanos, defende Sócrates que, no tribunal da terra dos mortos, o Hades, o filósofo se sairá melhor.

O gesto heroico perdoa os momentos de sofista de Sócrates. Mas olhando os mesmos fatos pelas concepções práticas que animam a sofística, a morte de Sócrates foi um sacrifício inútil que poderia ter sido evitado com o emprego de uns poucos e bons sofismas. Se se vive melhor filosofando ou sofismando remanesce uma questão em aberto.

Qualquer que seja a interpretação dada ao *Górgias*, se nele a filosofia vence a sofística ou o inverso, o diálogo de Platão revela a polarização entre dois modos diferentes de argumentar, o antagonismo insuperável entre o conhecimento dos filósofos e a arte dos sofistas.

A sedução dos argumentos

Além de *Górgias*, o antagonismo entre a busca da verdade pela filosofia ou da persuasão pela sofística é objeto de *Fedro*, mais um diálogo escrito por Platão em que Sócrates é protagonista. *Fedro* trata também do amor, mas apenas como exemplo de um objeto sobre o qual se discorre filosófica e retoricamente (Nietzsche, 1876:123).

Dessa vez, o diálogo não acontece sob os olhares atentos de uma audiência, na ágora ou na casa de um aristocrata culto. Sócrates e o jovem Fedro caminham sozinhos para fora dos muros de Atenas em busca de um local ermo à margem do rio Ilisso. Detêm o passo onde encontram "uma sombra, brisa moderada e relva para sentar, ou mesmo deitar" (229b). A última coisa que os dois queriam naquela manhã quente era encontrar qualquer outra pessoa.

No diálogo, Sócrates contrapõe suas ideias vigorosas não propriamente às de Fedro, porque deseja seduzi-lo para desfrutar de favores sexuais. O diálogo se estabelece na verdade com o ausente Lísias. O belo Fedro havia ouvido o afamado sofista um pouco antes e trazia consigo um escrito com o discurso dele. Sócrates dialoga com o discurso de Lísias, que é lido por Fedro enquanto descansam naquele recanto idílico. E o que diz esse discurso? É uma exortação aos jovens para preferirem as experiências homoeróticas sem amor.

O discurso de Lísias fala do que poderíamos ver como um ingrediente do complexo rito de passagem à vida adulta dos homens da aristocracia na Grécia Antiga. O jovem era cortejado pelos homens adultos, mas não podia assentir de imediato, devendo, ao contrário, resistir aos primeiros assédios para mostrar certo domínio sobre suas escolhas. A sociedade o julgava pelo modo como lidaria com o desafio. Se ficasse com a imagem de impulsivo e afoito ou, pior ainda, interesseiro e prostituído, isso seria certamente fatal para a posição que viria a ocupar na elite dominante. Vivenciar a sexualidade com outros homens da mesma idade era igualmente um grave erro, porque os amantes seriam vistos como efeminados e excluídos do núcleo do poder por esta razão. Recusar, enfim, qualquer experiência homoerótica com os adultos também não era uma opção.

Nesse complexo ritual de iniciação, o efebo seria, no final, julgado segundo a posição social e o poder político dos amantes a quem finalmente se entregasse. Como se vê, a transição para a vida adulta (e estamos falando apenas de um de seus aspectos) era um campo minado que exigia um tanto considerável de argúcia dos mancebos da aristocracia grega. Os que lidassem com o desafio da sedução homoerótica da melhor forma, de acordo com os padrões da aristocracia, mostrariam à sociedade que possuíam as habilidades necessárias para levar adiante o projeto de poder da elite governante.

No discurso que Fedro leu para Sócrates em meio ao canto das cigarras, Lísias recomenda aos jovens evitar os amantes apaixonados e preferir os que buscam apenas o prazer erótico. Sócrates impulsiona o jogo de sedução se contrapondo ao conselho do sofista. Primeiro, faz uma caricatura das ideias de Lísias, fingindo concordar com a recomendação calculista. Depois, alega que não era ele que falava por sua boca para, na sequência, desatar um eloquente elogio à *loucura do amor*, uma dádiva dos Deuses, Afrodite e Eros, aos homens. É inusitado tanto pelo tamanho do discurso como pelo arroubo: Sócrates prefere as falas breves, vive criticando os que se estendem em seus argumentos e é costumeiramente metódico e lógico em suas infindáveis inquirições, suas definições minuciosas, seus exaurientes vaivéns. O próprio Fedro estranha: "contra o que é de costume, Sócrates, foste arrebatado por uma torrente de palavras" (238c).

Platão nos apresenta, nessa passagem do *Fedro*, o mesmo Sócrates sofista que havia desdenhado Polo no *Górgias*. Mas, agora, em vez da impaciência com um aprendiz de sofística, a motivação é bem outra. Sócrates torna-se momentaneamente sofista para encantar um jovem de quem deseja submissão sexual. Há um detalhe: o filósofo cobre a cabeça (*Fedro*, 237a) alegando não querer ver (receia se distrair com a beleza do efebo); na verdade, não quer ser visto, por saber que as marcas da idade não ajudam à sedução e sobretudo por confiar no poder das palavras, no seu poder de grande sedutor de ideias.

O magistral diálogo prossegue com o confronto passando do plano dos aconselhamentos práticos a jovens diante dos desafios da iniciação (escolher amantes movidos por amor ou por puro prazer) para o da superioridade da filosofia em relação à sofística (259e-ss). Fedro lera o discurso de Lísias aconselhando desprezar o amor e ouve Sócrates enaltecê-lo. A qual dos dois cederá seus favores, ao sofista ou ao filósofo? O belo Fedro é alvo não apenas da disputa sexual. Por ele disputam a própria sofística e a filosofia como a forma superior de conhecimento no mais requintado e sutil dos diálogos de Platão. Para Sócrates, o companheiro naquele passeio matinal não era somente mais um rapagão para ser desfrutado prazerosamente; era também mais uma alma a ser cativada para a filosofia.

Em muitas passagens dos diálogos platônicos é impossível diferenciar hoje o que realmente reproduziria com fidelidade o pensamento de Sócrates do que seriam ideias do discípulo postas na boca do mestre. No confronto entre filosofia e sofística na Atenas clássica escondia-se a acirrada concorrência pelos jovens aristocratas como alunos das diversas instituições de ensino. Os inquietos deviam se inclinar pela nobre busca da verdade, propagandeada pelas escolas que vendiam seus serviços como filosofia, enquanto os pragmáticos se inscreviam nas que prometiam ensinar os potentes truques sofísticos. A Academia de Platão rivalizava com a escola de oratória de Isócrates, que também tinha sido discípulo de Sócrates. *Fedro* certamente não foi escrito como uma peça de propaganda dos serviços de ensino prestados pela Academia, mas servia bem a tal propósito.

Filósofos versus *sofistas*

Os gregos diferenciavam dois tipos de saberes. De um lado, os cultivados por pessoas preocupadas em descobrir e demonstrar a verdade, que eram comumente os resultados de frutíferos diálogos. A apresentação dos argumentos em sucessivas perguntas e respostas não se destinava apenas ao debate público sobre decisões a serem tomadas pelo coletivo, mas a questões por assim dizer mais fundamentais e abstratas, como as virtudes morais, a organização política ideal ou o próprio conhecimento. Esses saberes eram os da filosofia. De outro, os empregados por pessoas cujo compromisso era unicamente com o resultado eficiente da argumentação. Estes eram os sofismas, argumentos usados para impressionar o auditório a ponto de determinar a decisão do coletivo; técnicas para vencer debates.

Eram apenas essas duas as possibilidades: quem argumentava com método para sustentar a verdade, mesmo correndo o risco de não convencer os ouvintes, era enaltecido como um honrado filósofo; e quem lançava mão de qualquer expediente para vencer a discussão, ainda que sacrificando a verdade, se preciso, recebia o desprezível rótulo de sofista ou retórico. Em geral, não se reconhecia nenhuma outra espécie de saber.

Discretamente, contudo, vez por outra, uma terceira via parecia se imiscuir no debate. No diálogo *Sofista*, Sócrates vê-se desafiado por um estrangeiro de Eleia, da escola de Parmênides, mas sutilmente se preserva e novamente escala um jovem pupilo, Teeteto, para a tarefa de dialogar com o eleata. Antes, no entanto, ao propor o tema para o diálogo, Sócrates demarca três e não apenas duas esferas de saber. Entre a filosofia e a sofística, ele introduz a política (217a3). Parece haver já uma desconfiança de que a oposição entre filosofia e sofística não recobriria completamente todas as possibilidades da argumentação. No diálogo *Político*, continuação de *Sofista*, no entanto, Platão borra as diferenças entre o saber do governante e a sofística, ressaltando ser "tarefa difícil" separar o mais charlatão dos sofistas daqueles "que realmente detêm a arte política" (*Político*, 291c). Reforça, assim, a existência de apenas dois modos distintos de argumentar: a filosofia dos amantes da verdade e a sofística dos oradores inescrupulosos.

DIALÉTICA

Foi Aristóteles quem percebeu que a divisão dos argumentos em duas categorias era insuficiente para dar conta da vida grega, que já se tornara demasiado complexa. Ele notou que sobre alguns temas importantes não se conseguia argumentar pela lógica, que distingue o verdadeiro do falso, mas tampouco se enveredava pelos caminhos torpes da sofística. Entre a filosofia que busca a verdade e o sofismo compromissado apenas em vencer debates a qualquer custo, Aristóteles divisou um terceiro modo de argumentar. Ele descobriu a existência de uma argumentação tão válida, séria, necessária e importante quanto a lógica, mas que, embora não tivesse a finalidade de descobrir ou demonstrar a verdade, decididamente não podia ser classificada como sofística. Essa forma de argumentação ele chamou de *retórica*. Aristóteles deu um estatuto epistemológico próprio ao que até então era sinônimo de sofisma.

Pela reconfiguração das categorias, enquanto o argumento lógico parte de premissas verdadeiras e, raciocinando com obediência a determinadas regras, chega a conclusões verdadeiras, o retórico parte de premissas verossímeis, fixadas pela opinião de sábios para, raciocinando também por determinadas regras, chegar a conclusões igualmente verossímeis. Há temas que são objeto de argumentos lógicos e há os que só podem ser objeto de retórica (*Ética*, 1094b). No *Organon*, a reunião das lições de Aristóteles sobre o conhecimento (feita por discípulos provavelmente quase um século após a morte dele), a lógica, que ele chamava de *analíticos*, é estudada nos livros III e IV, enquanto a retórica, denominada de *tópica*, no livro V. Diferentemente de Platão, Aristóteles leva a retórica a sério, vendo nela um saber baseado em raciocínio, que tem as próprias formas: entimemas, induções e exemplos (cf. Meyer, 2017:23/250).

A sofística, aquela técnica de argumentação focada no resultado, não tinha compromisso nem com a verdade nem com a verossimilhança. Mas os sofismas não eram necessariamente falsos e despropositados. Eles até podiam ser ocasionalmente verdadeiros ou verossímeis, essas hipóteses não estavam inteiramente descartadas. É indiferença e não recusa o que está em jogo. Se diz algo verdadeiro ou falso, se é verossímil ou disparatado, tanto faz para o sofista, desde que seja o argumento que, por qualquer razão, acabará se impondo na adesão do coletivo naquele momento.

O livro VI do *Organon* é dedicado à sofística. Ela é definida como a técnica de argumentar com a *aparência da verdade*. Sofística são paralogismos, isto é, discursos de verdade aparente, em que o orador está consciente de que podem não ser verdadeiros. Nesse derradeiro livro do *Organon*, é feita a distinção entre a sofística de um lado e a lógica e a retórica, de outro. Aristóteles o conclui acentuando que estava identificando como funcionava um saber que ainda não tinha sido estudado. Menciona pensadores que o antecederam na definição dos princípios da retórica, que foram aprimorados com o tempo, e aguarda a indulgência dos leitores com o seu estudo embrionário a respeito da estrutura da sofística (*Refutações*, 183b-184a).

Equiparação entre lógica e retórica

Para Aristóteles, lógica e retórica são raciocínios diferentes para situações diferentes – um não é melhor ou superior em relação ao outro. Deve-se usar a lógica em determinadas questões e a retórica em outras.

Lógica e retórica no pensamento aristotélico se distinguem fundamentalmente em função do valor (gnosiológico) de seus enunciados. A demonstração lógica parte de premissas *verdadeiras* para, obedecendo a determinadas regras, conduzir necessariamente o conhecimento a conclusões também verdadeiras. Já o argumento retórico tem por ponto de partida premissas *verossímeis*. Mas, como a lógica, deve se desenvolver segundo determinadas regras para alcançar conclusões igualmente verossímeis. O raciocínio lógico demonstra a verdade da conclusão a partir da verdade das premissas, enquanto o retórico argumenta pela verossimilhança de uma conclusão partindo de premissas verossímeis. São tipos diferentes de silogismos.

DIALÉTICA

Paralelos entre lógica e retórica são recorrentes no pensamento aristotélico. Em *Retórica*, Aristóteles equipara a demonstração dedutiva da lógica ao argumento retórico que, tal como aquela, se conduz do todo para a parte e o chama de *entimema*; e a indução ele equipara ao argumento que persuade por meio de exemplos, porque vai de parte a parte, tal como na demonstração lógica de natureza indutiva (*Retórica*, 1356a-1356b). No Livro III do *Organon*, sobre os analíticos anteriores, quando Aristóteles estuda os raciocínios "vizinhos" ao silogismo lógico, encontram-se também reflexões dele sobre o entimema (*Primeiros Analíticos*, 70a-70b).

Lógica e retórica obedecem a regras; e é a obediência às regras de bem argumentar que distingue a retórica da sofística, esta sim um saber que visa apenas ganhar discussões, mesmo que a custo da verdade ou da verossimilhança. Enquanto a retórica é a forma válida de argumentação a partir de opiniões verossímeis, equiparada em importância à lógica, a sofística é uma técnica ilusionista de revestir qualquer ideia de certa aparência de verdade. Aristóteles distinguia retórica de sofística assinalando que os retóricos constroem argumentos obedecendo a determinadas regras de garantia da verossimilhança das conclusões, enquanto os sofistas não têm nenhum compromisso senão com a exortação em causa. O retórico não pode ser ambíguo, mas o sofista não hesita em criar ambiguidades, se a confusão lhe parecer um expediente útil para derrotar o oponente. Aristóteles trata de cada um desses saberes em escaninhos diferentes. Quando seus roteiros de aula conhecidos foram reunidos no *Organon*, no volume V acomodaram-se os dedicados à retórica e, no VI, os dedicados à sofística. Aristóteles condenava os sofistas, embora reconhecesse na sofística duas utilidades: facilitar a identificação das várias acepções de um termo e auxiliar os influenciáveis a desenvolver argumentos consigo mesmo (*Refutações*, 175a).

A verossimilhança, objeto da retórica, é referida também pela ideia de probabilidade. Provável, em Aristóteles, é o enunciado de verdade incompleta, parcial. O que ele afirma é frequente, mas não necessário. Acontece muitas vezes, mas não sempre. Trata-se, portanto, de um sentido diferente do atual, que diz respeito ao cálculo das chances de certo evento acontecer (Perelman, 1977:22). De modo mais preciso, um enunciado verossímil é o que expressa a *opinião* de todos os homens, da maior parte deles ou dos sábios, e, entre os sábios, a de todos, da maioria ou dos mais notáveis e ilustres – uma formulação apresentada em *Tópica* (100b). A opinião verossímil é a substância dos argumentos que lidam com temas da política, moral ou justiça. É infrutífero tentar desenvolver raciocínios acerca deles com os instrumentos apropriados a outras áreas, como a matemática e a física. Para cada objeto há um tipo adequado de raciocínio.

Nas lições aristotélicas, não existe nenhuma hierarquia entre lógica e retórica. Se alguns assuntos são objeto de raciocínio lógico, outros o são do retórico. Em *Ética a Nicômaco*, Aristóteles adverte desde o início que "as ações belas e justas, que a ciência política investiga, admitem grande variedade e flutuações de opinião". Por essa razão, "devemos nos contentar" em "falar de coisas que são verdadeiras apenas em sua maior parte e com base em premissas da mesma espécie". Adverte também sobre a insensatez de "exigir provas científicas de um retórico", tanto quanto a de aceitar conclusões relativas de um matemático (*Ética*, 1094b).

Por fim, cabe uma cautela: não se pode esquecer que o *Organon*, como a quase totalidade dos escritos de Aristóteles que chegaram até nós, incluindo *Retórica*, eram roteiros de aulas, aquelas notas ainda hoje preparadas pelos professores para não se esquecerem de nenhum ponto essencial da matéria a ser ensinada. Das obras escritas por Aristóteles para o público em geral (as "exotéricas") infelizmente só restaram fragmentos. Deve-se levar em conta também que esses roteiros de aula foram reunidos pelos alunos de seus alunos. Não podemos por isso descartar a hipótese de acréscimos de algumas ideias lembradas por eles como conteúdo das aulas que ouviram. A despeito dessas dificuldades, a interpretação mais fidedigna da concepção aristotélica é a de que lógica e retórica se equiparam como saberes úteis e válidos, cuidando aquela da demonstração da verdade e esta, da argumentação a partir de opiniões verossímeis.

Retórica volta a ser confundida com sofística

A escorregadela sofística de Sócrates em seu tenso diálogo com Polo em *Górgias* mostra a imprecisão dos limites entre os saberes que se pretendiam polarizados. Nem todos tinham os experientes ouvidos de Cálicles e muitos circunstantes se deixavam levar por um discurso que se apresentava como filosofia em busca da verdade, mas que não passava de sofismas vazios articulados para impressionar. A demarcação, na Antiguidade, dos saberes devemos à inquietação analítica de Aristóteles. Antes dele, filosofia e sofística se antagonizavam de modo um tanto indistinto.

Ao separar a retórica (definindo-a como o saber argumentar a partir de opiniões verossímeis) da sofística (o domínio das técnicas de convencimento indiferente à verdade ou à verossimilhança), Aristóteles desfez a sinonímia das duas expressões. Ele demonstrou que não havia somente dois polos em constante tensão na ágora, mas três diferentes saberes: a lógica da demonstração da verdade, a retórica do convencimento correto e a sofística das exortações eficientes. Não havia hierarquia entre as duas primeiras, enquanto a terceira carecia de dignidade epistemológica.

A fina distinção aristotélica, todavia, se perdeu. A equiparação entre os analíticos e a tópica desapareceu e a retórica voltou a ser, em pouco tempo, desqualificada como uma irresponsável técnica de persuasão a qualquer custo, desfazendo-se sua diferenciação da sofística. Cristianismo, racionalismo, Iluminismo e positivismo não deram nenhuma chance para a retórica de Aristóteles.

Em *Retórica*, há duas diferentes abordagens de Aristóteles que são importantes para compreender a trajetória da retórica. Pela primeira e mais importante, que ocupa quase todo o tratado, a retórica é *teoria da argumentação*, de importância similar à lógica, embora cada qual com suas premissas sujeitas a valorações diferentes; pela segunda abordagem, a retórica é técnica de estilos, de ornamentação do discurso, de *eloquência*. A retórica-argumentação foi rapidamente apagada, mas a retórica-eloquência sobreviveu até meados do século XIX, tendo sido prestigiada até mesmo como saber indispensável à formação elementar do homem culto durante as Idades Média e Moderna. Francis Bacon, no início do século XVII, ao proceder à ampla sistematização dos saberes – a primeira taxonomia da ciência moderna –, classificou a retórica--eloquência como tão importante quanto a lógica, duas disciplinas a serem ensinadas apenas nos anos finais da formação e para os estudantes amadurecidos. Em seu estudo sobre o método, Bacon atribuiu à eloquência a função de "acomodar a razão à ilustração" na comunicação entre os estudiosos. A ornamentação, para ele, deveria sempre *secundar* a razão, sem a oprimir (Bacon, 1605:108 e 290-218).

O apagamento da retórica, assim, pode ser sintetizado como a paulatina transformação do que representava perigo ao projeto de monopólio cristão da verdade em uma parafernália de embelezamento da ciência – um saber certamente estruturado, cultivado e admirado, mas voluptuário, inofensivo e tendencialmente fútil. No século XX, a despeito do ceticismo de alguns, como Ricoeur (1975:78--79), aconteceu a restauração da retórica aristotélica, mas apenas daquela parte de que fora amputada, a teoria da argumentação.

O apagamento da retórica

Na Antiguidade grega, a tese (θέσις, *thesis*) era a verdade geral, enquanto a hipótese (ὑπόθεσις, *hypóthesis*), a verdade particular – da primeira cuidava a lógica e da segunda, a retórica (Barilli, 1979:64). Sutilezas como essas não impressionaram o invasor romano, que não compartilhava com os gregos o mesmo grau de inquietude analítica. Em contraste, os invasores preocupavam-se mais com questões práticas. Por isso, os romanos acolheram a retórica como mero floreio da oratória, modos de ornamentação dos discursos, técnicas de eloquência. A tópica aristotélica foi recepcionada por eles como uma *práxis* e não uma teoria da argumentação. O conceito romano sobrepujou-se ao de Aristóteles (Roesler, 2013:116-117).

Em duas ocasiões em que estava no ostracismo político, Marco Tulio Cícero escreveu três manuais para os oradores, que a tradição chama de "tratados": *De oratore, Brutus* e *Orator*. O primeiro tratado, na forma de um diálogo platônico, foi escrito em 56 AEC, e os outros, dez anos depois, em 46 AEC.

Para Cícero, o bom orador precisa conhecer filosofia, mas não devia se expressar com o estilo contido e hermético dos filósofos; tampouco devia adotar o estilo dos sofistas, que querem emocionar em vez de convencer e estão mais preocupados com a simetria das frases do que com a plausibilidade do conteúdo. Oratória, filosofia e sofística, assim como a história e a poesia, são classificadas por Cícero como espécies de eloquência, sendo a oratória a mais aperfeiçoada entre elas (*Orator*, I 3-5). De certo modo, assim, para os romanos, a retórica-eloquência tinha a mesma importância que a filosofia e não se confundia com o sofismo, enquanto a retórica-argumentação não despertava interesse.

Outro exemplo do prestígio que os romanos reservavam à oratória se vê nos relatos que eles fizeram dos mitos e epopeias dos gregos. Ovídio, no ano 8 da Era Comum, narrou que, após a derrota dos troianos, os heróis Ájax e Ulisses (Odisseu) queriam receber como prêmio as armas de Aquiles. Argumentaram perante um conselho de líderes, cada um lembrando os próprios feitos na guerra e desqualificando os do adversário. Embora Ájax fosse o mais forte e aguerrido, Ulisses também tinha seus feitos no campo de batalha; mas Ovídio faz a balança pender fortemente para Ulisses apresentando-o como um orador de grande eloquência. Em prol de sua pretensão, Ulisses lembrou que tinha sido ele quem trouxera a Troia o valoroso Aquiles, guerreiro imprescindível para a vitória dos gregos; lembrou também as muitas vezes em que, com sua palavra, encorajou aliados, restaurou a coragem perdida, ensinou companheiros a lutar e serviu de embaixador. Ao fim do discurso, Ulisses voltou-se a Ájax e o provocou: "tu só com teu corpo és útil, eu sou-o com a minha mente. Quanto o comandante da embarcação é superior ao homem do remo é quanto eu te supero". O conselho decidiu que as valiosas armas de Aquiles seriam dadas a Ulisses. "Com a sua decisão", arremata Ovídio, "tornou evidente o poder da eloquência" (*Metamorfoses*, XIII, vv. 365-383).

O apagamento da retórica se inicia mesmo com o cristianismo. Se os romanos não tinham se interessado pela teorização da argumentação, os cristãos lhe darão um "bom combate".

Os primeiros cristãos foram aguerridos destruidores da cultura clássica, que devastaram o quanto puderam. Além da destruição de livros como suporte físico, comumente em rituais de purificação em torno ao fogo, a cristandade também mirou as próprias ideias em sua sanha destrutiva. Apagaram literalmente os textos clássicos raspando o que tinha sido escrito sobre papiros e pergaminhos para utilizarem aqueles suportes para outros registros. O nome disso é palimpsesto. Obras únicas e insubstituíveis foram apagadas para se utilizar o mesmo suporte na reprodução de cópias de textos cristãos. Em um palimpsesto a humanidade perdeu a autobiografia de Sêneca e não ganhou nada com a cópia a mais do evangelho escrita no mesmo papiro (Nixey, 2017:xxviii-xxix). Felizmente, o uso do raio vermelho dá a esperança de podermos ler o que estava originariamente escrito nos pergaminhos ou papiros reutilizados, mas isso não altera o fato de que, se dependesse do desvario iconoclasta dos primeiros cristãos, nada da filosofia grega, da prudência romana, da ciência persa ou da arte egípcia teria chegado até nós.

Nos tempos que inauguram a Era Comum, a cristandade avessa à cultura não se dedicara à reflexão filosófica, nem mesmo sobre os temas que lhe interessariam, como os modos de conhecer Deus, as virtudes éticas, a graça divina etc. "Não há uma filosofia cristã", resume o historiador Émile Bréhier (1931:207). Uma teoria estruturada e com identidade surge somente no século IV. É a primeira fase de construção da doutrina cristã chamada Patrística. O seu pensador de maior expressão é Agostinho.

Antes da conversão ao cristianismo, Agostinho ganhava a vida ensinando retórica, ou seja, técnicas da oratória eloquente. Convertido, passou a desqualificar seu aprendizado como inútil. Aprende-se a ser um bom orador, afirmava, imitando os bons oradores.

Para Agostinho, a eloquência é um conhecimento "natural", que se assimilaria diretamente. Ele criou uma divertida analogia ao comparar o aprendizado da retórica à hipotética formalização das regras do caminhar: "não se deve levantar o pé que está atrás, a não ser quando já estivesse pousado o pé dianteiro" (*Doutrina*, II, 38, 55).

Além de inútil, conhecer retórica é potencialmente perigoso para a Patrística, porque é possível convencer um auditório, com o uso dos recursos da eloquência, tanto de uma verdade como de uma falsidade. Por isso, é preciso atentar a certos cuidados, como limitar seu ensino somente a alguns dos jovens em formação para o sacerdócio, especialmente escolhidos, orar antes de discursar e não se deixar dominar pela retórica "profana". Agostinho, ressalto, não advogava a sua completa abolição. Ao contrário, recomendava o aproveitamento das virtudes da retórica profana na construção da "eloquência eclesiástica". Endereçou algumas recomendações aos clérigos retóricos: "ser modelo para os fiéis", "apegar-se mais à verdade do que à forma", "variar os estilos" etc.

Para Agostinho seria uma grande insensatez os oradores a serviço da verdade cristã desconhecerem tanto as técnicas de declamar um bom discurso eloquente e convincente como as de se contrapor aos profanos. De um lado, esse conhecimento era indispensável como arma de ataque e defesa: quem propaga a verdade deve ter meios para identificar e combater as mentiras dos oponentes. De outro, ele é necessário para competir pela atenção dos auditórios: se os disseminadores de mentiras usam as técnicas retóricas para os envolver e sensibilizar, os servos da verdade ficariam em nítida desvantagem competitiva se não as usassem também (*Doutrina*, IV, 2, 3). Diferentemente de Aristóteles, Agostinho não considera a retórica um meio de ampliação de conhecimento, mas simples técnica de *explicação* de algo já devidamente sabido por revelação de Deus (*Doutrina*, II, 38, 55).

No tempo da Escolástica, a outra importante fase de construção da doutrina cristã na Idade Média, a equivalência entre retórica e lógica foi mantida nas sombras. Em 1211, o Concílio de Paris proibiu o estudo de Aristóteles, mas a proibição não foi respeitada. Por isso, o papa Gregório IX a revogou apenas vinte anos depois. Entre 1270 e 1277, o bispo de Paris voltou a proibir a leitura da obra aristotélica sobre física e metafísica, sob a ameaça de excomunhão (Brito, 2019:64-65). Num ambiente assim instável, os clérigos cultos não demoraram a perceber que só deviam estudar o Aristóteles conciliável com a doutrina cristã. A lógica foi bem recebida e ensinada, enquanto a retórica permaneceu relegada a um saber menor. A proposição de Aristóteles de equivalência entre os dois saberes continuou esquecida. Não haveria mesmo como conciliar a ortodoxia e extrema centralização do cristianismo medieval com a pluralidade de opiniões servindo de pontos de partida igualmente válidos para os silogismos retóricos.

Tomás de Aquino (Santo Tomás) lançou-se à tarefa de cristianizar o pensamento aristotélico, prestando pouca atenção à retórica. Adotou, como outros, a cautela de nem sempre dizer o nome do pensador grego, preferindo muitas vezes referir-se a ele simplesmente por "o Filósofo" (que sugere ser um código secreto de iniciados). Pois bem. Nos 2.669 artigos das 512 questões de sua obra mais importante, a *Suma teológica* (aliás, inacabada), Aquino reservou à retórica apenas quatro brevíssimas referências, sendo uma especificamente para demarcar a inferioridade dela em relação à lógica (Barilli, 1979:67).

A retórica continuou a ser, também para os escolásticos, puro exercício de sofismo. É verdade que se ensinava retórica na Idade Média. Com a gramática e a lógica (ou "dialética"), ela compunha as três disciplinas do conhecimento erudito básico, o trívio (*trivium*). Mas os clérigos aprendiam a retórica para fins defensivos, para escapar dos ardis dos sofistas (cf. Barilli, 1979:66). Não havia estímulo nenhum, no ambiente medieval europeu cativo da religião católica, para a percepção da sutil e sofisticada distinção aristotélica entre a argumentação persuasiva com obediência às regras do silogismo retórico e as despudoradas técnicas dos oradores sofistas. A superioridade da lógica e a repulsa à retórica mantiveram-se na Escolástica como postulados fundamentais, tal como na Patrística.

DIALÉTICA

Ao longo de toda a Idade Média, a retórica nunca foi entendida como Aristóteles imaginara, isto é, como um conhecimento tão importante quanto a lógica, mas que, ao contrário desta, não argumenta a partir da verdade e sim a partir de opiniões verossímeis. Essa equivalência com a lógica havia desaparecido e a retórica era tratada basicamente como oratória (Meyer, 2017:44/250). Entre 1260 e 1261, mais um homem culto condenado ao ostracismo matou o tempo escrevendo um livro sobre retórica: exilado na França, o florentino Brunetto Latini traduziu e comentou parte das obras de Cícero sobre o tema. Mesmo sendo Latini um raro teórico medievo que valoriza a persuasão para finalidades políticas (gênero deliberativo, na classificação aristotélica), ele enfatiza na retórica mais o aspecto da eloquência (o gênero epidítico), definindo-a como "a ciência do falar bem, isto é, a ciência pela qual nós sabemos falar e ditar de modo ornamentado" (1261:29 e 48).

O racionalismo cartesiano surge em uma época de declínio do domínio eclesial do saber na Europa. A razão passava a ser o único critério norteador do conhecimento. A autoridade, a santidade e a Bíblia perderam, com a difusão do racionalismo, a proeminência epistemológica de que desfrutavam. O pensamento racional, contudo, não teve nenhum interesse na retórica. No ambiente intelectual de celebração do poder da razão em descobrir a verdade, não havia mesmo nenhum apreço por raciocínios construídos a partir de opiniões expressadas pelas pessoas mais sábias entre as mais sábias. Recuperar a definição aristotélica de retórica poderia, por outro lado, representar certo apelo à autoridade como fonte legítima do saber, um desnecessário risco de abrandamento da luta contra o obscurantismo.

Com o racionalismo, acrescentaram-se camadas ao apagamento da retórica. Criaram-se outras reduções para a sua desqualificação como conhecimento digno de crédito. Além da redução à moralmente desprezível sofística, sobrepuseram-se as qualificações da retórica como fútil ornamentação linguística dos discursos, como torpe manipulação emocional e, enfim, como etapa já superada do conhecimento, tanto no plano individual como no da humanidade.

Giambatista Vico é um dos que acrescentaram ao apagamento da retórica a camada da redução a pensamento primordial. Para ele, Deus sabiamente promoveu nas mentes humanas a tópica (retórica) antes da crítica (filosofia). Os primeiros povos – Vico se refere aos egípcios, gregos dos tempos homéricos, hebreus, persas e peruanos – fundaram as artes; muito tempo depois, os povos maduros construíram o mundo das ciências. Aqueles são os "infantes do gênero humano" e estes, os "velhos das nações" (Vico, 1730:127--128). Tal redução transforma a retórica no modo de articulação do pensamento de crianças e povos "incultos", reservando-se a lógica aos adultos e povos "desenvolvidos". Uma camada de desqualificação *pela infantilização* é acrescida por Vico ao processo de apagamento da retórica.

Outro modo de o racionalismo confundir retórica e sofística consistiu em tratar a disciplina do convencimento sem nenhuma referência ao trabalho precursor de Aristóteles. Blaise Pascal, por exemplo, nos anos 1650, propôs-se a construir a "arte de persuadir" regida por regras de certeza geométrica. Nessa empreitada, simplesmente não usou a palavra "retórica", tampouco fez uma menção sequer a Aristóteles, ainda que fosse para se contrapor ou o criticar (Pascal, 1650:61-76). A arte de persuadir *more geometrico* imaginada por Pascal apresentou-se como proposição teórica que nada devia ao filósofo grego. Como irromper de algo novo, desvela mais um modo de apagar a retórica.

E, a partir do Iluminismo, soterrada em seu apagamento, a retórica é definitivamente tratada como um saber desprovido de qualquer dignidade epistemológica. Ela passa a ser simplesmente ignorada pela filosofia. Bertrand Russell, por exemplo, em seguida ao término da Segunda Guerra, escreveu um manual intitulado *História do pensamento ocidental* para contar "a aventura das ideias, dos pré-socráticos a Wittgenstein". Nesse livro, Russell falou longamente de Aristóteles, mas sem mencionar a retórica ou a tópica (1946:107-137). Desperdiçou duas especiais oportunidades para pelo menos tangenciar o tema: a primeira, ao informar que Aristóteles tratou dos silogismos nos quais o modal *"ser"* é substituído pelo *"talvez seja"*; a segunda, ao explicar que, no pensamento aristotélico, a lógica não é uma ciência prática, como a ética (Russell, 1946:116 e 118). Como pontua Renato Barilli, para a retórica, "a indiferença e a falta de atenção são males piores do que uma viva e eloquente negação" (1979:66-67).

A dialética erística de Schopenhauer

Ao falecer, Arthur Schopenhauer deixou as notas de um livro que seu espólio publicou com o título *A arte de ter razão* (1864). É a reunião de 38 estratagemas para serem usados em contra-argumentações por quem deseja vencer uma discussão, mesmo sem ter certeza da verdade de suas afirmações ou, ainda, sabendo estar afirmando falsidades. São recomendações como falar muito rápido (estratagema 7), provocar raiva no adversário (estratagema 8), desviar o assunto (estratagema 29) ou ser irônico se precisar admitir algum grau de desconhecimento do objeto em discussão (estratagema 31).

Para explicar o descompromisso com a verdade, Schopenhauer vale-se da metáfora do duelo por honra entre dois esgrimistas: o mestre de esgrima não precisa saber se o pupilo estava certo ou errado na questão que deu origem à desavença porque importa apenas saber "golpear e aparar" para conseguir vencer o confronto. O objetivo de Schopenhauer era agir como o mestre de um esgrimista envolvido em uma esgrima intelectual, municiando as pessoas de instrumentos para se defenderem nas discussões, golpeando com os estratagemas ou aparando as artimanhas do adversário.

Uma curiosidade notável é uma artimanha dos que tentam justificar a argumentação descompromissada com a verdade: nunca a elogiar diretamente. Por esse estratagema, quem justifica o descompromisso apresenta-se como professor dessa forma de argumentação. Não deixa claro se a usa ou não ou se somente a ensina. Apoiada na indiscutível inexistência de responsabilidade do mestre pelos abusos do aluno, desvia completamente do tema: ninguém questionou o professor por não controlar seus antigos pupilos; questionou-se, isto sim, a validade dos argumentos descompromissados com a verdade, repreenda que a artimanha sutilmente ignora.

Górgias acionou esse sofisma ao responder a Sócrates, assim como Schopenhauer, ao defender sua arte de ter razão.

As notas do livro inacabado foram escritas cerca de trinta anos antes da morte do filósofo. Isso permite duas especulações: ele não tinha ficado inteiramente satisfeito com o andamento do projeto e o abandonou ou, ao contrário, gostou do resultado mas não considerou uma boa ideia tornar públicos os truques que usava nas discussões. Em qualquer hipótese, de acordo com as demarcações de raízes aristotélicas, o Schopenhauer dessa obra póstuma seria um sofista, alguém que argumenta com indiferença em relação à verdade do argumento.

De sua parte, o filósofo alemão não se via como sofista. Ele adotava outras demarcações, dando uma interpretação muito própria ao pensamento de Aristóteles. Schopenhauer chamou de sofistas apenas os que intencionalmente querem afirmar como verdadeira uma asserção que sabem ser falsa. Para Schopenhauer, a arte de ter razão é uma *dialética erística*. Distingue-a da lógica demarcando esta como o saber encarregado da *descoberta* da verdade – somente da descoberta, porque da *divulgação* cuida a dialética erística.

Na demarcação de Schopenhauer, a dialética erística de Aristóteles compreenderia tanto a tópica do livro V quanto as refutações do livro VI do *Organon*, reunindo os argumentos fundados em opiniões verossímeis aos indiferentes à verdade. O que Aristóteles chamou de retórica e sofística eram, em Schopenhauer, partes da dialética erística. Aristóteles teria desenvolvido a lógica como uma "preparação" da arte de ter razão, por cuidar somente das formas e deixar os conteúdos para a dialética erística.

Na mesma linha de Schopenhauer, Oswaldo Porchat Pereira considera a *refutação aos sofistas* (livro VI) um complemento da *tópica* (livro V) e chama o conjunto de "dialética". Define-a como o instrumento metodológico para "conduzir-nos ao conhecimento dos princípios das ciências", em cumprimento da "missão precípua que, desde o começo", Aristóteles havia conferido à dialética (Pereira, 2001:361-369). Nessa concepção, afasta-se a equivalência aristotélica entre lógica e retórica, mas com o sinal trocado, invertendo-se a primazia que se costuma dar à lógica, para a atribuir à retórica.

Os muitos sentidos de "dialética"

O apagamento da equivalência entre lógica e retórica se fez também por meio de uma tremenda confusão conceitual entre várias categorias da filosofia grega: retórica, dialética, oratória, erística e sofística. Foi para apontar o uso impreciso dessas categorias que eu pedi, na discussão sobre as narrativas da pós-verdade, o longo aparte em que nos encontramos. Ecoando esse emaranhado de conceitos ainda hoje muitos empregam "retórica" como expressão depreciativa. E, nesse contexto de imprecisões, "dialética" também é usada com o sentido pejorativo de obscuridade intencional do orador, servindo assim de mais uma designação para argumentar sem compromisso com a verdade.

Tecnicamente, "dialética" é um conceito plurívoco.

Para Platão, era o método pelo qual os filósofos, ao dialogarem sobre "divisões e reuniões", construíam os conhecimentos. O elemento dialógico é central da dialética como meio de investigação da verdade. Em Platão, ela era o mais importante saber entre os listados para a correta formação dos governantes na idealizada *República*. A dialética devia ser aprendida apenas pela elite e nos anos de maturidade (*República*, 376e-412b).

Já em Aristóteles, a dialética não estava associada à questão da demonstração da verdade, que ele preferia chamar de "apodítica" ou "analítica" – designação que a posteridade substituirá por "lógica". Nas demarcações aristotélicas, a dialética está ligada à argumentação fundada na verossimilhança da opinião da maioria, de alguns ou dos mais sábios. Ela é, portanto, outro modo de ele designar a teoria da argumentação da "retórica" (cf. Meyer, 2017:23/250). Por isso Schopenhauer pôde chamar de "dialética" a arte de ter razão, agregando-lhe o adjetivo "erística" para realçar o contexto das disputas intelectuais em que essa arte se mostra útil.

A "dialética" de Friedrich Hegel e a de Marx, por sua vez, são categorias filosóficas com delineamentos próprios que não guardam nenhuma relação com a categorização de saberes demonstrativos ou argumentativos.

Em Hegel, é o movimento do Espírito em três sucessões: da tese (em que é sujeito: reconhece-se como Espírito) para sua negação pela antítese (em que se objetifica: o Espírito se percebe conhecendo a si próprio) e, na sequência, para a síntese, a negação da negação (em que é absoluto: o Espírito percebe que nada há de real e racional além dele mesmo). Não se preocupe se ficou um tanto obscuro, porque a impenetrabilidade é um propósito político de Hegel (Coelho, 2021:153).

Já em Marx, a "dialética" é a descrição do mesmo movimento hegeliano (da tese para a sua negação pela antítese e da absorção destas pela negação da negação feita pela síntese), mas referenciado ao que existe independentemente da consciência humana, e não a uma entidade abstrata, o Espírito. Para os marxistas, o modo de produção não antagônico da pré-história humana (tese: comunismo primitivo) é negado pelo modo de produção antagônico instituído pela propriedade privada (antítese: escravismo, feudalismo e capitalismo) para os dois serem finalmente absorvidos na negação da negação que advirá, acreditam, com o modo de produção não antagônico baseado em planejamento científico (síntese: comunismo superior).

O plurívoco da expressão vai além da contraposição entre saberes de demonstração ou argumentação, de um lado, ou da descrição de movimentos ideais ou materiais, de outro. "Lógica dialética", por exemplo, é expressão que dificilmente teria um sentido preciso na classificação epistemológica de Aristóteles, mas se encontra nos trabalhos de lógicos marxistas, como Henri Lefebvre (1969). Na lógica dialética marxista, o princípio da não contradição é substituído pelo da contradição.

Pois bem. Tamanho é o emaranhado dessas várias "dialéticas" que, não à toa, a expressão tem se prestado também a denotar as técnicas de persuasão descompromissada com a verdade ou verossimilhança. Nesse sentido vulgarizado da expressão, "dialética" é empregada como mais um sinônimo para "sofística".

Diante desse quadro, para facilitar o desenvolvimento do raciocínio, optei por simplesmente evitar a palavra "dialética".

PARTE DOIS – DIREITO

5. Doutrina

O conhecimento sistemático da interpretação das leis em vigor é chamado em português de "doutrina". Esse cada vez mais vasto conhecimento divide-se em setores de maior ou menor autonomia pelo recorte do âmbito de incidência das leis estudadas, como o direito civil, empresarial, ambiental, tributário, penal, administrativo, constitucional e outros. Na formação dos profissionais jurídicos (advogados, juízes, promotores de justiça etc.), professores e estudantes valorizam o conhecimento da doutrina, vendo-a como as relevantes disciplinas "práticas" da grade curricular; e não raramente desdenham como inúteis perdas de tempo as "teóricas", como filosofia do direito, sociologia do direito, história do direito, direito romano e lógica jurídica.

A raiz etimológica de "doutrina" encontra-se na palavra latina *doctrina* (ensino), que provém de *docere* (ensinar). Em alguns países, a designação do conhecimento da interpretação das leis valeu-se de percurso etimológico diverso, partindo da palavra latina *jurisprudentia*, aglutinação de *prudentia* (conhecimento, previsão) e *jus* (direito, equidade, justiça). É assim, por exemplo, na Alemanha, em que *Jurisprudenz* remete ao conhecimento da interpretação das leis (Roesler, 2013:12). Em inglês, a palavra desse percurso (*jurisprudence*) denota um conhecimento *do* direito (e não das leis de *um* direito), algo próximo à "teoria jurídica", em português. Na língua italiana, *giurisprudenza* significa ciência jurídica e é largamente utilizada com esse significado, até mesmo na denominação das faculdades de direito; mas seus dicionários registram como sentido mais restrito da expressão o de repertório de decisões judiciais.

No português, europeu e brasileiro, embora os dicionários gerais e jurídicos reportem entre os significados de "jurisprudência" também o de "ciência do direito", a expressão é utilizada pelos teóricos e profissionais jurídicos exclusivamente na designação do conjunto de decisões judiciais proferidas no âmbito dos tribunais sobre determinado assunto, os precedentes. Utilizarei, por isso, "doutrina" no sentido de conhecimento estruturado da interpretação das leis, reservando "jurisprudência" apenas para os precedentes judiciais.

Os profissionais e acadêmicos jurídicos consideram a doutrina a ciência do direito, mas o fazem de forma irrefletida, sem compromissos com o rigor das demarcações e incorrendo no que se poderia chamar de uma leviandade epistemológica. É muito raro um jurista se inquietar com a falseabilidade ou não dos enunciados de interpretação das leis.

A doutrina foi um dos primeiros saberes europeus a se estruturar. Surgiu na Roma da Antiguidade com alguns jurisconsultos organizando repositórios dos padrões de orientação do tratamento de conflitos endógenos (Gaio, Papiniano, Ulpiano, Paulo e Modestino). As primeiras universidades europeias, como a de Bolonha, fundada em 1088, foram inauguradas com cursos de direito. Mas, apesar da senioridade da doutrina, seu estatuto epistemológico não foi propriamente uma questão até que, no início do século XX, os juristas decidiram começar a filosofar sobre o trabalho que realizam. Antes disso, a epistemologia não havia se preocupado com o conhecimento da interpretação das leis. Quando buscaram a ciência das questões humanas, Comte e Marx, por exemplo, olharam para a sociologia e a história e não para a doutrina. Durkheim, ao mencionar as ciências especiais que se aglutinariam na ampla sociologia, falou de "história comparada do direito" e não da doutrina (Durkheim; Fauconnet, 1903:30).

Como os demais departamentos das humanidades, a partir da Idade Moderna, a doutrina passou a nutrir o sentimento de inveja em face do rigor, da capacidade de predição e do desempenho das ciências naturais. Mas o grande projeto da modernidade chegou relativamente tarde ao conhecimento jurídico. O tema da cientificidade do direito nasceu somente em 1934, ano da publicação da primeira versão do *Teoria Pura do Direito*, praticamente um século depois da obra referencial do grande projeto, o *Curso de filosofia positiva*, de Comte, cujo primeiro volume saiu em 1830.

As duas duas filosofias do direito

Qualquer tema é tema para a filosofia. Por isso, desde sempre a justiça e o direito estiveram entre as inquietações de diversos filósofos. Filosofaram sobre esses temas pensadores importantes como Sócrates, Aquino, Immanuel Kant e Hegel. Esses temas também têm sido pautados por filósofos contemporâneos, a exemplo de John Rawls, Michel Foucault e Derrida. É esperado que seja assim porque nenhuma compreensão abrangente do humano poderia deixar inteiramente de atentar ao modo como temos lidado com os conflitos surgidos no interior dos nossos coletivos.

Mas se tem havido filósofos pensando o direito desde longa data, foi somente no século XX que os juristas passaram a considerar reflexões filosóficas parte de seu saber. A filosofia do direito, entendida como as reflexões filosóficas empreendidas por juristas e para os juristas, tem em torno de cem anos.

A filosofia do direito se fez fundamentalmente epistemologia no continente europeu, enquanto crescia como ontologia na Inglaterra. Se as inquietações analíticas dos juristas filosofantes continentais problematizavam a natureza do conhecimento produzido por quem se dedica a conhecer as leis, as dos anglo-saxões os levaram a discussões sobre o conceito do direito. Pode ser que exista alguma razão cultural de fundo para essas especializações; afinal, repetem a repartição que, poucos séculos antes, tinha se pronunciado na inclinação dos iluministas – enquanto franceses e alemães discutiam o poder da razão, escoceses e ingleses se dedicavam à filosofia moral (Himmelfarb, 2004).

A filosofia do direito tem se entendido, então, como partida em duas tradições.

De um lado, a tradição continental centrada na epistemologia jurídica e iniciada por Hans Kelsen. Nela estão os juristas filósofos da lógica jurídica (Ulrich Klug), os marxistas (Pyotr Stuchka, Andrey Vyshinsky e Evgeni Pachukanis), os que confiam poder extrair frutos da teoria dos sistemas (Norberto Bobbio, Rafaelle di Giorgi e Gunther Teubner), os juristas do realismo escandinavo (Alf Ross e Karl Olivecrona) e os jusfilósofos da teoria da argumentação (Theodor Viehweg, Tércio Sampaio Ferraz Júnior, Chaïm Perelman, Lucie Olbrechts-Tyteca e Robert Alexy).

De outro, a tradição anglo-saxã mais dedicada à ontologia jurídica e inaugurada por Herbert Hart. A ela se filiam os seguidores diretos do positivismo hartiano (Joseph Raz e Penelope Bullock), os antipositivistas de apelo moral (Ronald Dworkin e Leon Fuller), os liberistas da análise econômica do direito (Richard Posner e Guido Calabresi) e o realismo norte-americano (Karl Llewellyn).

Ainda hoje a filosofia do direito parece se perceber como duas: Juan Antonio García Amado discute a teoria da argumentação na Espanha (2016) enquanto Michael Sandel discorre sobre a justiça nos Estados Unidos (2009). No entanto, a teoria do conhecimento especializado em certo objeto não pode pôr entre parênteses a definição deste, assim como a teoria do ser deve levar em conta que todo objeto é uma interação com o observador. Em outros termos, as filosofias do direito não podem ignorar que não existe epistemologia sem ontologia, nem essa sem aquela.

Em toda epistemologia há uma ontologia implícita. Na epistemologia de Kelsen, direito *é* o ordenamento normativo geralmente obedecido em um país. A Teoria Pura do Direito não se sustentaria com outro conceito de direito. Do mesmo modo, em toda ontologia há uma epistemologia. Na ontologia de Hart, o *método* correto para conhecer o direito consiste em abstrair considerações morais. O conceito hartiano de direito como a união de normas primárias e secundárias não teria sentido senão no contexto de um conhecimento jurídico pretensamente neutro do ponto de vista moral. A inconsistência da dissociação rígida entre ontologia e epistemologia fica mais visível em alguns autores. Ross, por exemplo, em suas recorrentes analogias entre as regras jurídicas e as do jogo de xadrez, está dissertando sobre o que considera que o direito é ao mesmo tempo que trata de como ele deve ser conhecido. O conceito rossiano de norma jurídica já inclui a característica da previsibilidade probabilística, que prescreve para a ciência jurídica. Confira: "esquema interpretativo de um conjunto correspondente de ações sociais, de tal maneira que se torne possível para nós compreender esse conjunto de ações como um todo coerente de significado e motivação e, dentro de certos limites, predizê-las" (Ross, 1953:59).

Como epistemologia e ontologia são simples medidas do maior acento dado pelo filósofo jurídico ou no conhecimento produzido pelos juristas ou na discussão sobre a natureza do direito, pode-se reunir as duas tradições em que a filosofia do direito se enxerga; para, em seguida, reagrupar os filósofos jurídicos de maneira mais útil à demarcação das humanidades, distinguindo duas trajetórias. De um lado, a trajetória dos engajados no grande projeto da modernidade, que consideram o conhecimento jurídico uma protociência e discutem as condições em que ele pode vir a ser científico; de outro, a dos que não se preocupam com a viabilização de uma ciência jurídica. Na primeira trajetória, estão os cientificistas da epistemologia jurídica *normativa* e, na segunda, os teóricos da argumentação da epistemologia jurídica *descritiva*.

As duas duas filosofias do direito são, assim, as duas tradições em que os juristas filosofantes comumente se enxergam (continental *versus* anglo-saxã) e as duas trajetórias em que são reagrupados (epistemologia normativa *versus* descritiva).

No reagrupamento útil à demarcação das humanidades, a maioria dos jusfilósofos é acomodada na epistemologia normativa. De forma mais ou menos explícita, segundo se filiem respectivamente à tradição continental ou anglo-saxã, essa maioria de jusfilósofos aspira à transformação radical do modo como os juristas desenvolvem o trabalho deles, recomendando um novo método por meio do qual se tornarão finalmente cientistas rigorosos. A seu turno, uma minoria é classificada na epistemologia descritiva, trajetória em que se encontram os poucos que, ao atentarem ao modo como os juristas realmente trabalham sem o objetivo de o transformar, não se entusiasmam com a perspectiva de um conhecimento científico revelador da interpretação *verdadeira* de cada uma das leis de dado ordenamento jurídico.

Para tornar o critério um pouco mais preciso, convém atentar ao fato de que a epistemologia normativa parte sempre de certa descrição do conhecimento jurídico tal como produzido (Atienza, 2000:24-25). A descrição é feita ou subentendida para fins de crítica, isto é, de demonstração da falta de cientificidade da doutrina, no modo como ela vem sendo produzida. É uma etapa preliminar do plano metodológico que será apresentado para a correção de rumos. Mas, se toda epistemologia normativa tem sua carga descritiva, o inverso não se verifica. A epistemologia descritiva é uma trajetória em que só tem lugar o filósofo do direito que não tem nenhuma receita para transformar a doutrina em ciência rigorosa.

Da lista de juristas que mencionei na distinção entre as duas tradições apenas quatro seguem pela trajetória da epistemologia descritiva: Viehweg, Ferraz Júnior, Perelman e Olbrechts-Tyteca. Mas deles falo no próximo capítulo. Neste, cuido das vertentes da epistemologia normativa: a Teoria Pura do Direito, a teoria dos sistemas, o realismo escandinavo, o marxismo jurídico, a análise econômica do direito, o antipositivismo de fundamento moral e a lógica jurídica.

Teoria Pura do Direito

O mais importante filósofo do direito é Kelsen. Graças a sua centralidade, a filosofia do direito tem sido até agora um diálogo com a obra dele, uma incursão pelos mesmos temas que o inquietaram e para os quais deu tratamento original e congruente: a teoria da norma jurídica, os desafios das lacunas e antinomias dos ordenamentos, o fundamento último de validade do direito, a natureza da interpretação e o estatuto epistemológico do conhecimento jurídico.

A abordagem normativa da epistemologia empreendida por Kelsen chama-se Teoria Pura do Direito. De acordo com essa teoria, o jurista só pode considerar seu conhecimento científico se submeter com rigor as normas jurídicas componentes de seu objeto a dois cortes.

O primeiro é o corte epistemológico, que lhe impõe excluir completamente de seus estudos as causas das normas jurídicas. Kelsen não nega que elas são determinadas por fatores culturais, sociais, econômicos, históricos ou psicológicos, mas postula que o conhecimento de tais determinações cabe a outros ramos da ciência, cada qual com a própria metodologia. Enquanto a sociologia, a história, a economia e outros setores das humanidades são classificadas por Kelsen como ciências causais, por estudarem o mundo do *ser*, a doutrina é uma ciência normativa, que estuda o mundo do *dever ser*. A Teoria Pura do Direito introjeta, sem hesitação, a cosmovisão europeia de ordenação da causalidade ou imputação.

O outro corte indispensável para a cientificidade do conhecimento jurídico, para Kelsen, é o axiológico. O cientista do direito deve renunciar de modo radical a externar qualquer tipo de juízo de valor sobre as normas jurídicas que toma por objeto. Kelsen é tributário da tradição epistemológica de contraposição entre ciência e ideologia. Se o doutrinador expressar seu julgamento sobre a justiça ou injustiça da norma positivada no ordenamento estatal, ele deixou imediatamente de fazer ciência e enveredou-se, segundo Kelsen, pelos obscuros caminhos da política do direito, onde a irracionalidade exclui qualquer objetividade científica.

Extremamente rigoroso, Kelsen extrai todas as implicações lógicas dos cortes epistemológico e axiológico enquanto receituário para a construção de um conhecimento jurídico digno da chancela de "ciência". Esse rigor acaba por conduzir a mais importante epistemologia normativa a um resultado pífio e desalentador. Uma ciência jurídica estritamente kelseniana se limitaria a elencar interpretações possíveis para cada dispositivo de lei do direito positivado, sem nunca os hierarquizar, renunciando sempre à tentação de indicar qual deles seria o mais correto, verdadeiro, pertinente etc. Uma vez abraçados os dois cortes recomendados pela teoria pura, listar tediosamente interpretações possíveis de cada norma positivada seria o único modo de a doutrina se tornar ciência. Não apareceu ainda nenhum doutrinador genuinamente kelseniano (Coelho, 1995:65-66).

A ciência para um mundo em transformação

Bobbio era um declarado admirador da Teoria Pura do Direito e via na completa abstração dos valores por meio do corte axiológico do positivismo o método correto para tornar a doutrina um conhecimento científico (1961:135-138). Mas, em relação ao corte epistemológico, Bobbio considerava que o rígido distanciamento em relação à sociologia, recomendado ao jurista, leva a certa incapacidade de a doutrina lidar bem com as extraordinárias mudanças por que os países europeus democráticos estavam passando no contexto da Guerra Fria. Em maior ou menor extensão, esses países estavam redefinindo o papel do Estado para que certos reclamos básicos do operariado fossem atendidos e, com isso, se atenuasse o risco de fortalecimento dos movimentos sociais de inspiração soviética.

Para Bobbio, a questão da ciência jurídica era "um velho problema, mais verbal do que real" (1997:136); mesmo assim, deu-lhe a merecida atenção desde o início de sua produção teórica. Ele considerava, de modo geral, a epistemologia kelseniana incapaz de modelar uma ciência do direito apta a operar na construção de um Estado de Bem-Estar Social (EBS).

Para o pensador italiano, o direito não poderia mais ser definido apenas como um sistema de controle social por meio da coerção exercida pelo monopólio do uso da força legítima pelo Estado. No contexto da construção do EBS, o direito ganhava uma função promocional, com normas jurídicas estimulando diretamente as condutas desejadas e não somente reprimindo as indesejadas. Se, em Kelsen, toda norma é a imputação de uma punição a comportamentos que se pretendem evitar, em Bobbio ela também pode desencadear "sanções premiais", benefícios assegurados pela lei a quem se comporta da maneira mais útil ao EBS. Ele tinha em mente, por exemplo, o tratamento tributário diferenciado de algumas atividades econômicas para a realização de objetivos privados convergentes com o interesse público.

Segundo Bobbio, quando a sociedade e a economia estão estáveis, a ciência jurídica neutra e autárquica da Teoria Pura do Direito seria a orientação epistemológica satisfatória. Mas, no contexto das mudanças institucionais, sociais e culturais que acompanhavam o EBS, ela deveria se integrar aos demais ramos das humanidades, em particular à sociologia, para possibilitar que o jurista criativo e inovador conseguisse compreender melhor o seu objeto (o ordenamento normativo). É dessa maneira que Bobbio concilia a admiração por Kelsen e as limitações que identificava na Teoria Pura do Direito para responder à polarização entre a democracia de apelo liberal e o socialismo soviético da Guerra Fria.

A epistemologia jurídica de Bobbio assenta-se na noção de sistema. Ele via nessa abordagem uma tendência geral das humanidades, exemplificando com a linguística de Saussure e a sociologia de Vilfredo Pareto. Kelsen tinha tratado adequadamente a *estrutura* do ordenamento normativo do Estado como um sistema dinâmico, mas, ao desqualificar qualquer pertinência para a ciência jurídica de reflexões sobre as finalidades últimas do direito (justiça, bem comum, interesse coletivo), acabou não enxergando as *funções* do ordenamento jurídico.

Bobbio poupa Kelsen de críticas. Afirma que as bases da teoria pura teriam sido lançadas em um texto seminal de 1910 (tempo que Bobbio parece qualificar de mais estável, comparativamente com o do EBS) e Kelsen naturalmente não tinha como antever os desafios que estavam por vir. Em suma, para Bobbio, na sociedade em mudanças a ciência jurídica precisa ir da *estrutura à função* porque, em contextos de transformações profundas, o ordenamento jurídico deixa de ser um sistema fechado de normas estatais para se tornar um sistema aberto a outras fontes (1977:43-61 e 187-215). Como todos os pensadores adeptos do liberalismo, Bobbio não disfarça a crença em uma futura estabilização da sociedade e da economia, momento em que a ciência do direito poderia ser (voltar a ser?) puramente kelseniana.

A doutrina como ciência empírica

A expressão da epistemologia jurídica mais congruente com o positivismo wittgensteiniano é o realismo escandinavo, em especial o pensamento do dinamarquês Ross. Repercutindo (um pouco tardiamente) a discussão da teoria do conhecimento do entreguerras, pautado pelo Círculo de Viena, a epistemologia normativa de Ross postula a construção de um conhecimento empírico. Ciência, nesse contexto da abordagem filosófica positivista, é o que pode ser verificado. Os demais saberes, os que não conseguem atender ao princípio da verificação empírica, são todos desqualificados como "metafísica" inútil. O realismo escandinavo, diferentemente da Teoria Pura do Direito, não elege as normas do ordenamento vigente como o objeto de uma ciência do direito a ser construída com o devido método. Para Ross, a teoria kelseniana é tão idealista e metafísica quanto o direito natural, diferenciando-se deste apenas por ser um "idealismo formal" (1953:92-93).

O conhecimento jurídico só será científico, prossegue Ross, se tiver por objeto um conjunto de fatos empiricamente verificáveis que ele chama de "direito em ação na vida real". Mas proposição rossiniana, o direito em ação não é referência à maior ou menor obediência às normas jurídicas pelas pessoas em geral. Em Ross, o objeto da doutrina, uma vez reordenada como conhecimento empírico verificável, é as ações dos juízes aplicando as normas do ordenamento vigente. Na perspectiva do realismo escandinavo, o destinatário de todas as normas jurídicas é sempre o juiz, e não as pessoas cujo comportamento se deseja disciplinar. Se os jurisdicionados se comportam de acordo com as leis, isso acontece, na visão dele, apenas por saberem como os juízes reagirão (impondo punições) caso se comportassem de outro modo. Direito em ação é a mentalização pelos juízes acerca das normas jurídicas que vivenciam como obrigatórias (isto é, as que eles consideram estar obrigados a aplicar em seus julgamentos). Essa "mentalização" Ross acredita ser possível observar empiricamente a partir das decisões judiciais proferidas.

Definido o direito em ação como o objeto da ciência jurídica, Ross conduz sua epistemologia normativa a mais uma digressão original e acurada: o conceito de *graus de validade* das normas jurídicas. Para ele, quando a validade de uma norma é aferida recorrendo-se a outras normas jurídicas (como fazem os idealistas), a resposta será sempre absoluta: ela vale ou não. Mas, na ciência jurídica empírica, esse conceito de validade não cabe por não se prestar à verificação. As relações entre normas são operações mentais e não fatos verificáveis. Desse modo, no pensamento rossiano, a validade de qualquer norma jurídica é relativa. Ross descarta o conceito de leis válidas ou inválidas e introduz o de leis que valem mais ou valem menos. Há diferentes graus de validade e não apenas os valores binários válido/inválido. Se a quantidade de juízes que têm aplicado determinada norma supera de forma considerável a quantidade dos juízes que, diante de casos análogos, não a têm aplicado, então essa norma tem elevado grau de validade. Se ocorre o inverso com outra norma, esta tem baixo grau de validade.

Pois bem. Nesse contexto, a doutrina será um conhecimento jurídico quando conseguir conhecer os graus de validade das normas jurídicas, isto é, puder antecipar a probabilidade de o juiz aplicar uma norma jurídica em determinado caso. Para Ross, a ciência jurídica deve, como qualquer outra ciência empírica, desempenhar função preditiva, dentro de certos limites.

Quando Ross escreveu sua epistemologia, corriam os anos 1950. A cibernética era recente e o extraordinário desenvolvimento da teoria da informação e da estatística não estava ainda delineado no horizonte dos cientistas. Os estudos estatísticos de fatos jurídicos, a jurimetria (*legal empirical studies*), ainda esperariam meio século para surgirem e se firmarem. Por isso, quando mencionava a antecipação da probabilidade de aplicação de uma norma jurídica, Ross tinha em mente mais uma verificação por assim dizer qualitativa dos dados disponíveis sobre as decisões dos juízes. Mas é crível que a substituiria pela quantificação matemática sem titubear se acaso tivesse vivido o suficiente para agregar a sua epistemologia normativa o *big data* (a capacidade atual de a informática e a estatística operarem com vertiginosamente gigantescas quantidades de dados). Se tivesse antevisto aonde chegaria a tecnologia da informação, Ross certamente teria apontado no cálculo de índices ou percentagens de validade das normas jurídicas a essência de uma doutrina consistentemente científica.

Ross não percebeu a contradição em que incorre a tentativa de construir uma ciência jurídica empiricamente verificável. Quando convém, considera factível verificar empiricamente uma abstração: a mentalização pelos juízes das normas que vivenciam como socialmente obrigatórias seriam verificáveis a partir das decisões proferidas por eles. Quando não convém, a verificabilidade de outras abstrações são tidas como inviáveis: o controle da validade das normas por meio de outras normas seria insuscetível de verificação. Ross, contudo, não explica porque esta segunda abstração não poderia ser empiricamente verificada por meio também das decisões judiciais.

Cientificidade por empréstimo

Uma curiosidade da trajetória da epistemologia normativa é o encontro improvável de marxistas e liberistas. Esses pensadores, que não concordam em nada, convergem quando o assunto é a chave da construção da ciência jurídica. Juristas marxistas e adeptos da análise econômica do direito (AED) abandonam, por um breve momento, suas posições nos extremos opostos do espectro ideológico para darem a mesma recomendação aos doutrinadores interessados em tornar científico o seu saber: *"estudem economia"*.

Para os marxistas, a ciência jurídica é um braço da econômica porque o direito é instância da superestrutura social e, como tal, determina-se pelo modo de produção enraizado na infraestrutura. Para entender cientificamente o direito de propriedade em uma sociedade capitalista, seria preciso estudar o capitalismo, e não as normas do direito das coisas. Para a AED, a razão está na importância de as leis e os julgamentos se orientarem pela realização da eficiência econômica. Os liberistas da AED propõem que o direito será tanto mais eficiente quanto menos impactar os custos em que incorrem os agentes econômicos em suas negociações (custos de transação). Em suma, na economia estão, para os marxistas, as explicações causais das normas jurídicas; e, para os liberistas da AED, as finalidades delas.

Marxismo jurídico. A filosofia do direito marxista é uma epistemologia normativa que repercute o grande projeto da modernidade. Sendo Marx o ícone dessa empreitada, a filosofia do direito marxista não poderia deixar de aderir ao grande projeto de reorganizar cientificamente a sociedade por meio do planejamento central da produção e distribuição de bens e serviços.

Em geral, a literatura jurídica produzida na União Soviética repetia o mantra do direito como mera superestrutura que reflete as relações de produção da infraestrutura. E, nesse esquema rígido sempre repisado, dedicava-se a explicar as especificidades da ordem jurídica da interminável ditadura do proletariado. O primeiro titular do Comissionário dos Povos para a Justiça (equivalente a Ministro de Estado), Stuchka, determinou que as leis burguesas anteriores à revolução bolchevique só continuariam vigentes se não fossem contraditórias com a "consciência revolucionária". Vyshinsky, outro nome de referência do direito soviético, afirmava que a imposição de punições penais não dependia da existência ou prova de culpa do acusado, podendo ser aplicadas sempre que necessárias ao sucesso da revolução proletária.

Stuchka se mostrava cauteloso e afirmava que a abolição da propriedade privada pelo Estado tomado pelo proletariado era apenas o primeiro passo para a construção da sociedade socialista. O direito inteiramente renovado pelas alterações na economia era uma meta que ainda demoraria muito para se alcançar (Stuchka, 1921:75-76). Enquanto isso, Vyshinsky (que considerava Stuchka "espião" e "sabotador"), ecoando conceitos stalinistas, via o direito soviético como já bastante diferenciado do direito burguês (1948). Vyshinsky não deixou por menos e chamou Stálin de "o gênio mais poderoso que deu continuidade ao trabalho de Marx, Engels e Lênin", atitude classificada por Kelsen de "servilismo repugnante em relação ao ditador, uma prostração intelectual que supera as piores formas de bizantismo" (1955:171-172).

O jurista marxista mais importante, contudo, foi Pachukanis. Bolchevique de primeira hora e docente da Universidade de Moscou que desfrutou de enorme prestígio político e intelectual nos anos 1920. Dotado de um pensamento bem mais refinado que seus colegas, Pachukanis ponderou que certos conceitos jurídicos poderiam até mudar de nome na ordem soviética, mas continuavam essencialmente iguais ao do direito burguês. Exemplificou com o conceito de "culpabilidade" (Pachukanis, 1924:241-244), exatamente aquele que era totalmente dispensável para Vyshinsky (ele considerava a teoria de Pachukanis "podre" e "sabotadora"). Adotando linhas de pensamento inconciliáveis, não à toa os dois juristas estiveram em lados opostos nos infames Processos de Moscou. Vyshinsky foi o procurador-geral, o líder da equipe responsável pelas falsas acusações, e Pachukanis, um dos muitos bolcheviques condenados à morte como "inimigos do povo".

Liberismo jurídico. Para os adeptos da AED, a economia é uma ciência que, comparada à física, ainda não tem o mesmo rigor e poder preditivo; mas, em comparação com a doutrina, já estaria bem mais desenvolvida. Enquanto o conhecimento dos juristas estaria estacionado na base da escala comtiana como uma insatisfatória protociência, o dos economistas, com suas quantificações, suas tabelas, seus gráficos e suas fórmulas, já teria galgado vários degraus para se tornar uma ciência "dura", um conhecimento testável, mensurável, rigoroso e com poder de predição. Para a AED, os economistas teriam em mãos os meios científicos para antever com acurácia as consequências das normas jurídicas e decisões judiciais. Esse desempenho, de um lado, seria restrito às consequências em termos de eficiência; mas, de outro, é amplificado por um conceito demasiado largo de decisão eficiente. De adoção de bebês a dosimetria da pena, todos os temas jurídicos podem ser objeto da AED do prisma da eficiência.

Os liberistas da AED pressupõem que os humanos, em seu agir econômico, sempre maximizam as escolhas de forma racional. Aos que apontam para a enxurrada de decisões irracionais, eles respondem que o *homo economicus* é um modelo de análise como vários da física, que possibilitam predições mesmo não sendo verdadeiros em todas as situações. Ilustram com as leis de Newton, que não são precisas quando se trata da queda de corpos no vácuo (Posner, 1992:17). Para a AED, por conseguir antecipar com precisão científica as escolhas que tendem a ser feitas pelas pessoas em função de determinados estímulos, a ciência econômica seria um instrumento valioso para orientar tanto a edição como a interpretação e aplicação das leis e normas de regulamentação.

Se a doutrina jurídica incorporasse a AED, ela se tornaria científica por empréstimo da cientificidade da economia. A partir de então, conseguiria encontrar meios mais eficientes para a edição das normas gerais adequadas, como entendia Calabresi. Também conseguiria avaliar com precisão se essas normas gerais e as decisões judiciais proferidas com base nelas seriam as mais eficientes, na linha de Posner (Pacheco, 1994:45). Em sua origem, impulsionada por esses dois juristas norte-americanos, a AED tinha um projeto ambicioso centrado na eficiência econômica que, com o tempo, à medida que se acumulavam críticas e frustrações, acabou por esmaecer. O foco nas decisões eficientes cedeu lugar a diversas vertentes de liberismo jurídico. Surgiram várias "análises econômicas do direito" que, em comum, conservam a sugestão de que a doutrina se faz científica por meio da economia.

Conclusão. O pressuposto de marxistas e liberistas da AED, por óbvio, é a cientificidade do saber que desejam tomar emprestado. Para as duas concepções antagônicas, o conhecimento produzido pelos economistas seria científico. A economia, porém, não poderia ser o injetor de cientificidade na doutrina, se é que isso existe, porque, como demonstra Ana Frazão, os dois saberes são igualmente retóricos e não falseáveis (2022). Apesar das tabelas, dos gráficos, das fórmulas e dos cálculos, a economia é um conhecimento retórico tanto quanto a doutrina e, assim, mesmo que fosse factível algo como um empréstimo de cientificidade, não seria no conhecimento dos economistas que os doutrinadores encontrariam a solução científica para as questões jurídicas.

Antipositivismo de apelo moral

Entre as ambições de vários filósofos inclui-se a busca do critério de distinção entre o certo e o errado, para fins de orientação moral das ações. O pressuposto dessa reflexão obviamente é a existência de uma diretriz com a aptidão de determinar, de modo universal e objetivo, se uma conduta é ou não moral. Embora não estejam suscitando conjecturas para serem testadas cientificamente, os moralistas que acreditam em um critério universal de moralidade (os "deontologistas") têm indiscutível pendor positivista. Acreditam que o critério existe e pode ser encontrado a partir de elucubrações lógicas exaustivas. Confiam que as pessoas, desde que racionais, chegariam todas sempre à mesma conclusão sobre a regra moral aplicável a determinada situação, partindo de premissas evidentes e trafegando por argumentos sólidos. E nessa convicção encontra-se um positivismo muito próximo ao das ciências. Em suma, os moralistas deontologistas procurariam a verdade por argumentação lógica e não por corroboração de conjecturas em experimentos. Em certo sentido, são mais positivistas que os cientistas porque a verdade científica é sempre provisória, e a deles é supostamente perene.

São várias as soluções engendradas pelos moralistas positivistas. Uma delas é o antipositivismo de Dworkin, uma linha discreta da epistemologia normativa embutida nas discussões ontológicas da tradição anglo-saxã.

Dworkin é um antipositivista na seara do direito, mas é um positivista quando se trata de discussões sobre a moralidade. Não há contradição em o pensador ser positivista para a filosofia (crendo no poder da ciência) e antipositivista para o direito (descrendo que na lei positiva estatal se encontrem todas as respostas). De um lado, crítico contumaz do positivismo jurídico, em especial de Hart, Dworkin considera que o direito e a moral devem constituir um único sistema, para se evitarem decisões judiciais congruentes com o sistema jurídico, mas incongruentes com o da moral (Coelho, 2023:241). De outro lado, como moralista positivista, Dworkin acredita na existência de uma única e verdadeira orientação moral para cada ação; e acredita também ser possível encontrar essa orientação por meio de um exaustivo (e exauriente) exercício de argumentações e refutações as mais abrangentes e minuciosas possíveis. A sua epistemologia normativa, assentada nessa mescla de doutrina jurídica antipositivista com moralidade positiva, ele designa de "direito como integridade" (Dworkin, 1996).

Para ilustrar a "técnica" proposta, Dworkin cria dois personagens. O primeiro é o juiz Hércules, "jurista de capacidade, sabedoria, paciência e sagacidade sobre-humanas" (Dworkin, 1977:165). Diante de um caso difícil, o arguto Hércules percorre incansavelmente todos os argumentos e contra-argumentos, submetendo-os a escrutínios rigorosos e detalhados, até encontrar a solução "verdadeira". O outro é o também magistrado Herbert, que, ao julgar um caso difícil, contenta-se em simplesmente repetir o decidido em hipóteses assemelhadas por outros juízes; e quando precisa argumentar sobre valores, rapidamente identifica os que seriam do "homem comum" (Dworkin, 1977:195-203). O modo de julgar adotado por Hércules corresponde ao direito como integridade de Dworkin, servindo o de Herbert de desajeitado contraponto.

A epistemologia normativa de Dworkin, como qualquer outro projeto positivista de moral, é inviável. Não é o caso de aprofundar a questão aqui, mas convém cuidar de um exemplo para tornar mais firme o chão em que estamos pisando. Uma das mais ambiciosas incursões da crítica da razão prática é o imperativo categórico de Kant. Por esse critério, moral é a conduta que pode ser "transformada" numa regra universal. Quem contrai um empréstimo já sabendo que não terá como pagá-lo, ilustra Kant, está incorrendo numa conduta moralmente condenável porque não seria nunca possível uma regra geral permitindo o empréstimo de dinheiro às pessoas que sabem não ter condições de o pagar, porque isso inviabilizaria o próprio sistema de crédito.

Vamos testar o imperativo categórico. Ana e Bianca são duas mulheres casadas que engravidaram sem desejar. Ana é uma militante do movimento feminista e Bianca, uma devota atuante de uma denominação evangélica. São pessoas que levam a sério seus valores e, por isso, chegarão a conclusões opostas se acaso fossem orientar pelo imperativo categórico kantiano suas decisões sobre como lidar com o imprevisto (abortar ou não). Qual seria a regra universal que revelaria a decisão moralmente correta? A regra geral de conduta para Ana terá por fundamento o seu valor de que a mulher tem direito ao próprio corpo; e, para Bianca, a sacralidade da vida a partir da concepção. Diante da visível impossibilidade de conciliação entre as duas regras gerais de conduta, é certo que o imperativo categórico não passou no teste de consistente critério universal para a moralidade.

A ciência formal do direito: lógica jurídica

A lógica é um conhecimento puramente formal, como a matemática (Cap. 1). Isso significa que o lógico parte de certas definições; são as definições extraídas do repertório construído pelos demais lógicos ao longo dos séculos e eventualmente as propostas por ele. São três conjuntos a serem definidos com o máximo rigor: axiomas, regras de inferência e símbolos.

Os axiomas são os enunciados que servirão de premissas. Sua veracidade (ou outro valor de pertinência) não é demonstrada. Não pode ser demonstrada, porque qualquer demonstração demandaria as respectivas definições, o que nos levaria à irracionalidade da regressão ao infinito. Em geral, mas não necessariamente, a veracidade dos axiomas é intuitiva. Na geometria euclidiana, por exemplo, os axiomas são o ponto, a reta e o plano.

As regras de inferência são os procedimentos mentais permitidos para fazer demonstrações a partir dos axiomas. São exemplos de regras válidas: nunca alterar as definições, não extrair conclusões não autorizadas pelas premissas, atribuir a cada enunciado um e somente um valor de pertinência etc.

Os símbolos, enfim, são signos escolhidos para reportarem categorias (p, q e r para proposições) e conexões ($\rightarrow$ para implicação e $\sim$ para negação, por exemplo). São as formas esvaziadas de conteúdo específico que permitirão os cálculos proposicionais da lógica.

Pois bem. feitas as definições, o trabalho do lógico consiste em demonstrar quais enunciados são ou não consistentes com elas. Por muitos séculos, os lógicos só aceitavam determinados axiomas e regras de inferências e operavam apenas com os valores verdade/falsidade. No século XX, perceberam que essa rigidez limitava o alcance dos usos da lógica. A geometria euclidiana funcionava bem quando o arquiteto fazia a planta da casa, mas não dava conta da representação da forma esférica do planeta em um mapa-múndi. Os cartógrafos precisaram fazer algo definitivamente indigno para qualquer lógico: ajustes, flexibilizações, acomodações. A solução para evitar tais indignidades foi chamar a lógica aristotélica de clássica e admitir outras lógicas, como as complementares e as heterodoxas. Quaisquer axiomas e regras de inferência podem ser definidos e, dependendo das escolhas, tem-se uma profusão de lógicas: as complementares modal, temporal, deôntica, infinitária; e as heterodoxas paraconsistente, paracompleta, não alética e não reflexiva (Da Costa, 2018:92-93).

A lógica serve à epistemologia jurídica normativa em diferentes graus. No grau menos estruturado, até mesmo ingênuo, encontra-se frequentemente nos manuais a classificação do raciocínio jurídico como um silogismo lógico, em que a premissa maior é a lei, a menor o fato em que ela incide e a conclusão a sentença judicial cabível: quem mata alguém deve sofrer a pena de reclusão entre 6 e 20 anos em razão do art. 121 do Código Penal (premissa maior); João matou José (premissa menor); logo, João deve ser condenado à pena de reclusão por um tempo entre 6 e 20 anos (conclusão). Sugere-se, com isto, que os juristas seriam essencialmente lógicos, mesmo sem saber.

No grau mais estruturado, a lógica induz à formalização da doutrina, à sua conversão em uma ciência formal como a matemática. Para Klug, não há uma lógica específica do direito. A expressão "lógica jurídica" é, para ele, mera conveniência para a aplicação ao direito da mesma lógica formal que é indispensável a qualquer ciência. Aliás, essa lógica formal, para Klug, tem sido empregada há muito tempo de modo inconsciente, ou pelo menos não reflexivo, e, por isso, faz-se necessário apenas um impulso para os juristas perceberem que raciocinam logicamente. É impossível, por essa concepção, a aplicação do direito sem recorrer-se à lógica. Até mesmo os "antilógicos" da escola do direito livre e da jurisprudência de interesses, acredita, são lógicos sem se darem conta (Klug, 1951:5-15). Em Klug, a lógica jurídica é uma das condições necessárias para que o conhecimento jurídico se qualifique como científico; mas além de uma lógica conscientemente adotada, a doutrina também precisaria lidar com as ponderações valorativas e as intuições que permeiam a argumentação jurídica (Klug, 1951:195 e 247-248).

A inexistência de impecável rigor formal nas argumentações jurídicas foi já apontada por muitos filósofos do direito (Sanchís, 1987:82-107). Diante desse fato de difícil contestação, os lógicos mais acurados são irredutivelmente céticos quanto à viabilidade da formalização lógica da doutrina. A inevitável interferência dos valores no raciocínio jurídico leva sempre o direito a conclusões que *vão além* das premissas (Vilanova, 1977:245-248), transgredindo uma regra de inferência elementar e impossibilitando a formalização. Mas outros, como Recaséns Siches, simplesmente se recusam a admitir a falta de lógica e falam de uma racionalidade própria, em que o silogismo dedutivo é temperado pela razoabilidade (1956:277-291). E há os que explicam o flexível raciocínio jurídico como uma espécie de lógica heterodoxa, a paraconsistente, como Newton da Costa (Da Costa; Serbena; Valle, 2016).

Nas diversas epistemologias jurídicas normativas referenciadas pela lógica, o objetivo é capacitar a doutrina jurídica com o método de cálculos proposicionais que resultaria na verdadeira interpretação da lei. Mesmo as lógicas heterodoxas, por mais arrojadas que sejam, apresentam-se como uma garantia de conhecimento objetivo e rigoroso.

Não há, contudo, lógica nenhuma no raciocínio jurídico. Ele é retórico, insubordinado aos valores de pertinência binários (verdadeiro/falso, válido/inválido, permitido/proibido etc.) nos quais qualquer projeto de cálculo rigoroso precisa necessariamente se acomodar. E há um detalhe: a doutrina não é e não consegue ser lógica, mas precisa (desesperadamente) parecer lógica.

Impossibilidade de uma doutrina formalizada

A doutrina não é um conhecimento formalizável. Ela não é redutível a uma linguagem formal como a lógica, a matemática, a física ou a química. Evidentemente, é sempre possível redigir uma fórmula para qualquer enunciado, incluindo os relativos à interpretação de normas jurídicas. Mas, se o preenchimento dos termos da fórmula redigida não possibilitar a solução para uma questão específica, concreta, ela não tem nenhuma serventia; e sempre que uma sucessão de símbolos é inútil para os cálculos, isso mostra a impossibilidade de formalização do conhecimento correspondente.

As principais tentativas de formalização da doutrina partem da rígida separação entre o mundo do "ser" e do "dever ser". Elas invocam o princípio da impossibilidade de se concluir qualquer regra de conduta (*dever ser*) da nossa natureza humana (*ser*). Esse princípio a teoria jurídica busca em Hume, que, em seu *Tratado da natureza humana*, critica a omissão da generalidade dos moralistas ao transitar discretamente dos enunciados sobre os seres para as pregações de condutas que devem ser (Hume, 1739:509). Evidentemente muitos moralistas criticados por Hume não se consideram incursos em qualquer lacuna de raciocínio ou salto lógico, por entenderem que as regras de conduta *são* mesmo dedutíveis da natureza humana: para esses moralistas, se o comportamento *x* *deve ser* é porque a natureza humana apresenta o *traço y*. A separação intransponível entre proposições deônticas (algo deve ser) e ontológicas (algo é), uma formulação recorrente nas humanidades (Weber, 1904a:112-213), é chamada pelos filósofos, moralistas e juristas de "guilhotina de Hume".

No plano formal, o enunciado causal pode ser escrito como $p \rightarrow q$, em que o antecedente p é a causa, o consequente q é o efeito necessário e o conectivo $\rightarrow$ indica a relação causal (se *A* é, *B* é). No exemplo dos manuais, "se a água é aquecida a 100 °C, ela evapora". A fórmula da relação causal desempenha. Quem deseja montar uma máquina movida a vapor sabe que precisará, para que seu artefato funcione, aquecer a água a determinada temperatura. Se preencher o antecedente com valores quantitativos muito inferiores a 100 °C, não obterá a evaporação da água, mas alcançará necessariamente esse efeito se o preencher com valores próximos a essa temperatura (ela varia um pouco em razão da altitude). O exemplo é por demais simples, mas serve aos propósitos da discussão sobre a impossibilidade de formalização da doutrina. Nos laboratórios de física e química e nas indústrias, os termos de fórmulas muito mais complexas são preenchidos com variáveis quantitativas e possibilitam cálculos precisos e conclusivos. Quando os engenheiros do programa Apolo, que objetivava colocar astronautas na Lua, perguntaram-se a que velocidade e direção deveriam lançar o foguete para que ele se livrasse do campo gravitacional da Terra o suficiente para ser atraído pelo do satélite, eles se utilizaram de fórmulas construídas pelos físicos e chegaram a um resultado que funcionou. Esse cálculo conclusivo é possível por ser a física um conhecimento formalizável.

Já um enunciado deôntico pode ser formalizado como $(D)p \rightarrow q$, em que o antecedente p é a descrição da conduta sancionada, o consequente q a sanção e os sincategoremas $(D)... \rightarrow ...$ indicam a imputação, o conectivo deôntico. Por exemplo, no enunciado do tipo do homicídio culposo: quem mata alguém sem intenção (p) deve ser ($(D)...\rightarrow...$) punido com detenção, de um a três anos (q). Na doutrina, esta ou qualquer outra formalização não permite cálculos conclusivos. O juiz, lendo as peças do processo, recordando os momentos em que inquiriu o acusado (João) e ouviu testemunhas, vai decidir se o condena ou absolve e, no primeiro caso, quanto tempo de detenção terá a pena; e fará esse raciocínio sem poder contar com a ajuda de nenhuma fórmula lógica. Alguns cálculos são feitos para dosar a pena, mas aquela fórmula $(D)p\rightarrow q$ não terá nenhuma serventia. Não é possível preencher o antecedente p com o enunciado "João matou uma pessoa sem intenção" como expressão de uma verdade. No raciocínio jurídico, demonstram os lógicos mais acurados, os enunciados sobre os fatos também são deônticos (Vilanova, 1977:243). O juiz não sabe nunca se "João matou uma pessoa sem intenção" ou não; tendo submetido as informações factuais constantes do processo penal ao escrutínio rigoroso do padrão da "verdade real", ele sabe somente que "pelas provas do processo, João *deve ser* considerado alguém que matou, sem intenção, outra pessoa". A expressão do que o juiz sabe a respeito dos fatos que julga é, assim, mais um enunciado deôntico, algo que "deve ser" (Coelho, 1992:80-82).

Há tentativas de formalização mais complexas, como a "regra matriz de incidência tributária", de Paulo de Barros Carvalho (2008:533), e a "lei da colisão de princípios", de Alexy (1986:96-99). Mas essas fórmulas não são utilizadas exatamente porque o preenchimento de seus termos se faz por argumentação retórica insuscetível de valoração binária como verdadeira ou falsa.

A formalização deôntica (se A é, B deve ser) não possibilita cálculos conclusivos, que desempenhem como os cálculos da formalização causal, também chamada de apofântica (se A é, B é). E a razão disso é a impossibilidade de valoração binária (verdade ou falsidade) dos enunciados jurídicos. Em outros termos, só seria possível formalizar o conhecimento sobre a interpretação das normas jurídicas se descartada a guilhotina de Hume.

Há lógicos que aceitam o desafio e pretendem demonstrar que as normas jurídicas seriam perfeitamente dedutíveis de enunciados causais. Afirmam que, se o enunciado deôntico "se *A* é, *B* deve ser" foi assentado, então sabe-se que a finalidade *C* só pode ser atingida se "*A* for *B*". Em termos formais, o enunciado deôntico "se *A* é, *B* deve ser" é, para essa visão, redutível ao enunciado causal "se (*A* sendo *B*) é, *C* é". Desfazendo a formalização, o que se tem em mente pode ser exemplificado assim: a lei penal quer a redução dos crimes de homicídio culposo (finalidade *C*) e o único meio de fazer as pessoas ficarem mais atentas e não causarem tantas mortes não intencionais é sancionando esse crime com detenção de um a três anos (*A* sendo *B*). Excluindo da fórmula o conectivo deôntico e tornando-a causal, esses lógicos acreditam que isso possibilitaria o cálculo conclusivo, tal como os derivados de formalização matemática ou físico-química.

Mas essa saída lógica também não permite a formalização da doutrina. Ela até mesmo a torna mais difícil que a enunciação deôntica por meio da guilhotina de Hume. Isso porque ela acaba introduzindo mais um termo cujo preenchimento só pode ser feito por discursos retóricos, insuscetíveis de valoração binária V/F: o termo *C*, indicativo das finalidades da norma jurídica. Os objetivos pretendidos por qualquer comando normativo só podem ser estabelecidos por argumentação retórica. Outro problema na hipótese é a identificação da sanção *B* como o "único meio" de a finalidade *C* ser atingida. Os homicídios culposos são, em sua maioria, decorrentes de acidentes de trânsito. Campanhas educativas e alertas nas estradas são outras medidas de prevenção desse crime, mais eficazes, aliás, que a punição penal.

Fracasso da epistemologia normativa

Enquanto a epistemologia jurídica normativa cria seus padrões de ciência jurídica, os doutrinadores ignoram impassivelmente as críticas ao modo como fazem o trabalho de interpretação das leis. Nenhum doutrinador se limita a listar as interpretações possíveis

DOUTRINA

de cada norma sem as hierarquizar como recomendou Kelsen; nenhum é mero quantificador de probabilidades de aplicação da lei como propôs Ross; ninguém se mantém sempre nos quadrantes da análise econômica; não há ninguém dedicado apenas às formalizações e aos cálculos proposicionais etc. – e todos fazem um pouco disso tudo, sempre descompromissados com os rigores de qualquer método. Enquanto os epistemólogos normativos apontam correções de rumo, a doutrina indiferente continua onde sempre esteve; a doutrina continua um conhecimento marcado pela plasticidade, confortável com o repertório de asserções incompatíveis e totalmente incapaz de predizer como uma lei será interpretada.

Passado quase um século e exploradas as mais diferentes possibilidades de cientificação sem nenhum resultado, deveria ser a hora de os filósofos do direito abandonarem o projeto de construção de uma doutrina genuinamente científica. A resiliência, porém, tem suas razões estruturais. Afinal, para bem cumprir sua função no tratamento de conflitos de interesses, a comunidade jurídica não pode dispensar nenhum dos lados: nem os que se aferram ao projeto de construção de uma doutrina consistentemente científica nem os que não dão a essa questão nenhuma importância.

A trajetória da epistemologia jurídica normativa ainda está em curso. Não desapareceu a crença de que a doutrina, se não é uma ciência, pode virar uma desde que os juristas finalmente passem a observar a metodologia correta. Nas faculdades de direito e no fórum, continuam todos falando em "ciência jurídica" – de um lado, a maioria simplesmente fazendo o trabalho que aprenderam; de outro, os poucos entusiastas da epistemologia normativa ecoando resquícios do grande projeto da modernidade.

Em meados do século XX, contudo, alguns ruídos começaram a perturbar o uníssono discurso cientificista. A epistemologia jurídica ensaiou uma nova trajetória, na qual não se busca nenhum receituário metodológico de cientificação da doutrina. Surgiu a epistemologia jurídica descritiva, que apenas estuda como esse conhecimento milenar se estrutura. O cerne da nova trajetória é a teoria da argumentação, e seu fruto no conhecimento jurídico poderá ser uma ruptura anticientificista. Os juristas talvez se desgarrem do grande projeto da modernidade ao compreenderem como é, na realidade, o saber que têm produzido acerca da interpretação das leis. Deixarão de invejar as ciências naturais e desenvolverão sem freios nem receios seu conhecimento não científico. Poderão finalmente ser livres.

6. Argumentação

O adequado uso da palavra para criar e consolidar os valores de um grupo e a admiração por discursos ornamentados no cumprimento dessa finalidade são traços visíveis na maioria das culturas. O discurso belo e eloquente convence o coletivo de que ele tem identidade, força, coesão, mesma origem e mesmo destino, visões de mundo e objetivos comuns. Também é o discurso ornamental que motiva as ações favoráveis à aglutinação e desestimula as desarticuladoras. Lideranças, prestígios e hierarquias são forjados por discursos veementes, representativos no conteúdo e vivazes na forma. Nem todos estão legitimados a discursar, porque é preciso dominar as técnicas da eloquência. O sentido da existência do coletivo é explicado pelo discurso ornamental. O coletivo se constitui como coletivo pela eloquência.

Todas as culturas celebram os discursos exuberantes e convincentes, mas a retórica é um fenômeno grego. Foi a inquietação analítica de um filósofo que o fez olhar para os discursos desse tipo com o objetivo de sistematizar um conhecimento sobre como escolher bem o conteúdo (os romanos chamarão de *inventio*), estruturar adequadamente os argumentos (*dispositio*), ornamentar a apresentação da melhor forma (*elocutio*), adquirir as habilidades da repetição (*memoria*) e da declamação com ritmo e sonoridade apropriados (*pronuntiatio*). Ele pretendia, na verdade, organizar informações com vistas ao aprimoramento da retórica e do treinamento dos jovens nas habilidades discursivas. O esforço intelectual de analisar como os discursos eram feitos tinha o objetivo de *controlar* comportamentos imprescindíveis à coesão social.

Aristóteles é esse filósofo criador da retórica. Foi ele que diferenciou dois gêneros de discurso ornamental de propósitos persuasivos: retórica e sofística. Ele lançou as bases para se distinguir o retórico sério do sofista irresponsável, as regras de elaboração do discurso persuasivo dos meios de vencer a discussão a qualquer custo. Os filósofos gregos condenavam severamente os sofistas. Na condenação, porém, desqualificava-se também a parte sadia da argumentação feita nas deliberações de interesse coletivo, nos julgamentos e nos elogios às ações dignas e às pessoas meritórias. A notável contribuição de Aristóteles consistiu inicialmente em ressaltar que nem todas as questões são passíveis de demonstração lógica; e, em seguida, disciplinar o conhecimento de tais questões por meio das regras da argumentação retórica.

A importância de que a retórica desfrutou no pensamento aristotélico se desfez rapidamente e ela precisou ser resgatada. As técnicas argumentativas continuaram a ser ensinadas como uma das disciplinas da formação clássica, mas sem a mesma dignidade da lógica. A simetria entre dois saberes igualmente úteis e relevantes era o precioso legado da Antiguidade que se perdera. O que se precisou resgatar foi a *equivalência* entre lógica e retórica. A epistemologia jurídica descritiva é o esforço de restaurar esse conceito fundamental do pensamento aristotélico.

O giro epistemológico

O interesse da nascente filosofia do direito pela teoria do conhecimento foi influência do debate filosófico então pautado pelo positivismo wittgensteiniano. Ela fez-se no ambiente de enaltecimento do método científico, pela afirmação da impertinência de conhecimentos não empíricos, pela negativa de dignidade episte-

ARGUMENTAÇÃO

mológica à filosofia, pela infantilização das humanidades como protociência. A interpretação das leis não vinha construindo nenhum conhecimento empírico semelhante à física, química e astronomia e, por isso, a primeira questão da filosofia do direito foi as condições pelas quais o conhecimento jurídico poderia se tornar científico.

A epistemologia jurídica nasceu normativa. Esse rumo das reflexões filosóficas feitas por juristas e para juristas tem certo sabor autorreferencial, por consistir na *normatização* do saber que eles próprios produzem ao explicitarem o conteúdo de *normas*. É normativa porque define as regras que os juristas deveriam passar a respeitar para que o conhecimento jurídico pudesse merecer a chancela de científico. Uma discussão sobre métodos. A epistemologia normativa com que se inaugura a filosofia do direito, marcadamente a da tradição continental, é a definição do receituário da ciência jurídica, a lista dos padrões aptos a conduzir com segurança o jurista à interpretação verdadeira das leis.

O diagnóstico na base de tal empreitada filosófica era, portanto, o de que aquele conhecimento até então construído por juristas dogmáticos, obscuros e verborrágicos não inspirava minimamente a certeza, o rigor e a confiança esperados de uma ciência. Onde a lei era imprecisa, os juristas não resolviam as dúvidas; e onde era precisa, as várias interpretações que defendiam faziam surgir incertezas antes inexistentes. O casuísmo e os incomensuráveis juízos de valor dos doutrinadores depunham contra a natureza científica da doutrina. Era preciso racionalizar o modo de os juristas produzirem conhecimento para orientar uma mudança metodológica que conferisse cientificidade à interpretação das leis. É por essa trajetória que se esgueiraram a Teoria Pura do Direito, o realismo escandinavo, o antipositivismo de sustento moral, a análise econômica do direito, o marxismo jurídico e demais teorias que procurei brevemente resenhar.

A epistemologia jurídica nasceu normativa e ainda hoje esse viés está presente em muitas de suas discussões. Ela só veio a ganhar abordagens descritivas quando alguns poucos filósofos do direito optaram por não mais ditar regras de uma metodologia ideal (nunca inteiramente observadas pelos doutrinadores) e se enveredaram pelo caminho de refletir sobre as especificidades do conhecimento jurídico. Realizaram um giro epistemológico que criou as condições para uma ruptura anticientificista; para o reconhecimento de que a interpretação das leis não é e não pode ser científica. Na epistemologia descritiva não há nenhuma orientação dirigida aos doutrinadores sobre as revisões metodológicas que precisariam urgentemente introduzir em seu trabalho de interpretação das normas jurídicas em vigor.

Como não pretende mudar o conhecimento jurídico, a epistemologia descritiva levou à superação da diferenciação entre o trabalho dos doutrinadores fechados em seus gabinetes de estudo e o dos profissionais jurídicos envolvidos nas lides forenses (advogados, juízes etc.). Em toda epistemologia normativa, há um abismo separando a ciência do direito ideal e a prática nos escritórios de advocacia e tribunais. Kelsen, por exemplo, recomenda os cortes de seu método científico aos doutrinadores e não a advogados e juízes; Ross exorta os doutrinadores a calcularem a probabilidade de os juízes virem a aplicar ou não certa norma em seus julgamentos, mas não endereça a estes nenhuma diretriz; não estaria defendendo bem o seu cliente o advogado que restringisse o seu arrazoado às frias elucubrações da AED ou às simplificações grosseiras do marxismo soviético. A epistemologia descritiva rompe esse abismo ao mostrar que, tanto no campo da doutrina como no da prática forense, faz-se sempre a mesma coisa: constroem-se argumentos convincentes no contexto do repertório jurídico.

A epistemologia jurídica descritiva é representada pela tópica (Viehweg), pela nova retórica (Perelman e Olbrechts-Tyteca) e pela classificação da dogmática jurídica como tecnologia (Ferraz Júnior). No centro de suas preocupações está a teoria da argumentação.

Teoria normativa da argumentação

O tema por excelência da epistemologia descritiva é a argumentação jurídica. Mas nem todos os juristas dedicados à teoria da argumentação são filiados à trajetória da epistemologia descritiva. Também juristas da epistemologia normativa incursionam pela instigante seara da natureza dos argumentos empregados nas lições da doutrina, petições dos advogados e decisões dos magistrados.

Alexy é um deles. Ele começa por resenhar a filosofia do direito e concluir que predomina o reconhecimento da interferência dos juízos de valor nos argumentos jurídicos. Apresenta sugestões de "objetivação" desse "problema" (retratos de consensos, decorrências do ordenamento jurídico, transcendência do direito positivo ou verificabilidade empírica) e, na sequência, descarta como "não desejável" a hipótese de as decisões judiciais e as lições da doutrina serem atravessadas por juízos de valor ("não testáveis intersubjetivamente"). Alexy diz que não se deseja essa incômoda possibilidade porque ela fragilizaria a legitimidade das decisões e comprometeria a cientificidade do conhecimento jurídico (1978:25). Como se vê, Alexy não afirma que a eliminação dos juízos de valores na argumentação da doutrina seria possível. Ele simplesmente *preferiria* que o atravessamento dos juízos de valor não existisse.

A filiação de Alexy à epistemologia normativa vem, assim, de sua resistência em tratar a doutrina tal como ela é, exposta aos juízos de valor dos doutrinadores. Ademais, ele atribui à teoria do discurso jurídico a tarefa de "criar as normas" para se argumentar na justificação de julgamentos e doutrinas, uma "atividade linguística prática" (Alexy, 1978:28). E para não deixar dúvidas a respeito do lado em que se posiciona, Alexy expressamente declara aos incautos que sua reflexão sobre a argumentação não pode ser tomada como "alguma versão da teoria dos tópicos jurídicos" veiculada pela "tese de Viehweg" (1978:3031).

O ímpeto de normatizar (controlar) o argumento é tamanho que obscurece a compreensão do que realmente está em jogo. Ao criticar a tópica, Alexy ignora que ela não busca disciplinar a argumentação jurídica, mas apenas descrevê-la, e sentencia: os tópicos são "regras inadequadas desde o seu estabelecimento porque não contêm nada sobre o papel da lei, da dogmática e dos precedentes" (1978:32-33). Em outra obra, Alexy parece ter entendido a diferença de propósitos entre ele e a epistemologia descritiva. Nela, deixa ainda mais patente seu objetivo de construir uma teoria normativa da argumentação, ao exemplificar "os casos extremos [das] teorias que renunciam completamente ou amplamente à indicação de regras e formas fixas de argumentação prática" como a tópica de Viehweg. Não o satisfaz a solução viehweguiana, pela qual o controle possível seria dado pela "discussão permanente" e, criticando-a como uma não resposta para a questão, novamente sentencia ser "necessária a indicação de regras e formas, cuja observância garante a racionalidade da discussão" (Alexy, 2013:41-42).

Além de Alexy, também o escocês Neil MacCormick (1978; 1995:81) e o mexicano Manuel Atienza (2000:75-77) desenvolveram teorias normativas da argumentação. Já se falou, contudo, o suficiente sobre a epistemologia normativa.

A tópica e a doutrina jurídica

Retornemos à epistemologia descritiva.

A estaca germinal da ruptura anticientificista foi fincada com a publicação de um pequeno livro em 1953, de autoria do magistrado alemão Viehweg, denominado *Topik und Jurisprudenz*, que considero mais adequado traduzir por *Tópica e doutrina jurídica*. Viehweg constrói sua epistemologia jurídica descritiva em torno de uma das categorias da retórica aristotélica, os "lugares-comuns" (*topoi*, τοποι). São noções não inteiramente precisas e tampouco estritamente lógicas, mas inegavelmente recorrentes nos discursos jurídicos, como: "nulidades não podem ser sanadas com o decurso do tempo", "ninguém pode transmitir mais direitos que possui", "quem pode o mais pode o menos" etc.

Viehweg distingue dois modos de pensamento, o problemático e o sistemático. No primeiro, diante de um problema buscam-se pontos de vista que progressivamente, por compreensão provisória, levam a acordos sobre como o solucionar; já no pensamento sistemático, o ponto de partida é um sistema dado, em que já se encontra fixado o ponto de vista a ser projetado sobre o problema.

Em seguida, elege três recortes históricos para demonstrar que a doutrina vem se estruturando desde o início como um pensamento problemático nos moldes do que Aristóteles chamou de tópica: o direito romano civil (*ius civile*), os comentadores bolonheses dos séculos XIII a XV (*mos italicus*) e a civilística produzida na Alemanha por seus contemporâneos.

O direito romano é uma frustração, diz Viehweg, para os espíritos sistematizadores. Ele dá o exemplo de como o usucapião é tratado no *Corpus juris civilis*. Não há uma definição prévia, mas elementos que são parcialmente aglutinados a partir de reflexões sobre questões específicas (a propriedade do filho de uma escrava roubada, a posse de um bem cujo proprietário fugiu por imaginar que estava sendo ameaçado por homens armados, a controvérsia em torno da existência de um título etc.). Na Idade Média, pondera Viehweg, a ligação entre doutrina e tópica é mais evidente tendo em vista que a retórica, como parte do *trivium*, era uma das artes liberais que todos os juristas precisavam estudar. A civilística alemã do século XX, por sua vez, fracassou na tentativa de sistematizar os catálogos de *topoi*. O resultado foi uma multiplicidade de sistemas e não um sistema unitário. A multiplicidade exige interpretação, reintroduzindo-se com ela a tópica que se pretendia deixar de fora. Desses casos emblemáticos, Viehweg conclui que a doutrina não tem um método. Ela carece de um sistema lógico-dedutivo para o desenvolver.

Mas, se não tem um método, a doutrina tem, graças à tópica, um *estilo*. Isso significa que o conhecimento doutrinário se caracteriza por um "déficit de controlabilidade rigorosa" (Viehweg, 1953). Viehweg não considera a impossibilidade de controlar rigorosamente os resultados do raciocínio nenhum tipo de deficiência da doutrina, mas simplesmente uma decorrência de sua natureza tópica, isto é, de conhecimento problemático (não sistemático) desenvolvido a partir de lugares-comuns.

A nova retórica

A mais conhecida epistemologia jurídica descritiva é a nova retórica de Perelman e Olbrechts-Tyteca.

As primeiras reflexões de Perelman são as de um positivista bem pouco criativo. Em seu *Da justiça*, de 1945, após circular por temas corriqueiros de modo pouco inspirado, chega à conclusão solenemente proclamada de que os "seres da mesma categoria essencial devem ser tratados da mesma forma" (Perelman, 1945; 1977:13-14) – apenas uma maneira mais pomposa de apresentar o conhecido princípio da igualdade formal. Ele teria percebido, desde logo, a impossibilidade de uma teoria jurídica se apartar completamente da discussão sobre valores. Contudo, para o jovem positivista de pouco mais de 30 anos, escrevendo durante a Segunda Guerra, discutir valores era pura irracionalidade, uma arbitrariedade completamente ilógica.

A inquietação não abandonou Perelman, felizmente. Outra felicidade foi ter se associado à socióloga Lucie Olbrechts-Tyteca. Apenas três anos após a infértil obra positivista de Perelman sobre a "justiça", os dois publicam em coautoria um estudo sobre a "boa escolha", no qual já esboçam o conceito central da nova retórica: a existência de uma racionalidade própria das decisões, situada entre o racional das ciências naturais que desvela o necessário, e o irracional do puramente arbitrário (Perelman; Olbrechts-Tyteca, 1952:142-160; Giaformaggio, 1994:434).

Visando amadurecer o conceito, Perelman e Olbrechts-Tyteca debruçaram-se sobre escritos de moralistas e de políticos, discursos de oradores conclamando os ouvintes a determinadas ações, colunas opinativas nos jornais e textos com justificações de todos os tipos para investigarem se poderia ser extraída uma lógica dos juízos de valor desse vasto material argumentativo. Pesquisaram a estrutura do raciocínio nas mais variadas locuções em que o autor defendia a prevalência de um valor sobre outro. Foram dois os resultados da profícua colaboração entre Perelman e Olbrechts-Tyteca: de um lado, o monumental *Tratado da argumentação*, escrito a quatro mãos, de importância inestimável para a teoria da argumentação (Perelman; Olbrechts-Tyteca, 1958); de outro, uma "revelação", como ele costumava dizer (Perelman, 1977:15).

A revelação a que Perelman se refere foi a constatação, ao longo das pesquisas para a construção do método de tratamento racional dos valores, de que não teria sentido nenhum a construção de uma nova lógica para essa finalidade. Afinal, ela não só já existia, como tinha sido desenvolvida havia milênios: era a retórica. A tarefa a empreender, então, era a de renovar esse desprestigiado saber, isto é, erguer uma "nova retórica".

A nova retórica é constantemente associada apenas ao nome de Perelman. Umberto Eco é um dos muitos que atribuem o *Tratado da argumentação* apenas ao seu autor do sexo masculino (1968:75). Contudo, é inquestionável que a nova retórica é produto da coautoria de Perelman e Olbrechts-Tyteca, sem nenhuma participação mais importante de qualquer um deles. No artigo que escreveram para divulgar o projeto de pesquisa em desenvolvimento, eles antecipam as principais formulações do que viria a ser a nova retórica, creditando-as indistintamente à dupla:

> tendo, pois, empreendido essa análise da argumentação em certo número de obras, em especial filosóficas, e em certos discursos de nossos contemporâneos, demo-nos conta, no decorrer do trabalho, de que os procedimentos que encontrávamos eram, em grande parte, os da *Retórica* de Aristóteles; de todo modo, as preocupações deste se aproximavam estranhamente das nossas. Foi, para nós, uma surpresa como uma revelação (Perelman; Olbrechts-Tyteca, 1950:64).

Em 1970, em contribuição de sua exclusiva autoria para uma obra coletiva sobre a razão prática, Perelman repete os créditos, reconhecendo que o trabalho todo foi feito por ele e Olbrechts-Tyteca, após "quase dez anos [de] pesquisa e análise". Alcançaram juntos "resultados que nenhum de nós imaginava". Na sequência, registra a redescoberta deles dois: "redescobrimos um componente da lógica aristotélica que havia sido esquecido há muito tempo ou, pelo menos, ignorado e desprezado. Era o componente que lidava com o raciocínio dialético, diferentemente do raciocínio demonstrativo". E arremata: "chamamos essa nova e restabelecida ramificação de estudo, dedicada à análise do raciocínio informal, de *A Nova Retórica*" (*apud* Maneli, 1994:24).

Qualquer referência à nova retórica sem mencionar o nome de Olbrechts-Tyteca como coautora, portanto, denota o apagamento sexista do trabalho da socióloga belga.

Doutrina como tecnologia

Nos anos 1960 e 1970, Ferraz Júnior foi aluno de Viehweg – de quem, aliás, recebeu o convite para trabalhar como seu assistente na Universidade de Mainz (Nobre-Rego, 2000: 276-279). Viehweg é a grande referência da obra produzida por Ferraz Júnior, o maior nome da filosofia do direito brasileira.

Foi no trabalho de Ferraz Júnior que frutificou um *insight* de Viehweg: a distinção entre "pensamento zetético" e "dogmático". São dois modos diferentes de raciocinar por problemas (e não por sistema). No zetético, a ênfase é colocada na pergunta, tudo é passível de crítica, incluindo as premissas, e as conclusões podem remanescer em aberto; enquanto no dogmático, enfatiza-se a resposta, as premissas são indisputáveis (inegabilidade dos pontos de partida) e uma conclusão sempre deve ser apresentada (proibição do *non liquet*). Para Ferraz Júnior, embora os doutrinadores, ao problematizarem, costumeiramente transitem de um modo ao outro, "há mais de um século", tendem a atribuir maior importância à dogmática (1973:122). No saber que produzem, o ponto de partida são as leis em vigor, que nunca podem ser deixadas de lado; e está definitivamente afastada a hipótese de elas não oferecerem uma base para o juiz decidir qualquer caso.

Ferraz Júnior amplia o espectro da história do conhecimento que desdobrou na doutrina dos nossos tempos. Para mostrar que a doutrina não se desenvolveu como um conhecimento sistemático-dedutivo, mas sim problemático-tópico, Viehweg, como visto, havia pinçado três momentos: *ius civile, mos italicus* e civilística alemã do século XX. Ferraz Júnior estende a linha do tempo. Na origem, encontra a *jurisprudentia* romana, que se fez como me-

ARGUMENTAÇÃO

diação entre, de um lado, a ordem jurídica de repertório modesto e incompleto então existente e, de outro, as decisões de conflitos concretos. Esse conhecimento construía, diante da legislação relativamente parca da Roma antiga, um conjunto de regras intermediárias para os casos problemáticos.

Na Idade Média, nas universidades (Bolonha sendo a primeira, no século XI), os juristas se empenham em interpretar e sistematizar os textos do direito romano. O respeito a esses textos como repositório das respostas dá origem ao pensamento dogmático. Os casos dos quais os doutrinadores falam não são mais problemáticos, mas paradigmáticos, o ponto de convergência de uma harmonia buscada com dedicação. O estamento dos juristas torna-se cada vez mais indispensável ao exercício do poder porque o *dogma*, se não pode ser desconsiderado, precisa ser compreendido, explicado, interpretado. A "astúcia da razão dogmática", ressalta Ferraz Júnior, é conseguir discutir o dogma que serve de ponto de partida do argumento sem negar a sua indisputabilidade enquanto ponto de partida (2014:54/159).

Na Idade Moderna, o saber prudencial (meditar sobre o justo) a partir de pontos de partida indisputáveis (os dogmas) paulatinamente se torna um pensamento de classificação e ordenação. A doutrina ganha as *feições* de uma sistematização, embora continue essencialmente um raciocínio por problemas. Ela deixa de se ver como uma teoria de exegese para tentar se tornar um conhecimento "lógico-demonstrativo de um sistema fechado". Perde, com isso, o caráter prudencial. No século XIX, prossegue Ferraz Júnior, o direito passa, com a positivação, a ser visto como o produto de uma decisão cujos pressupostos são igualmente estabelecidos por outra decisão (e não mais por desígnios divinos ou pela natureza humana). Acompanhando essa diferenciação do direito em relação à religião e política, a doutrina jurídica torna-se plenamente autônoma. Também por conta da positivação, firma-se como um singular pensamento sistemático e dogmático, característica que conserva até hoje.

A dogmática jurídica, arremata Ferraz Júnior, não é uma ciência, porque seus enunciados não são refutáveis. O seu problema não é a descoberta da verdade, mas a decidibilidade. Sua função é fornecer pautas para as decisões judiciais a partir da ordem jurídica vigente. Ao "envolver uma questão de decidibilidade, a dogmática jurídica manifesta-se como um pensamento tecnológico" (Ferraz Júnior, 1980:89). A filosofia do direito encontra, com Ferraz Júnior, a chave para a compreensão do estatuto epistemológico do conhecimento jurídico, do saber cultivado pelos doutrinadores acerca de como devem ser interpretadas as normas jurídicas, para aplicação no tratamento de conflitos de interesses. Esse saber é tecnológico, porque não lida com a verdade, e é criptonormativo, porque influi na própria definição do conteúdo das leis.

Persuasão e convencimento

Perelman e Olbrechts-Tyteca distinguem "persuasão" de "convencimento".

Para eles, a persuasão é a adesão do interlocutor obtida por motivações emocionais, enquanto o convencimento decorre da aceitação da racionalidade do argumento apresentado. Tanto o persuadido como o convencido aderem à ideia apresentada por quem argumenta, passando a tomá-la como sua. Mas enquanto a adesão do persuadido é consequência da mobilização de emoções, a do convencido resulta da concatenação das ideias. O orador é que decide se argumentará visando à persuasão ou ao convencimento do interlocutor.

Perelman e Olbrechts-Tyteca estão preocupados com o controle da racionalidade da argumentação e constroem, para isso, o conceito de "auditório universal". Quem argumenta para um auditório particular, constituído de pessoas de carne e osso à sua frente, pode optar por obter a adesão por meio da persuasão ou do convencimento; mas quem se dirige ao auditório universal, composto de pessoas abstratas, só conseguirá a adesão por meio do convencimento. É nisso que acreditam os criadores da nova retórica.

ARGUMENTAÇÃO

Para entender um pouco mais como esses autores pretendem controlar a racionalidade da argumentação, pensemos em um exemplo de auditório particular, um tribunal do júri. O promotor na acusação e o advogado de defesa, cada um na sua vez, vão se dirigir àquelas sete pessoas sorteadas para a composição do conselho de sentença procurando argumentos que as sensibilizem naquele momento, quando foram chamadas a decidir se o réu cometeu ou não o crime e em que circunstâncias. Em suas argumentações levarão em conta o que identificam como características peculiares daqueles específicos ouvintes. Podem deixar de lado os recursos argumentativos que usariam em outras situações e que se mostrariam ineficientes diante daquele específico e único conselho de sentença, daquele auditório particular. Se há, entre os jurados, comerciantes varejistas, o promotor de justiça pode pressupor que eles temam ver seus estabelecimentos assaltados e, então, procurará configurar a condenação daquele réu como uma importante medida de aumento da segurança pública, por exemplo.

Em suma, na esteira da distinção de Perelman e Olbrechts-Tyteca, perante um tribunal de júri as argumentações do promotor e do advogado podem usar meios de persuasão (isto é, mobilização de emoções) e meios de convencimento (intercâmbio de ideias) porque se trata de um auditório particular. Se, porém, quem argumenta tem em mira obter a adesão de qualquer pessoa, ele se dirige a um abstrato auditório universal e só alcançará seu objetivo por meio do convencimento. O moralista dedicado a escrever um livro em defesa de certo preceito moral (digamos, a "regra de ouro" de fazer ao outro somente o que deseja que o outro lhe faça) está em busca da adesão dos potenciais leitores de seu arrazoado. É um conjunto indeterminado e abstrato de pessoas, das quais ele, escritor, pode ter apenas uma noção ideal, não inteiramente precisa. Para esse auditório universal, o moralista terá de se valer exclusivamente de meios de convencimento, isto é, de argumentos racionais. Se adotar meios de persuasão, correrá o sério risco de não obter a adesão do leitor cujas características específicas desconhece.

Certa vez, Weber afirmou que, "no setor das ciências sociais", um conceito é metodologicamente correto quando um "chinês" reconhece a validade do correspondente "ordenamento conceitual da realidade empírica" (1904a:218-219). Ele estava apresentando a linha editorial do *Arquivo para a ciência social e política social*, uma revista de que era fundador. Weber talvez não conseguisse imaginar ninguém mais diferente dele e de seus leitores que um morador da China, o local mais longínquo que podia conceber. Descontando o racismo do intelectual colonizador, a pessoa do outro lado do planeta, o chinês, era o homem idealizado, racional e honesto, vivente de qualquer tempo ou lugar, que, ao concordar com a pertinência de uma afirmação, garantia que o acordo intersubjetivo acerca de sua veracidade era apenas uma questão de divulgação. Para Weber, bastava esse homem sentado no auditório universal de Perelman e Olbrechts-Tyteca.

O conceito de "auditório universal" é altamente problemático por pressupor a existência de argumentos em si mesmos racionais, que contariam com a adesão de *qualquer pessoa* que se preparasse e se dispusesse a meditar a respeito deles com seriedade (Perelman; Olbrechts-Tyteca, 1958:40-46). Ainda que se module o auditório universal por elementos culturais, o conceito ainda assim continuará questionável. Hoje, no Brasil, quem tiver o propósito de obter a adesão da maior quantidade de pessoas à tese de ser o aborto um direito da mulher, por mais que se esforce, não conseguirá identificar nenhum argumento capaz de convencer *qualquer brasileiro* preparado e disposto a meditar a respeito.

Essa distinção é equivocada porque não há como separar emoções, valores e razões. Essas três dimensões no processo persuasivo são indissociáveis. Aristóteles já as havia identificado: no lado do orador, o discurso retórico mantém-se íntegro em razão de suas virtudes morais (*ethos*, ήθος); no lado do ouvinte, é recebido com indignação, raiva ou outro sentimento com o qual assimila a mensagem (*páthos*, πάθος); e, no plano do próprio discurso, por sua estrutura racional (*logos*, λόγος) (*Retóricas*, 1356a).

ARGUMENTAÇÃO

Não existem os propalados conhecimentos objetivos totalmente alheios aos valores das pessoas que o produzem e aos sentimentos que os acompanha. Na verdade, é impossível a qualquer um de nós, humanos, conseguirmos nos apartar de nossos valores e nossas emoções. A ideia de que os cientistas seguiriam um método (científico) que asseguraria a construção de conhecimentos objetivos e ideologicamente neutros é uma falácia exatamente porque eles, sendo humanos, não conseguem se desligar de seus valores e sentimentos, nem mesmo quando fazem ciência. Todo o conhecimento é ideológico, por necessariamente envolver valores e suas hierarquias, que são produtos diretos das nossas emoções e não de qualquer forma de racionalidade.

Os argumentos retóricos apelam mais ou menos às emoções, recobrem-se de maior ou menor frieza, exaltam ou dissimulam valores segundo se mostrem mais eficientes em vista do objetivo de obter a adesão do interlocutor. Se ele é uma pessoa concreta sentado à frente do retórico ou um leitor abstrato, a adesão será invariavelmente modulada por diferentes níveis de mobilização das emoções (*páthos*), dos valores (*ethos*) e das ideias (*logos*).

O que distingue a nova retórica da nova sofística não é o maior ou menor uso desse ou daquele meio argumentativo (emocional *versus* racional). A distinção está nos objetivos de quem argumenta: enquanto o sofista faz uma exortação porque quer obter o engajamento de seu interlocutor numa causa (e nenhum compromisso com a verdade ou a verossimilhança o detém nesse intento), o retórico argumenta para que o interlocutor venha a compartilhar com ele da mesma ideia (persuadido ou convencido, tanto faz, mas sempre por adesão a uma ideia verossímil).

Além de Perelman e Olbrechts-Tyteca há outros autores que distinguem "persuasão" de "convencimento", mas para o que pretendo assentar aqui não será necessário aprofundar mais a questão. Empreguei e continuarei a empregar "persuasão" e "convencimento" como sinônimos porque qualquer distinção entre essas expressões não seria útil à demarcação de saberes e pode até mesmo dificultá-la.

Doutrina e lógica

Quando se tem em mira a lógica clássica, o conhecimento da interpretação das leis, a doutrina, não é lógico.

A lógica clássica, criada por Aristóteles, está baseada em três princípios: identidade (o que é, é), não contradição (nada pode ser e não ser ao mesmo tempo) e terceiro excluído (qualquer coisa é ou não é, não existe nenhuma outra possibilidade). A argumentação jurídica certamente não se atém a esses princípios. A tópica "*quem pode o mais, pode o menos*" é exemplo de um conceito cotidianamente empregado entre os juristas e aceito por todos, mas que afronta diretamente o princípio da identidade. Pela lógica clássica, da afirmação de que alguém pode "o mais" não é possível extrair nenhuma conclusão lógica acerca de ela poder também "o menos" – só podemos saber com segurança que quem pode "o mais", pode "o mais" (o que é, é).

No século XX, surgiram as lógicas heterodoxas, em que um ou mais desses princípios não são aceitos como regra de inferência dos axiomas adotados. Diante delas e deixando de lado a clássica, ainda podemos falar em direito divorciado da lógica? É bom testar e a candidata que se apresenta imediatamente ao teste é uma lógica heterodoxa denominada "paraconsistente". Para a entender, vamos partir de duas categorias: consistência e trivialidade.

Um repertório é consistente se não possuir elementos contraditórios ou contrários em sua composição e se, ademais, for completo. Os enunciados do repertório de qualquer departamento da doutrina conseguem conviver, quando é o caso, com seus contraditórios e seus contrários; além disso, são repertórios incompletos, com lacunas e aporias.

Por sua vez, trivial é o saber que admite em seu repertório *todos* os enunciados formuláveis na respectiva linguagem. É fácil ver que saberes binários não são triviais, porque, dado o enunciado p, ou ele é verdadeiro ou falso (V ou F), não havendo terceira possibilidade. Na ciência, p e $\sim p$ não podem ser simultaneamente admitidos. Quando se encontram no mesmo repertório é porque os cientistas ainda estão testando determinada tese e, nesse caso, há uma tensão demandando a mais urgente resolução do dilema para atribuir o valor V a somente um desses enunciados ou o valor F aos dois. Não há trivialidade porque pelo menos um desses enunciados está (ou será) excluído do correspondente repertório.

A lógica paraconsistente é inconsistente e não trivial (Da Costa, 2018:93). Ela admite ao seu repertório, sem tensão, os enunciados contraditórios p e $\sim p$; mas não é um "vale-tudo", que trivializa os argumentos. Vou exemplificar com dois julgamentos proferidos no âmbito da justiça alemã no terço final do século XX (1972 e 1999), que ficaram conhecidos como os casos do *assassinato dos soldados de Lebach*.

Em Lebach, cidade no noroeste da Alemanha, havia uma instalação do exército. Na noite de 19 para 20 de janeiro de 1969, dois jovens a invadiram para roubar armas guardadas no local, mataram quatro soldados e feriram um. Foram capturados e condenados à prisão perpétua. Da ação ainda participou um terceiro criminoso (identificado no registro público apenas pela inicial de seu nome, W), que serviu de motorista do veículo em que os criminosos fugiram após o latrocínio. Em razão de sua participação menos importante no crime (não matou ninguém diretamente), W foi condenado a seis anos de cadeia.

No julgamento de 1972, W obteve uma ordem judicial que impediu a divulgação na TV de um documentário sobre o crime, em que a fotografia e o nome completo dele seriam apresentados. Argumentou que a exibição do programa televisivo dificultaria ou mesmo impediria a sua reinserção na sociedade. O fundamento do pedido foi o que a doutrina passou a chamar, depois de algum tempo, de "direito ao esquecimento". No julgamento de 1999, um dos assassinos (identificado como D), confiante em que poderia ser beneficiado com o livramento condicional, pediu a proibição judicial da veiculação de outro documentário sobre o crime cometido trinta anos antes, mas dessa vez o Poder Judiciário não atendeu ao pedido baseado no princípio da "liberdade de imprensa".

Deixo de lado vários detalhes dos dois julgamentos porque interessa-me ressaltar que, no caso Lebach, tanto os enunciados "direito ao esquecimento prevalece sobre a liberdade de imprensa" (p) como a proposição contraditória "direito ao esquecimento não prevalece sobre a liberdade de imprensa" ($\sim p$) foram admitidos no repertório do direito penal alemão. No julgamento de 1972, a decisão judicial foi p, enquanto no de 1999, foi $\sim p$. Os dois enunciados contraditórios convivem perfeitamente no repertório jurídico, de modo que novos pedidos de criminosos poderão ser julgados com base em um ou no outro precedente, indistintamente, de acordo com os critérios que os julgadores levarão em conta.

Note-se, contudo, que o repertório do direito penal alemão não admite, por exemplo, o seguinte enunciado q: "para preservar tanto o direito ao esquecimento como a liberdade de imprensa, deve ser ampliada a duração da pena de privação da liberdade do criminoso para que a sociedade tenha tempo de se esquecer do crime que ele praticou". A solução q representa um modo perfeitamente operacional de resolver a questão, mas inteiramente descabido em razão dos valores cultivados na sociedade democrática contemporânea. Não faria nenhum sentido, tendo em vista os demais elementos do repertório do direito penal alemão, o argumento de dobrar a pena de W ou negar o livramento condicional a D, pressupondo-se que tivesse direito ao benefício, apenas com o objetivo de esticar a duração da privação da liberdade deles, confiando que nesse tempo todo mundo esqueceria completamente o crime cometido. O repertório em questão inclui $\sim q$, mas exclui q. Desse modo, como há pelo menos um enunciado formulável na linguagem do repertório que não está nele incluído, descarta-se a hipótese da trivialidade. A lógica paraconsistente admite algumas contradições, mas não pode admitir todas as contradições, porque isso a tornaria trivial (Meillassoux, 2006:77).

Se deixássemos de lado a lógica clássica e pensássemos nessa lógica heterodoxa, não seria perfeitamente possível falarmos em uma doutrina lógica, e não retórica? A doutrina seria lógica como as ciências, embora cada um desses saberes estaria assentado em uma lógica diferente? Estaríamos complicando as coisas desnecessariamente reduzindo a doutrina à retórica?

Lógica paraconsistente?

As lógicas heterodoxas escolhem axiomas e regras de inferência diferentes da lógica clássica, mas o espectro dessas escolhas não é ilimitado. Há uma irredutibilidade que afasta o arbítrio dos lógicos na criação de novas lógicas. Essa irredutibilidade é delimitada, paradoxalmente, pelos princípios da lógica clássica. Eles podem deixar de ser regras de inferência, mas continuam na base de qualquer lógica. Sem esses princípios circunscrevendo os cálculos, as operações mentais, as aplicações, nenhuma linguagem, nem mesmo as formalizadas, é reconhecível como lógica.

Explico. Note, inicialmente, que não são três os princípios da lógica clássica, mas um apenas. Identidade, não contradição e terceiro excluído são apenas modalidades diferentes de ordenar algo de forma binária. Os três princípios são redundantes: o que é, é porque nada pode ser e não ser ao mesmo tempo e, tirando essas possibilidades (ser ou não ser), não existe mais nenhuma; o que é não pode não ser porque o que é, é, e não há outra situação possível; está excluída qualquer terceira alternativa além de ser ou não ser porque o que é, é e não pode não ser. Desse modo, quando se afirma que a lógica paraconsistente não admitiu em suas regras de inferência apenas a "não contradição", isso é ilusório, em vista de sua indissociabilidade em relação à identidade e ao terceiro excluído.

A lógica heterodoxa pode expandir os valores de suas proposições para além do V ou F, abdicando da binaridade em seus cálculos. Mas ela continuará sendo binária na identificação dos cânones que pertencem ou não ao seu repertório. Afinal, qualquer lógica L define seus cânones (axiomas e regras de inferência) recortando duas únicas possibilidades: o repertório das "L-deduções", em que estão os resultados dos cálculos proposicionais válidos segundo os cânones da lógica L; e o repertório dos "L-paralogismos", com os resultados não validados. Nesse plano elementar de qualquer lógica, os princípios aristotélicos resistem:

Identidade	A demonstração L-dedução é L-dedução e a L-paralogismo é L-paralogismo.
Não contradição	Nenhuma demonstração pode ser L-dedução e L-paralogismo ao mesmo tempo.
Terceiro excluído	Qualquer demonstração é L-dedução ou L-paralogismo, não há outra possibilidade.

A doutrina jurídica não é lógica, nem mesmo como paraconsistência, porque a binariedade D ou P (L-deduções ou L-paralogismos) não existe em seu plano elementar. O repertório de enunciados doutrinários é composto de enunciados verossímeis de acordo com o próprio repertório de valores. Nada é canonicamente dedutível, nem excluído *a priori* como paralogismo, porque é um repertório de meios de convencimento de determinadas pessoas, as encarregadas do tratamento dos conflitos endógenos. O tempo todo, inverossimilhanças se tornam verossímeis e vice-versa. W conseguiu impedir o programa de TV em que o seu rosto e nome seriam mostrados, enquanto D não obstou a divulgação da série documental para que o crime em si não fosse lembrado, não importando se havia ou não divulgação de nomes e fotografias dos criminosos. W já havia cumprido metade de sua pena e tinha direito ao livramento condicional, enquanto D foi sentenciado à prisão perpétua, sendo o benefício incerto. No caso de W, o programa seria transmitido pela "TV aberta", enquanto a série documental que D tentou barrar era acessível somente aos assinantes. Sempre distinções e valorações novas entram em jogo. Enquanto a verdade é uma das categorias centrais de qualquer lógica (Da Costa, 1978:195), a doutrina não tem recursos para tratar dela, mas apenas do verossímil.

Para qualquer lógica, mesmo para a paraconsistente, continua valendo a navalha de Vilanova: no argumento jurídico, os valores (opiniões verossímeis) levam sempre as conclusões para além das premissas (1977:245-248). E é bom que não haja necessariamente uma lógica estrita nas decisões jurídicas: o direito evolui, empoderando os mais fracos, por não haver cânones lógicos obstando ou limitando caminhos; e os que aparecem, são apenas elementos retóricos da própria legitimação.

Por quatro razões, assim, é infrutífero abandonarmos a demarcação pela verossimilhança para adotarmos uma demarcação pela paraconsistência.

Em primeiro lugar, na formalização da lógica paraconsistente perde-se o essencial, que é a natureza persuasiva do argumento retórico. Graças à formalização, a lógica paraconsistente tornaria a doutrina um aparato frio de interconexões de proposições e contradição com o seu cotidiano efervescente. Mesmo que, no plano da forma, não houvesse a diferença apontada acima entre os repertórios da lógica paraconsistente e os da retórica, no plano não formal (alguns diriam pragmático), o objetivo de quem argumenta retoricamente faz toda a diferença. Os graus de eficácia persuasiva dos enunciados, que não atendem a nenhuma forma idealizável, são os critérios decisivos para enunciados se incluírem nos repertórios da doutrina, ou serem excluídos.

Em segundo lugar, a substituição da retórica pela lógica paraconsistente na descrição do modelo argumentativo da doutrina obscureceria, ao invés de trazer à luz, a diferença em relação ao tipo de enunciado com que ele opera. Uma lógica, qualquer lógica, sempre sugere a operação com a verdade, seara em que a doutrina jurídica nada tem a contribuir. A formalização paraconsistente nos faria perder o conceito de que a doutrina se baseia e se desenvolve em opiniões verossímeis, insuscetíveis de tratamento binário. Não existir verdade ao alcance da doutrina é algo que não se pode perder de vista.

Em terceiro, a atribuição à argumentação da doutrina de um tipo de logicidade seria um tributo ao positivismo. Pressupõe que algum tipo de certeza, similar à das ciências, estaria ao pleno alcance dos juristas. Tal atribuição empurra a doutrina novamente para o degrau da protociência e esconde o fiasco do grande projeto da modernidade.

Enfim, quase uma síntese das razões anteriores, a doutrina sempre se apresenta *retoricamente* como uma lógica clássica, como um repertório consistente, capaz de apaziguar a todos acerca da racionalidade do viver social. Poderia assumir a não trivialidade, mas não a inconsistência. A aparência de logicidade, mas de uma logicidade da lógica clássica, é uma necessidade do direito que exclui a possibilidade de sua classificação como paraconsistente. A Grande Astúcia do Direito, de que falarei daqui a pouco, impede a retórica jurídica de se mostrar como qualquer outra lógica que não a clássica.

A ocultação da retórica

O apagamento da retórica não decorreu apenas da incompatibilidade com a dogmática cristã, o racionalismo e o Iluminismo. Em certa medida, a retórica mesma contribuiu para a assimetria da inferioridade da argumentação em torno do verossímil e a superioridade da demonstração da verdade pela lógica.

O apagamento cessou com a nova retórica (ou pelo menos não tem mais razão para continuar), mas suscitou uma perturbadora questão de fundo: em que medida já estariam dadas as condições sociopolíticas para a aceitação do equilíbrio aristotélico, em que nem tudo é demonstrável a partir da verdade (*episteme*, ἐπιστήμη) e as decisões importantes são baseadas essencialmente na opinião (*doxa*, δόξα) de pessoas qualificadas? A retórica é mais eficiente quando opera de algum modo apagada.

O discurso que explicita as técnicas de retórica empregadas põe em risco sua capacidade de persuasão, reduz ou até perde a eficácia retórica. Confrontado diretamente com a intenção e artificialidade da mensagem, a reação do auditório tenderá à reatância: recusará o convencimento apenas por ter ficado subentendida a manipulação de sua autonomia e agência. Não vai convencer ninguém o discurso que explicitar o emprego de técnicas próprias para persuadir o destinatário. O bom retórico oculta a retórica.

No *De oratore*, Cícero tratou do cômico na oratória (II, LXI, 248-ss.). Pontuou que disfarçar o risível com seriedade ajuda a produzir ainda mais risos. A recomendação ciceriana pode ser generalizada para toda a retórica, como faz Barilli: "a arte nunca deve mostrar-se de forma demasiado evidente" (1979:47). Quando se dizia que os clérigos, na Idade Média, estudavam retórica apenas para enfrentarem e desacreditarem os sofistas, esse era outro modo do mesmo recurso persuasivo da ocultação. Obviamente os clérigos usavam a retórica aprendida em seus sermões, escritos e no doutrinamento dos fiéis, mas sempre a pretexto de os defenderem do mal. Na feliz imagem de Dante Alighieri, a retórica é um "véu" (Barilli, 1979:71), isto é, algo que esconde, mas, ao esconder, revela.

A retórica dos raciocínios jurídicos também tem o seu véu: é vestida por uma lógica aparente (Coelho, 1992:95-97). Em que momento o modo de a sociedade se organizar para tratar os conflitos endógenos poderá dispensar esse ocultamento da natureza retórica da interpretação das leis (também dos fatos provados num processo judicial) é uma questão que permanece em aberto.

Contenção, desinteresse e recuos

Na epistemologia jurídica descritiva dos anos 1950 a 1980, *ninguém foi até o fim!*

Viehweg, a rigor, não descartava inteiramente a possibilidade de a doutrina se tornar científica. Identificava, porém, grandes dificuldades nesse intento, porque, para ele, uma ciência do direito rigorosamente metódica exigiria, como premissa, a completa axiomatização, para que fossem viáveis a subsequente formalização e os cálculos. Viehweg não via como axiomatizar o direito sem os recursos da tópica, mas deixou entreaberta a porta para uma ciência jurídica lógico-formal (1953:92-93). O modelo de ciência dele era a cibernética, aquela então nova área de conhecimento que, nos anos 1950, acenava com uma revolução científica que acabou não acontecendo. Os seus seguidores se reuniram em torno da "Teoria Retórica do Direito", de forte acento semiológico. Parte deles se dedica à verificação empírica da eficácia dos argumentos retóricos (entimemas), em um projeto de epistemologia jurídica que se tornou normativa (cf. Schlieffen, 1992:46-48).

Perelman, por sua vez, de certo modo recua do projeto de resgatar a retórica aristotélica como um saber de importância equiparável à lógica. A inquietação que, nos primeiros anos, o levou a concluir que haveria um critério objetivo para a justiça (Perelman, 1945) e, em seguida, não satisfeito com a resposta, o conduziu à retórica é a mesma inquietação que, na maturidade, o fez recuar. Perelman permanece inconformado com a inexistência de uma lógica da argumentação jurídica, de um controle racional da retórica. Não parece convencido de ter encontrado a via intermediária entre o racional revelador do necessário e o irracional transmissor da arbitrariedade que procurou a vida toda com obstinação. O recuo se dá no plano das categorias, ao passar a chamar a retórica específica dos juristas de "lógica jurídica" (1979). Ao designar de "lógica" o raciocínio retórico de doutrinadores e profissionais, Perelman acaba escondendo este naquela, pagando tributo à inferioridade da retórica e apagando a equiparação dos dois saberes em termos de dignidade epistemológica.

Olbrechts-Tyteca, após a colaboração com Perelman, desinteressou-se da nova retórica; pelo menos, não frequentou mais o tema com assiduidade. Elegeu como novo foco de seus estudos a comicidade. Escreveu um livro, publicado em 1974, intitulado *O cômico dos discursos*. O redirecionamento dos interesses acadêmicos pode não ser fruto necessariamente de um recuo, mas não deixou de ser um modo de não ir até o fim com o projeto de difusão e consolidação da epistemologia jurídica descritiva. De qualquer modo, Olbrechts-Tyteca era socióloga e, por isso, é bem compreensível que o direito não permanecesse o centro de seus interesses.

Ferraz Júnior também recuou e de modo semelhante a Perelman, isto é, no plano das categorias. Após a distinção muito precisa entre ciência e tecnologia apresentada em *Função social da dogmá-*

tica jurídica (Ferraz Júnior, 1980:8790), ele acabou por ocultar a classificação da dogmática jurídica como pensamento tecnológico na nova categoria que passou a empregar para se referir à doutrina: "ciência dogmática". Em *Introdução ao estudo do direito* (Ferraz Júnior, 1988), a erudita expansão de *Função social da dogmática jurídica*, Ferraz Júnior não alterou o entendimento de fundo acerca do estatuto tecnológico da doutrina, mas, a opção por passar a chamá-la de "ciência", e não mais de "tecnologia", representou um recuo de sua genial epistemologia descritiva. Se ciência e tecnologia são categorias diferentes de saber, em que medida a ciência dogmática seria uma tecnologia?

A contenção, o desinteresse e os recuos são justificáveis: talvez não fosse ainda o momento de desnudar a Grande Astúcia do Direito.

A Grande Astúcia do Direito

O direito tem proporcionado o empoderamento dos mais fracos no tratamento dos conflitos endógenos. Quem compara os direitos reconhecidos às minorias (de gênero, orientação sexual, religiosa, racial etc.), aos hipossuficientes (trabalhadores, empregados domésticos etc.) e vulneráveis (consumidores, crianças, idosos etc.) ao longo do tempo, pode constatar a progressiva proteção liberada pelo direito. É uma progressão sofridamente morosa, com alguns lamentáveis recuos, hesitações e sobretudo resultante de muita luta dos mais fracos e nunca de concessões generosas dos privilegiados; mas ela é visível, principalmente a partir da metade do século XX.

Veja-se o exemplo da situação da mulher no direito positivo brasileiro.

As mulheres brasileiras só adquiriram o direito de voto em 1932. É curioso notar que as duas primeiras Constituições (1824 e 1891) e a atual (1988) silenciam sobre o direito de voto das mulheres, enquanto as demais mencionam expressamente o seu alistamento eleitoral (1934, 1937, 1946 e 1967). Os motivos do silêncio é a existência de um conceito tão arraigado na sociedade que o constituinte não se dá ao trabalho de tratar do tema, só que em sentido oposto: nas constituições oitocentistas, não se considerou necessário dizer que as mulheres não votavam por ser assente naquele tempo a concepção de que a política era assunto exclusivo dos homens, enquanto na atual não é necessário por se considerar evidente que as mulheres não podem ser excluídas da política. Lembre-se de que o princípio da igualdade perante a lei consta de todas as cartas constitucionais brasileiras.

Até 1962, a mulher casada foi considerada um sujeito de direito relativamente incapaz, necessitando da assistência (autorização) do marido para atos cotidianos como trabalhar, abrir uma conta em um banco ou adquirir um bem a crédito. O reconhecimento legal da especificidade da violência doméstica é de 2006 (Lei Maria da Penha) e o feminicídio só foi reconhecido como modalidade própria de homicídio em 2015. A ordem hereditária do "cônjuge" progrediu ao longo de várias alterações legislativas, beneficiando sobretudo a viúva: no início do século XX, encontrava-se no quarto lugar da ordem de sucessão, atrás dos descendentes (filhos e netos), ascendentes (pais e avós) e colaterais até décimo grau (tios, tios-avós, tios-bisavós, sobrinhos, sobrinhos-netos, sobrinhos-bisnetos e primos); em 1907, passou ao terceiro lugar, após descendentes e ascendentes; em 2003, com a entrada em vigor do atual Código Civil, ocupa a primeira ordem em concurso com os descendentes, a segunda concorrendo com os ascendentes e isoladamente a terceira.

Como se vê, a situação jurídica da mulher melhora ao longo do tempo. Também em relação às demais minorias, a melhoria é visível a partir de decisões judiciais do STF como a do reconhecimento do casamento entre pessoas do mesmo sexo (2011), da imprescritibilidade do crime racial (2021), da impossibilidade de o acusado por crime racial ser beneficiado por "acordo de não persecução penal" (2023), a caracterização como injúria racial de ofensas contra pessoas LGBTQIAPN+ (2023). Essas evoluções são manifestações do empoderamento do mais fraco, iniciado há milhares de anos.

Pela imagem da Grande Astúcia me referi aos ocultamentos que o direito tem feito em paralelo ao empoderamento dos mais fracos (Coelho, 2021:364-365). O direito se apresenta como organizador da sociedade por meio do disciplinamento legal das condutas (proibições, obrigatoriedades e permissões), mas a lei não tem força para tanto; ele se diz lógico, quando é retórico; afirma que a aplicação de suas leis se alicerça na ciência, mas é nas opiniões verossímeis que estão seus alicerces; proclama realizar a justiça, embora na verdade apenas calibre a injustiça de algumas situações. O direito astuciosamente se dissimula ocultando sua realidade em discursos nos quais busca a legitimação para o tratamento dos conflitos endógenos.

A metáfora da Grande Astúcia é um paralelo com o empoderamento dos mais fracos no contexto da conjectura do direito como estratégia evolutiva da espécie humana. Quando impera a lei do mais forte e o direito não vem em socorro do mais fraco, este só tem uma chance para se salvar: a astúcia. Ser astucioso é ocultar a verdade sob uma ilusão destinada a enganar o mais forte. O ocultamento, pelo direito, da incapacidade de suas leis ordenarem completamente a sociedade, da falta de lógica nas decisões judiciais, de sua incapacidade para a ciência e da impossibilidade de justiça plena, é a astuciosa inversão da orientação das estratégias evolutivas, da lei do mais forte para o empoderamento do mais fraco no tratamento dos conflitos endógenos.

Um dia, esse ocultamento pode não ser mais necessário. O direito, afinal, tem história e ela está em curso. Mas talvez seja cedo para ele conseguir se legitimar sem os ocultamentos da Grande Astúcia. Talvez caiba ainda falar, como Perelman, na busca de uma terceira via, situada entre a racionalidade estritamente lógico-dedutiva e a irracionalidade do arbitrário e da vontade; ou contentar-se, como MacCormick, com a afirmação de que as decisões judiciais reproduzem silogismos lógicos pelo menos em algumas vezes (1978:46).

No futuro, para desnudar a Grande Astúcia será preciso antes perceber que não é universal a concepção do direito como organização da sociedade por meio de normas abstratas aprovadas por um departamento do Estado para serem aplicadas por outro departamento a casos concretos (teoria do direito-ordenação). Ela é uma concepção que só faz sentido no contexto da cosmovisão europeia; e, mesmo nela, não explica os sistemas sociais de tratamento dos conflitos endógenos em toda a sua trajetória. Para pôr de lado o direito-ordenação, é necessário compreender que os coletivos não são organizados por normas, mas por vivências que expressam valores transmitidos por aprendizado, um dos sistemas de herança da síntese expandida da teoria da evolução. As normas não surgiram (por contrato social, costume ou qualquer outra hipótese) para constituir a sociedade; elas são *produtos* das sociedades de enraizamento europeu, que se organizaram por determinada maneira para lidar com o conflito endógeno (a positivação), e não o *pressuposto* da organização de qualquer sociedade. Sem a revelação de que a teoria do direito-ordenação não explica o direito, permaneceremos sob os ocultamentos da Grande Astúcia.

7. Comunidade

A se desencantar com o grande projeto da modernidade, parte do século XX epistemológico preferiu *flertar com a totalidade*. Estou me referindo à teoria da linguagem (semiologia para uns, semiótica para outros).

Desconfiados da construção de uma ciência do humano dotada de rigor e agastados com a demora na obtenção de resultados significativos, alguns pensadores buscaram um caminho alternativo. Foi um flerte com a *totalidade*, porque manejavam um conceito que poderia guiar a compreensão de tudo, do natural e do cultural. E foi um *flerte* porque nem sempre deixaram explicitada a intenção totalizante. Ainda que cauteloso quanto à extensão para o natural, Eco é dos poucos, se não o único, a explicitar diretamente o objetivo totalizante da teoria da linguagem: "a semiótica é uma disciplina que pode e deve ocupar-se com a cultura em sua totalidade" (1973:9).

Genuinamente cautelosos, os pensadores que exploraram essa possibilidade não se arriscaram a proclamar a descoberta do Santo Graal, mas deixaram entreaberta a porta para a possibilidade de estarem gerando, ou senão apadrinhando, o herdeiro aguardado por gerações. A totalidade estava contida, camuflada, sugerida. A certeza talvez pudesse ser finalmente alcançada ao custo de certo desinteresse pela questão científica em si. Desviaram, sem estardalhaço, o foco da cientificização das humanidades para uma chave de totalização do conhecimento – a saída pela qual *todos* os humanistas e cientistas poderiam atravessar. A questão de como tornar científicas as humanidades não foi resolvida nem contestada, mas discretamente posta de lado. A epistemologia que flertou com a totalidade fez sombra ao grande projeto da modernidade, deixando no ar a ideia de que, pelo seu caminho, as humanidades poderiam finalmente encontrar a dignidade epistemológica que as emparelhasse com as ciências naturais, sem insistir no cientificismo.

A empreitada se orienta assim: qualquer objeto pode ser reduzido a uma linguagem e estudado como tal. A *totalidade* é flertada por um reducionismo, o que não deixa de ser um paradoxo; um reducionismo linguístico graças ao qual *qualquer* objeto seria estudado como linguagem. Essa seria a chave para se compreender tudo: a lógica e a matemática não são senão linguagens formalizadas, a hereditariedade assentar-se-ia em um código genético, a física traduziria causalidades em fórmulas, os objetos da filosofia seriam apenas conceitos, o inconsciente se estruturaria como linguagem, a neurofisiologia descreveria o trânsito de sinais entre neurônios etc. (cf. Eco, 1968:3).

Se o objeto é linguagem, o conhecimento é metalinguagem, uma linguagem sobre outra linguagem, de acordo com as categorias introduzidas por Alfred Tarski em sua "concepção semântica da verdade" (1983:170). A certeza ao nosso alcance estaria balizada por essa redução semiológica dos objetos de conhecimento. Antes dela ou para além dela, não há nada que se possa confiavelmente conhecer. A baliza intransponível é o axioma 5.6 de Wittgenstein: "os limites da minha linguagem significam os limites do meu mundo" (1921:245). O flerte com a totalidade da teoria da linguagem é uma derivação do positivismo lógico.

Norma jurídica como linguagem-objeto

O flerte lançado à totalidade pelas teorias da linguagem facilmente encontrou o seu recanto na epistemologia jurídica. Ao se definir a doutrina como o conhecimento da interpretação das normas jurídicas em vigor, é imediato concluir, no contexto dessas teorias, que as normas são a linguagem-objeto da doutrina e que esta, por sua vez, é uma metalinguagem.

De acordo com a abordagem semiológica, o legislador de determinado ordenamento jurídico, ao colocar a norma, expressa-se forçosamente por meio do idioma que ele mesmo definiu como oficial (em alguns países, há mais de um idioma oficial). Emprega já a linguagem técnica, assentada na linguagem natural, com suas ambiguidades e imprecisões, mas permeada de conceitos tendencialmente bem definidos. O doutrinador, por sua vez, ao interpretar a norma jurídica, também forçosamente se expressa por meio da língua – na maioria das vezes, a mesma do idioma empregado na exteriorização da norma jurídica. A metalinguagem do doutrinador, porém, não é contaminada pelas imprecisões da linguagem natural em que se assenta a linguagem técnica do legislador. Ao contrário desta, a metalinguagem da doutrina tende à sistematização, congruência e precisão. Ainda assim, se há menos ambiguidades, contradições e imprecisões na metalinguagem da doutrina, quando comparada com a técnica do legislador, ela não é inteiramente rigorosa. Somente uma metalinguagem devidamente formalizada – algo como $p \rightarrow q, p, \therefore q$ – poderia ter precisão absoluta (cf. Carvalho, 2008:57-67).

Algumas abordagens semiológicas do direito, por serem expressões da epistemologia jurídica normativa, também abrem um abismo entre o que fazem, de um lado, os profissionais jurídicos em seu trabalho forense cotidiano e, de outro, os "cientistas" do direito encastelados na academia: no processo judicial, magistrados, advogados, promotores etc. usariam a "linguagem propriamente persuasiva" (senão a condenável "linguagem afásica", com o objetivo de tumultuar e obscurecer), ao passo que os cientistas do direito empregariam a "linguagem descritiva" da verdadeira interpretação das normas jurídicas (Carvalho, 2008:46-49).

As teorias da linguagem também se projetam na epistemologia descritiva. Ferraz Júnior vocalizou o programa da semiologia jurídica: direito não é só norma e norma não é só linguagem, mas, ainda assim, a norma jurídica pode ser estudada enquanto um fenômeno de comunicação (Ferraz Júnior, 1978:5). Mais que isso, levou o programa às últimas implicações, exaurindo todas as suas potencialidades. O resultado do flertar com a totalidade revelou-se fugaz, como o de qualquer flerte. A semiologia jurídica estacionou em seu ponto de partida. Não há mais frutos além dos já colhidos.

Nada mais havendo a fazer no ponto de chegada, resta desfazer a redução semiológica, dar meia-volta, percorrer o caminho inverso e estudar a norma jurídica como algo maior que o seu aspecto linguístico e o direito como objeto que transcende as normas jurídicas. É hora de repensar a distinção entre norma jurídica como linguagem-objeto e doutrina como metalinguagem. Existiria mesmo essa separação?

Norma jurídica e proposição jurídica

A Teoria Pura do Direito distingue norma jurídica (*Rechtnorm*) de proposição jurídica (*Rechtssatz*). A distinção foi amadurecida progressivamente. Não existia nos primeiros escritos sobre a teoria, nos quais Kelsen se valeu indistintamente dos dois conceitos (1934). Começou a aparecer em um livro sobre direito e Estado (Kelsen, 1945), mesmo assim com imprecisões, que foram eliminadas somente na segunda versão do *Teoria Pura do Direito* (Kelsen, 1960).

Por essa formulação, Kelsen distingue a atividade de aplicação do direito e a de seu estudo "científico". De um lado, legisladores aprovam normas jurídicas gerais e juízes, ao sentenciarem, editam normas jurídicas individuais; enquanto de outro, cientistas do direito enunciam proposições jurídicas em seu trabalho de interpretação da ordem positiva. Não há, acentua Kelsen, nenhuma diferença entre certa norma e a proposição jurídica correspondente do ponto de vista linguístico. São idênticos tanto o enunciado da autoridade que decide a norma quanto o do cientista que a estuda.

O legislador brasileiro, em 1940, ao aprovar o Código Penal, enunciou a norma "matar alguém: pena – reclusão de seis a vinte anos" (art. 121). Desde então, sempre que um penalista estuda os crimes contra a vida, enuncia que "o homicídio deve ser punido com reclusão de seis a vinte anos". Embora as palavras variem um pouco, os enunciados do legislador e do penalista são idênticos. Na verdade, apressa-se a ressalvar o kelseniano, *precisam* ser idênticos, porque a proposição jurídica, para ser científica, deve descrever a norma com fidelidade.

Para Kelsen, assim, norma e proposição jurídica se diferenciam em razão de marcadores não linguísticos: a norma é um enunciado proferido pela autoridade no exercício de sua competência legislativa ou jurisdicional, enquanto a proposição é exarada pelo cientista em seu trabalho "científico" de interpretação; a norma é um ato de vontade da autoridade, que escolhe, a partir de seus valores, a alternativa que lhe parece a mais conveniente entre as diversas possíveis, enquanto a proposição é ato de conhecimento do "cientista" do direito, uma manifestação do espírito objetivo que deve ser totalmente desvestida de valores; a norma prescreve uma conduta (não matar), ao passo que a proposição descreve a prescrição da conduta (quem matar será punido); a norma será válida ou inválida, de acordo com critérios estabelecidos pelo ordenamento a que pertence, e a proposição será verdadeira ou falsa, segundo descreva com ou sem fidelidade a norma a que se refere; e, finalmente, Kelsen não considera as normas jurídicas de um mesmo ordenamento como componentes de um todo lógico e coerente, cabendo ao cientista do direito organizar esse material bruto e criar, a partir dele, o sistema congruente de proposições jurídicas (Coelho, 1995:23-26).

A distinção kelseniana entre norma e proposição jurídica é, em tudo, similar à separação tarskiniana da linguagem-objeto e metalinguagem. O desfazimento da redução semiológica, porém, percorre-se com mais facilidade a partir da Teoria Pura do Direito. Insisto, é hora de atentarmos à artificialidade dessas distinções entre a enunciação da autoridade e a do jurista. Para seguirmos, proponho uma indagação simples e direta, mas que raramente é feita.

Onde estão as normas jurídicas?

Onde estão as normas jurídicas? O profissional jurídico provavelmente responderia à pergunta apontando para o repositório oficial; diria que estão no *website* da imprensa oficial de cada esfera de governo (federal, estadual, municipal). Essa resposta não é inteiramente satisfatória, porque nem sempre bastam o conhecimento da língua portuguesa e a leitura do texto da norma jurídica exibido nesse repositório para compreender o que realmente está determinado pela autoridade. A norma depende de algo mais, o que a coloca em um lugar diferente do *Diário Oficial*.

O kelseniano apresentaria uma resposta mais sofisticada que a generalidade dos profissionais jurídicos. Ele diria que a norma está na *vontade* da autoridade competente para a editar. O Código Penal é o Decreto-Lei n. 2.848/40, baixado pelo ditador Getúlio Vargas com base no art. 180 da Constituição então vigente. Esse dispositivo dizia: "Enquanto não se reunir o Parlamento nacional, o Presidente da República terá o poder de expedir decretos-leis sobre todas as matérias da competência legislativa da União". Em dezembro de 1940, o Parlamento ainda não tinha se reunido (não se reuniria até a deposição do ditador em 1945) e, portanto, Vargas era a autoridade investida pela ordem jurídica então vigente para sozinho editar as leis de competência da União, incluindo o Código Penal. Onde está o art. 121 desse Código, que determina ainda hoje a reclusão de seis a vinte anos dos homicidas? O kelseniano responderia que está na vontade de Vargas. Essa resposta é bastante artificial porque esse homem é falecido desde 1954, a sua vontade não existe há várias décadas.

A artificialidade não desapareceria mesmo se o kelseniano dissesse que a norma está na vontade dele expressada no dia 7 de dezembro de 1940, no momento do lançamento de sua assinatura na última página do calhamaço de papel em que o seu Ministro da Justiça, Francisco Campos, havia mandado datilografar o texto do Código Penal. Certamente o ditador não leu todo o catatau e não seria minimamente capaz de dizer, naquele exato momento, qual era a vontade dele relativamente ao tratamento a ser dispensado a cada um dos inúmeros crimes tipificados na lei. E veja que, ocasionalmente, estamos diante de uma norma jurídica resultado do exercício de competência concentrada em uma única pessoa (o presidente da República, enquanto não reunido o Parlamento, sob a égide da Constituição de 1937). Pense-se no quanto essas dificuldades se exponenciam quando nos interessamos por leis aprovadas pela maioria dos integrantes de duas casas congressuais (Senado e Câmara dos Deputados) e com a sanção do presidente da República, acompanhada ou não de vetos parciais.

Alguém poderia objetar que localizar as leis na vontade de pessoas bastante atarefadas e, de qualquer modo, mortais seria uma mera presunção teórica, indispensável ao funcionamento lógico do direito. Ora, isso apenas confirmaria que a resposta é um artifício e não a verdadeira indicação de onde as leis estão. A vontade de certas pessoas como o local das leis pode-se dizer que é uma ficção; mas à indagação interessa onde elas realmente se encontram.

Acrescento mais uma camada de dificuldades, tanto para a resposta trivial que aponta para o *Diário Oficial* quanto para a kelseniana falando em vontades. Com o passar dos anos, pode acontecer de uma norma jurídica mudar de conteúdo sem nenhuma mudança em sua expressão linguística. A admissão do casamento entre pessoas do mesmo sexo no Brasil é um bom exemplo dessa hipótese.

Na sessão da Assembleia Nacional Constituinte (ANC) realizada em 26 de maio de 1988, foram aprovadas as normas sobre "família" na Constituição que viria a ser promulgada em outubro daquele ano. Desde então, o art. 226, § 3º, tem a seguinte redação: "Para efeito da proteção do Estado, é reconhecida a união estável entre o homem e a mulher como entidade familiar, devendo a lei facilitar sua conversão em casamento". Pois bem. Se as normas jurídicas estão no *Diário Oficial* ou na vontade dos constituintes, esse dispositivo não poderia dizer algo que já não dissesse desde aquela tarde de maio de 1988. Em 5 de maio de 2011, porém, o Supremo Tribunal Federal, por unanimidade dos Ministros votantes, decidiu que nenhuma lei poderia tratar diferentemente a união estável entre homem e mulher e a união estável entre pessoas do mesmo sexo. Após o histórico julgamento, uma sucessão de decisões judiciais surpreendentes acabou por legitimar o casamento (e não somente a união estável) entre pessoas do mesmo sexo no direito brasileiro (Coelho, 2021:214-229).

A pesquisa nos anais da Constituinte mostra que instituir o casamento entre pessoas do mesmo sexo não estava entre os objetivos do art. 226, § 3º, da Constituição Federal. Isso não estava escrito no diário da ANC e tampouco era essa a vontade dos constituintes. Cerca de vinte anos após, porém, as autoridades investidas de competência para interpretar a Constituição (os Ministros do STF) concluíram que esse mesmo dispositivo impedia qualquer tipo de discriminação entre as uniões estáveis em função do sexo dos conviventes. A discriminação, por certo, está vedada também no âmbito da própria Constituição, aplicando-se por isso aos conviventes do mesmo sexo a facilitação da conversão da união estável deles em casamento determinada na parte final da norma jurídica em questão.

Em outros termos, o art. 226, § 3º, da Constituição Federal não mudou de redação desde a aprovação, mas o conteúdo alterou-se de modo significativo. Exemplos como este mostram que as normas jurídicas estão em algum lugar diferente do *Diário Oficial* ou da presumida vontade da autoridade com competência que as editou.

Que lugar é esse? É a memória de algumas pessoas.

Sistema social de tratamento dos conflitos endógenos

Todo coletivo precisa lidar com os conflitos endógenos, isto é, os que envolvem dois ou mais indivíduos da própria coletividade. Os coletivos de humanos adotaram desde o início meios de lidar com essa questão progressivamente diferentes dos adotados pelos coletivos dos outros animais. A diferença consiste na substituição, em parte, da prevalência da vontade do indivíduo mais forte pelo empoderamento do mais fraco. Esses padrões, no início, eram meras repetições de determinado modo de tratar os conflitos endógenos.

Após um processo que se arrastou por milênios, parte extensa dos coletivos dos humanos passou a ver esses padrões não mais como algo que se repetia, mas como uma medida para o tratamento dos conflitos endógenos – foram os coletivos impregnados da cosmovisão europeia, largamente disseminada pelo mundo em razão do colonialismo e suas violências.

Olhando para como os coletivos europeizados lidam atualmente com os conflitos endógenos, vemos que parte dos indivíduos de cada um deles fica encarregada de lhes dar determinado tratamento. São pessoas treinadas para desempenhar a tarefa, cada vez mais complexa, de formular uma possível solução para cada conflito de interesse. Em razão do treino comum pelo qual passam, elas formam uma comunidade: juízes, advogados, delegados de polícia, promotores de justiça, doutrinadores etc. É a *comunidade jurídica*.

Onde estão as normas jurídicas? Estão na memória de algumas pessoas da comunidade jurídica.

Ninguém sozinho é capaz, hoje em dia, de reter em sua memória todas as normas que vigoram no país em que vive. Ninguém tem tampouco a capacidade de memorização da totalidade das normas jurídicas de certo ramo doutrinário do direito (civil, empresarial, constitucional etc.). Mas, cada integrante da comunidade jurídica de um país sabe dizer quais são as principais normas jurídicas do ramo em que se especializou – algumas delas eventualmente até sabe de cor. E, quando a memória falha ou a norma era ainda desconhecida, os membros da comunidade jurídica podem consultar o repositório oficial, publicações feitas por editoras privadas, livros de doutrina, vídeos especializados do YouTube etc. para se reapropriar ou começar a se apropriar dela.

Os integrantes de uma comunidade jurídica – os do direito do consumidor brasileiro, por exemplo – compartilham o mesmo repertório, composto de preceitos legislativos, precedentes jurisprudenciais, princípios expressos ou implícitos, conceitos doutrinários etc. Possuem esse repertório em razão do treinamento a que se submeteram para se tornar um dos muitos encarregados do tratamento dos conflitos entre consumidores e fornecedores, surgidos no interior do coletivo dos brasileiros. As normas jurídicas fazem parte desse repertório, mas não somente pelo frio texto delas que qualquer pessoa pode ler no *website* da imprensa oficial, e sim substancialmente enriquecidas pela contextualização na doutrina e jurisprudência.

As pessoas da mesma comunidade jurídica compartilham, na verdade, mais que um repertório; compartilham valores, normalmente sintetizados em princípios jurídicos: os consumeristas concordam que o consumidor é um contratante vulnerável; os criminalistas, que as penas privativas de liberdade devem ter um caráter de reeducação; os empresarialistas, que as cláusulas contratadas entre dois empresários não devem ser normalmente alteradas pelo juiz, e assim por diante.

As normas estão na memória dos integrantes da comunidade jurídica. E a mais nítida comprovação disso está no fato de que o comando normativo pode mudar de sentido sem que ocorra nenhuma mudança no texto. Se os membros de uma comunidade jurídica se convencerem, por argumentos articulados a partir do seu repertório comum, que a norma x deve ser interpretada da forma y, a norma x passa a ser y.

Não há razão em se separar norma de proposição jurídica, distinguir-se linguagem-objeto de metalinguagem, porque é tudo uma coisa só: o repertório compartilhado pelas pessoas encarregadas pelo coletivo para cuidar do tratamento dos conflitos endógenos. Se um prestigiado doutrinador interpreta a norma x como y, essa ideia formulada em sua mente é transmitida aos demais doutrinadores da área, advogados, juízes etc. Na medida em que esses destinatários, a partir do trabalho de cada um (doutrinadores escrevendo, advogados peticionando, juízes sentenciando etc.), se convencerem da pertinência dessa interpretação, o conteúdo da norma x passa a ser o y que ocorreu inicialmente àquele doutrinador. O peso de cada integrante da comunidade jurídica varia de acordo com diversos fatores, entre os quais a função específica exercida por quem propõe a nova interpretação dentro do sistema de tratamento dos conflitos de interesse. A maioria dos magistrados de um órgão de tribunal superior tem evidentemente grande influência na formação do repertório da comunidade jurídica.

A vontade do legislador no momento da edição da norma, ainda que pudesse ter se expressado de forma consciente na mente do parlamentar responsável pela relatoria do projeto de lei, tem pouca ou nenhuma importância quando se dissemina, na comunidade jurídica, uma interpretação diferente. O trabalho do legislador se concluiu quando o repositório oficial publicou o texto da lei; daí para diante, quem definirá o sentido e o alcance de cada norma jurídica são outras pessoas.

Normas jurídicas como resultado da interpretação

O amálgama da norma com a proposição jurídica, superando a distinção entre linguagem-objeto e metalinguagem, de certa forma já faz parte do repertório da comunidade jurídica. Alguns teóricos da hermenêutica sustentam que a norma jurídica não é propriamente o objeto sobre o qual recai a interpretação, mas o seu *resultado*. Querem com isso dizer que só se compreende o sentido de qualquer norma jurídica *depois* que ela é interpretada (cf. Grau, 2002:37-39).

Mas, se o amálgama já faz parte do repertório da comunidade jurídica, isso não significa que a distinção kelseniana (norma jurídica × proposição jurídica) ou a semiológica (linguagem-objeto × metalinguagem) também não continuem a fazer parte. As duas formulações, apesar de antagônicas, convivem no repertório jurídico, que, aliás, é repleto de incompatibilidades insuperáveis.

Assim é porque, como sistema social de tratamento do conflito de interesses, o direito precisa ser flexível. E, por isso, nenhum repertório de qualquer comunidade jurídica é um conjunto lógico-sistemático de enunciados, totalmente isento de lacunas e contradições. Ao contrário, ele é necessariamente incongruente, incompleto, falacioso, bastante falho do ponto de vista lógico. Afinal, o repertório precisa acomodar instrumentos retóricos os mais variados, para o direito conseguir cumprir a sua finalidade de tratar os conflitos de interesses. Há certa congruência nos repertórios jurídicos que congregam as comunidades, mas ela não é lógica; é uma congruência retórica, ou seja, ditada pela verossimilhança dos enunciados em sua relação com os demais elementos do repertório a que pertencem.

Para explorarmos mais essa necessidade de o repertório da comunidade jurídica ser logicamente incongruente para ser retoricamente congruente, será útil lembrar uma tragédia grega.

Os concursos de tragédia nas Grandes Dionisíacas

O processo de formação das cidades-Estados na Grécia antiga, como qualquer outro processo de envergadura histórica, teve naturalmente suas contradições. As tragédias são expressões desse processo (Gazolla, 2011:235).

Antes mesmo das cidades-Estados, as tribos do sul da Península Balcânica já falavam a mesma língua e tinham rica cosmovisão comum, permeada de Deuses apaixonados e heróis valorosos. As narrativas dos sucessos dos Deuses e das façanhas dos heróis eram compartilhadas pelas diversas tribos graças à incansável itinerância dos aedos e rapsodos. Esses cantadores inspirados iam de coletivo a coletivo, onde eram ansiosamente aguardados, para contarem poemas históricos que compuseram (aedos) ou aprenderam ouvindo (rapsodos). Espalhavam e, espalhando, criavam a tradição oral que sedimentaria a percepção de uma unidade, de um único povo grego (Torrano, 1991:16-19 e 36).

Por volta do século VIII AEC, foram feitos alguns registros escritos dessas histórias. O poeta Hesíodo escreveu sobre os Deuses: Cronos castra o pai Urano; Zeus comanda irmãos e tios na guerra contra o pai Cronos e seus aliados Titãs; Prometeu vê longe e entrega o fogo aos humanos, mas o seu irmão Epimeteu, que só compreende as coisas já acontecidas, abre a caixa de Pandora e espalha os males. São dessa época também escritos atribuídos a um poeta de nome Homero narrando os grandes feitos de heróis: Aquiles impediu a derrota humilhante dos gregos quando os troianos colecionavam vitórias; Odisseu recusou a imortalidade e foi o único mortal a visitar o Hades, o reino dos mortos, venceu sereias e ciclopes, tudo para retornar a Ítaca, de onde não queria ter saído. Era o tempo das tribos e seus mitos. As tragédias virão depois; três séculos depois, quando viver em cidades com uma organização muito mais complexa tornou-se algo que precisava ser inventado, ensinado e aprendido.

A importância política das tragédias é indiscutível. Platão, por exemplo, chegou a classificar Atenas como uma "teatrocracia", tendo empregado o neologismo de modo pejorativo para renovar suas críticas à participação popular nas questões da *pólis* (*Leis*, 701a). Mas as tragédias não eram missão pedagógica nem proselitismo político; eram arte, e foi nessa condição que refletiram e problematizaram o que se passava naqueles tempos agitados na península grega (Alves, 2007:45).

No século V AEC, cidades-Estados reunindo tribos já se veem por todos os cantos do território onde viviam os gregos. Os vínculos familiares, que até então vinham orientando valores e condutas no mundo tribal, tiveram de se acomodar à reconfiguração política. A justiça, que antes era a vingança a ser determinada e executada pela família da vítima, passa a ser uma decisão do tribunal da cidade com o acusado podendo se defender. Por este exemplo somente, pode-se já ter uma ideia da dimensão das transformações sociais que acompanharam a absorção das tribos pelas cidades-Estados.

Foi nesse contexto que um tirano ateniense, Pisístrato, investiu no esplendor e organização de uma das cinco festas anuais dedicadas ao Deus Dionísio, as "Dionisíacas urbanas" ou "Grandes Dionisíacas", realizadas no início da primavera, nos meses de março-abril. Alguns historiadores defendem que o tirano, na verdade, teria criado mais uma festa em honra a Dionísio. De qualquer modo, foi dele a iniciativa de introduzir nas Grandes Dionisíacas os concursos de apresentações teatrais. Cada dramaturgo submetia três tragédias e uma sátira ao arconte-epônimo, o cidadão escolhido, a cada ano, para presidir as Dionisíacas urbanas. Ele selecionava o conjunto de peças que participariam do concurso. Formava-se, então, um conselho com dez outros cidadãos, representantes de cada uma das tribos de Atenas. Os julgadores votavam em separado e secretamente nas três melhores obras. Mas dos dez votos depositados na urna só valiam os cinco primeiros a serem retirados, um modo de garantir a participação dos Deuses na decisão. Os registros que sobreviveram aos tempos informam que três grandes dramaturgos venceram vários dos concursos das Grandes Dionisíacas: Ésquilo, Sófocles e Eurípedes (Malhadas, 2003:81-84 e 93).

A tragédia que melhor retrata os dilemas da transição da organização tribal para a das cidades-Estados – e as inevitáveis colisões entre os valores caros a cada um desses modelos – foi a primeira colocada no concurso das Grandes Dionisíacas de 442 AEC (441 ou 440, não se sabe ao certo – Lesky, 1957:145 e 152; Rosenfield, 2022:8). É a *Antígona*, escrita por Sófocles.

As tragédias de "Antígona"

Tebas era governada por Édipo. Ele conseguiu decifrar o enigma proposto por Esfinge e, por isso, ascendeu ao trono, vago desde o assassinato do rei Laio, e se casou com Jocasta, a rainha viúva.

Édipo é um rei sábio e admirado pelos tebanos, mas uma terrível peste assola a cidade. Tirésias, o vidente cego, consulta os oráculos e prognostica que a peste só terá fim quando o assassino de Laio for descoberto e expulso de Tebas. Jocasta é cética desde que os oráculos haviam errado sobre como o seu primeiro marido morreria. Tinham dito que Laio seria assassinado pelo próprio filho, quando, na verdade, morreu brigando com um desconhecido por conta de uma picuinha ridícula, um tosco entrevero de estrada. Édipo tem razões também para ser cético: os oráculos haviam dito que ele mataria o pai, razão pela qual abandonara prontamente a cidade natal, para não cometer um crime tão hediondo; ora, havia pouco tempo, chegara a Tebas a notícia do falecimento do pai de Édipo, de velhice, mostrando mais esse lamentável engano dos oráculos.

A despeito do ceticismo, Édipo determina a realização das investigações para descobrir o assassino do rei que o antecedera no trono tebano. E descobre que os oráculos não haviam se enganado: Édipo não sabia, mas é filho de Laio e Jocasta; ele matou o pai e se casou com a mãe. Parricídio e incesto poluem Tebas e somente o ostracismo do infame criminoso pode afastar o miasma e pôr fim à peste. Diante da terrível revelação, a rainha se suicida e o rei fura os olhos. Os dois filhos mais velhos do infeliz casal, os gêmeos Etéocles e Polinices, ao expulsarem o pai cego de Tebas, tratam-no de modo repulsivo, rude, frio. Édipo então os amaldiçoa, dizendo que os dois nunca se entenderão e morrerão um pela mão do outro. Os fatos no início parecem desmentir a imprecação paterna porque os filhos chegam a um acordo sobre o exercício do poder: vão se revezar no trono a cada ano. O primeiro a governar será Etéocles.

A harmonia entre os gêmeos, contudo, dura pouco. O acordo é rompido na primeira vez em que deveria ser cumprido: terminado o ano, Etéocles não entrega o governo de Tebas ao irmão. Polinices apela a Édipo, para que intervenha a seu favor, mas não tem sucesso. Alia-se, então, ao rei de Argos, cidade rival, casa-se com a filha dele, organiza um poderoso exército e parte para invadir e destruir Tebas. A maldição de Édipo lançada aos filhos se realiza quando, na guerra entre tebanos e argivos, Etéocles e Polinices matam um ao outro. Creonte, irmão de Jocasta e tio dos rapazes, assume a liderança da defesa dos tebanos, derrota os argivos e é o novo rei de Tebas.

Antígona se inicia no dia seguinte à vitória sobre o exército agressor de Argos e todos aguardam o primeiro pronunciamento de Creonte como rei. Num canto isolado do palácio, um pouco antes da aurora, duas princesas se encontram: Ismena e Antígona. São filhas de Édipo e Jocasta, as únicas sobreviventes tebanas da amaldiçoada linhagem dos Labdácidas. Antígona, a caçula, pergunta à irmã se ela já tomou conhecimento do decreto que Creonte vai anunciar tão logo raie o dia. O rei recém-empossado determinou que Etéocles, o amigo da cidade, fosse sepultado com todas as honras funerárias, enquanto Polinices, o inimigo, devia ter o cadáver deixado insepulto, para saciar aves e cães. Antígona diz a Ismena que descumprirá a ordem e sepultará o corpo do irmão, fazendo as homenagens fúnebres que todos os gregos devem prestar aos familiares mortos.

Flagrada no delito, Antígona é condenada a morrer trancada em uma pequena gruta com um pouco de alimento. A decisão de Creonte não agrada aos tebanos, mas ele continua firme na convicção de que um rei não pode deixar de aplicar a lei da cidade apenas por serem seus parentes os que delinquiram. Tirésias informa ao rei que as aves, em vez de comerem os nacos arrancados do cadáver de Polinices, os depositavam sangrentos nos templos. Creonte o expulsa descrente e enraivecido, chamando o vidente de corrupto. Mas o sinal dos Deuses é inequívoco e o coro aconselha Creonte a primeiro libertar Antígona e, em seguida, ir sepultar Polinices com as devidas honras funerárias. Ele aceita o conselho, mas inverte a ordem e somente parte para resgatar a sobrinha da gruta depois dos prolongados rituais do sepultamento do sobrinho. Inverter a ordem foi fatal: ao chegar à gruta, Creonte constata que Antígona havia se enforcado. Segue-se o castigo divino: o filho, Hêmon, que era noivo de Antígona, também se mata, assim como Eurídice, a esposa de Creonte.

São duas as tragédias. De um lado, a de uma mulher determinada a cumprir seus deveres de irmã, mas com isso desobedecendo a uma ordem do rei e correndo o risco de sofrer a pena de morte por apedrejamento. De outro, a de um rei determinado a cumprir as leis da cidade, que impede o sepultamento dos inimigos, aplicando-a mesmo em desfavor de um sobrinho, porque se deve dar aos familiares rigorosamente o mesmo tratamento legal dispensado a todo mundo. Nas tragédias, colidem os valores da organização tribal com os da cidadania; a colisão aponta para direções opostas – Antígona dá mais importância aos deveres dos vínculos familiares que à obediência às leis da cidade, ao passo que Creonte inverte essa hierarquia de valores.

Nenhum dos dois está errado. Nem sobrinha nem tio erram, porque são personagens de uma tragédia grega.

Antígona é arrogante ao desobedecer a lei da cidade, ao confrontar o rei diretamente, ao negar à irmã a dignidade de ser punida com ela. Contudo, a obstinada princesa não erra em suas arrogâncias. Creonte demora a perceber os efeitos de seu édito, retarda a revogação, calcula mal o *timing* do salvamento de Antígona, perde a família por não agir a tempo. Mas tampouco o obtuso rei erra ao fazer mais tarde o que deveria ter feito desde logo. Não há erros na tragédia grega, porque não há opções. Creonte não pode escolher o tratamento a dar ao cadáver do inimigo da cidade, assim como Antígona não pode escolher deixar insepulto um irmão.

Na tragédia grega não há erros, há erronias (*átes*, ἄτερ) (Torrano, 2022:20). Não há erros porque o protagonista não desobedece intencionalmente a uma ordem divina e sofre, por isso, uma pena em face da infração cometida; mas há erronias, algo como imprudências que já são, em si mesmas, também a punição divina. Édipo mata o pai e casa-se com a mãe a despeito de ter feito escolhas direcionadas a não cumprir o destino anunciado pelos oráculos: nada pode evitar que cometa o crime e nada pode poupá-lo de ser punido por isso. A arrogância de Antígona e a lentidão de Creonte são erronias, porque nenhuma força pode mudar as decisões da princesa e do rei, assim como não há nenhuma que possa afastar a punição deles.

Antígona é uma tragédia singular, não somente por ser protagonizada por uma adolescente, mas também por possuir dois protagonistas (Rosenfield, 2022:28-29). A mensagem de Sófocles é a *simetria* entre as tragédias de Creonte, que não pode beneficiar o inimigo somente por ser seu sobrinho, e de Antígona, que morre por cumprir os deveres de irmã. As contradições da transição da organização tribal para a da cidade-Estado foram captadas e traduzidas artisticamente pelo dramaturgo por meio desse impasse insolúvel. Não há superação para tais contradições e nisso reside o trágico que os atenienses representavam a cada Grande Dionisíaca. O "homem trágico", diz Vernant, não é como o herói das epopeias míticas, um modelo para os gregos; ele é um "problema sem resposta", um enigma "cujo duplo sentido está sempre por decifrar" (Vernant; Vidal-Naquet, 1981:215). Goethe também ressaltou essa marca da tragédia, de uma contradição insuperável: "tão logo aparece ou se torna possível uma acomodação, desaparece o trágico" (*apud* Lesky, 1957:31).

Desse modo, quando os Deuses demonstram contrariedade com a proibição do sepultamento de Polinices, eles de modo nenhum estão dando razão a Antígona. Ela é uma jovem orgulhosa, arrogante e desafiadora, que recusa a submissão à misoginia que impregna a cultura grega. Não está nada animada com o papel de mãe reservado às mulheres (seu nome significa "a que prefere não gerar") e, embora esteja noiva, simplesmente não fala nada sobre o apaixonado noivo, não lhe dirige nenhuma palavra de amor, afeição ou qualquer outro sentimento.

A medicina daquela época acreditava que as jovens virgens podiam adoecer e agir como loucas (Morales, 2020:13). Em uma trama escrita para os concursos dionisíacos, representada somente por homens para ser assistida somente por homens, a "doença das mocinhas" explicaria a obstinada e desmedida arrogância de Antígona. O coro, que muitas vezes ecoa a opinião esperada dos espectadores, admoesta a princesa: "tu subiste até o topo da audácia, e contra o pedestal da Justiça eis, ó filha, que tombas ferida" (vv. 853-855). O decisivo para se concluir que os Deuses não deram razão a Antígona, porém, é o desfecho da tragédia, em que eles não a salvam da punição pela desobediência às leis da cidade.

Deve-se levar em consideração, também, que Creonte não é normalmente um homem indeciso. Na véspera, ele rapidamente tinha assumido a liderança dos exércitos tebanos e pusera os argivos a correr. Só se explica como uma erronia (imprudência e punição ao mesmo tempo) o seu inusitado retardamento em perceber que a regra geral de proibição de honras funerárias aos inimigos precisa ser mitigada quando é desobedecida por um familiar. As duas tragédias, a de quem aplica a lei com imparcialidade e a de quem é obrigado a desrespeitá-la, são simetricamente inevitáveis.

O desfecho de *Antígona* já foi lido como alerta de Sófocles aos governantes da cidade-Estado, para perceberem que certos valores fundados nos vínculos familiares da organização tribal não poderiam simplesmente ser desconsiderados. Também se viu no descontentamento dos Deuses a brecha para se vislumbrar uma assimetria na trama, acolhendo, de um lado, Antígona como a vítima de uma injustiça opressora e repudiando, de outro, Creonte como o seu misógino algoz. São leituras verossímeis, mas que rompem a simetria sofocliana e, no final, suprimem a tragédia ao acrescentar-lhe um ingrediente absolutamente estranho: uma lição de moral.

O meu objetivo, ao lembrar *Antígona*, é restabelecer a simetria entre as duas situações trágicas em eterna e irresolúvel oposição. Ela ilustra como a comunidade jurídica não pode prescindir nem de Creontes apegados à lei nem de desapegadas Antígonas.

Apegados e desapegados

No célebre confronto com o rei, seu tio, Antígona argumenta que o édito proibindo o sepultamento de Polinices pode estar de acordo com as leis da cidade, mas afronta outras leis, que são superiores. Em uma das páginas mais celebradas da dramaturgia de todos os tempos, quando é indagada por Creonte por que teve a ousadia de infringir a lei, Antígona responde:

450 Porque não foi Zeus que a ditou, nem foi
a que vive com os deuses subterrâneos
– a Justiça – quem aos homens deu tais normas.
Nem nas tuas ordens reconheço força
que a um mortal permita violar aquelas
não escritas e intangíveis leis dos deuses.
Estas não são de hoje, ou de ontem: são de sempre;
ninguém sabe quando foram promulgadas.
A elas não há quem, por temor, me fizesse
transgredir, e então prestar contas aos Numes.

A partir dessa passagem da tragédia sofocliana, percebe-se quão longeva é a ideia de que o jurídico não se exaure nas leis adotadas pelos governantes. Há outros padrões a serem levados em conta, seja para afastar a aplicação da lei humana, seja para modelar a sua interpretação.

Essa ideia milenar, no entanto, costuma separar os juristas em dois campos: de um lado, os que a aceitam em linha de princípio; de outro, os que afirmam recusá-la. Essa oposição matricial assumiu, ao longo da trajetória do direito europeu, configurações variadas. Em meados do século XX, por exemplo, Antígonas eram os jusnaturalistas, defensores da tese da existência de um direito natural, racionalmente acessível e ao qual o direito positivo precisava necessariamente se amoldar; enquanto Creontes eram os positivistas, que negavam a pertinência de qualquer elemento estranho ao ordenamento positivado pelo Estado para a interpretação correta das normas jurídicas. São várias as contraposições entre apegados e desapegados: na virada do século XIX para o XX, na França, os adeptos da livre pesquisa científica de François Geny se digladiavam com os defensores da escola da exegese, enquanto, na Alemanha, os entusiastas da escola do direito livre se opunham aos cultores do nascente positivismo jurídico.

Convém, agora, deixar *Antígona* de lado para chamar essas imemoriais posturas extremas de *apegados à lei* e *desapegados da lei* – enquanto aqueles consideram que todo o direito está nas normas jurídicas positivadas pelo Estado, estes propugnam a existência de direito além delas. Em sua feição atual, os apegados à lei consideram que os princípios jurídicos são espécie de norma que, expressa ou implicitamente, compõe o ordenamento normativo em vigor (Alexy), enquanto os desapegados da lei classificam os princípios jurídicos como padrões que possibilitam a tomada de decisões pelos juízes que sejam congruentes não somente com o ordenamento normativo em vigor, mas também com os sistemas de moral (Dworkin).

Quem está certo? São os apegados à lei, que recusam como obscuros e irracionais os argumentos não fundados estritamente nas normas jurídicas em vigor? Ou são os desapegados da lei, que condenam como formais e estéreis os argumentos limitados à interpretação das normas postas? Em qual dessas posturas está a maneira correta de construir argumentações jurídicas?

A resposta é a de que nenhuma está certa, tampouco errada. Isso porque o tratamento dos conflitos de interesses depende de uma comunidade jurídica integrada tanto por apegados como por desapegados. Ninguém pode ser dispensado: o direito, enquanto um sistema social de tratamento dos conflitos endógenos, precisa de inquietos elaborando novas interpretações para leis velhas e de conservadores dando interpretações antigas às novas; recruta os rígidos para cuidar das normas imprecisas e os céticos para as normas impecáveis; conta com os utópicos para a interpretação das amarras legais e com os ressabiados para interpretar as garantias.

Em uma palavra, o direito se assenta na *simetria* entre apegados e desapegados; a mesma simetria com que Sófocles enlaçou tio e sobrinha nas tragédias em torno da colisão entre os valores familiares da organização tribal e os de cidadania das nascentes cidades-Estados gregas. Curiosamente, para tratar de modo mais eficiente os conflitos reais, o Direito precisa de um permanente conflito ideal entre apegados e desapegados.

Para melhorar o direito brasileiro

O meu ponto é: assim como "não existe arte, mas somente artistas" (Gombrich), também "não existem normas jurídicas; existem apenas intérpretes de normas jurídicas" (Coelho, 2021:291-297).

O direito é feito pelas comunidades jurídicas. Desse modo, para melhorar o direito brasileiro, as nossas comunidades jurídicas precisam se tornar urgentemente mais femininas, mais negras, mais indígenas e mais LGBTQIAPN+.

PARTE TRÊS – VERDADE

8. Incertezas

Como produzimos nossos conhecimentos e que garantias podemos ter da pertinência do que conhecemos são inquietações de filósofos. A maioria dos cientistas, pesquisadores e acadêmicos trabalha normalmente sem ter tais preocupações epistemológicas. Por isso, se a um cientista for perguntado de onde vem a força da ciência, é bem provável que ele aponte para seis diferentes direções, eventualmente enfatizando mais algumas que outras.

A primeira direção é a verdade. A ciência, diria, é o conhecimento da verdadeira realidade de seus objetos. O senso comum fala que o sol nasce ao leste, percorre o céu ao longo do dia e se põe a oeste. Isso não está errado, mas tampouco é verdadeiro. A ciência corrige o senso comum mostrando que o planeta gira sobre o próprio eixo e isso dá a impressão, para nós, terráqueos, desses movimentos do Sol.

A segunda direção apontada pelo cientista é o método. A ciência chega à verdade sobre seus objetos porque os estuda de determinado modo preciso. Ao adotar um procedimento rigoroso capaz de isolar a causa pesquisada das demais variáveis, estabelecer parâmetros confiáveis de controle e reunir uma quantidade de amostras suficiente para autorizar inferências generalizantes, o cientista pode assegurar que suas conclusões são verdadeiras. A filosofia não é científica e suas reflexões não são testáveis porque ela não tem uma única metodologia aceita por todos os filósofos. Cada um deles tem o próprio método, linguajar, conceitos e critérios de validação de conhecimento.

A terceira seria o acúmulo progressivo do conhecimento. O cientista sem interesse em epistemologia diria que a ciência tem força porque suas descobertas são sempre ampliações e aperfeiçoamentos de uma séria e embasada tradição de estudos e comprovações. Os gênios sempre veem mais longe somente porque subiram nos ombros dos gigantes que os antecederam. O mecânico sabe consertar um motor quebrado, mas o seu conhecimento não é científico porque está limitado ao estado da técnica, à tecnologia do seu tempo, e não é a sequência de uma tradição.

A quarta direção onde estaria a força da ciência é a replicabilidade de seus experimentos. Qualquer cientista pode repetir o experimento de outro. Isso permite que ele chegue às mesmíssimas conclusões; ou, chegando a conclusões diferentes, que as refute de modo embasado. O cientista indagado sobre a força da ciência argumentaria que o espiritismo não é científico porque os experimentos de contatos com os espíritos de pessoas mortas relatados pelos espíritas não são replicáveis, ninguém pode conferir.

A quinta direção, apontaria o cientista com orgulho, é a mente aberta. A ciência não hesita em rever suas teorias quando as conclusões de experimentos mostram que estão erradas, não se sustentam. Um astrólogo continua acreditando que a posição dos astros no momento do nascimento da pessoa é determinante de seus traços de personalidade, mesmo diante da enxurrada cotidiana de fatos desmentindo essa relação. Por isso, a astrologia não é científica.

Por fim, na sexta direção, ele apontaria para a objetividade. Diria que o treinamento dos cientistas no uso do método é capaz de assegurar a neutralidade das conclusões, isto é, a imunidade frente à ideologia. As conclusões das ciências, assim, não se deixam comprometer, total ou parcialmente, pela subjetividade dos valores de outros pesquisadores. Os humanistas, por exemplo, não fazem pura ciência porque suas afirmações estão contaminadas por vieses que reproduzem valores subjetivos e impedem as certezas objetivas. Se corrigirem esse defeito, repetirem experiências e experimentos sociais em quantidade suficiente, evitarem ficar recriando seus pressupostos e obedecerem ao método científico, chegarão a conclusões verdadeiras sobre a história, sociedade, economia, psicologia etc.

Para o cientista sem interesse em epistemologia, a ciência tem força porque descobre a verdade, adota um método rigoroso, progride consistentemente, baseia-se em experimentos que qualquer especialista pode conferir, é feita por pessoas de mente aberta e treinada para nunca deixar a objetividade se contaminar por vieses subjetivos.

As certezas científicas e as incertezas das humanidades

As ciências naturais são vistas como senhoras das certezas, ao passo que as humanidades são tidas como saberes cercados de incertezas.

Quando se pergunta a razão dessa diferença, o positivismo costuma apontar para as características do conhecimento científico que presumivelmente estariam na raiz de suas certezas: *replicabilidade* dos experimentos; *método* rigoroso para a realização das pesquisas científicas, tanto para a estruturação e realização de experimentos como para a elaboração do relatório e redação do artigo; o caráter *progressivo*, pelo qual sempre se está acrescentando algo novo a conhecimentos sedimentados; o *treinamento* dos cientistas que os prepara para sempre rever os pontos de vista quando são desacreditados nas testagens científicas e para se preservarem da influência da ideologia. O cientista sem interesse em epistemologia e o positivista têm visões muito parecidas sobre a eficiência das ciências.

Quando os cientistas, seguros de suas certezas, olham para as humanidades, veem um conhecimento construído de modo completamente diferente, muitas vezes o inverso. Não detectam nenhum método único empregado por todos os humanistas da mesma área, não veem experimentos replicáveis, estranham a falta de acúmulo de conhecimentos assentados ao meio de um emaranhado de modelos e, sobretudo, criticam a constante adaptação dos fatos à teoria, quando o rigor impõe o contrário. Recebem de braços abertos os humanistas que concordam em produzir conhecimento nos exatos moldes da pesquisa científica.

A receita dos cientistas para as certezas domina a visão do aparato estatal para os programas de pós-graduação; domina de tal modo as decisões das agências de fomento de pesquisas acadêmicas que restam aos humanistas apenas duas alternativas. De um lado, insistir na tentativa de tornar científico o saber das humanidades inspirando-se na metodologia das ciências naturais e aderindo com convicção aos residuais do grande projeto da modernidade. De outro, *fingir* que as humanidades conseguem ser científicas para poderem melhorar a classificação no ranqueamento dos programas de pós-graduação e disputar as sempre escassas verbas do financiamento acadêmico. Não existe a alternativa de o humanista se reconhecer como produtor de conhecimentos desvestidos das certezas da ciência, mas ainda assim estruturados, racionais e úteis.

As incertezas da replicabilidade

Nas escolas de Ensino Médio, nas aulas de química acontecidas no laboratório, algumas experiências são replicadas diante dos alunos: três velas acesas são cobertas com "copos" de tamanhos diferentes; cronometra-se o tempo até que se apaguem; conclui-se que, quanto menor for o copo, mais rapidamente a vela se apaga. A experiência comprova a necessidade de oxigênio para a combustão. Ela foi realizada originariamente por Antoine Lavoisier na França do final do século XVIII e vem sendo replicada incontáveis vezes desde então para estudantes entediados terem uma breve vivência do método científico. Não há a menor dificuldade para essas replicações, mas nelas não se faz mais nenhuma ciência. Os experimentos em que a ciência hoje é produzida demandam meios muito mais portentosos.

O laboratório da Organização Europeia de Pesquisa Nuclear (CERN: Conseil Européen pour la Recherche Nucléaire) abriga, entre seus aceleradores de partículas, o maior até agora existente em todo o mundo. É o Grande Colisor de Hádrons (LHC: Large Hadron Collider). Construído no subterrâneo da fronteira entre França e Suíça, consiste em um túnel circular de aproximadamente 27 quilômetros. O LHC permite que trilhões de prótons, lançados à velocidade da luz, percorram o túnel 12 mil vezes por segundo. Uma das pesquisas realizadas no LHC comprovou a existência de uma partícula elementar, o bóson de Higgs. Para os rigorosos padrões científicos, trata-se ainda de uma comprovação provisória, mas, para facilitar a exposição do argumento sobre as incertezas da replicabilidade, admitamos que as experiências de aceleração e colisão de partículas já tenham dado base à demonstração definitiva da existência desse bóson.

Mais de 10 mil cientistas trabalham no CERN e todos os dados gerados pelo LHC são abertos, acessíveis a qualquer físico do mundo. Mas, exceto o próprio CERN, nenhum cientista conseguiria replicar a experiência que corroborou a conjectura de Peter Higgs. É evidente que, sem um acelerador de prótons tão ou mais poderoso que o LHC, ninguém teria os meios para fazer a replicação. É igualmente evidente o completo desperdício dos recursos da ciência a construção de mais um acelerador desse tamanho, apenas para fazer o que o LHC já faz. O CERN refez e refaz a colisão muitas vezes e, embora os dados gerados pelas suas experiências possam ser conferidos por qualquer centro de pesquisas atômicas, não há nenhum outro laboratório no mundo capaz de as replicar. No que diz respeito ao bóson de Higgs, a certeza do conhecimento científico baseada na replicabilidade da experiência por outros cientistas é um mito.

O elevado custo das experiências de ponta não é característica somente da ciência contemporânea, mas algo de que se ressentem os cientistas desde sempre. O primeiro laboratório da ciência moderna, a bomba de ar de Boyle, era um instrumento de construção, manutenção e operação caras. Boyle era um aristocrata muito rico e defensor ardoroso do experimentalismo como a única fonte válida do conhecimento científico, um conceito não inteiramente assentado no século XVII. Mesmo assim, investiu em duas ou três bombas de ar. Nos anos 1660, existia meia dúzia em toda a Europa. Boyle lamentava não haver mais cientistas interessados em construir o equipamento para replicar e ampliar suas experiências sobre a elasticidade, pressão e peso do ar (Shapin; Schaffer, 1985:38-39, 59 e 229-231).

Na verdade, o investimento em pesquisa científica raramente é orientado pelo objetivo de corroborar ou refutar conjecturas já testadas, para disponibilizar ao mundo um vasto cardápio de certezas. Quando um cientista lê um artigo científico e se empenha em obter financiamento para replicar o experimento, na maioria das vezes não visa conferir a pertinência das conclusões alheias, mas sim explorar as aplicações daquele conhecimento. Está, portanto, convencido da pertinência das conclusões apresentadas no artigo que leu. A replicação sem o horizonte de uma aplicação ainda não testada soa como uma injustificável redundância, uma má gestão dos recursos financeiros à disposição da pesquisa científica.

O desinteresse na replicação de pesquisas destinada puramente ao reforço de certezas não é uma questão apenas de ordem financeira. Da perspectiva pessoal dos cientistas, ela é igualmente desinteressante. Percebe-se com facilidade que investir tempo, energia e reputação na constatação do acerto das conclusões de um colega não é exatamente o mais estimulante para um cientista. É natural que cada centro científico busque se especializar em pesquisas não exatamente iguais às desenvolvidas pelos demais da mesma área. Todos os pesquisadores se beneficiam enormemente da internacionalização e abertura de dados característicos da produção dos conhecimentos científicos, mas isso não exclui que a ciência seja resultado da competição entre cientistas e instituições.

Replicação pressupõe certa dose de sobreposição e redundância e, por isso, nem sempre se verificam as condições objetivas e subjetivas para que ela aconteça. Na verdade, a replicação é um mito, no sentido de não estarem disponíveis os recursos materiais ou mesmo o interesse pessoal dos cientistas em implementá-la apenas com o objetivo de reforçar certezas. Latour diz da replicação que é "tão rara e cara que é quase numericamente desprezível" (1998:90). Se assim é, como os diversos cientistas passam a compartilhar o repertório atualizado de sua área de conhecimento? Uma vez que um físico brasileiro que não participa diretamente das experiências do LHC não tem condições mínimas de replicar a demonstração da existência do bóson de Higgs, como ele pode ter a certeza científica de que essa partícula elementar realmente existe? Nem mesmo o amplo acesso a todos os dados disponibilizados sobre essa experiência permite a ele conferir a pertinência dos cálculos, por ser improvável que disponha de computadores tão potentes quanto os do CERN.

Esse físico não participante da pesquisa do LHC tem a certeza científica da existência do bóson de Higgs apenas porque leu os artigos científicos publicados pelo CERN desde 2013 a respeito do tema e se convenceu. Ele compartilha com os demais físicos do repertório que permite não somente compreender esses artigos como também formar um juízo acerca da verossimilhança das informações neles apresentadas e articuladas. Em suma, ele é *convencido* da existência do bóson de Higgs. Esse cientista, e todos os demais que não acompanharam diretamente a experiência, passaram a ter a certeza científica da existência daquela partícula bosônica por meio de convencimento.

Claro, há algo de metafórico na afirmação de que alguns cientistas acompanharam diretamente a prova da existência do bóson de Higgs. A mente humana simplesmente não consegue "acompanhar" colisões de partículas se movimentando em uma velocidade que permite dar 12 mil voltas em um túnel de 27 quilômetros a cada segundo. Estão todos apenas olhando dados nas telas de computadores. A maioria dos físicos não está diretamente conectada aos equipamentos do CERN e, embora tenha acesso a todos os dados disponibilizados por esse centro científico, não conseguiria replicar a própria *colisão* em outro laboratório para conferir se a replicação geraria os mesmos dados obtidos no LHC.

Os cientistas usualmente distinguem entre o contexto da descoberta e o da justificação, como dois momentos irredutíveis da pesquisa científica. No contexto da descoberta, o momento heurístico, o cientista faz a conexão mental representativa da causalidade (necessidade ou probabilidade estatística) que o experimento tornou visível. Já no contexto da justificação, ele organiza o argumento para redigir o relatório ou o artigo científico. Nesse segundo contexto, o propósito é convencer os pares a reproduzirem mentalmente o momento heurístico que ele próprio vivenciou. O cientista argumenta a partir de premissas verdadeiras e inferências lógicas, mas tem o mesmo propósito persuasivo que o humanista argumentando a partir de premissas verossímeis e inferências aceitáveis. "Toda ciência", resume Gadamer, "que queira ser prática depende da retórica" (1986:276). Em termos mais precisos, depende da capacidade de persuasão articulada no contexto da justificação.

As incertezas dos experimentos mentais

Como a quase totalidade dos cientistas passa a ter certeza científica sobre qualquer objeto porque se convenceu dela em razão da leitura de artigos científicos, pode-se dizer que os experimentos não são os meios predominantes na ciência para as replicações míticas. Predominam os *experimentos mentais*.

Os experimentos mentais são descrições de um experimento não realizável na prática. São irrealizáveis por depender de condições objetivas e subjetivas inalcançáveis (um segundo LHC, por exemplo) ou por pressupor fatos materialmente impossíveis, como o acompanhamento visual de um objeto que se move na velocidade da luz, um gato simultaneamente vivo e morto ou um serzinho minúsculo selecionando informações de um sistema e as retransmitindo a outro. Não se consegue realizar o experimento proposto na prática, mas da força argumentativa da descrição os especialistas extraem uma conclusão tão substancial quanto as sedimentadas em experimentos por eles realizados. Normalmente se considera que seriam admissíveis apenas na filosofia, matemática ou física pura, mas, como os obstáculos objetivos e subjetivos à replicação são comuns a todas as áreas do conhecimento científico, não há razão para se limitar a essas disciplinas os experimentos mentais. Também o físico experimental, o químico e o botânico adquirem certezas científicas de suas áreas de saber lendo artigos científicos, isto é, representando em suas mentes os experimentos neles descritos e se convencendo da pertinência das conclusões apresentadas.

Einstein fez diversos experimentos mentais para "provar" a teoria da relatividade restrita. "Acelerou" um trem na velocidade da luz, "colocou" uma pessoa dentro dele, "chamou" outra para ficar na estação olhando o veículo passar e, então, "disparou" dois raios, um na frente e outro atrás do trem. Os dois raios são vistos como simultâneos pela pessoa na estação, mas como sucessivos pela que viaja nele. Curiosamente, para fazer ou refazer o experimento mental, é necessário mover o trem em *slow motion* ou até mesmo detê-lo. Nenhuma pessoa real numa plataforma real conseguiria ver um trem passando a quase 300 mil quilômetros por segundo e visualizar ao mesmo tempo dois raios, um na frente e outro atrás do veículo. Para conseguir fazer uma imagem correspondente à que Einstein pensou e poder se convencer da mesma conclusão é necessário desacelerar quase por completo a extraordinária velocidade que tinha sido impressa, a maior possível, a da luz.

Sempre é bom mencionar, para evitar certas distorções corriqueiras da teoria de Einstein, que a relatividade não está nas idiossincrasias, perspectivas subjetivas ou vieses cognitivos de diferentes observadores. A teoria da relatividade não pode ser sintetizada pela exortação "tudo é relativo!". Ela, na verdade, não se interessa pelos *observadores*, e sim pelos *pontos de observação*, o local em que se encontram. As pessoas convocadas para o experimento mental são apenas referências inerciais (Russell, 1925:31). Podemos substituir os observadores por câmeras transmitindo imagens para diversos cientistas no mundo todo, que as assistem em *slow motion* nos monitores de seus computadores. Eles veriam a imagem das câmeras internas do trem registrando um intervalo entre os dois raios, enquanto a simultaneidade seria mostrada pela capturada pela câmera posicionada na estação.

O "sucesso" de um experimento mental depende da capacidade de persuasão da descrição. O experimento destinado a "provar" a teoria da relatividade de Einstein é verossímil porque podemos perfeitamente imaginar trens velozes, viajantes, pessoas numa plataforma da estação ferroviária e raios. Temos já experiências de vida suficientes para nos convencermos da pertinência das conclusões que Einstein deseja transmitir. Já a descrição que James Clerk Maxwell elaborou em 1871 para sustentar que a segunda lei da termodinâmica seria probabilística (isto é, teria "exceções") apresenta um ingrediente bastante inverossímil, totalmente improvável. Trata-se do experimento mental destinado a "provar" que, em algumas situações, eventos termodinâmicos seriam reversíveis, algo descartado pela segunda lei. A inverosimilhança do experimento mental de Maxwell é o ser minúsculo e inteligente abrindo e fechando uma ligação entre dois sistemas termodinâmicos, que ficou conhecido como "demônio de Maxwell".

O experimento mental de Maxwell é tão conhecido pelos cientistas quanto os de Einstein. Mas, as reticências denunciam as dificuldades de aceitar, a partir dele, que pode haver reversibilidade nas relações termodinâmicas. Wiener, após mencionar que o "demônio" poderia ser um "mecanismo de precisão", pondera que a simples rejeição da hipótese, embora tentadora por sua facilidade, apenas impediria conhecermos mais acerca da entropia (1948:82--84); para Morin, por exemplo, "só se pode escapar da probabilidade do segundo princípio com um ser bastante improvável: um demônio" (1977:189) São resistências um tanto acanhadas, mas reveladoras das hesitações em se assumir prontamente a conclusão de Maxwell.

O experimento mental do "demônio de Maxwell" tem menos força persuasiva do que os "trens na velocidade da luz" de Einstein, exatamente por conta desse ser demoníaco. Atualmente, há físicos preferindo dizer que o calor vai dos corpos quentes para os frios porque o inverso é extremamente improvável (Rovelli, 2014:59-64), sugerindo a segunda lei da termodinâmica como probabilística; mas a probabilidade da reversão termodinâmica não é atribuída à ação de um demoniozinho capaz de processar informações sem dissipar energias. É apenas a cautela recomendada pela substituição da causalidade-necessidade newtoniana pela causalidade-probabilística da física contemporânea.

De qualquer modo, *descrições de experimentos mentais* não são experimentos. São simples argumentos articulados para convencerem os interlocutores. Chamar tais descrições de experimentos, porém, não é nada gratuito. Ao contrário, visa ao objetivo de induzir a crença de que extrairíamos deles corroborações ou refutações tão confiáveis quanto as concluídas de experimentos efetivamente realizados nos laboratórios ou na natureza. A designação de experimento oculta mais essa intromissão indesejada da persuasão na ciência.

As incertezas do método científico

Replicar não é simplesmente repetir; é repetir com o mesmo método. Ainda que se dê crédito a Allan Kardec quando ele afirma que, em diversas sessões, os espíritos superiores deram respostas sempre iguais às perguntas sobre a vida pós-morte – razão pela qual ele reivindicava para o espiritismo o estatuto de ciência (Kardec, 1857:11-36) –, a sucessão desses procedimentos não é replicável. A replicabilidade precisa ser a repetição *com método* porque é feita com o objetivo de corroborar ou refutar as conclusões anteriormente alcançadas por outros pesquisadores. Isso não é possível no caso do espiritismo porque, não tendo se explicitado o método empregado na comunicação com os espíritos, não será nunca possível a qualquer cientista interessado no assunto repetir os procedimentos dos kardecistas para confirmar ou desconfirmar as respostas dos espíritos. Kardec escreveu uma *instrução prática* para guiar os médiuns, mas, esgotada a primeira edição, não a republicou por considerá-la incompleta (1861:10). Talvez o que viu como lacuna fosse a irreplicabilidade da sua instrução, revelada por relatos de frustração dos resultados pretendidos pela prática, mesmo quando obedecido com rigor o método proposto.

Desde Bacon e René Descartes, no limiar do século XVII, o *método* é considerado a garantia da certeza dada pela ciência. A exatidão das afirmações científicas e sua veracidade não provêm de palpites dos cientistas, mas de estudos estruturados e realizados com obediência estrita às regras de um procedimento; um procedimento metódico destinado a excluir toda a interferência dos fatores irrelevantes e isolar completamente o objeto; um procedimento definido com alta precisão e, além disso, universal, para poder ser conhecido e aplicado com severo rigor pelos cientistas de todo o mundo; um procedimento de pesquisa que qualquer outro cientista poderia empregar para conferir os resultados de seus pares. No "projeto cartesiano", a ciência é ciência porque tem método.

A confiança irrestrita no método para replicar pesquisas e, por este meio, confirmar ou desconfirmar conclusões de colegas científicas sofreu um abalo considerável quando, em 1975, foi publicado *Contra o método*, de Paul Feyerabend, uma das obras centrais da epistemologia. Feyerabend demonstrou que os cientistas não obedecem a nenhum procedimento uniforme ao realizarem suas descobertas. Estas provêm, ao contrário, das mais variadas atitudes. Ele recusa uma distinção rígida entre o contexto da heurística e da justificação, porque no trabalho científico impera certa anarquia e qualquer procedimento serve (*"anything goes"*). Após Feyerabend, o projeto cartesiano mostrou-se uma falácia.

Para Feyerabend, não se detecta em nenhum exemplo de trabalho científico nem as recomendações do racionalismo crítico (considerar seriamente os falseamentos, evitar hipóteses *ad hoc*, ampliar o conteúdo existente etc.) nem as do empirismo lógico (seja preciso, fundamente as teorias sempre em medições, evite conceitos vagos e não suscetíveis de testagem etc.). "Para onde quer que se olhe", a ciência é muito mais desleixada e irracional do que supõem os princípios dessas duas abordagens epistemológicas. E isso não é ruim. Ao contrário, é por cotidianamente ignorarem as regras absolutas de um suposto método universal que os cientistas conseguem impulsionar a ciência adiante. O "caos" é criativo, benéfico e desejável (Feyerabend, 1993:160).

Sem rigor metodológico do projeto cartesiano, as ciências se constituem como tradições, como são as ideologias e religiões. O problema não está na ausência do método, que Feyerabend considera algo favorável ao desenvolvimento científico; o problema está, para ele, na impropriedade de uma sociedade livre conferir à ciência qualquer primazia sobre as demais tradições. Para Feyerabend, a ciência deve sujeitar-se ao controle democrático da sociedade (1978).

Feyerabend, às vezes, não é bem compreendido e tomado por um anarquista inconsequente ou ingênuo. Mas ele não sugere que a ciência abandone todas as regras; o que propõe é ela não abandonar o caos. Ao afirmar a inexistência de um único e universal conjunto de regras absolutas para a pertinência do trabalho científico, Feyerabend aponta para a existência de várias tradições na ciência (1993:242). A inobservância do método científico em descobertas importantes está bem documentada. A indagação a se extrair a partir daí, no entanto, nem sempre é devidamente explicitada: se o método não dá garantia de certeza científica, onde vamos encontrá-la?

As incertezas do progresso científico

A estrutura das revoluções científicas, de Kuhn, publicada em 1962, é outra obra central da epistemologia, mesmo o autor insistindo que é um historiador da ciência e não epistemólogo. Para Kuhn, o progresso na ciência não é sempre acumulativo, no sentido de que cada cientista acrescenta novos saberes aos que encontra devidamente sedimentados. Os momentos de grande desenvolvimento científico, ao contrário, acontecem como uma revolução; um salto, em que a ciência se desgarra de conceitos fundamentais tidos como verdades incontestáveis e os substitui por outros, diferentes ou até mesmo opostos. Quando, no século XV, o sistema heliocêntrico de Nicolau Copérnico substituiu, como referencial para a astronomia, o sistema geocêntrico admitido desde a Antiguidade, ocorreu uma revolução científica (Kuhn, 1962:111-120).

O objetivo de Kuhn era estudar a "estrutura" das revoluções científicas, isto é, o invariável nestas substanciais revisões dos fundamentos da ciência. A despeito, porém, da acurácia em afastar o conceito de conhecimentos acumulativos, ele não foi particularmente feliz ao escolher as denominações para as categorias estruturais que pretendia examinar. Adotou "paradigma" para designar o conjunto de conceitos fundamentais adotado em determinado período pela ciência, "ciência normal" para identificar o momento em que um paradigma é compartilhado sem discussão pelos cientistas, "anomalia" para as dificuldades de solucionar questões sob o paradigma aceito, "crise" para a percepção de insuficiências do paradigma, "ciência extraordinária" para o momento de revisão deste e "incomensurabilidade" para falar da incompatibilidade entre as afirmações anteriores e posteriores à revolução (Kuhn, 1962).

Em termos bem resumidos, para Kuhn, quando o "paradigma" não resolve mais de forma satisfatória os quebra-cabeças em que se debruçam os cientistas, ocorre uma "anomalia", que pode desencadear uma "crise de paradigma", demarcando o fim de um período de "ciência normal" e o início de um de "ciência extraordinária". Quando a ciência extraordinária transita para um novo paradigma, ocorre uma revolução científica e um novo período de ciência normal tem início. O que era mensurável de acordo com o paradigma anterior torna-se "incomensurável" pelo novo paradigma.

Ao imediato e expressivo sucesso do livro de Kuhn os epistemólogos do *establishment*, Popper e Lakatos à frente, reagiram organizando um Congresso em Londres, em 1965, dedicado exclusivamente ao exame da obra. Como acontece com frequência na academia, em vez de reconhecimento e celebração, Kuhn encontrou um ambiente hostil. Alguém listou 21 significados diferentes de "paradigma" na obra dele e mostrou a inconsistência etimológica com o sentido original da palavra grega de que derivou (modelo, padrão) e com a sua ressignificação pelos romanos (exemplo, exemplar). Criticou-se a qualificação de "normal" para o período em que a ciência aprofunda os estudos sob determinado paradigma sem o discutir, quando o tempo todo os cientistas estão discutindo; e a qualificação de "extraordinária" para a ciência do período em que ela progride, como se o progresso não fosse uma característica ordinária do trabalho científico. "Incomensurabilidade" foi criticada por afastar a mínima possibilidade de comparação entre os enunciados de cada período e assim por diante.

Para responder às críticas, Kunh rebatizou o "paradigma" de "matriz disciplinar", abandonou "incomensurabilidade" para falar em "dificuldades de comunicação" e teria voltado até mesmo a cogitar da evolução em moldes darwinistas (prolongada e acumulativa) e não mais por saltos revolucionários (cf. Silva, 2015a:90-104). Acho uma pena que ele tenha retrocedido diante das críticas em vez de insistir na lição essencial a ser extraída de suas proposições, quaisquer que fossem os rótulos: a ciência progride passando a considerar como obviamente falso o que antes tinha por verdade estabelecida; e se assim é, se a qualquer momento se pode revelar a falsidade do que sabemos, que garantia podemos ter da certeza da ciência atualmente produzida? Ou as revoluções científicas são coisas do passado ou, um dia, quando menos se espera, um cientista vai descobrir que estamos todos enganados.

De funeral em funeral

No século XIX, a maioria dos físicos estava convencida de que o calor era um processo mecânico, sujeito às mesmas leis do deslocamento dos corpos. Nas máquinas movidas a vapor, o aquecimento da água, ao produzir energia térmica, movimenta suas partes mecânicas que, por sua vez, produzem energia cinética. Assim "se o calor pode ser transformado em trabalho mecânico", raciocinava-se, "é porque o calor consiste em processos mecânicos em movimento" (Mach, 1872:52). A teoria mecânica do calor era largamente aceita, a ponto de se recomendar "cuidado e precaução" aos físicos que, como Ernst Mach, manifestavam "em voz alta convicções contrárias a ela" (1872:54).

Nas primeiras décadas do século XX, a teoria mecânica do calor ainda desfrutava de prestígio. O químico Wilhelm Ostwald, ganhador do Prêmio Nobel de 1909, considerava haver uma analogia perfeita entre a redução da temperatura com a queda de um corpo. Max Planck se manifestou contrariamente à analogia de Ostwald. Para Planck, a contraposição entre a reversibilidade dos movimentos mecânicos e a irreversibilidade dos fenômenos termodinâmicos era um obstáculo para se considerar a diminuição da temperatura uma expressão da mesma lei física presente na queda de um corpo. No final, informa Planck, o despropósito da analogia foi cabalmente demonstrado por Ludwig Boltzmann a partir da teoria atômica.

Mach, como visto, não concordava com a redução da física à mecânica e não subscreveria a analogia de Ostwald. Mas os dois concordavam em outra ideia igualmente bastante difundida entre os físicos de então; a ideia de que o "átomo" era mera construção metafísica, por não ser suscetível (naquele tempo) de observação empírica. Mach costumava ironizar "você já viu um átomo por aí?" Desse modo, contra a demonstração da insubsistência da teoria mecânica do calor pela física atômica uniram-se tanto os físicos defensores dessa teoria quanto os que se opunham a ela. Mas, como Mach, não admitiam a existência dos átomos.

Em sua autobiografia, Planck, após narrar brevemente a controvérsia entre os cientistas, informa que "a diferença fundamental entre a condução do calor e um processo puramente mecânico acabou sendo universalmente reconhecida". Em seguida, registra a grande lição que extraiu do episódio: "uma nova verdade científica nunca triunfa por conseguir convencer os adversários, mostrando-lhes a luz, mas porque esses adversários morrem e surge uma nova geração para a qual essa verdade é familiar" (Planck, 1945:30). De fato, quando Mach morreu, em 1916, os experimentos como os de Jean Perrin confirmando o movimento aleatório das partículas haviam convencido quase todos os físicos sobre a existência do átomo. Mesmo assim, entre os papéis recolhidos pelo filho de Mach, após o falecimento, havia uma nota: "não consigo aceitar a existência de átomos e outros dogmas desse tipo" (Bernstein, 1966:72).

A desalentadora, mas acurada observação de Planck propagou-se por uma fórmula abreviada: "a ciência avança de funeral em funeral". É o desmentido da propalada crença de que todos os cientistas seriam pessoas de mente aberta e generoso desprendimento. Seriam pessoas treinadas para renunciarem prontamente às convicções construídas ao longo de décadas de trabalho (senão da própria vida) tão logo se vejam diante de pesquisas de seus pares demonstrando a insubsistência delas.

As incertezas que conhecemos

A demarcação de Popper para as ciências pelo falseamento já sugeria um tanto de incertezas ao tornar provisórias todas as verdades. A demonstração de que os cientistas também interpretam seus objetos, de modo similar aos humanistas, reforçou a fragilização das certezas como o trunfo da ciência. Outras incertezas macularam as esperanças positivistas, como o teorema de Gödel mostrando a impossibilidade de uma matemática completa e a incomensurabilidade do plano subatômico apontada por Heisenberg.

Bauman pondera que os humanistas ainda atribuem às leis das ciências nomotéticas uma "necessidade" que a maioria dos cientistas já não mais reconhece em suas teorias. As ciências naturais lidam com leis meramente estatísticas, que apenas indicam a probabilidade de um evento similar acontecer. As "leis sem exceção", conclui Bauman, é apenas algo de que a ciência contemporânea necessita para funcionar bem. A partir do paralelo que estabelece com o bom funcionamento da sociedade burguesa dependendo da "leitura diária da declaração dos direitos do homem e do cidadão" (Bauman, 1978:295), pode-se inferir que Bauman atribui a demonstração das certezas pela ciência a uma simples necessidade ideológica.

Einstein reconhecia que os físicos têm um conhecimento limitado, que reproduz apenas "os processos mais simples que se apresentam à nossa experiência sensorial", visto que "os processos mais complexos não podem ser representados pela mente humana com a sutil exatidão e a sequência lógica indispensáveis ao físico teórico".

"Se, na ciência", conclui, "precisamos nos contentar com uma imagem incompleta do Universo físico, isso não decorre da natureza do Universo, mas sim de nós mesmos" (Einstein, 2012:12).

Não sabemos tudo; não temos como saber tudo! Mas sabemos o suficiente para as nossas necessidades.

O tempo e as incertezas

O predador se aproxima da presa do modo mais silencioso que consegue. Arrasta-se lentamente, quer ficar invisível. Avalia com atenção para adivinhar o momento exato em que deverá mudar de atitude, apresentar as garras, saltar invencível sobre a presa. Do acerto dessa gestão do tempo depende o sucesso da caça, depende a sua sobrevivência. A presa está pastando. Parece absorta na degustação da relva. Mas ela também gerencia o tempo. Sabe que deve dividi-lo em intervalos para alternar a atenção, da erva saborosa para o que se move ao redor. A presa sabe que a sua sobrevivência depende dessa gestão do tempo.

Predador e presa compartilham um saber. Eles sabem que precisam levar algo em conta, o tempo. Se o predador der tempo à presa para fugir, não comerá; se a presa der tempo ao predador, morrerá. Os humanos coletores-caçadores também sabem que devem levar o tempo em conta. Se o sol está se pondo e os caçadores ainda não conseguiram nada, é hora de parar a caça e reencontrar os coletores para, nesse dia, se alimentarem todos dos frutos colhidos.

Os humanos sabem gerir o tempo, como os predadores e presas. Sabem do tempo, assim, o suficiente para administrá-lo de acordo com as decisões a tomar, de acordo com suas necessidades e vontades. Como lembra Pascal, os humanos não precisam definir "tempo" para conversarem a respeito dele (1650:45). Mas tente definir tempo. Não é fácil. No fim do século IV, Agostinho sabia o que é o tempo, mas quando queria explicá-lo, não sabia mais: "O que é o tempo? Se ninguém mo perguntar, eu sei; se o quiser explicar a quem me fizer a pergunta, já não sei" (*Confissões*, XI, 14, 17).

INCERTEZAS

O tempo, na verdade, não existe. É somente uma conveniência, uma síntese mental de diversas relações entre os existentes do entorno que muitos animais – humanos ou não – fazem para sobreviver: quando gerem o tempo, gerem essas relações. A inexistência do tempo não é um devaneio metafísico, uma literatura; é um dado da física (Rovelli, 2017).

Como uma referência mental dos animais, o tempo modula as incertezas. O modo como lidamos com as incertezas no passado gera informações de que nos valemos para lidar com as incertezas presentes e futuras. Essa é a habilidade do aprendizado. No plano individual, a habilidade é empregada a partir das próprias vivências. Já no horizonte de um coletivo ou mesmo da espécie, o aprendizado permite que um indivíduo lide com suas incertezas presentes e futuras não somente por conta das vivências diretamente experimentadas por ele, mas também pelas vivenciadas por outros membros do coletivo ou por coespecíficos, a maioria deles pertencente a gerações anteriores e já falecida quando o "aluno" nasce. Não se trata de uma excepcionalidade humana: é uma habilidade também de outros animais.

Na ciência, quanto mais informações são fornecidas pelo passado, menores serão as incertezas do presente e, ao contrário, quanto mais informações precisamos sobre o futuro, maiores serão as incertezas. A relação entre tempo e incertezas se inverte, de acordo com a perspectiva do cientista.

Quanto mais um experimento tiver sido replicado, mais informações a ciência reúne (no passado) sobre o correspondente objeto e isso permite ter (mirando o presente e o futuro) um proporcionalmente elevado grau de certeza sobre ele. Com base em uma quantidade de replicações corroborando certa conjectura, os cientistas sintetizam a certeza assim obtida em um enunciado a que chamam de "lei". Quando as ciências naturais são qualificadas por essa capacidade de chegar a tais sínteses enunciativas, há quem as diferencie das humanidades por meio da adjetivação "nomotéticas" – as ciências que formulam "leis" (*nomos*, νoμός).

Se, em relação ao passado, quanto mais informações houver, maior será a certeza, em relação ao presente e futuro dá-se o inverso. Se o conhecimento disponível é "amanhã choverá", há pouquíssima informação e uma enorme certeza: em pelo menos um ponto do planeta Terra, certamente choverá ao longo do dia de amanhã; mas se o disponível for "amanhã choverá no centro da cidade de São Paulo às 14 h 35", há muitas informações e paradoxalmente um elevado grau de incertezas. Claro, se formos pensar em termos de utilidade, a primeira informação sobre chover amanhã em lugar ou lugares não especificados e em horários tampouco definidos é totalmente inútil. As informações de que precisamos são as que se encontram cercadas de incertezas.

A meteorologia é o conhecimento científico que, partindo do arsenal progressivamente crescente de informações sobre variações climáticas recolhidas no passado, consegue reduzir as incertezas sobre a previsão do clima do futuro. Isso é o que se espera dos meteorologistas. Qualquer outro ramo das ciências naturais pode ser também traduzido nesses termos relacionais entre a progressão do passado ao futuro e as incertezas.

E com as humanidades? Um advogado, por mais bem preparado que seja, nunca tem 100% de certeza sobre o futuro resultado de determinado processo judicial, mas há parâmetros a partir dos quais ele pode arriscar uma previsão. No campo dos litígios civis (cumprimento de obrigações contratadas ou indenização por danos sofridos por ação alheia), há casos fáceis e difíceis. Se o inquilino não pagou o aluguel do imóvel residencial de tamanho pequeno ou médio, pode-se dizer que a ação judicial de retomada da posse do bem ("despejo por falta de pagamento") é uma ação judicial fácil, de modo que, em sendo provado o inadimplemento, vislumbra-se a elevadíssima probabilidade de sucesso em favor do proprietário. O advogado, nesse caso, consegue acertar tantas vezes quanto um climatologista acerta a previsão de chuva em uma cidade no dia imediatamente seguinte.

Quando se trata, no entanto, de um processo civil sobre a interpretação de contratos entre empresários altamente complexos, ela é considerada difícil e, de acordo com o padrão jurimétrico conhecido como "equilíbrio de Priest e Klein", o percentual de vitórias é igual ao de derrotas (Priest; Klein, 1984). Se o advogado sabe acerca da ação civil difícil (que ele está decidindo, com o cliente, se vale a pena propor) que "a chance de se ganhar este processo é igual à de se perder, 50%", há pouquíssima informação disponível e elevado grau de certeza. A utilidade também é rala, porque a enunciação do teorema do equilíbrio de Priest e Klein, embora fartamente assentado nas informações colhidas do passado, não consegue orientar a decisão entre propor aquela específica ação ou amargurar o prejuízo (presumindo-se que as tentativas de acordo já estão esgotadas). Equivaleria ao enunciado "amanhã choverá" que informa muito pouco, é 100% certo, mas não tem nenhuma serventia. Por não predizer com eficiência o resultado do processo judicial, quando se trata de questão civil difícil, o teorema de Priest e Klein não pode ser uma lei como as formuladas pelas ciências nomotéticas.

Em suma, na maioria das vezes, meteorologistas prevendo chuvas no dia seguinte em uma cidade e juristas às voltas com ações fáceis entregam resultados em níveis semelhantes. E, com isso, demarcações e remarcações da ciência e das humanidades parecem falhar. Os cientistas da natureza interpretam realidades e argumentam de modo convincente em preleções e artigos científicos. Os humanistas assentam seus conhecimentos retóricos em verdades passíveis de conferência por replicações. Cientistas e humanistas lidam com a incerteza de modo parecido, entregam e deixam de entregar resultados confiáveis de acordo com o desafio específico a que se lançam.

Parece que chegamos a um impasse. Sabemos que ciências e humanidades são diferentes, mas quando tentamos dizer qual é a diferença entre elas, não sabemos mais? Revivemos a frustração de Agostinho, que sabia o que era o tempo, mas somente até o momento em que precisava explicar o que ele é?

A força da ciência

No início do capítulo, conjecturou-se sobre como um cientista sem interesse em epistemologia responderia à pergunta "de onde vem a força da ciência?" Seis direções foram consideradas: a descoberta da verdade, o rigor do método, a replicabilidade dos experimentos, o conhecimento acumulativo, a mente aberta para reconhecer erros e a impermeabilidade à ideologia.

Essas direções não levam a trilhas pavimentadas e seguras. A ciência não é um meio de alcançar as verdades, mas de testar conjecturas refutáveis (Popper), os cientistas não são tão metódicos como acreditam (Feyerabend), o conhecimento científico progride não porque os cientistas sempre acrescentam camadas ao sedimentado pelos que os antecedem, mas sim porque mostram ser errado o que anteriormente se tomava por correto (Kuhn), a replicabilidade dos experimentos é um mito e a ciência avança de funeral em funeral porque cientistas não têm a mente tão aberta como se propaga (Planck). Veremos, no próximo capítulo, que não há como separar a ideologia dos cientistas das pesquisas científicas que escolhem fazer, empenham-se por obter financiamento e realizam.

Onde, então, está a força da ciência?

Está no *desempenho*. A ciência não entrega certezas, entrega desempenhos. Mesmo sendo dona de dúvidas e não de certezas, leniente com os métodos, iconoclasta das próprias verdades, apenas supostamente replicável, cega para suas percepções errôneas e inerentemente ideológica, a ciência entrega resultados: alguns maravilhosos, como as vacinas, aviões, *smartphones* e *GPS*; outros catastróficos, como artefatos militares, agrotóxicos e inteligência artificial no modelo caça-cliques das redes sociais. O desempenho é a categoria epistemológica que poderá nos ajudar a sair do impasse e, finalmente, distinguir ciências e humanidades.

9. Desempenho

No modelo herdado de Aristóteles, a ciência argumenta com a verdade, enquanto as humanidades argumentam com opiniões verossímeis. Na base dessa diferenciação estão diferentes graus de desempenho: elevado na ciência e comparativamente baixo nas humanidades.

Desempenho é a efetividade da aplicação do conhecimento. Quando um médico, após examinar o paciente que se queixa de febre, receita um antitérmico em determinada dosagem e periodicidade e lhe diz "amanhã você já estará melhor", ele se norteou pelos dados constantes da bula fornecida pela indústria fabricante deste medicamento. E esses dados foram informados a partir de experiências farmacológicas cientificamente realizadas. O prognóstico de melhoria no dia seguinte será mais ou menos verdadeiro em razão da efetiva redução da temperatura corporal daquele paciente. Se a febre passar, de um lado, o médico terá acertado em sua prescrição, mostrando-se um tecnólogo competente, e, de outro, a farmacologia terá desempenhado bem em sua aplicação naquele antitérmico.

O desempenho da ciência é o índice de sua capacidade de predição. A ciência performa, entrega resultados, desempenha e consegue antecipar os resultados de sua aplicação. E é também por isso que a verdade não pode ser um mero atributo de ideias, uma correlação mental. Se o cientista afirma que "fazendo x, ocorre y" e essa predição se confirma se tentada, então certamente há algo na verdade que transcende os planos do pensamento, da linguagem e do consenso intersubjetivo. No início, o conhecimento estruturado na Antiguidade e na Idade Média, de que derivou a ciência, parecia ser motivado fundamentalmente pela ânsia de entender como as coisas são; parecia ser impulsionado mais por inquietações que pela vontade de interferir no entorno de modo eficiente, produzindo resultados desejados. O desempenho não era visto como assunto do filósofo, mas das pessoas envolvidas nos prosaicos desafios do cotidiano, como os agricultores, comerciantes e guerreiros. A partir da Idade Moderna, na Europa, quando esse conhecimento se faz ciência, cada vez mais a capacidade preditiva e a aplicabilidade ganham contornos nos horizontes dos cientistas. O capitalismo fez com a ciência o que faz com tudo: transformou em mercadoria. O desempenho, ainda que difusamente projetado em um tempo incerto, orienta a escolha dos objetos de estudo, os investimentos e financiamentos, a reputação acadêmica e os prêmios.

Para muitos filósofos, contudo, a verdade como produto dos sucessos da ciência não é evidente. Podemos, então, começar a tratar do desempenho por eles. Uma vertente da filosofia, de significativa presença e força nada desprezível, nega ao desempenho o estatuto de categoria epistemológica.

Genealogia do fenômeno

Um clichê surrado diz que Kant desencadeou uma revolução copernicana na filosofia. Copérnico está associado à profunda transformação da astronomia operada pela substituição do sistema geocêntrico pelo heliocêntrico. Kant teria feito algo semelhante na filosofia. Na polarização típica do pensamento de enraizamento europeu, que separa sujeito e objeto do conhecimento, antes de Kant, o objeto era o centro em torno do qual gravitava o sujeito. Ele inverteu o sentido da polarização, deslocando o sujeito para o centro. Assim como Copérnico pusera a Terra girando em torno do Sol, Kant pôs o objeto a girar ao redor do sujeito, fazendo na filosofia uma revolução equiparável à empreendida por Copérnico na astronomia. Foi o próprio Kant que divulgou o clichê.

Os filósofos anteriores a Kant pensavam o conhecimento em função do objeto, dividindo-se por exemplo entre inatistas, como Descartes (que acreditava em ideias inatas), e empiristas, como Hume (para quem, os objetos são conhecidos pelos sentidos). Para Kant nenhuma dessas visões era satisfatória porque o objeto só existe em função do conhecimento.

O que conhecemos, afirma Kant, é apenas a representação do objeto projetada em nossas mentes, e não o objeto mesmo, a "coisa em si". A representação é o *fenômeno* e o objeto é o *númeno*. Para Kant, o númeno existe, mas é essencialmente incognoscível, isto é, impossível de ser conhecido por nós (1783:143-144). A redefinição dessas categorias inaugura uma forte tradição filosófica, cuja tese central é o caráter constitutivo do conhecimento, o construtivismo. De acordo com essa tradição, é o sujeito que constitui o objeto do conhecimento. Nada está dado externamente, tudo surge somente após ser conhecido. O astrônomo vê os astros no céu noturno e os movimentos parecem erráticos, com alguns indo e voltando entre dois pontos ao longo do ano, outros circulando, parte guardando as mesmas distâncias, parte não etc. Ao explicar racionalmente essas aparentes discrepâncias a partir das diferenças nas posições e nos percursos dos astros, a astronomia *constitui* o objeto: põe lógica onde havia caos, sistematiza o que estava desordenado.

Para Kant, a constituição do objeto pelo sujeito é a ordenação lógica do que não passa de representações em nossa consciência. Não conhecemos os númenos, mas tão somente os fenômenos que eles projetam em nós. A "coisa em si" é inapreensível, está fora do alcance do nosso conhecimento. É "incognoscível".

De maneira nenhuma, no entanto, a constituição do objeto pelo sujeito implicaria, para Kant, que só o fenômeno existiria. O númeno tem existência para ele, apesar de não poder ser conhecido. Mas, com a afirmação da incognoscibilidade da coisa em si, Kant abriu uma caixa de pandora: uma genealogia germinou a partir da redefinição dos conceitos de *númeno* e *fenômeno*.

A distinção entre fenômeno e númeno desencadeou uma sequência de abordagens filosóficas em que o mundo exterior, que não conseguiríamos conhecer por completo, torna-se progressivamente opaco. São abordagens que supervalorizam a introspecção, reduzindo todo o Universo conhecível, toda a experiência possível, a projeções da nossa mente. Essas abordagens são as da "genealogia do fenômeno", uma sucessão de gerações de filósofos construtivistas.

Na geração seguinte está Hegel. Para ele, o racional é um vir-a--ser, um movimento que a sua dialética descreve como a negação da tese pela antítese e a subsequente negação da negação pela síntese. Inicialmente, a *consciência em si* toma consciência de algo (um "ser-aí"); em seguida, a *consciência para si* toma a *consciência em si* por objeto, ao perceber ter sido ela que tivera a consciência de algo; enfim, *a consciência em si e para si* conclui que o real se exaure nessa tomada de consciência de que ela própria teve a consciência. No primeiro momento, a tese, a consciência é apenas sujeito (consciência subjetiva); no segundo, a antítese, é simultaneamente sujeito e objeto (consciência objetiva); no terceiro, a síntese, ela é o racional e o real (consciência absoluta) (Hegel, 1807:61-78).

A genealogia do fenômeno prossegue turvando o entorno. Hegel havia identificado o real com a autoconsciência se percebendo como o real e, assim, manteve-o no plano do racional. Na geração que o seguiu, Schopenhauer tornou o entorno ainda mais opaco também manejando as categorias kantianas de fenômeno e númeno, mas por um modo original. Schopenhauer alojou a "coisa em si" no fenômeno e não, como fizera Kant, no númeno. Se o que existe para nós é somente o fenômeno, a representação mental do entorno, então é nele que se pode encontrar a "coisa em si". E o que se encontra? Para Schopenhauer, ela é o impulso irrefreável dos seres de quererem sobreviver e se reproduzir, o "querer--viver" (*Wille zum Leben*). Em suma, a coisa em si é uma *vontade* (Schopenhauer, 1819:15).

Exceto os humanos, que podem ter consciência desse impulso, para os demais, o querer-viver é uma força inconsciente; e, para todos, uma força cega, imparável e sobretudo irracional. Essa vontade externa é objetivada pela representação fenomênica interna, permitindo-se ser conhecida. Se, em Kant, a incognoscível "coisa em si" está no inalcançável númeno, em Schopenhauer, ela é transposta, via representação, para o fenômeno e isso (a objetificação da vontade) possibilita o seu conhecimento. Em certa medida, a "coisa em si" continua incognoscível; não mais por ser inapreensível e, sim, por ser irracional. O entorno permanece sob névoas e só podemos ter certeza do que habita a introspecção.

Na geração subsequente da genealogia, Husserl inaugurou uma nova corrente do pensamento filosófico, a fenomenologia (Heidegger, 1986:78). Assim como não conseguimos pensar o *amarelo* sem uma extensão (um automóvel, um plano euclidiano etc.), também não conseguimos pensar a consciência sem a consciência de algo. "Princípio da intencionalidade" é a categoria fenomenológica axiomatizada por essa percepção de que toda consciência é consciência de alguma coisa. Deste modo, não somente o entorno existe apenas como fenômeno, mas o próprio sujeito é também o que a intencionalidade da consciência colhe: são todos *noemas*, os objetos intencionados por *noeses*. Qualquer *coisa dada* à consciência pode não ser; mas nenhuma *vivência de uma "dadidade"* pode não ser. Podemos nos enganar sobre coisas dadas à consciência, mas, quando o noema é a própria consciência, não há como a noeses se enganar.

Segundo a imagem cara à fenomenologia husserliana, a única maneira de se filosofar "cientificamente" é colocando a realidade entre parêntesis; toda a realidade, não somente a história, cultura e tradições que cercam o sujeito que conhece, como também o próprio sujeito. Desse "colocar entre parêntesis tudo" resta apenas a consciência pura (ou transcendental) como resíduo fenomenologicamente irredutível. Ela está inteiramente despojada das concepções espontâneas e ingênuas que possuía anteriormente ao uso do método fenomenológico. Com a fenomenologia transcendental, Husserl se propôs a resgatar da atitude natural (aceitar a existência da realidade tal como ela se apresenta) tanto o homem comum como os cientistas da natureza. Mas, em relação aos cientistas, Husserl foi extremamente cauteloso: as discussões sobre a possibilidade do conhecimento na "ciência" filosófica que a fenomenologia prometia construir, enquanto não se concluíssem, não deveriam deter os avanços das demais ciências, que chamou de "dogmáticas" (1913:72).

A partir de Husserl, surgiram as mais diversas proposições que se apresentaram como fenomenologias. Em Martin Heidegger, a fenomenologia ainda é afirmada como um método, não mais, porém, de cientificização da filosofia e sim de caracterização do *modo* dos objetos da investigação filosófica (1986:66). De mal-entendido em mal-entendido, a fenomenologia foi reconduzida à questão metafísica originária sobre o "ser" (Lacoste, 1988:57-66); Max Scheler leva a redução fenomenológica a um amplo campo de aplicações, incluindo questões teológicas e éticas, mas, sem muito rigor, chega a esboços de descrições figuradas e pensamentos heterogêneos nem sempre conciliáveis (Stegmüller, 1960:115-116); Harold Garfinkel e Alfred Schütz, cada um a seu modo, pretendem criar uma "sociologia fenomenológica", mas não são rigorosos ao colocarem o "mundo da vida" entre parênteses (Bauman, 1978:244-247). A rápida e abrangente disseminação da fenomenologia, nem sempre aprovada por Husserl, acabou erodindo a capacidade de a designação identificar um conjunto coeso de filosofias.

A *"coisa em si"*

A incognoscibilidade da coisa em si desperta duas reações muito diferentes: a de que Kant não teria sido suficientemente idealista e a de que ele foi excessivamente idealista. Os que acham Kant insuficientemente idealista refletem que, se conhecemos apenas fenômenos, não podemos nem ao menos pressupor a existência de qualquer coisa em si. Já os que reagem a Kant por ele ter sido excessivamente idealista insistem que ao menos alguma coisa das coisas em si é cognoscível.

Adepto da insuficiência do idealismo kantiano, Karl Jasper reputa não conhecível nem mesmo a impossibilidade de se conhecer a coisa em si (Stegmüller, 1960:164). Ao indagar-se sobre a existência do "objeto *per se*", fica satisfeito com a resposta de que nós o *pensamos* como objeto existente e cognoscível. O objeto é o que se apresenta a nós e apenas porque estamos aqui. E só nos tornamos conscientes de nós mesmos quando pensamos objetos. "Não há objeto sem sujeito, nem sujeito sem objeto", resume Jasper (1965:36-37).

De outro lado, no realismo especulativo de Quentin Meillassoux se encontra uma recente formulação da reação ao excesso de idealismo em Kant. É certo que o realismo especulativo não pode ser reduzido à problematização do kantismo e aos correlacionismos subsequentes. Aliás, comparando os dois, Meillassoux qualifica o de Kant como correlacionismo "fraco", que ainda não absolutiza a correlação.

A proposição fundamental do realismo especulativo é a necessidade da contingência, a afirmação de que nenhum fato existe por ser necessária a sua existência. A facticidade é necessária, mas ela não é um fato a mais (Meillassoux, 2006:74). O realismo especulativo critica Kant porque o correlacionismo não permite saber se os invariantes fenomenólogos seriam necessários ou contingentes (Meillassoux, 2006:40). Meillassoux pretende ter resolvido a questão opondo aos correlacionistas o argumento da "objeção ancestral": os arque-fósseis, os fósseis descobertos pela arqueologia, provariam que coisas existiam antes e independentemente da dadidade e, assim, antes de existirem humanos conscientes para fazer qualquer correlação (2006:18).

Os fenomenólogos não têm maiores dificuldades em responder à objeção ancestral e acomodam bem os arque-fósseis em seu sistema como númenos incognoscíveis em razão da sincronicidade entre os fenômenos e o seu conhecimento. Para a fenomenologia, a dadidade do arque-fóssil ao arqueólogo acontece agora, mesmo Meillassoux insistindo na diacronicidade entre o ancestral e a pós-consciência (2006:112). A objeção ancestral também é vulnerável a críticas não fenomenológicas, como a fundada em estudos geoquímicos demonstrando que o arque-fóssil nas mãos de Meillassoux hoje não é anterior ao surgimento da consciência humana, mas contemporâneo à posse do objeto (Povinelli, 2016:126).

Vou embarcar nessa segunda crítica a Kant, a de que ele foi excessivamente idealista, mas por uma linha diferente da explorada pelo realismo especulativo. Minha crítica à genealogia do fenômeno se baseia no *desempenho* do conhecimento dos animais – entre os quais o dos humanos se incluem sem nenhuma excepcionalidade – em relação aos limites ditados pelas demandas da sobrevivência. Temos um conhecimento parcial da coisa em si, na medida de nossas necessidades.

Henri Bergson também criticara Kant por excesso de idealismo e admitia um conhecimento parcial da coisa em si. Afirmava que a *projeção* de um incognoscível em nossa faculdade de perceber gera uma diversidade sensível, por não ser igual à *projeção* de outro incognoscível. Essa diversidade mostra conhecermos de cada coisa em si pelo menos uma parte (Bergson, 1907:227). Em Bergson, o entorno ainda é opaco porque a percepção de se conhecer algo a respeito dele provém de correlações entre as representações.

O desempenho, enquanto categoria epistemológica, também mostra que conhecemos *em parte* as coisas em si, mas por uma vertente por assim dizer dinâmica, em que a eficiência das transformações infligidas ao entorno exclui a completa incognoscibilidade. Se o castor constrói um dique, é porque conhece pelo menos como se constroem diques.

Não tenho, contudo, a ilusão meillassouxiana. Os fenomenólogos não ficarão encurralados com o desempenho servindo de índice da verdade, porque o debate com a fenomenologia nos leva sempre às cercanias do impasse.

Estaríamos todos alucinados?

A genealogia do fenômeno mostra a elegância e a beleza das inquietudes da mente humana. Mas a sua relevância se exaure no âmbito dos valores estéticos. Afinal, como conseguimos verdadeiramente mitigar os efeitos de uma pandemia fazendo vacinação em massa (para ficar em um só exemplo do desempenho das ciências naturais), alguma coisa certamente há na capacidade dos humanos de conhecerem o mundo ao redor. Há algo, em nossos conhecimentos, que extrapola os etéreos abrigos da introspecção do fenômeno. A despeito da elegância da inquietude fenomenológica, acessamos com eficiência o número, o ser-aí, a realidade posta entre parêntesis. A fenomenologia é um estado alterado de consciência, pelo qual muitos pensadores acabam se viciando. Pelo menos tem a mesma utilidade das demais filosofias: criar sinapses.

Para a genealogia do fenômeno, a verdade nunca será determinável pela coisa em si, a qualidade de certas *representações* dela. Exatamente em razão da incognoscibilidade do número é descabido para essa genealogia definir a verdade, por exemplo, como uma descrição "interna" fiel ao objeto "externo". Para os que afirmam ser possível somente conhecermos os fenômenos, a projeção dos números em nossa consciência, a verdade será necessariamente uma *correlação* entre ideias. É o contexto em que se germinaram as teorias voluntaristas da verdade, que a consideram o resultado de "acordos" entre sujeitos, uma convergência intersubjetiva elevada à categoria de "consenso".

O desempenho do conhecimento não pode ser uma categoria epistemológica da genealogia do fenômeno, uma chave para a elucidação da questão da verdade. Os filósofos dessa genealogia não se sensibilizam quando contrapostos aos resultados práticos das ciências naturais. Para eles, as transformações eficientes no entorno, o desempenho do conhecimento humano, não demonstraria o conhecimento das coisas em si. E nessa resistência exaure-se toda a possibilidade de discussão filosófica. Chega-se a um ponto irredutível, a um lugar da discussão em que nenhuma das duas concepções da verdade (a "materialista" da representação do objeto ou a "idealista" da correlação de ideias) pode admitir qualquer convergência com o ponto de vista da outra sem se desfazer por inteiro. Como lembra Lyotard, "não há resposta para a questão de saber se, em filosofia, se deve partir do objeto (realismo), ou se deve partir do Eu (idealismo)" (1954:50). Por esta razão, a objeção ancestral de Meillassoux não é capaz de convencer os fenomenólogos; antes leva a um impasse sem solução filosófica. O direito que o realismo especulativo tem de recusar a sincronia é o mesmo direito que a fenomenologia têm de não aceitar a diacronia. É um debate insolúvel, irredutível, porque nenhuma das partes está apontando uma incongruência na filosofia da outra, mas partindo de pressupostos diferentes – na verdade, contrários e inconciliáveis.

Deleuze e Guattari consideram que a "filosofia é ao mesmo tempo criação de conceitos e instauração do plano" em que eles fazem sentido; e, como os filósofos nunca estão no mesmo plano, quando um critica o outro, o faz a partir do seu próprio plano, que não é o do criticado (1991:37 e 52). Alguém poderia dizer que as críticas em filosofia são jogos de linguagem wittgensteinianos, mas eu prefiro considerar que a irredutibilidade nas filosofias que impedem convergências servem como mais um índice da limitação do conhecimento humano. Não podemos conhecer tudo e, por essa razão, resolver definitivamente as questões fundamentais da filosofia está além de nossa capacidade.

Desfrutemos prazerosamente dos valores estéticos proporcionados por pensamentos intrincados, essa literatura cerebrina que aguça as inquietações e alimenta os inquietos; mas, não podemos nos deixar entorpecer por eles. Como todos os vícios, o estado alterado de consciência a que podem conduzir essas belezas filosóficas cativantes das inquietudes tem o seu risco.

Conhecemos a "coisa em si" no tanto que precisamos conhecer

Os animais de todas as espécies têm o conhecimento suficiente para viver. Não faz nenhum sentido dizer que o morcego *ignora* como construir diques em rios e os castores *desconhecem* como se movimentar no escuro emitindo sons. Construir diques é um conhecimento dos castores, mas não uma ignorância dos morcegos; nortear-se por ondas sonoras é um saber dos morcegos, mas não uma deficiência de conhecimento dos castores.

Os humanos também conhecem o suficiente para viver, de acordo com suas necessidades. Sabemos fabricar medicamentos, mas não sabemos a razão físico-química para a existência dos seres vivos. Mas vivemos bem sem esse conhecimento assim como os morcegos vivem bem sem saber construir diques nos rios e os castores sem voar.

Desde que os físicos descobriram as forças eletromagnéticas, eles não conseguiram interpretá-las segundo as leis da mecânica newtoniana. Einstein empenhou-se numa teoria do campo unificado, em que fossem explicáveis tanto as forças gravitacionais como as eletromagnéticas e fracassou. As equações eletrodinâmicas de Maxwell, no entanto, não precisaram esperar essa teoria unificadora para proporcionar conhecimentos que solucionam questões práticas enfrentados pelos engenheiros elétricos.

Para coar o café, ordenamos o entorno como Newton e isso é suficiente para começar o dia. Para fazer o *GPS*, as forças armadas norte-americanas ordenam o entorno como Einstein, e isso é igualmente suficiente para suas unidades se localizarem em qualquer lugar do mundo. Não precisamos de nenhuma ordenação do entorno unificando os campos gravitacional e eletromagnético nem para o café nem para o *GPS*. A teoria do campo unificado não é algo que ignoramos, mas um conhecimento de que não necessitamos para viver. (Sobre o *GPS*, a aviação comercial, o Wase e quem mais quiser podem usar o sistema, formando um "exército civil" que colabora gratuitamente com a alimentação e o aperfeiçoamento e sabendo que a qualquer momento, principalmente em caso de guerra, os Estados Unidos podem voltar a restringir o acesso.)

Alguns de nós são inquietos e talvez no futuro venham a formular a teoria do campo unificado. É uma possibilidade. Se acontecer, ótimo! Isso pode até proporcionar novos conhecimentos para a solução de problemas práticos. Serão novos conhecimentos suficientes para vivermos. Se ninguém nunca formular essa teoria ou se ela não tiver consequências práticas, porém, não seremos mais ignorantes sobre o assunto do que são os castores e morcegos.

Há coisas que ignoramos? Certamente. Sempre que aparece uma dificuldade para a nossa vida (ou passamos a ver algo como dificuldade) e decidimos pesquisar meios para tratar dela, podemos falar que os desconhecemos enquanto não compreendemos como lidar com essa questão prática. Surge o coronavírus causador da covid-19 e as indústrias farmacêuticas se lançam à pesquisa de vacinas. Enquanto elas não são inventadas e testadas, ignoramos como nos imunizar, embora saibamos que imunizar grandes contingentes da população é como se combate eficientemente uma pandemia. Mas não foi nenhuma inquietação analítica (daquela que fez Einstein suar atrás da teoria do campo unificado) que "criou" a ignorância sobre como fazer vacinas contra a covid-19, mas a necessidade prática de combater a doença.

Não conhecemos a "coisa em si" completamente. Há limitações cognitivas, vieses de toda ordem e valores não passíveis de abstração impedindo um conhecimento completo. Mas o que conhecemos, desse modo parcial e enviesado, é a coisa em si mesmo e não o fenômeno dela projetado em nossas mentes. O desempenho das ciências demonstra isso. Como poderia existir o *notebook* em que estou digitando estas palavras se não fôssemos capazes de projetar nossas ações transformadoras no entorno? Como poderíamos transformar o entorno sem o conhecer em alguma medida, isto é, na medida das nossas necessidades?

A genealogia do fenômeno, ao colocar no centro o sujeito cognoscente e recobrir de opacidade os objetos, revela-se um tributo pago pela cosmovisão europeia à excepcionalidade humana; uma louvação à hipótese do *Gênesis*, a crença de que os humanos somos a imagem e semelhança do Criador, que pôs a nosso serviço todas as demais criaturas, animadas ou inanimadas. Mas, na verdade, não somos assim tão diferentes dos demais seres vivos com os quais compartilhamos a saga da evolução biológica neste planeta: os humanos conhecemos do entorno o que precisamos conhecer para sobreviver, tal como castores e morcegos.

As estonteantes ou divertidas reflexividades

A filosofia leva muito a sério a autorreflexividade dos conceitos. Convenceu-se que uma asserção só poderia ser válida se fosse válida também para ela mesma. Esta convicção está na origem de muitos paradoxos.

Se um cretense diz "todo cretense é mentiroso", essa afirmação precisa ser falsa para ser verdadeira. Para ser verdadeira, o cretense que a afirma não pode ter mentido; nesse caso, porém, haverá necessariamente pelo menos um cretense que não mente e, portanto, será falso afirmar que todos os nascidos em Creta sejam mentirosos. Os céticos, convencidos de que nada pode ser conhecido, quando se percebem autorreflexivos, precisam admitir que nem mesmo a impossibilidade de se conhecer tudo é uma certeza, o que significa que alguma coisa se pode conhecer, mortificando-se na contradição revelada. Se tudo é relativo, então a própria relatividade também é relativa e isso é um absoluto contrariando a premissa.

O teorema da incompletude de Gödel é uma autorreflexividade. Trata-se da prova de que, em qualquer sistema, mesmo a matemática, há pelo menos um teorema indemonstrável, isto é, a respeito do qual não se consegue decidir se é ou não verdade nesse sistema. No cerne do teorema de Gödel está a representação aritmética de um enunciado G, que afirma "G não é demonstrável". Ora, para demonstrar que "G não é demonstrável" é preciso que "G" seja demonstrável – quer dizer, só é possível demonstrar G demonstrando ~G. Se a fórmula e a sua negação são demonstráveis, o cálculo aritmético não será consistente; não havendo consistência no cálculo, não será possível demonstrar nem G nem ~G (Nagel; Newman, 1959:76-78). O sistema matemático, assim, é incompleto, porque não consegue demonstrar nem a verdade de G nem a de ~G.

Nos paradoxos da autorreflexividade, tudo é variação do mesmo truque: fazer uma afirmação sobre a totalidade de algo e testá-la sobre ela mesma. Russel queimou as pestanas se perguntando se a classe de todas as classes que não são classes delas mesmas (classe A) deveria incluir a si própria. Feita a inclusão, a classe A deixará de ser a classe de todas as classes com esta característica porque contemplará uma classe que é classe de si mesma: ela, a classe A. E se não for feita a inclusão, a classe A deixará de fora pelo menos uma classe com a característica de não ser classe de si mesma (mais uma vez, ela própria) e, então, deixará de ser a classe que reúne a totalidade dessas classes (Russell, 1950:125-126).

A autorreflexividade perturbadora também se encontra em proposições da epistemologia. A afirmação de que toda ciência se define pela falseabilidade de seus enunciados não é, ela mesma, falseável e, portanto, não pode ser científica. Em outros termos, nenhuma ciência consegue provar cientificamente que é uma ciência. Toda epistemologia é um saber não científico.

Essas reflexividades sobre si mesmas são levadas muito a sério pelos pensadores de enraizamento europeu. A questão os angustia porque não adianta nem mesmo adotar o axioma da proibição da autorreflexividade porque o paradoxo ressurgiria em enunciados não autorreflexivos como "a próxima sentença é falsa; a sentença anterior é verdadeira".

Algumas tentativas de solucionar esses paradoxos consistiram em desfazer a autorreflexividade introduzindo *hierarquias*, em que a verdade de cada nível é um valor do nível subsequente, e não dele próprio. Russel cogitou de tipos como a classe de indivíduos, a classe de classes de indivíduos, a classe de classes de classes de indivíduos etc. A classe A de todas as classes que não são membros de si mesmas está num tipo diferente das classes que a compõem e, em consequência, a mesma expressão "verdadeiro" ou "falso" torna-se ambígua se for empregada sem atenção a essa diferença de tipos (Russell, 1950:127; Da Costa, 1961:26-28; Nagel; Newman, 1959:59-60). Tarski adotou outra hierarquia, tomando a autorreferência como uma metalinguagem sobre uma linguagem-objeto: a informação dada pelo cretense sobre todos os cretenses é uma metalinguagem com valores de verdade ou falsidade próprios, inconfundíveis com os das inúmeras falas dos cretenses mentirosos (Tarski, 1983:158-172).

Outras tentativas foram buscadas na valoração dos enunciados, aumentando os valores ou os suprimindo. Dmitri Bochvar propôs uma lógica trivalente para a superação dos paradoxos, em que aos valores de verdade ou falsidade atribuíveis aos enunciados acrescenta o terceiro do "paradoxal". Saul Kripke explorou a hipótese de enunciados aos quais não se atribuísse nenhum valor, de modo que os paradoxos não seriam nem verdadeiros nem falsos nem nada (cf. Haack, 1978:185-201).

Tais soluções, entretanto, desfazem a autorreflexividade em vez de resolver o paradoxo, agindo como um avestruz escondendo a cabeça em um buraco. Elas não valem do ponto de vista lógico porque implicam, em última análise, a substituição das premissas ou das regras de inferência. As hierarquias introduzidas por Russell e Tarski alteram as premissas: afastam a premissa de uma totalidade sem tipos nem planos de linguagens diferentes. Bochvar e Kripke alteram as regras de inferência. Nenhum deles resolve o paradoxo, mas mudam o conjunto de axiomas e regras inferenciais – em outros termos, saem de uma lógica em que o valor de um enunciado é indecidível e vão se acomodar em outra lógica, em que é decidível. Pura diversão, igual à do cretense informando pertencer a uma estirpe de mentirosos.

O impasse tem sempre a mesma raiz e é provocado pelo postulado de que "toda asserção só é válida se for válida também para ela mesma". Ele não se dissolve lançando mão da premissa contraditória de que "existe pelo menos uma asserção válida que não é válida para si mesma" porque isso transgride regras do pensamento lógico. Em razão da regra fundamental da não contradição, a substituição de uma premissa pelo seu contraditório leva a conclusões necessariamente diferentes. O impasse também não é resolvido, mas apenas deixa de ser identificado como problemático, com a mudança das regras pelas quais dois enunciados se contradizem.

Os paradoxos autorreferenciais tiram o sono de vários pensadores. Mas as infinitas variações da autorreflexividade só podem ser motivo de preocupação para quem considera a realidade lógica nela mesma. Não é! A lógica é apenas uma maneira de ordenar o entorno. Uma maneira poderosa, sem dúvida, e muito provavelmente decisiva para o domínio cultural, comercial e militar dos europeus colonizadores. A lógica existe apenas dentro da nossa cabeça, e não ao redor da gente.

Se alguém faz uma volta ao mundo em um avião que sobrevoa a linha do Equador na direção de Oeste a Leste, em determinado momento, sobre o Oceano Pacífico, repentinamente passará de Leste para Oeste sem mudar a direção do voo. Quer dizer, mesmo indo de Oeste a Leste, essa pessoa chega ao Oeste vindo do Leste. Isso soa estranho do ponto de vista lógico, mas é uma descrição perfeitamente correta do que aconteceu. Basta, porém, simplesmente substituir a expressão identificadora da direção, falando em "sentido da rotação do planeta" em vez de "Oeste a Leste", para a ilogicidade desaparecer sem deixar vestígios. Lógica é uma coisa, realidade é outra.

Quando Zenão de Eleia provou a inexistência do movimento partindo da premissa da continuidade do espaço (entre dois pontos há sempre um terceiro), ele foi impecavelmente lógico. O seu argumento girava em torno da necessidade de um tempo infinito para se percorrer infinitos pontos. Zenão é lógico, mas fala de algo inexistente. Entre a minha mesa de trabalho e a porta do escritório não há infinitos pontos (Coelho, 1992:11-13). Aliás, a mecânica quântica revelou em laboratório não existir na realidade a continuidade do espaço: entre dois pontos, chega um momento em que *não* existe um terceiro. Os elétrons, provou Niels Bohr, não ocupam nenhuma linha orbital no campo eletromagnético do átomo, mas saltam de uma a outra sem "percorrerem a distância" entre elas. Da mesa em que estou sentado até a porta há uma quantidade finita de "grãozinhos de espaço". A realidade não é lógica porque a lógica é apenas um modo de organizar raciocínios e argumentos.

Não é correta a alcunha de sofista que, de tempos em tempos, atribuem a Zenão (Borges, 2018:312-314). Não se encontra em seu raciocínio nenhuma transgressão a qualquer regra lógica: dada a premissa da continuidade do espaço e raciocinando-se a partir dos princípios da identidade, não contradição e terceiro excluído, a única conclusão só pode ser mesmo a inexistência do movimento. Os inconformados com a logicidade dos argumentos do eleata procuram meios lógicos para o desautorizar (Mill, Bergson, Russell), mas não têm sucesso porque partem do princípio de que a realidade seria lógica. Em suas formulações não querem salvar a lógica que teria sido vilipendiada por um sofista; querem salvar a realidade lógica, a lógica na realidade. É tamanho o afã que vilipendiam eles próprios o conceito de lógica como raciocínio formal a partir de axiomas e regras de inferência estabelecidos por definição, sem prova.

Voltando aos paradoxos da autoreflexividade, percebe-se que eles não têm solução no pensamento lógico. Uma asserção sobre o entorno pode ser válida, mesmo não sendo válida para ela mesma, porque a realidade não é lógica. Como qualquer animal habitante deste pequeno planeta, os humanos temos o conhecimento de que precisamos para sobreviver. Ordenamos o entorno natural e social em função disso. A lógica ajuda nessa ordenação, mas a realidade não é exatamente do modo que ordenamos. Sobreposições certamente existem na ordenação do entorno natural porque a ciência desempenha; menos sobreposições há entre o entorno social e a sua ordenação, porque as humanidades desempenham menos. Mas, enfim, assim como não precisamos saber exatamente o que teria dado causa ao Big Bang para construirmos aviões, também não precisamos resolver os paradoxos da reflexividade totalizante para sermos lógicos quando isso se revela de alguma utilidade. Se o desempenho é o índice da verdade, podemos deixar esses paradoxos para os que os levam a sério demais; ou para o divertimento dos amigos em festas tediosas.

O desempenho como categoria epistemológica

Os resultados da ciência demonstram conhecermos pelo menos algumas das coisas do entorno pelas transformações eficientes que nelas produzimos. Representamos invariâncias e regularidades nessas coisas, assimilando-as como causalidades, como relação de causa e efeito; em seguida transformamos a coisa de modo coerente com as causas representadas e os resultados são os efeitos esperados. Se entramos num avião para nos deslocar ao nosso longínquo destino e, enfim, chegamos lá, então uma considerável série de conhecimentos físicos e tecnológicos funcionam de verdade. Como funcionam, podemos legitimamente concluir que acessamos algo da coisa em si, além de suas projeções fenomênicas: os humanos conhecem os númenos *através* dos fenômenos.

Ninguém precisa decifrar todo o Universo para transformar eficientemente o entorno natural e alcançar exatamente os resultados (ou resultados muito próximos) projetados no início. Não precisamos da teoria do campo unificado para construir aviões que levantam voos na origem, deslocam-se e aterram no destino. Mas exatamente porque levantam voo na origem e aterram no destino, os aviões nos informam sobre a verdade de toda a ciência empregada pela engenharia aeronáutica em sua construção e operação. Os físicos teóricos procuram há um século uma teoria explicativa para a sobreposição quântica que os físicos experimentais observam nos laboratórios. Exploram as mais diversas possibilidades contraintuitivas. Os engenheiros, porém, não precisam dessa teoria para projetar e construir uma inumerável quantidade de equipamentos acionados por células fotoelétricas. Não sabemos nada sobre como a vida emergiu de processos físico-químicos, mas esse conhecimento não tem se mostrado necessário para fabricarmos vacinas eficientes no combate às endemias e pandemias.

Até aqui tenho exemplificado o desempenho com aplicações práticas (vacinas, aviões, *smartphones* e *GPS*), mas a ciência desempenha também em seus laboratórios e campos. A corroboração laboratorial de uma conjectura é uma transformação controlada no entorno natural. Se aconteceu, nessa transformação, o que se havia conjecturado, a ciência está desempenhando tanto quanto em suas aplicações práticas. Nos experimentos naturais, a transformação no entorno não é produzida de modo controlado como na experiência laboratorial, mas observada. Se o que se observa corrobora a conjectura, a ciência desempenhou.

No plano das elucubrações lógicas, os paradoxos autorreflexivos, de um lado, e a irredutibilidade entre o idealismo e o realismo, de outro, explicam-se também pelos limites do nosso conhecimento; limites que não impedem conhecer o que precisamos para sobreviver. O desempenho é o índice epistemológico da verdade nesse sentido de evidenciação dos limites do nosso conhecimento.

E, enfim, para conhecermos de modo eficiente o entorno natural, não precisamos conhecer a "coisa em si" completamente. O que conhecemos da "coisa em si" é a parte que necessitamos conhecer para viver, exatamente do mesmo modo que os animais das demais espécies têm o conhecimento que lhes basta para a vida.

Desempenho e práxis

O marxismo assenta-se em uma categoria epistemológica muito próxima à do desempenho. É a *práxis*. Para o materialismo dialético, a verdade é a confirmação da teoria em uma transformação infligida à realidade. Faz sentido: o químico só passa a saber algo acerca de uma reação química depois que uma transformação controlada da realidade empreendida no laboratório confirma o acerto do que a teoria testada antevia; o ornitólogo só conhece completamente o evento migratório de uma espécie de pássaro "instalando" rastreadores em alguns indivíduos, uma transformação que realiza no objeto. Para o materialismo dialético, a heurística emerge no contexto da práxis.

Nessa concepção epistemológica, para conhecer a verdade da história guiada pela luta de classes é indispensável o engajamento na luta contra o capitalismo, na ação transformadora da história. Um teórico sentado entre as empoeiradas estantes de uma biblioteca pública pode tecer teorias, mas nada saberá sobre a pertinência delas se também não militar no partido comunista. Marx escreveu *O Capital* na biblioteca do Museu Britânico e participou da organização da Primeira Internacional Comunista – nenhuma dessas atividades poderia prescindir da outra, no contexto da práxis.

No entanto, como aconteceu com muitos dos alicerces do marxismo, simplificações grosseiras os corroeram no campo do embate político. Atribui-se a Mao Zedong o aforismo "só se conhece a maçã transformando-a em uma não maçã, isto é, comendo-a". E os leninistas vociferavam o clichê: "a práxis é o critério da verdade". Eram meras exortações à submissão à hierarquia partidária. Quem não a obedece está imergindo nas obscuridades e ilusões da falsidade. Por sua posição privilegiada, pelas informações que concentra e maneja, é a liderança do partido que conhece melhor a verdade revelada pela luta revolucionária. Se o militante não quer se passar por um tolo ignorante deve seguir as ordens das instâncias partidárias, um caminho que inevitavelmente leva ao personalismo mítico em torno do líder máximo da organização. Não escaparam dessas toscas exortações nem mesmo marxistas respeitáveis, homens de inquietudes consistentes, como Georg Lukács e Antonio Gramsci.

Os marxistas não foram e não são criteriosos com a práxis. A revolução proletária de 1917 aconteceu em um país em que não havia se cumprido a condição objetiva do esgotamento da evolução das forças produtivas (avanço da tecnologia); na China, o comunismo foi implantado pela classe dos camponeses e não pelo proletariado, contrariamente à condição subjetiva; o planejamento científico da produção e circulação econômicas revelou-se sempre desastroso onde foi implantado. A despeito da práxis desconfirmando a teoria, os marxistas continuam repetindo o mesmo discurso. Sacrificaram a práxis como categoria epistemológica para não lidarem com as contradições da implantação do comunismo. Desse modo, a despeito das possíveis similitudes, pouco se pode aproveitar das reflexões do marxismo sobre a práxis na construção do desempenho como índice da verdade científica.

Desempenho para o bem e para o mal

A ciência desempenha maravilhas e catástrofes.
Reconheço, desde logo, a arbitrariedade dessas duas categorias. A rigor, a generalidade das aplicações científicas (invenções) gera

benefícios a certo custo; e o saldo em favor do maravilhoso ou do catastrófico dependerá do interlocutor, tanto de suas condições objetivas como de suas sensações subjetivas. Sopesados benefícios e custos, o "saldo" maravilhoso para uma pessoa pode ser catastrófico para outra. Além disso, mesmo os mais benéficos dos desempenhos científicos que se possa imaginar terão necessariamente um custo catastrófico pelo menos por conta dos impactos ambientais: cada seringa de vacina feita de plástico deixa resíduos não sustentáveis, cada viagem de avião consome sua cota de combustíveis fósseis, as baterias dos *smartphones* poluem porque nem sempre são adequadamente descartadas e os satélites do *GPS* contribuem para a poluição luminosa do céu. Ainda assim, para os propósitos da reflexão que pretendo fazer, relacionada à presença dos valores na produção científica, esse esquematismo artificial ("a ciência desempenha maravilhas e catástrofes") serve de conveniente ponto de partida.

As maravilhas são um pouco mais fáceis de listar que as catástrofes: é consensual, embora não totalmente isento de controvérsias, que a ciência nos proporcionou benefícios extraordinários com as vacinas, aviões, computadores e *GPS*. A lista das catástrofes, contudo, é bem mais difícil de fazer. Os agrotóxicos causam problemas ambientais severos, principalmente quando são usados fora das especificações (e isso acontece com muita frequência); mas, sem eles, não conseguiríamos alimentar bilhões de humanos (contando apenas os que não passam fome). Na verdade, sempre que uma ciência desempenhou, pelo menos algumas pessoas (os cientistas envolvidos e quem os financiou) achavam certo tanto levar a cabo a pesquisa da tese para a corroborar como, em caso de confirmação, a sua aplicação prática.

Um conhecimento científico como a fissão nuclear, que possibilitou a fabricação da bomba atômica, deveria ser classificado entre as maravilhas ou engrossar a relação das catástrofes? Eu não tenho dúvida de que se trata de um conhecimento catastrófico; mas a opinião da maioria dos norte-americanos da primeira metade dos anos 1940, cansada das privações cotidianas dos tempos de guerra, certamente era diferente.

Durante a Segunda Guerra, os mais importantes físicos norte-americanos foram chamados a participar da construção da bomba atômica, o projeto Manhattan. Havia a notícia de que os alemães estavam avançados nas pesquisas da aplicação militar da fissão nuclear e o governo e a cúpula das forças armadas dos Estados Unidos finalmente haviam se convencido da necessidade de investir nas pesquisas científicas que poderiam levar à construção do artefato bélico. Foi com muito trabalho que os físicos convenceram os políticos sobre a urgência das pesquisas que eles ansiavam realizar.

É certo ou errado trabalhar na construção de uma bomba poderosa, capaz de matar com uma só detonação centenas de milhares de civis? Se é errado, passaria a ser certo se estamos durante uma guerra e o país inimigo está trabalhando para obtê-la? E se esse país inimigo é governado por nazistas, trabalhar com empenho nesse objeto de estudos não é o mais certo a fazer? Mas... e se os alemães já foram derrotados e o único inimigo que se continua a combater são os japoneses, que não têm nenhum programa nuclear, ainda assim é certo continuar as pesquisas do mortífero dispositivo? Os cientistas do projeto Manhattan fizeram-se essas perguntas, antes e durante o engajamento. Eles tinham a motivação básica da inquietação acadêmica. Afinal, são cientistas, nutrem-se dela como dos carboidratos. Mas as perguntas que se fizeram só podiam ser respondidas sopesando valores. O que cada cientista acha certo ou errado orientou a eleição, mudança ou confirmação de objeto de estudos. O certo e o errado, contudo, não é uma questão científica.

Para os cientistas, atender ao misto de convite e convocação recebido do projeto Manhattan envolvia sacrifícios pessoais nada desprezíveis. Ele deveria se mudar do *campus* universitário em que trabalhava, normalmente situado em arredores aprazíveis de centros urbanos, para uma instalação militar recém-implantada em uma região desértica do Estado do Novo México, ao sul das Montanhas Rochosas. Precisaria morar por um tempo indefinido em um local ermo, em um planalto a 2.500 metros de altitude, onde viveria constrangido por rigorosas medidas de segurança e sigilo, como censura na correspondência e vigilância telefônica, e às voltas com recorrentes quedas de energia elétrica, falta de água e desabastecimento de produtos alimentícios e de higiene essenciais. Continuaria a receber o mesmíssimo salário, descontado de um percentual a título de aluguel de uma residência improvisada. Verbas para as pesquisas não faltariam, mas os prazos eram inflexivelmente curtos e a pressão por resultados, incessante. A obrigatoriedade de incorporação nas forças armadas e o uso do uniforme militar eram algumas das condições iniciais e só foram deixadas de lado diante da incisiva recusa da generalidade dos cientistas.

Três centenas de cientistas aceitaram as condições espartanas do projeto científico-militar, mas alguns não. Isidor Isaac Rabi, convidado para ser diretor associado do projeto Manhattan, explicou o motivo de sua recusa: "uma bomba mata justos e injustos". O físico, ganhador do Prêmio Nobel de 1944, não era pacifista nem indiferente ao esforço de guerra de seu país de adoção, muito menos um torcedor do nazifascismo. Pelo contrário, estava envolvido nas pesquisas do radar, um instrumento tático importante, mas sem aplicação diretamente destruidora. Decidiu permanecer no Laboratório de Radiação de Massachussetts, tendo dado apenas consultorias esporádicas ao projeto Manhattan (Bird; Sherwin, 2005:219). Como se vê, valores definiram a escolha, por Rabi, do objeto em que via sentido investir suas energias, seu conhecimento e sua criatividade; do mesmo modo que definiram a dos trezentos cientistas que foram trabalhar em Los Alamos.

As relações entre os cientistas e os militares no projeto Manhattan são um exemplo das equivocações inevitáveis no encontro de duas etnias. Pelos planos iniciais dos militares, os cientistas seriam incorporados às forças armadas e usariam o uniforme correspondente às respectivas patentes. Além do simbólico, a medida permitiria resolver impasses pelo critério da hierarquia militar. Se um cientista major discordasse de um coronel, prevaleceria a visão deste e não daquele em razão das patentes. Os cientistas que aceitaram o convite-convocação do governo se recusaram enfaticamente a concordar com essa condição e, à exceção de alguns poucos, permaneceram no estatuto de civis. Tensões entre militares e físicos eram comuns em Los Alamos. O capitão da marinha, chefe de um dos laboratórios envolvidos com o desenvolvimento do mecanismo de implosão, queixou-se à direção do projeto dizendo considerar incompatível com a sua autoridade ter que discutir com os cientistas do laboratório que chefiava todos os detalhes da pesquisa em andamento na unidade (Bird; Sherwin, 2005:304).

O modo hierárquico de resolver conflitos pode ser o correto na trincheira, sob a artilharia inimiga, em que decisões precisam ser tomadas e executadas com a máxima rapidez, mas não faz sentido nenhum nas bancadas de um laboratório científico. Os doutores de cada área de conhecimento se veem como "pares" e, embora haja entre eles precedências difusamente reivindicadas e reconhecidas, desde a invenção da ciência moderna ninguém nunca afirma que a verdade seria um ato de autoridade.

Depois de Hiroshima e Nagasaki, diversos cientistas que haviam se envolvido diretamente na construção da bomba atômica, por fissão nuclear, incluindo Robert Oppenheimer, o diretor científico do laboratório de Los Alamos, se posicionaram contra a pesquisa e a construção da superbomba de hidrogênio, por fusão termonuclear. Era um artefato tão mais poderoso que sua capacidade destrutiva poderia chegar a mil vezes à dos despejados sobre o Japão. Os militares dos Estados Unidos, porém, sempre puderam contar com a expertise de vários outros físicos, entre os quais Edward Teller e Ernest Lawrence, que também tinham trabalhado em Los Alamos e passado pela mesma vivência que abalou as convicções de seus colegas, contrários à superbomba. Não faltaram cientistas competentes cujas concepções morais se coadunavam com os propósitos da corrida armamentista deflagrada com a União Soviética. Mais uma vez, os valores orientaram as escolhas dos objetos de estudo científico.

A ciência sempre desempenha fora do controle dos cientistas porque decidir se um conhecimento por eles pesquisado e produzido será aplicado e de que modo não é uma questão científica, falseável. São saberes retóricos que orientam essa decisão. Na catástrofe da bomba atômica, os físicos foram chamados pelos militares para criar a arma, mas não para opinarem sobre o seu uso. Isso, contudo, é irrelevante para a discussão sobre a indissociabilidade de ciência e valores. Mesmo não sendo o responsável por decidir se, quando e como o seu conhecimento será aplicado, o cientista normalmente não ignora, desde o início, todas as possíveis aplicações do que está pesquisando, as maravilhas e as catástrofes de seu trabalho. É ilusório pretender que a ciência possa, em qualquer momento, ser neutra em relação aos valores. Ciência e ideologia não podem ser dissociadas.

Ideologia

O positivismo trata ciência e ideologia como antagônicas, excludentes, incompatíveis. Para essa visão, onde há ciência, não há ideologia e vice-versa. Coleciona a respeito desse antagonismo incontornável uma série de *crenças*: conhecimentos puramente objetivos, imunes a qualquer interferência dos valores de quem conhece, seriam possíveis e desejáveis; somente seriam científicos e confiáveis os conhecimentos objetivos nesse sentido de completa impermeabilidade em relação aos valores; o método científico perfeitamente empregado, com a revisão duplo-cego pelos pares, garantiria que os valores dos cientistas não influenciem as conclusões; a ciência bem feita conseguiria ser e seria absolutamente neutra frente às questões que transitam pelo debate público, pela política.

O cientista que aponta enviesamento ideológico em trabalhos alheios certamente não apenas cultiva essas crenças todas como sobretudo considera sua produção científica inteiramente preservada dos próprios valores. Vê suas pesquisas e seus artigos como primores apolíticos de objetividade, neutralidade e universalidade. Só os outros têm vieses, acredita. Afinal, quem toma ciência e ideologia como antagônicas, ao criticar o colega por não ter contido a visão ideológica nas pesquisas ou nos artigos dele, se não estiver de má-fé, é porque tem a soberba convicção de que nos próprios trabalhos científicos não há interferência ideológica.

Há várias diferentes concepções de ideologia (Ricoeur, 1972:87--106; Meillassoux, 2006:33-34; Eco, 1968:83-84). Emprego aqui, como em outras oportunidades (Coelho, 2021:355-357; 2023:32--35), o conceito funcional que Ferraz Júnior sintetiza como "valoração dos valores". Todos temos nossas concepções de certo e errado. Mais que isso, todos hierarquizamos nossas concepções atribuindo diferente importância a cada uma. Fazemos isso porque muitas vezes dois valores nossos entram em conflito e é preciso decidir por um deles. As ordens de prioridade correspondem a diferentes ideologias. Quem prioriza a igualdade sobre a liberdade cultiva uma ideologia e quem adota a priorização inversa, cultiva outra.

Aliás, duas pessoas que hierarquizam determinado valor acima de outro não estão necessariamente compartilhando a mesma ideologia, porque é possível ter a respeito de um mesmo valor diferentes concepções. Igualdade para uns pode ser apenas o direito ao mesmo tratamento formal (igualdade de oportunidades), enquanto para outros, não há igualdade sem proporcionalidade, sem igual atendimento a certas necessidades básicas de todos.

Admitido esse conceito de ideologia, percebe-se que todas as nossas ações são intrinsecamente ideológicas, expressam necessariamente os nossos valores. Quem atende estritamente às recomendações médicas e às diretrizes do nutricionista em seu cotidiano, expressa com o seu comportamento regrado dar mais valor à qualidade de vida a longo prazo que aos prazeres imediatos. Os motoristas que não hesitam em seguir pelo acostamento nas estradas engarrafadas desvalorizam a cooperação e a isonomia, enquanto os que pacientemente cumprem as leis do trânsito repudiam atitudes egocêntricas e individualistas. O grau de envolvimento do marido nas tarefas domésticas revela os valores dele sobre as relações de gênero. Faturas do cartão de crédito são índices de valores, indicando o quanto importam para cada consumidor a sustentabilidade ambiental, os luxos, a acumulação patrimonial, a filantropia etc. Os que passam momentos de prazer e divertimento assistindo à saga de Skywalker estão confirmando a visão de um mundo como a constante batalha entre o bem absoluto e o mal absoluto. Não há como fazer sexo sem vivenciar valores sobre o certo e o errado em um encontro erótico entre corpos.

Nós somos nós e os nossos valores o tempo todo. E se expressamos a nossa ideologia em tudo o que fazemos, não há razões para acreditar que isso só não aconteceria no momento da produção científica.

Está bem. Não é rigorosamente o tempo todo. Há alguns poucos momentos em que realmente é difícil ver a conduta como expressão de valor. Se entro sozinho no elevador e aciono o botão do andar a que estou indo, isso realmente não é a exteriorização de nenhuma concepção de certo e errado. Mas basta eu ver uma pessoa caminhando em direção ao elevador no qual já me encontro para a minha conduta, gentil ou indiferente, expressar valores, dizendo se, para mim, o certo é deter o equipamento (com a mão esticada projetada sobre a porta aberta) para a pessoa poder aproveitar a viagem ou cuidar somente do meu interesse de chegar logo aonde vou.

Do mesmo modo como no cotidiano de nossas atividades, é possível alguns poucos momentos na pesquisa acadêmica em que os valores dos pesquisadores parecem mesmo não fazer diferença. Dois físicos quânticos, um liberal e outro socialista, podem perfeitamente desenvolver uma pesquisa juntos sem que os valores de cada um interfira minimamente nos resultados. Também químicos, astrônomos, genômicos e matemáticos podem se ver nessa situação.

São, na verdade, momentos raros. São tão excepcionais quanto os da vida fora da academia, em que os valores não contam. A frequência com que ocorrem fica menor ainda quando são mais bem contextualizados, isto é, quando atentamos para o que Latour chamou de "ciência em ação" (1998).

Humanidades e valores

Nas humanidades, é virtualmente impossível aos pesquisadores abstraírem seus valores.

Dois historiadores, um negro identitário e um branco supremacista, muito dificilmente conseguiriam trabalhar juntos em uma pesquisa sobre a escravização no Brasil. Seria falacioso qualquer apelo a uma metodologia que poderia tornar esses dois homens uns "seres objetivos", subitamente apartados das concepções sobre certo e errado na questão racial. Quando o objeto do trabalho acadêmico é o humano, os valores dos pesquisadores inevitavelmente se projetam.

Na doutrina jurídica isso é muito fácil de se constatar, porque os juristas estão sempre argumentando sobre certo e errado. Muitos juristas acreditam que estariam revelando uma definição objetiva do legislador sobre certo e errado, mas já vimos que o conteúdo das normas é o resultado e não o pressuposto do trabalho doutrinário. Até mesmo juristas que concebem uma doutrina formalizável, como Carvalho, afirmam a impossibilidade de conhecer "o direito positivo despojado de atitudes ideológicas" (2016:183); e até mesmo o kelseniano, que pensa estar livre da própria ideologia por interpretar a lei sem a julgar, expressa a convicção de que a ordem jurídica deve ser aplicada independentemente de sua moralidade – e isto é um valor.

Na administração de empresas, os planejamentos estratégicos que privilegiam a otimização, em detrimento da satisfação e adaptação, assentam-se em modelos matemáticos. Os especialistas, contudo, advertem que tais modelos podem não funcionar em razão do "risco de sabotagem" por indivíduos não comprometidos com a sua implementação (Oliveira, 2023:11). Como classificam as resistências passivas (um nome pomposo para "não vestir a camisa da firma") também como uma espécie de sabotagem, a cautelosa ressalva desses especialistas é a admissão de que nenhuma formalização matemática ou teoria dos jogos dispensa, na implementação dos modelos matemáticos do planejamento estratégico, as exortações motivacionais periódicas e sua indefectível ideologia neoliberal: "nunca desista dos sonhos, o segredo do sucesso é a força de vontade, todos podem tudo!"

Na antropologia, para se legitimar como merecedor das informações recebidas do povo originário com o qual se envolve em uma pesquisa etnográfica, o antropólogo precisa assumir o papel de seu porta-voz junto aos brancos. Ele precisa tomar como suas as lutas do povo originário de que se tornou embaixador (Coelho, 2023:305-306). Não se firma o pacto etnográfico sem expressar valores. O economista não se alheia de suas concepções de vida ao se debruçar sobre qualquer objeto da economia. Dependendo de sua ideologia, chegará a conclusões diferentes sobre controle da inflação, tributação, políticas de desenvolvimento, proteção ao trabalho, desigualdade como algo preocupante etc. Estudos de sociologia, pedagogia, psicologia, política, literatura, letras clássicas, arte etc. são sempre trespassados por valores. Os trabalhos acadêmicos nas humanidades totalmente imunes à penetração da visão de mundo do humanista são ainda mais raros que os da ciência.

Se você não se convenceu de meu argumento e considera que certas áreas das humanidades desenvolvem pesquisas tão objetivas quanto as ciências, preservadas da injunção de valores, eu lhe peço um pouco de mais paciência. As observações que seguem sobre valores na ciência podem ser estendidas às humanidades protocientíficas.

Ciência e valores

Há cerca de meio século, a sociedade passou a ver com outros olhos as pesquisas científicas em que pessoas vulneráveis, sem prévio consentimento informado e voluntariedade, serviram de indefesas cobaias nas mãos de cientistas sem a menor preocupação com a dignidade delas. A "opinião pública", antes, estava convencida de que esses cientistas, embora se valessem de práticas de moralidade incerta, estavam sinceramente movidos pelo ideal de "progresso da ciência". De complacente com essas práticas, a sociedade passou rapidamente a condená-las, não importando o alegado proveito para o "bem da humanidade" que a pesquisa alardeava. Nos anos 1970, alguns estudos, mesmo tendo sido feitos décadas antes, sofreram um questionamento ético na imprensa norte-americana (Montenegro, 2021).

Desde então, institucionalizou-se que os valores interferem sim com a pesquisa científica, pelo menos em relação a alguns objetos de estudos. São os objetos em que se consideram indispensável a aprovação prévia e a supervisão de comitês de ética científica: pesquisa em saúde humana e animal, órgãos artificiais, genômica, proteômica e metabolômica, organoides multicelulares, inteligência artificial etc.

A necessidade de aprovação e acompanhamento da pesquisa por um comitê de ética, no entanto, é considerada excepcional, justificável apenas quando ela toca questões sensíveis do ponto de vista religioso, cultural ou político. Quase uma interferência aborrecida de pressões externas, não científicas. A excepcionalidade de situações singulares reforça a percepção generalizada, na esteira do positivismo, da mútua exclusão de ciência e ideologia; confirma a percepção de que, salvo em casos especialíssimos e por razões um tanto exógenas à ciência, os valores dos pesquisadores seriam irrelevantes para a pertinência dos experimentos.

Não é assim, contudo, que se passam as coisas. Dá-se, na verdade, o inverso: a exceção é a pesquisa científica totalmente indiferente às concepções morais dos pesquisadores sobre o que é fazer o certo. Viu-se na arregimentação de cientistas para o projeto Manhattan que a escolha do objeto de estudos é orientada pelos valores, pela ideologia dos cientistas.

A orientação pelos valores das escolhas dos objetos de estudos não é uma contingência dos tempos de guerra. Também na paz, os cientistas expressam suas concepções de certo e errado ao se habilitarem em uma seleção de pesquisadores, aceitarem ou recusarem ofertas de trabalho.

Quando já trabalhava há dez anos nos Estados Unidos, o físico teórico italiano Carlo Rovelli recebeu o convite de um centro de pesquisas sediado em Marselha, França. Ele estava mudando o objeto principal de interesse científico, pesquisando menos a gravitação quântica, área em que havia colaborado para a teoria da gravidade em laços (em *loops*), para se dedicar ao estudo do "tempo térmico". As razões pelas quais Rovelli aceitou o convite do instituto francês, porém, aparentemente não tinham relação com seus novos interesses acadêmicos. Estavam todas ligadas a valores. Ele elogiou a "simplicidade direta dos americanos, a sua confiança no Homem, a sua vontade de agir", mas disse estar cansado de "demasiados e numerosos aspectos intoleráveis na cultura americana", tais como "violência urbana extrema, as tensões raciais, a pena de morte, a ausência de assistência médica e de segurança social para todos" ou mesmo a "ideia de justiça" fundada na meritocracia, que acaba abandonando os mais fracos e mais pobres à própria sorte. Rovelli fala também da "insuportável política externa americana", em que a "ideologia da liberdade e da democracia serve de cobertura à agressividade imperialista" e à hipócrita "certeza da superioridade americana" (2021:113-114). Se os objetos de estudos – gravitação quântica e tempo emergente – podem não estar diretamente permeados por valores de certo e errado, as condições de trabalho para os estudar estão. Deste modo, mesmo nos poucos assuntos impermeáveis à ideologia, os cientistas vivenciam seus valores ao prospectarem oportunidades de trabalho ou serem "prospectados" por elas.

Claro, em decisões dessa natureza, em que os cientistas buscam, aceitam ou recusam ofertas de trabalho, há sempre o balizamento amargo da sobrevivência impedindo uma escolha plenamente livre. Mas, dentro dessas balizas, os valores do cientista guiam as decisões. O químico que trabalha com pesquisas aplicadas em agrotóxicos (e os chama de defensivos agrícolas), se considerar o que faz "um trabalho como outro qualquer, cuja finalidade é apenas ganhar dinheiro para pagar as contas", está expressando o valor de que ninguém fica moralmente responsável por suas decisões profissionais se está premido pela questão financeira.

Mas, para além da definição do objeto de estudo, a impossibilidade de dissociação entre ciência e ideologia vê-se também na busca por financiamento, na execução do projeto científico e nas aplicações esperadas da teoria.

Financiamento. Qualquer que seja o objeto de estudos do cientista, os valores que o cercam se evidenciam na busca por financiamento. A agência de fomento ou a indústria somente serão convencidas se a pesquisa for apresentada como importante para o aprofundamento de uma questão teórica, a corroboração ou refutação de certa conjectura ou o desenvolvimento de uma aplicação. Para sustentar que sua pesquisa se encontra entre as mais necessárias ou urgentes, o pesquisador argumenta sobre a importância do que pretende fazer, definindo uma escala de prioridades à qual o interlocutor, dono da chave do cofre, seja sensível. Inevitavelmente precisa mobilizar valores para viabilizar o financiamento de seu projeto de pesquisa.

A execução do projeto de pesquisa. A permeação dos valores no trabalho científico não se esgota depois da escolha do objeto e da obtenção do financiamento. Eles se expressam a cada etapa da experiência laboratorial ou do experimento natural, bem como na elaboração de relatórios e artigos científicos. Cito dois casos: algumas primatólogas não confirmaram, com suas observações de campo, a agressividade do macho alfa como o determinante da organização social dos langures que havia sido observada por colegas majoritariamente do sexo masculino (Haraway, 1991:139-189); e a sociobiologia e outras abordagens genecêntricas expressam indisfarçavelmente os valores neoliberais de competição, egoísmo e qualificação do sucesso (McKinnon, 2021; Lewontin; Rose; Kamin, 1984:237-238).

Não faltam exemplos na história da ciência de pesquisas em que saltam aos olhos a interferência dos valores dos cientistas em suas conclusões. A eugenia e a frenologia, que desfrutaram de grande prestígio no início do século XX, é o mais eloquente (Gould, 1981). Ora, se no passado há diversos episódios de ciência e ideologia indissociáveis, por que razão eles não estariam se repetindo atualmente? Somente um positivista entusiasmado crê que essa possibilidade estaria completamente afastada em razão dos controles dos comitês de ética. As interferências ideológicas na execução de projetos científico não são apenas umas rotas páginas históricas de um passado obscuro, triste e do qual ninguém se orgulharia.

Aplicação. A ciência aplicada necessariamente expressa valores. O admirável trabalho de humanização dos internos em manicômios que Nise da Silveira, no Rio de Janeiro dos anos 1930, e Frantz Fanon, na Argel dos 1950, realizaram mostra não haver como separar as técnicas médicas dos valores em jogo. A decisão de fabricar um artefato bélico, uma vacina, equipamento de segurança dos transportes ou um dispositivo de barateamento das comunicações pressupõe a visão de que tais aplicações são proveitosas, importantes, relevantes; em suma, que o certo é realizá-las e o errado seria deixar o conhecimento teórico sem aproveitamento prático.

A ideia de que pode existir ciência sem ideologia é mais correntemente sustentada com exemplos da produção acadêmica dos cientistas puros ou dos estudiosos dos conhecimentos formais (lógica e matemática). Esses pensadores, no entanto, raras vezes não põem em algum lugar ao alcance de sua mira acadêmica a aplicação prática do que estuda na teoria. O físico puro certamente se gratifica quando seus pares reconhecem a viabilidade e elegância de sua conjectura; fica, porém, ainda mais gratificado quando um colega experimental a corrobora no laboratório. Os valores expressos na futura aplicação já orientaram a pesquisa teórica desde o momento em que as possibilidades abertas pela conjectura se insinuam no espírito do cientista puro.

A ideologia atravessa todo o conhecimento humanista e científico. Foucault alertava que ela não era um véu obstaculizando o conhecimento, mas sim um elemento necessário à constituição do sujeito e, consequentemente, das "relações de verdade" (1973:26--27). Embora Foucault estivesse falando do sentido marxista de ideologia, o papel desta como constituinte epistemológica se estende com mais razão ainda ao conceito funcional de hierarquização de valores.

Ordenações do entorno e desempenho

A cosmovisão europeia é permeada de contraposições binárias: natureza e cultura, corpo e alma, verdade e falsidade, Deus e o diabo.

Em uma dessas divisões, o entorno é ordenado em causalidades (algo é) e imputações (algo deve ser) (Coelho, 2023:228-233). É muito plausível que esta divisão causalidade-imputação seja um dos determinantes para o elevado desempenho das ciências naturais entre os europeus, por operar no âmbito de delimitações mais precisas do que está ou não ao alcance do desempenho científico. Na pandemia da covid-19, assistiu-se ao espetáculo da criação, testagem e fabricação em escala de diversas vacinas eficientes e seguras em menos de um ano, para ficarmos num único e bastante significativo exemplo de desempenho, de entrega de resultado pelas ciências naturais de enraizamento europeu.

As ordenações que fazemos do entorno possuem diferentes graus de desempenho. As concebidas pelas humanidades desempenham pouco: por mais que se encarcerem os criminosos, os crimes não desaparecem e por vezes nem diminuem, apesar da verossimilhança da retórica jurídica acerca das finalidades do direito penal. As ordenações concebidas pelas ciências performam com mais eficiência: as conjecturas corroboradas em experimentos geram a verdade provisória que impulsiona o desempenho. Em outros termos, a falseabilidade das conjecturas, que demarca as ciências, não é um fim em si mesma; é o meio de medir o desempenho da ordenação da causalidade feita pela cosmovisão europeia.

Mas o entorno é relativamente indiferente às nossas ordenações, qualquer que seja a cosmovisão de referência. Outras culturas não dividem os entornos em natureza *versus* cultura, como a europeia. A ordenação na única dimensão da "necessidade e agência", feita pelos ameríndios, teve e tem o desempenho útil a eles. Com a invasão europeia das Américas, a ordenação da necessidade e agência foi violentamente confrontada, ridicularizada e, em muitos lugares, apagada. O colonizador impôs a sua cosmovisão do entorno dividido.

No desempenho dos saberes inspirados pela cosmovisão ameríndia, vê-se a relação de qualquer sistema desenvolvente com os sistemas desenvolventes ao seu redor, de acordo com as categorias da abordagem evo-devo (Coelho, 2023:130-133). Por isso, em tempos de colapso ambiental, o que poderia parecer uma fraqueza da cosmovisão ameríndia, a sua concepção unitária dos entornos, surge como a força em que pode estar a salvação da espécie: passar a tratar a Terra, nossa mãe Gaia, como um sujeito com autonomia e não um objeto criado para servir aos humanos (à maneira da hipótese do *Gênesis*). Como diz Jaider Esbell, "a gente precisa uma hora ampliar as leituras de mundos para minimamente ser justo com aquilo ou aquele que a gente pesquisa" (2020:324).

Verdade é como chamamos os graus mais elevados de desempenho das nossas ordenações do entorno. É verdade que a Terra é um sujeito e não um objeto a nosso serviço, porque isso mostra o grau mais elevado do desempenho da ordenação ameríndia (necessidade e agência) que a europeia (causalidade ou imputação) na tentativa de reversão do colapso ambiental.

10. Verossimilhança

Em razão da senioridade da doutrina no contexto das humanidades, ela pode fornecer mais material para a reflexão epistemológica que os saberes acadêmicos nascidos a partir do século XIX (sociologia, antropologia, economia, psicologia etc.). Neste capítulo, vamos explorar essa via. Retomaremos a crise da demarcação pela compreensão para noticiar a tentativa de contorná-la pela noção de dupla interpretação e o seu fracasso. Na sequência, vamos refletir sobre um novo critério de demarcação, derivado da epistemologia jurídica descritiva: a verossimilhança.

Essas duas demarcações das humanidades, a da compreensão e a da verossimilhança, têm os mesmos referenciais: o resgate da filosofia clássica sobre o conhecimento e o modo como os juristas desenvolvem o seu trabalho. As demarcações de Gadamer e da argumentação retórica se aparentam na valorização de ensinamentos de Aristóteles mais ou menos escanteados e na interpretação jurídica como paradigma para as demais humanidades. Não são, porém, simétricas. Gadamer explicitamente indica o conhecimento jurídico como paradigmático (1960:426-432); mas, se é presença obrigatória em qualquer discussão epistemológica no âmbito da sociologia, história e psicologia, ele não tem nenhuma influência na teoria do direito.

Já Perelman ambicionou alcançar a filosofia e as humanidades na renovação da retórica que empreendera (1979), mas a sua contribuição acabou se limitando no final à epistemologia jurídica. Na nova retórica, encontram-se elementos de demarcação não apenas da filosofia (Perelman, 1989:153-177) como das humanidades – embora, em relação a estas, o próprio Perelman visse mais pontos em comum do que diferenças entre elas e as ciências naturais (Maneli, 1994:117-123). Mas, malgrado os esforços dele de tentar expandir à epistemologia geral as reflexões que empreendera com Olbrechts-Tyteca, a nova retórica acabou se tornando referência apenas no âmbito da epistemologia jurídica. Na verdade, após o recuo de Perelman, a nova retórica acabou se alojando timidamente em um de seus departamentos: a lógica jurídica (1976).

Mas, antes de percorrer o itinerário traçado para o capítulo, vale a pena uma breve referência a um repentino alvoroço no normalmente apático ambiente das discussões epistemológicas no Brasil. Em 2023, uma polêmica sacudiu o marasmo a ponto de ir parar na imprensa: a psicanálise é ou não é uma bobagem?

Bobagens e mais bobagens

A microbiologista Natalia Pasternak ganhou merecida notoriedade durante a pandemia da covid-19 como autorizada porta-voz da sensatez na divulgação e discussão das medidas de enfrentamento da crise sanitária. Era presença frequente nas mídias, juntamente à pneumologista Margareth Dalcolmo e ao oncologista Drauzio Varella, outros divulgadores científicos decididamente empenhados na luta pela qualidade das informações em circulação.

Pasternak e o marido, o jornalista Carlos Orsi, escreveram um livro de divulgação científica, publicado em plena pandemia: *Ciência no cotidiano – viva a razão, abaixo a ignorância* (Pasternak; Orsi, 2020). Foi mais uma contribuição para o esforço de barrar a disseminação das informações falsas, um perigo ao combate à pandemia tão preocupante que a Organização Mundial da Saúde (OMS) cunhou até mesmo um conceito para o identificar: infodemia. A obra ganhou o prestigiado Prêmio Jabuti, da Câmara Brasileira do Livro, na categoria "ciências". Em 2023, eles publicaram mais um livro, em que essencialmente não há nada de diferente do que já haviam dito três anos antes, embora o título seja mais provocativo: *Que bobagem! Pseudociências e outros absurdos que não merecem ser levados a sério* (Pasternak; Orsi, 2023).

Admiro genuinamente a atuação deles durante a pandemia, em especial a de Pasternak, mas... se me pedissem para exemplificar com pessoas reais o "positivista entusiasmado" a que me referi no início deste livro, certamente os nomes deles me ocorreriam entre os primeiros. O objetivo da microbiologista e do jornalista com a divulgação científica que promovem é assumidamente convidar cada um de seus leitores a se transformarem não propriamente em cientistas, mas naquilo que os leigos conseguiriam chegar mais perto disso. A meta parece ser um mundo povoado de pessoas altamente racionais, devidamente capacitadas para o acurado uso da razão e do método científico para conseguirem se defender dos charlatões à solta por aí.

Pasternak e Orsi confiam exclusivamente na ciência como "conhecimento da realidade factual" e desdenham dos saberes insuscetíveis de corroboração ou refutação empírica. Para eles, o que não é ciência só se encaixa nas pseudociências: "Quando a atitude científica básica é posta de lado, o que se obtém – e não importa quantos PhDs, MDs ou Prêmios Nobel estejam envolvidos – é pseudociência: uma falsificação, uma impostura" (Pasternak; Orsi, 2023:8). O entusiasmo de Pasternak e Orsi pelo conhecimento científico é tamanho que, na opinião deles, não é possível escolher um namorado por teste duplo-cego, mas isso "talvez fosse uma boa ideia" (2023:9). (Gostaria sinceramente de ter a certeza de se tratar de uma brincadeira, mas vindo deles pode não ser.)

O positivismo entusiasmado da abordagem de Pasternak e Orsi fica também patente quando discutem brevemente a demarcação das humanidades pela compreensão, isto é, como um conhecimento hermenêutico. Para eles, também as humanidades "buscam produzir leis gerais" para terem critérios que permitam determinar, entre duas interpretações incompatíveis, a que "está certa (se alguma estiver)". Pasternak e Orsi, contudo, exemplificam com um problema que não envolve interpretação: "se uma pessoa diz que, no início do século XIX, a França teve um imperador chamado Napoleão Bonaparte, e outra nega essa afirmação, o dilema se resolve com apelo à evidência empírica relevante, tal como em qualquer outra atividade que se pretenda científica" (2023:187).

Resolver qual dessas duas afirmações está correta é por demais simples e envolve uma rápida consulta às fontes primárias. O exemplo é infeliz porque certamente uma discussão sobre se Napoleão teria sido ou não imperador francês entre 1804 e 1815 *nunca* acontece entre os historiadores. (Não sei, na verdade, que tipo de pessoas faria uma discussão como esta.) Por outro lado, nenhum historiador conseguiria resolver por meio do critério imaginado, o de uma lei geral da história, a divergência entre dois colegas acerca da importância das guerras napoleônicas para a expansão do ideário da Revolução Francesa, se o apoio da burguesia ao 18 Brumário (golpe que levou Napoleão ao poder) resultou do inconformismo com a instabilidade política deflagrada na época do Terror, se Napoleão aproveitou adequadamente a formação da Segunda Coligação Antifrancesa por algumas potências europeias em 1798 para tomar o poder em 1799 e outras questões dessa natureza. A historiografia seria um conhecimento bastante pobre se fosse reduzida à listagem das principais notícias e documentos históricos, renunciando à interpretação dos fatos por meio de um saber insuscetível de falseamento empírico.

A grande repercussão do *Que bobagem!* deveu-se, porém, à inclusão da psicanálise no rol das pseudociências. Enquanto astrólogos, homeopatas e antroposóficos em geral ignoraram o livro, muitos psicanalistas se sentiram atingidos e fizeram barulho. É compreensível: de todas as pseudociências tomadas como bobagem por Pasternak e Orsi, apenas a psicanálise é um conhecimento acadêmico, ensinado e pesquisado nas instituições de ensino superior e que demanda anos de estudos e preparação profissional.

Pasternak e Orsi qualificam, com acerto, a psicanálise como o conhecimento que pressupõe a existência do "inconsciente psicodinâmico", um repositório de culpas, dores e memórias etc., dos quais não temos conhecimento recorrente por terem sido "reprimidos", mas que são determinantes de nosso comportamento (2023:188). Atos falhos, sonhos, livre associação de ideias, desenhos, arte etc. revelam relampejos desse arsenal de fatores desconhecidos que condicionam as nossas escolhas. Quando as escolhas trazem angústia ou sofrimento à pessoa, um psicanalista tem conhecimentos para ajudá-la a acessar o inconsciente psicodinâmico e entrar em contato com o material reprimido. O processo, afirmam os psicanalistas, contribui para a melhoria do bem-estar dessa pessoa. Mas Pasternak e Orsi contrapõem que a existência do chamado "inconsciente dinâmico" não foi comprovada por testes empíricos. Como acham que qualquer "realidade factual" é passível de ser conhecida pelos poderosíssimos instrumentos da ciência e não acreditam em nenhum outro tipo de saber, concluem que a psicanálise é uma bobagem.

De modo esquemático, pode-se dizer que, numa sessão psicanalítica, quando o paciente expressa uma dor ou desconforto, ele é ajudado pelo psicólogo a criar uma narrativa ligando-a a uma memória – a de como ele era tratado pelo pai com violência, por exemplo. Pasternak e Orsi criticam: se o paciente concorda com a narrativa sugerida pelo psicanalista, isso "prova" que o profissional estava certo; e se discorda, isso também "prova" o acerto do profissional, diante da resistência do paciente em acessar os traumas reprimidos em seu inconsciente (2023:191). Como um analisado desde os 20 e poucos anos (abordagem junguiana, principalmente), posso confirmar que é assim mesmo: a psicanálise não é nada falseável. Isso está, aliás, bem assentado desde que Popper tratou do assunto nos anos 1950.

Entre as respostas dos psicanalistas, a mais consistente partiu de Christian Dunker e Gilson Iannini no livro *Ciência pouca é bobagem: por que psicanálise não é pseudociência* (2023). Para os dois psicanalistas, a demarcação seria uma questão epistemológica cada vez mais obsoleta, de modo que a psicanálise não poderia ser classificada nem como ciência nem como pseudociência. Depois de contestarem a afirmação de que inexistiriam evidências empíricas da eficiência e eficácia da psicanálise, Dunker e Iannini rejeitam tanto a demarcação popperiana da ciência quanto a das humanidades pela hermenêutica, para reivindicarem a definição do estatuto epistemológico da psicanálise por meio da "racionalidade psicanalítica", vale dizer, "a partir da própria esfera de racionalidade que ela instala" (Dunker; Iannini, 2023:265). Parecem ecoar a alternativa vislumbrada por Deleuze e Guattari, para quem a psicanálise será uma disciplina rigorosa somente "quando fizer uma redução materialista do Édipo como forma ideológica" (1973:147); seja lá o que isso for, parece ser uma receita epistemológica para a psicanálise se tornar uma ciência segundo a própria racionalidade.

Nenhum dos dois lados está certo. Pasternak e Orsi se equivocam ao reduzirem todo o conhecimento sobre "realidades factuais" a duas únicas possibilidades: ciência fundada em experimentos replicáveis *ou* pura perda de tempo que não merece a atenção. E Dunker e Iannini, por sua vez, porque se apegam às "evidências claras e inequívocas" da "eficiência e eficácia psicoterapêutica" da psicanálise, valorizando com isso os mesmos padrões de cientificidade dos positivistas entusiasmados e sucumbindo a eles – caem em contradição, a menos que renunciem à vaga autodemarcação inicialmente ventilada (Dunker; Iannini, 2023:272).

Pelas demarcações aqui assinaladas, a psicologia (e não somente a psicanálise) não é ciência, mas um dos departamentos das humanidades. Trata-se de conhecimento retórico, que argumenta a partir de opiniões verossímeis e cujo desempenho não é quantificável. O estudo dos comportamentos, de humanos e de animais, não é e não pode ser científico.

Sobretudo é muito bom que a psicologia nunca seja científica, mas continue um conhecimento impreciso e sem rigor como são os das humanidades. De um lado, Pasternak e Orsi depositam irrestrita confiança no fisicalismo, isto é, na perspectiva de que um dia todos os fatos históricos, sociais e culturais serão explicados como processos físico-químicos (2023:271). De outro, Dunker e Iannini conjecturam se o objeto da psicanálise não seria uma "anomalia" como categoria da epistemologia de Kuhn, isto é, fenômenos que "ainda" não são explicados pelo paradigma da ciência, mas um dia serão (2023:274). Por esses rastros da concepção fisicalista e de Kuhn, contudo, chegaremos diretamente à antessala da eugenia.

Pasternak e Orsi lembram que, para Darwin, o pensamento é uma mera secreção do cérebro (2023:271). A se acreditar nisso, os humanos poderão um dia controlar cientificamente o processo físico-químico das secreções cerebrais com medicamentos. Como ficaríamos, então? As eleições democráticas periódicas serão substituídas por prescrições de medicamentos que estimulem a secreção do pensamento de satisfação com os governantes portadores de título de doutor escolhidos pelas universidades mais prestigiadas? Os prédios dos tribunais poderiam ser esvaziados para alocarmos fábricas de remédio que inibam a secreção de pensamentos homicidas? A mulher que engravidou sem desejar e amarga a dúvida sobre fazer ou não o aborto tomaria remédio para que o cérebro secretasse qual pensamento a respeito desse dilema? Quem decidiria, em caso de racismo, se é o negro vítima do crime que deveria tomar a droga produtora da secreção de um pensamento conformista ou se são os brancos criminosos que devem ser medicados para deixar de secretar pensamentos supremacistas?

A maleabilidade dos saberes dos humanistas não nos deve amargurar. A falta de rigor, precisão e desempenho dos saberes sobre o especificamente humano apenas é um dos indicativos dos limites do nosso conhecimento: não podemos conhecer tudo, não podemos controlar tudo! E isso não é ruim para nós! É bom que a ciência não consiga *desempenhar* os nossos comportamentos.

Antes de prosseguir, uma curiosidade em brevíssima anotação: Pasternak e Orsi chamam de *retóricos* alguns dos defensores da psicanálise (2023:186); e Dunker e Iannini chamam de *retóricos* os que criticam a psicanálise por não oferecer evidências de resultados terapêuticos (2023:195). Claro, não empregam a expressão no sentido aristotélico, mas no modo pejorativo.

A dupla interpretação

Como visto, o critério demarcatório dos conhecimentos acadêmicos pela diferenciação entre compreensão (humanidades) e explicação (ciências naturais) mostrou-se insatisfatório diante da percepção de não serem os humanistas os únicos a interpretar seus objetos, isto é, os cientistas também interpretam (Cap. 3). A demarcação das humanidades pela compreensão tentou sobreviver ao golpe reinventando-se pelo crivo da *dupla interpretação*.

O ajuste identifica as humanidades demarcando que, nelas, o pesquisador sempre interpreta, como especialista, o que ele já havia interpretado como leigo; nas ciências naturais, há apenas um nível de interpretação, o do especialista. Vou ilustrar com dois exemplos.

Primeiro. Habermas, ao conceituar o agir estratégico, aponta como seus pressupostos (ontológicos) o mundo objetivo e pelo menos dois sujeitos – os quais, ao agirem racionalmente visando fins, levam em consideração cada um as decisões do outro (Habermas, 1981:227). Essa interpretação que ele faz como sociólogo é a segunda interpretação do mesmo objeto que ele anteriormente havia interpretado como leigo. Quer dizer, como qualquer outra pessoa, Habermas agiu muitas vezes, ao longo de sua vida, levando em conta as decisões que outras pessoas tomaram ou poderiam tomar. Nessas vivências, interpretou a sua ação, as dos demais, as circunstâncias etc. Quando construiu o conceito sociológico de agir estratégico, ele as interpretou novamente, mas não mais como leigo. O conhecimento de Habermas sobre o agir estratégico deriva de dupla interpretação de um mesmo objeto, apropriado inicialmente sem inquietação analítica e, posteriormente, embriagado nela.

Segundo. Gadamer classifica a ironia como um antitexto. Para a comunicação irônica ocorrer é necessário que emissor e receptor compartilhem um consenso básico singular, pelo qual aquele diz o que não quer dizer e este entende que na mensagem não há figuração, mas desfiguração (Gadamer, 1986:400-402). A ironia só funciona se o receptor for tão irônico quanto o emissor. Quando esse pressuposto não é atendido, o emissor simplesmente não entende a mensagem que se quis transmitir ou, pior, entende-a literalmente, quer dizer, o oposto exato dela. Pois bem. Gadamer classifica a ironia como um antitexto porque deve ter vivenciado situações em que observações irônicas de sua parte tinham dado ensejo a mal-entendidos. Interpreta como especialista o que já havia tido a oportunidade de interpretar como leigo.

O estratagema da dupla interpretação é, contudo, frágil. Newton, ao formular a lei da gravitação universal, não estaria também interpretando como especialista algo que ele já interpretara numa vivência leiga, ao levar um tombo ou ser atingido na cabeça por um fruto maduro? Os astrônomos que, em 1919, fotografaram o céu da cearense Sobral para testarem a teoria da relatividade geral de Einstein não estariam interpretando como especialistas o que já haviam interpretado como leigos, talvez numa vivência da infância? Não estariam revivendo o maravilhamento da primeira vez que viram um eclipse? Bem escrutinada a questão, não parece fazer muito sentido distinguir as ciências naturais das humanidades pela hermenêutica, como se fosse um processo mental característico de uma delas apenas.

Teriam razão, assim, os defensores da unidade de método? Seriam as humanidades, enfim, realmente ciências em evolução como desde sempre postulam os positivistas comtianos, wittgensteinianos e entusiasmados? Ainda é cedo para lançar a toalha ao ringue. A trajetória da epistemologia jurídica descritiva abriu uma nova perspectiva para a questão da demarcação, um novo critério para delimitar as humanidades: em vez da compreensão, a verossimilhança.

Humanidades como o saber das opiniões verossímeis

As humanidades não são ciência porque seus enunciados não são falseáveis. Simplesmente não se conseguem refutar ou corroborar conjecturas psicológicas, sociológicas, históricas, econômicas, morais, jurídicas etc. por meio de experimentos. É impossível falsear afirmações como: a pessoa molestada sexualmente na infância torna-se um adulto retraído; o poder inevitavelmente corrompe; não é pedagogicamente recomendável a progressão na educação formal de estudantes que não demonstram desempenho satisfatório em todas as disciplinas, mensurado por quantidade de acertos em questões objetivas; a Revolução Haitiana modelou os rumos da Revolução Francesa; a inflação é uma questão exclusivamente monetária; o aborto praticado no início da gestação não é moralmente condenável; na República Federativa do Brasil há três poderes harmônicos e independentes etc.

É certo que várias premissas das humanidades podem ser objeto de estudos empíricos replicáveis: medem-se os dados de uma infinidade de prontuários psicológicos com relatos de moléstia sexual na infância e timidez na vida adulta; consegue-se quantificar a *performance* de estudantes em provas objetivas; e comparam-se os números de aumento das bases monetárias com os índices de inflação. A consulta às fontes primárias também são replicáveis: documentos podem ser consultados sobre os fatos que os historiadores chamam de Revolução Haitiana e Revolução Francesa; e os juristas brasileiros estão de acordo de que o texto do art. 2º da Constituição Federal é: "São Poderes da União, independentes e harmônicos entre si, o Legislativo, o Executivo e o Judiciário". E há, por fim, enunciados que simplesmente não são redutíveis a estudos replicáveis, como no caso da afirmação de que todo o poder corrompe ou as condições de moralidade do aborto.

Não se deve tomar essas mensurações e consultas às fontes primárias como testagens que levariam à corroboração ou falseamento das conjecturas enunciadas. Atribuir a timidez ao trauma sexual da infância é uma *interpretação* das informações contidas nos prontuários mensurados (convergência não é casualidade, não se cansam de repetir os estatísticos); a pertinência pedagógica de deter a progressão na educação formal não decorre do número de aprovados nas provas objetivas de todas as disciplinas porque cada aluno conta e não apenas os de melhor rendimento; afirmar que, se não fosse a Revolução Haitiana, os revolucionários franceses teriam imitado os pais fundadores dos Estados Unidos e descaradamente proclamado que igualdade não obriga o fim da escravização é uma interpretação desses fatos históricos (Coelho, 2022:67-70). Os constitucionalistas brasileiros concordam sem vacilar que o Brasil adotou a tripartição dos poderes, mas divergem até não mais poderem sobre a interpretação do art. 2º da Constituição Federal em vista de casos concretos, ao discutirem, por exemplo, se uma ordem judicial pode, sem infringir a harmonia e independência entre os Poderes constitucionalmente assegurada, suspender o mandato de parlamentares ou invalidar a nomeação de ministros de Estado pelo presidente da República.

Em outros termos, também há nas humanidades "experimentos" que podem ser repetidos por qualquer especialista, tanto quanto nas ciências (Gadamer, 1960:454). Mas, a despeito das mensurações ou consultas às fontes primárias e de suas replicabilidades, é sempre interpretação o que recai sobre os dados obtidos na repetição destes "experimentos".

Os efeitos de abusos sexuais na infância, a corruptibilidade intrínseca ao exercício do poder, o balanceamento entre estímulo e desestímulo dos estudantes reprovados em provas objetivas, o que teriam feito os revolucionários franceses se os escravizados haitianos não tivessem deflagrado a revolução no Caribe, a explicação para a inflação pela teoria quantitativa da moeda, o sentido e extensão do direito da mulher sobre o próprio corpo e a aplicação do princípio da tripartição dos poderes a casos concretos são, na verdade, *opiniões*. É por opiniões que as humanidades tratam seus objetos.

Mas essas interpretações não são opiniões irracionais, insuscetíveis de qualquer controle, meramente voluntariosas. O que confere racionalidade a essas opiniões é a retórica, que afirma a verossimilhança delas no contexto de um repertório. As humanidades são retóricas, isto é, são saberes baseados em opiniões verossímeis. Enquanto as ciências naturais se ligam, no esquema aristotélico, à lógica da demonstração da verdade a partir de premissas verdadeiras, as humanidades estão ligadas à retórica como argumentação fundada na verossimilhança das opiniões de algumas pessoas.

A verossimilhança da demarcação pela verossimilhança

Uma digressão autorreflexiva: a afirmação de que as humanidades não podem ser ciência é verosímil? A resposta é: depende do argumento retórico em que se sustenta. A racionalidade é uma função da argumentação retórica, do grau de convencimento despertado em seus destinatários. A "arqueologia das ciências humanas" de Foucault pode ser entendida como uma argumentação destinada a convencer epistemólogos e demais acadêmicos de que as humanidades não são ciência. De modo resumido, a arqueologia dos saberes na cultura ocidental descobre camadas sobrepostas em função de duas grandes descontinuidades: a primeira, em meados do século XVII, teria inaugurado a "idade clássica" mesclando coerentemente representação e linguagem; e a segunda, no início do século XIX, teria isolado as coisas em sua história própria. Da sobreposição da camada arqueológica da "história" à da "ordem" resultou um "triedo epistemológico", isto é, uma organização dos saberes em três dimensões. Na primeira, estão as ciências do "encadeamento dedutivo e linear de proposições evidentes ou verificáveis" (matemáticas e físicas). Na segunda dimensão, as que estabelecem "relações causais e constantes de estrutura" articulando "elementos descontínuos mas análogos" (linguística, biologia e economia, enquanto matematizáveis). A terceira, enfim, aloca a filosofia, que é o "pensamento do Mesmo". Foucault conclui não haver lugar, no triedo epistemológico, para as humanidades (1966).

Os argumentos da "arqueologia das ciências humanas" de Foucault decididamente não convenceram Piaget, que os qualificou de "estruturalismo sem estrutura" (1968:100-116). Mas Piaget não era ninguém propenso a admitir facilmente a impossibilidade de as humanidades serem científicas. Ele parece apostar que o aprimoramento dos estudos das estruturas no domínio social conduziria à descoberta da sua "equilibração", prestando um serviço análogo ao que a homeostase presta às estruturas biológicas e a inteligência, às psicológicas (Piaget, 1968:97). Ele se filiava, em suma, à vertente positivista que vê nas humanidades uma protociência.

Mas a mim também Foucault não convence. Eu não poderia estar mais de acordo com a conclusão da impossibilidade científica do conhecimento que se reúne nas humanidades, mas os argumentos da arqueologia foucaultiana, se bem os entendi, não possuem um grau sequer razoável de eficácia retórica. Das camadas sobrepostas em meados do século XVII e início do XIX e da discussão sobre a centralidade e o descarte da teoria da representação numa e noutra, Foucault dá um salto ao triedo epistemológico e conclui, sem maiores explicações, que as humanidades foram excluídas desse esquema taxionômico. Em Foucault, simplesmente não foi reservado um lugar para as humanidades na taxionomia europeia dos saberes e por isso ela não seria científica, o que é, na minha percepção, um argumento circular (*petição de princípio*). Além disso, ele não esclarece se a exclusão, na visão dele, teria sido um esquecimento imperdoável, um desdém arrogante ou se haveria algo próprio a esse saber que a tornaria (a exclusão) uma aceitável e correta implicação do triedo epistemológico. Não diz se o desarranjo taxionômico teria razões políticas ou seria uma ingenuidade de epistemólogos desatentos. Falta ao argumento foucaultiano a racionalidade retórica que pode ampliar a base dos convencidos de que o estatuto epistemológico das humanidades não é igual ao das ciências naturais.

É verdade que ele inicia o livro falando num texto de Borges sobre a classificação dos animais encontrada em uma enciclopédia chinesa, que os divide em categorias como pertencentes ao imperador, embalsamados, domesticados, leitões, incluídos na presente classificação e outras logicamente incongruentes. Talvez haja uma pista na risível incompreensibilidade da taxionomia borgiana para o salto de Foucault rumo ao triedo epistemológico e o não-lugar das humanidades. Talvez a arqueologia das ciências humanas não seja mais que uma ironia sofisticada.

Um argumento retoricamente eficaz para sustentar a impossibilidade do conhecimento científico da sociedade, psicologia, história, direito etc. deve, segundo penso, se iniciar pela demarcação da ciência (pela falseabilidade ou por outro critério), seguir pela demonstração de que as humanidades não a cumprem (seus enunciados não são falseáveis), transitar pela demarcação de outro tipo de saber (pela retórica) e concluir argumentando que elas se encaixam nele (são conhecimentos baseados em opiniões verossímeis).

Uma redemarcação

O objeto de cada saber é diferente.

Quando consideradas as ciências naturais e as humanidades, da diferença do objeto decorrem duas outras: (i) o repertório compartilhado entre cientistas é composto de enunciados valorados binariamente (como verdadeiros ou falsos) e não têm nenhuma tolerância com contradições ou lacunas, enquanto o compartilhado por humanistas é composto de enunciados insuscetíveis de valoração binária (verossímeis, inverossímeis ou mais ou menos verossímeis) e são extremamente toleráveis com contradições e lacunas; e (ii) a capacidade de predição é consideravelmente maior entre os cientistas do que entre os humanistas, porque, se dos dois conhecimentos acadêmicos esperam-se consequências práticas (desempenhos), é visível que as ciências atendem a tais expectativas num nível muito mais elevado que as humanidades. Essas duas diferenças (características do repertório e capacidade de predição) são resultantes da natureza dos respectivos objetos, das ciências naturais e das humanidades.

Não é que as humanidades não performem. Ao contrário, os pacientes melhoram a vida com terapia, clientes (ou metade deles, de acordo com Priest e Klein) têm sucesso nas ações judiciais nas quais são defendidos por seus advogados, a descoberta de novos documentos ou achados arqueológicos corroboram lições dos historiadores, crianças aprendem com mais rapidez e facilidade de acordo com a pedagogia adotada por seus professores etc. A diferença com a ciência relacionada ao desempenho é de grau: bem mais elevado no conhecimento dos cientistas do que no dos humanistas.

A cada uma das diferenças entre humanidades e ciências corresponde uma categoria epistemológica em construção nessa redemarcação. À diferença na tolerância com as contradições e lacunas liga-se a categoria epistemológica da "comunidade acadêmica"; à relacionada ao grau de predição, a do "desempenho".

A redemarcação não é uma variante da teoria consensual da verdade de Habermas, que aborda a questão via "pragmática da linguagem" – mais um flerte com a totalidade, portanto. Primeiro, porque, na diferença relativa aos marcos do repertório, se adotadas as categorias semiológicas, a redemarcação se faz mais sintática e semântica que pragmática. O decisivo, porém, é que, na relativa ao grau de desempenho, a redemarcação recusa que a verdade seja redutível a uma questão exclusivamente linguística. Se uma campanha de vacinação controla determinada epidemia, alguma coisa existe na verdade do enunciado "vacinas controlam epidemias" que está além do intercâmbio de mensagens entre epidemiologistas. Nenhum "consenso" assegura desempenho, embora este frequentemente desacredite as frágeis concordâncias entre os cientistas. Não há consensos ou acordos em torno da verdade provisória, mas sim convergências, pequenas alianças táticas entre os cientistas e o meio do conflito pelo qual se constrói o repertório compartilhado por cada comunidade científica.

O desempenho aparece de certo modo, na teoria consensual da verdade de Habermas, na discussão sobre a diferença entre os interesses cognitivos (orientadores do conhecimento) de ordem prática de cada grande ramo do saber. Nas ciências, a verdade seria a "norma" regente da mitigação das incertezas no controle das forças da natureza, enquanto nas humanidades seria a regência da busca do entendimento (Habermas, 1968:212-233; Bauman, 1978:337--338). Mas é um desempenho restrito às concordâncias. Não há nenhuma transcendência nesse olhar da teoria consensual da verdade para os interesses práticos. O desempenho não é tratado como a categoria epistemológica da inegabilidade de que vacinas detêm epidemias, aviões nos transportam, *smartphones* nos conectam e o *GPS* orienta os nossos deslocamentos.

Bauman, que também vê a verdade como um "acordo", distingue a alcançada pelos físicos da resultante do debate entre os sociólogos. A verdade-acordo dos físicos diria respeito a fenômenos que eles controlam completamente e, portanto, não pode ser equiparada com os acordos da vida cotidiana (jurídicos, sociais etc.). Já a verdade-acordo dos sociólogos diria respeito a objetos que eles não controlam inteiramente e são mais semelhantes aos acertos e acomodações, aos jogos de linguagem do dia a dia (Bauman, 1978:330). Essa diferença entre a verdade física e a sociológica é outra maneira de tratar a questão do desempenho das ciências naturais mais elevado que o das humanidades, algo que tampouco Bauman nega (1978:335). "Controlar inteiramente o objeto de pesquisa" é, portanto, apenas outro jeito de falar da entrega de resultados, da eficiência, do desempenho do conhecimento científico, introduzindo na questão da verdade um ingrediente irredutível ao consenso entre os especialistas.

De qualquer modo, Habermas e Bauman cogitam de um consenso idealizado, em que todos estão imbuídos de boa-fé e igualmente empenhados em encontrar concordâncias a partir de discursos puramente racionais, enquanto a redemarcação vê comunidades acadêmicas construindo verdades ou verossimilhanças ao meio de conflitos, disputas e rivalidades insuperáveis e que preponderam sobre os entendimentos ocasionais, muitas vezes indisfarçavelmente táticos.

Comunidades acadêmicas

No capítulo anterior, tratei das comunidades jurídicas. Elas são compostas de pessoas que, após o devido treinamento e seleção (por concurso público ou pelo mercado), ficam encarregadas do tratamento dos conflitos endógenos, assunto com o qual qualquer coletivo de humanos (ou mesmo de outros animais) precisa lidar. Assim como um conjunto dos indivíduos do coletivo humano é encarregado dessa tarefa, pode-se dizer que outro fica responsável pelas curas de doenças, mais um cuida do entretenimento, outro ainda da alimentação e assim por diante.

Na medida em que o saber acumulado pelo coletivo se amplia, essas especializações são cada vez mais capilarizadas. Vimos que não há uma única comunidade jurídica, composta de todos os magistrados, advogados, professores de direito etc., mas diversas, segmentadas em função de subdepartamentos da doutrina: direito civil, empresarial, tributário, do trabalho etc. Similarmente, a comunidade dos curadores também se ramifica em pediatras, cirurgiões cardíacos, enfermeiros, psicólogos, administradores de hospitais etc. Assim também com as inúmeras e altamente diversificadas tarefas de que devem se desincumbir os indivíduos pertencentes a um coletivo.

Na academia, variadas comunidades pesquisam e ensinam suas respectivas áreas de interesse. E cada uma delas, como acontece com as demais comunidades de humanos de um coletivo, compartilham de um repertório comum, em que se abrigam os saberes que amealharam e os valores que cultivam.

Se compararmos o repertório de uma comunidade acadêmica científica com o de uma comunidade acadêmica das humanidades, prontamente veremos a diferença de grau na tolerância com contradições e incompletudes a que me referi. Nos dois repertórios, há divergências, conflitos de visões fundamentais, conceituações em aberto, discussões e mais discussões, dúvidas, conjecturas recém-propostas etc.; nos dois também há os métodos admitidos para encaminhar e, quando possível, resolver as disputas. Mas o repertório construído pela comunidade científica fica muito mais desconfortável com incongruências e lacunas nos elementos que aglutina do que o das humanidades. Uma questão filosófica pode remanescer irrespondível como aporia, que isso não só não tira o sono dos filósofos como os delicia. Uma questão da física ainda não respondida, porém, é um desafio constante aos físicos, que não sossegam enquanto não corroborarem ou falsearem uma conjectura viável a respeito. São modos bem diferentes de lidar com as respectivas inquietações.

Os cientistas compartilham um repertório de enunciados verdadeiros. Um dos elementos de maior importância desse repertório é o *método* utilizado para definir se um enunciado exprime a verdade e deve fazer companhia aos demais que foram corroborados empiricamente ou veicula uma falsidade e deve ser banido. Quando se adota um esquematismo binário desse tipo (verdadeiro ou falso), necessariamente se impregna o repertório de uma tendência à congruência lógica. As inclusões e exclusões são norteadas por critérios do tipo "nenhum enunciado pode ser verdadeiro e falso ao mesmo tempo", "se um enunciado é verdadeiro, ele não é falso e vice-versa" e "qualquer enunciado ou é verdadeiro ou é falso, não havendo terceira hipótese". O esquematismo binário cria uma tensão no repertório, que demanda urgência na eliminação de enunciados contraditórios (se um é verdadeiro, o outro não pode ser verdadeiro) e contrários (os dois não podem ser verdadeiros ao mesmo tempo, mas podem ser falsos), bem como das lacunas (inexistência do enunciado verdadeiro).

A física contemporânea, por exemplo, busca conciliar duas grandes formulações que são mutuamente excludentes, a mecânica quântica e a relatividade geral. Comparadas à física clássica, a mecânica quântica altera as concepções newtonianas de matéria e massa e preserva as de tempo e espaço, enquanto a relatividade geral modifica estas e adota aquelas. As duas formulações, embora desempenhem bem cada uma em seu próprio campo, não podem ser simultaneamente verdadeiras e os físicos se empenham em encontrar uma teoria que as concilie. Fazer física como ciência é buscar a superação dessa tensão entre enunciados contraditórios: ou a mecânica quântica não é verdadeira ao alterar as noções da física clássica de matéria e massa ou a relatividade geral não é ao revolucionar o tempo e o espaço; ou, ainda, nenhuma das duas está com a verdade, que será encontrada em uma terceira formulação ainda desconhecida. A binaridade do repertório compartilhado entre os físicos demanda que essa tensão seja resolvida.

Os humanistas, por sua vez, compartilham um repertório de enunciados verossímeis. Também aqui um dos elementos mais importantes é o *método* de aferição da verossimilhança, de modo a poder excluir do repertório os enunciados sem verossimilhança.

Mas não há esquematismos binários e sim graus, aproximações e distanciamentos, valorações como melhores ou piores e uma enormidade (ou infinidade) de meios-termos. Não há urgência na sistematização do repertório, para eliminar contradições e lacunas, mas constantes acomodações e reacomodações, ajustes das teorias para as preservar frente aos fatos e outras flexibilizações que satisfazem plenamente às finalidades do conhecimento humanístico.

Nos conflitos entre os cientistas da natureza em torno da verdade, não há como se acomodarem enunciados contrários ou contraditórios. A tensão é insuportável e demanda novas pesquisas e mais discussões visando à eliminação de um deles em favor do outro ou dos dois em benefício de um terceiro verdadeiro. Já nos conflitos entre os humanistas acerca do verossímil, os enunciados contraditórios ou contrários podem perfeitamente conviver. Humanistas suportam bem a tensão que mortifica os cientistas.

Linguagem persuasiva e retórica

De certo modo, alguma carga de discurso persuasivo pode-se transmitir por linguagens não destinadas explícita e diretamente ao convencimento do interlocutor. Se alguém fala "feche a porta", pode-se entender que ele está procurando convencer o destinatário da mensagem a obedecer à ordem dada ou a atender ao favor solicitado. Quando Einstein diz $E=m.c^2$, ele não está somente descrevendo uma relação entre energia, massa e velocidade da luz, porque tem o objetivo de convencer os destinatários da mensagem acerca da veracidade dessa fórmula.

A persuasão, nesse sentido amplo, não é uma característica exclusiva da retórica. A linguagem persuasiva implícita se encontra em diversos discursos não retóricos. Mas tampouco a persuasão intencional, direta e explícita corresponde a uma característica exclusiva da retórica. Os discursos sofísticos, em suas exortações, também anunciam a finalidade de persuadir e não são retóricos. Toda retórica é persuasiva, mas nem toda persuasão é retórica.

O que define a retórica é a persuasão mediante um tipo específico de discurso: articulação de argumentos acerca de enunciados não valoráveis binariamente, isto é, não suscetíveis de receber apenas as valorações "verdadeiro" ou "falso", terceiro excluído. Seus valores cognitivos são inumeráveis: bom, correto, razoável, indesejado, problemático, redentor, eficiente e outros, além dos opostos ruim, incorreto etc. A retórica se define pela natureza de suas premissas e conclusões (opiniões verossímeis não suscetíveis de valoração binária) e pelas inferências tolerantes com contradições e lacunas.

Ciências lógicas e humanidades retóricas

Ciências e humanidades estão associadas respectivamente às categorias aristotélicas dos *analíticos* (que a posteridade chamou de *lógica*) e da *tópica* (*retórica*). Os argumentos de um ou outro modo de raciocinar se diferenciam em função da natureza de suas premissas e conclusões.

Na ciência, premissas e conclusões são verdadeiras – têm uma verdade que é sempre provisória, porque a qualquer momento pode ser falseada. São verdadeiras, no sentido de pertencerem a um repertório organizado a partir da valoração invariavelmente binária (V/F) de seus enunciados: a cada um dos verdadeiros corresponde a exclusão do enunciado contraditório como falso: Se p é V, então $\sim p$ é F ou vice-versa. A binariedade afasta qualquer outra possibilidade de argumentar a não ser mediante a lógica, em que identidade, não contradição e terceiro excluído são regras de inferência (lógica clássica) ou a própria configuração do pensamento formal (as L-deduções das lógicas heterodoxas).

A probabilidade estatística não altera a binaridade V ou F, reafirmando-a na verdade. Enunciados do tipo "se A é, B é em x% dos casos" são testáveis e valoráveis por V ou F. Há duas formas de os cientistas lidarem com a probabilidade estatística. Uma parte, como Einstein, a considera a manifestação do estado de desconhecimento da ciência sobre todas as variáveis de seu objeto. Quando elas forem conhecidas, poderão deixar de lado os percentuais e voltar a falar em causalidade-necessidade. Outra parte dos cientistas, como Heisenberg, veem a própria realidade como um encadeamento de eventos prováveis, ao sabor de uma indeterminabilidade ínsita. Todos, porém, estão pensando de modo binário V ou F, inconformados com as contradições e lacunas nos repertórios que compartilham e fortemente estimulados com a perspectiva de as eliminar.

Nas humanidades, premissas e conclusões são verossímeis – expressam não a descrição pretensamente objetiva de algo, mas opiniões racionais. Um repertório de opiniões verossímeis *não* se organiza pela valoração binária de seus enunciados e, deste modo, nenhum deles exclui necessariamente o seu contraditório. Tanto p como $\sim p$ podem ser verossímeis no contexto do repertório a que pertencem, não havendo nenhuma incongruência nisso. A inexistência de binariedade afasta a logicidade dos argumentos. Eles se expressam por retórica.

A falseabilidade de qualquer enunciado é derivação da valoração binária. Apenas porque a falsidade de p (isto é, $\sim p$) exclui necessariamente a veracidade de p é que se pode fazer um teste experimental desse enunciado. Se $\sim p$ e p são enunciados valoráveis por uma quantidade indefinida de valores cognoscitivos, situados no espectro entre o mais e o menos verossímil, incluídos esses polos, nenhum deles pode falsear o outro em testes experimentais.

A lógica só é operável com as valorações binárias verdadeiro e falso (V ou F). E é assim tanto em sua versão clássica como nas heterodoxas, porque na lógica a verdade é sempre uma categoria central (Da Costa, 1978:195). Apenas a retórica opera com valorações diferentes. Por isso, quando um humanista reivindica o estatuto lógico para o seu saber, está fazendo um discurso retórico. Trata-se de mero expediente destinado a colher a adesão dos destinatários do argumento, que convive perfeitamente com a correspondente negativa no repertório compartilhado com os colegas, a de que o saber em questão não é lógico. Contudo, quando um cientista reivindica o mesmo estatuto para a sua ciência, isso não é um discurso retórico. No repertório que o cientista compartilha com os colegas não cabe essa reivindicação e a correspondente negativa; quando acontece, isso gera uma tensão que não sossega enquanto não for resolvida mediante valoração V ou F.

Humanidades replicáveis e ciências persuasivas

Há uma precisão um tanto curiosa a assinalar, certa inversão nas associações entre ciência e humanidades de um lado, lógica e retórica de outro.

Inicio pelas humanidades: se o conhecimento dos humanistas é retórico, no sentido de se basear em opiniões verossímeis, o ponto de partida a respeito do qual se opina *por vezes* é perfeitamente valorizável em termos binários, como verdadeiro ou falso. O conteúdo das fontes primárias (documentos para os historiadores, a norma positivada para os juristas, as mensurações econométricas para os economistas etc.) pode ser valorado de modo a se poder afirmar a veracidade de enunciados como os seguintes: "o primeiro presidente dos Estados Unidos foi George Washington", "o art. 2º da Constituição Federal brasileira define como 'Poderes da União, independentes e harmônicos entre si, o Legislativo, o Executivo e o Judiciário'", "o PIB do Brasil em 2023 subiu 2,9%". A consulta às fontes primárias é uma vivência plenamente replicável, em tudo semelhante aos experimentos das ciências, incluindo a necessidade de se atender às condições objetivas (obtenção de financiamento) e subjetivas (interesse do pesquisador). Em suma, há um lugar nas humanidades para a verdade/falsidade em termos lógicos (vale dizer, sem nenhuma tolerância às contradições e lacunas); mas nesse lugar se encontra apenas o ponto de partida do saber retórico dos humanistas. É verdade *sim* que Napoleão Bonaparte foi imperador da França no início do século XIX, mas isto é apenas o indiscutível sobre o qual discutirão as opiniões verossímeis dos historiadores.

Indo à ciência, a inversão curiosa são as doses de retórica que se intrometem na elaboração e admissão das conjecturas.

Nem todas as conjecturas são viáveis. Não faz sentido testar toda e qualquer hipótese imaginada por qualquer um. Não se deve perder tempo, energia e dinheiro para investigar se mensagens telepáticas poderiam restaurar o equilíbrio ambiental do planeta, se proteínas e carboidratos poderiam ser inteiramente substituídos por sucos de frutas sem perda nutricional, se a fosfoetanolamina cura todos os tipos de câncer etc. As conjecturas que são admitidas à testagem científica são as verossímeis, isto é, as que se mostram congruentes com o repertório compartilhado pela comunidade de cientistas da respectiva área. Se um físico disser que as granularidades verificadas no plano microcósmico são qualidades da matéria também verificáveis nos planos mesocósmico e macrocósmico e propuser uma forma de testar a tese, essa fala se mostra verossímil aos demais cientistas para ser tratada como uma conjectura. No entanto, se um *coach* propuser que o pensamento treinado pode vibrar energias quânticas capazes de atrair riqueza e saúde, os cientistas não vão aceitar essa possibilidade como conjectura viável, porque a consideram inverossímil. Somente as falas que passam pelo teste da verossimilhança são admitidas como conjectura no repertório compartilhado pelos pesquisadores de cada área.

Várias narrativas de pós-verdade, aliás, manipulam essa característica do método científico, a de que se testam apenas as conjecturas verossímeis. Afirmam um absurdo qualquer com base na inexistência de provas científicas em sentido contrário. A resposta dos cientistas nem sempre é eficiente por não lidar corretamente com o caráter retórico da elaboração de conjecturas.

Em suma, a base para a fixação das premissas inverte o sinal nos conhecimentos acadêmicos. Para fixar a premissa verossímil nas humanidades, os humanistas identificam as fontes primárias por meio de um raciocínio lógico, isto é, valorando os enunciados de modo binário (é verdadeiro que Napoleão foi imperador francês no início do século XIX *versus* é falso que ele não foi), enquanto na ciência os cientistas escolhem as conjecturas testáveis valorando os enunciados de modo não binário (maior ou menor viabilidade da tese da granularidade também no plano mesocósmico). Há quem considere o contexto da justificação outra intromissão da retórica na ciência. Em um sentido amplo da expressão, como alusiva a qualquer discurso persuasivo, a ideia pode fazer sentido (Coelho, 2021:294-295). Mas, nos parâmetros da redemarcação, a afirmação é criticável. Os artigos científicos são ingredientes de um repertório constituído de enunciados verdadeiros ou falsos e sem nenhuma tolerância com as contradições e lacunas. Se, na elaboração da conjectura, a verossimilhança conduz o discurso científico, no contexto da justificação, é a lógica e suas binaridades V e F que conduzem a persuasão.

"Voi che 'ntendendo il terzo ciel movete"

Em 1304, a vida não estava nada fácil para Dante. Alguns anos antes, o seu partido, os Guelfos Brancos, tinha sido derrotado política e militarmente pelos Guelfos Negros (apoiados pelo Papa). Recebeu a pena de exílio de sua Florença natal e, por não ter pagado uma elevada multa, foi condenado à morte. Vagava incógnito por cidades da Toscana e arredores, acolhido por protetores. No plano pessoal, ainda o amargava a dor pela morte da amada Beatriz, em 1290. Como intelectual, angustiava-se com a própria reputação ameaçada pela propaganda inimiga, que o qualificava de poeta menor, mero fazedor de rimas.

Dante reagiu aos três reveses escrevendo um livro, ao qual deu o sugestivo título de *Convívio* – isto é, um "banquete" (em latim, *convivium*), metáfora de um encontro de amigos à mesa, para se alimentarem de filosofia. É uma obra inacabada, deixada de lado quando Dante decidiu concluir o seu mais conhecido trabalho, a *Comédia* (rebatizado pela posteridade como *A divina comédia*).

Na parte autobiográfica, *Convívio* relata o aprofundamento dos estudos dos filósofos a que Dante passou a se dedicar com mais afinco em sua situação de exilado sentenciado à morte. Ele considera que a filosofia havia cativado o amor dele, como faria uma nova amada. Filosofando, era mais fácil lidar com a perda de Beatriz. Traduziu a experiência em uma poesia (*canzone*), que se inicia com o apelo à inspiração das entidades espirituais que movem o terceiro céu (*vós que, entendendo, o terço céu moveis*). É a primeira das três poesias que ele interpreta, literal e alegoricamente, nos quatro "tratados" de *Convívio*. Se tivesse concluído a obra de acordo com os planos iniciais, seriam 14 os poemas que serviria aos comensais do seu metafórico banquete (Dante, 1309:109). De qualquer modo, com a exegese esmiuçada e a análise exaustiva das *canzoni*, Dante responde aos caluniadores, mostrando não ser apenas um hábil fazedor de rimas.

E quais são as entidades espirituais responsáveis por mover o terceiro céu, invocadas por Dante na *canzione prima*?

No início do século XIV, astronomia e astrologia continuavam a se confundir como um único saber, a despeito das seculares admoestações da Igreja (Agostinho, *Doutrina*, II, 30, 46). O geminiano Dante, como muitos dos europeus letrados da sua época, acreditava na influência dos astros sobre os acontecimentos mundanos. O modelo aceito era o geocêntrico e não diferia muito do elaborado por Aristóteles, dezessete séculos antes. Os astros giravam sobre a Terra imóvel, cada um no seu próprio céu: no primeiro, girava a Lua; no segundo, Mercúrio; no terceiro, Vênus; no quarto, o Sol etc. Eles eram movidos em seu respectivo céu por entidades espirituais, que Dante designava como Inteligências, esclarecendo que elas eram conhecidas popularmente como Anjos. No terceiro céu, aquele em que Vênus gira em torno da Terra, estão as Inteligências que nos influenciam no sentimento do amor. Dante acreditava que essa era a explicação da mudança de sua dama amada, de Beatriz para a filosofia. Na *canzione prima*, Dante informa a novidade aos anjos responsáveis por mover Vênus (e, com isso, influir nos amores por aqui) e lhes agradece o amparo.

Convívio é obra filosófica de Dante. Na interpretação alegórica do poema, ele esclarece que a cada céu corresponde uma "ciência": a gramática à Lua, a aritmética ao Sol, a música a Marte etc. A retórica corresponde alegoricamente ao terceiro céu, ao céu de Vênus, aquele em que se decidem as fortunas do amor. A retórica dantesca olha apenas as belas formas da persuasão *pelo encantamento*. A persuasão por argumentos "sofistas e prováveis" ele reuniu à lógica na dialética, sob os influxos do pequeno e iluminado

Mercúrio (Dante, 1309:174). A *canzione prima* persuade pelo encantamento, possibilitando que conceitos filosóficos complexos (como as "Inteligências") sejam compreendidos por todos (como "Anjos") de modo não presunçoso (Dante, 1309:156-157 e 168-169).

A sustentação do céu

Dante escreveu a *canzione prima* em agosto de 1293 (Brito, 2019:54). É possível calcular o momento da criação artística com esta precisão em razão do que o poema diz e de dados astronômicos: foi nesse mês que Vênus apareceu, nos céus toscanos, no início e no fim da mesma noite pela primeira vez em seguida ao falecimento de Beatriz.

Eu gosto de pensar que, enquanto Dante atravessava desperto a madrugada em Florença contando as sílabas *"voi-ch'n-ten-den--do'il-ter-zo-ciel-mo-ve,te"*, para conferir a construção do decassílabo, aqui no hemisfério sul, a mais de 9 mil quilômetros de distância, próximo à colina *Horepë a*, um xamã ianomâmi também falava do céu.

Ele estava de pé, fazia movimentos com os braços e dava pequenos passos em sincronia com a fala, olhava alternadamente os mais próximos nos olhos. À sua volta, em silêncio, alguns o ouviam deitados na rede, outros se tinham posto de cócoras ou estavam sentados no chão. Com a voz serena e poderosa, o xamã relembrava que o primeiro céu tinha caído, esmagando os ancestrais. Um papagaio abriu um buraco e alguns conseguiram passar para as costas do céu derrubado, onde apareceram as florestas. O novo céu é um pouco mais firme, mas também pode cair. Exorta os ouvintes a evitarem um novo desastre. Impedir a segunda queda do céu depende deles, os ianomâmis, de seus xamãs e dos *xapiri* (Kopenawa; Albert, 2010:194-196). Naquele anoitecer próximo à linha do Equador, o xamã também persuadia pelo encantamento os atentos ianomâmis que o ouviam.

Xamã e Dante encantam seus ouvintes. Deixam-nos maravilhados, embevecidos, absortos, imaginativos. Depois de ter sucumbido à mágica retórica deles, ninguém olha novamente o céu do mesmo jeito. Mas, enquanto o xamã apenas persuade pelo encantamento, Dante também quer esquematizar em detalhes o que faz, em mais uma empreitada de inquietação analítica de brancos. O saber do ianomâmi é espontâneo e imediato, o do florentino é contido e sobrepensado.

O xamã ianomâmi sabe tudo, Dante não.

Orgulho das humanidades retóricas

As questões jurídicas, éticas e políticas não têm uma única resposta. Não existe para elas uma solução verdadeira, que exclua todas as demais como falsas. Não são questões científicas.

E é bom que seja assim!

É bom que não exista para os conflitos uma única solução apontada como a verdadeira por cientistas. Os conflitos, quando não são resolvidos pela força ou pela tirania política, são tratados por determinados sistemas sociais. O direito é um deles, a política democrática é outro. Os dois estão ligados, mas funcionam por padrões relativamente diferentes. No direito contemporâneo, o tratamento dos conflitos é orientado por padrões de que se vale um departamento do Estado, o Judiciário, em decisões que arbitram os interesses conflitantes. Na política democrática contemporânea, o tratamento dos conflitos se faz por negociações entre os segmentos sociais envolvidos, a maioria delas no ambiente de outro departamento do Estado, o Legislativo.

Se as questões jurídicas, éticas e políticas tivessem uma única resposta verdadeira, os conflitos não seriam tratados por decisões judiciais ou negociações, mas seriam solucionados todos pela força: a violência física, a tirania ou a imposição da verdade científica. Por isso é bom que não existam e não possam existir conhecimentos científicos do direito, da moral e da política.

As razões pelas quais também é bom não haver uma resposta única e verdadeira para a compreensão da história, os tratamentos psicológicos, a gestão pública da economia, as ações de assistência social e as políticas pedagógicas não são muito diferentes. De modo indireto, esses saberes lidam também com conflitos endógenos. A decisão dos economistas do Banco Central relativamente à taxa de juros básica também arbitra os conflitos de interesses de vários setores da economia (industriais buscando financiamento mais barato *versus* consumidores receando a inflação, por exemplo). A compreensão da história pode prestigiar mais o colonizador que os colonizados ou vice-versa, e a isso não são indiferentes os conflitos derivados da decolonialidade. Os sofrimentos psicológicos, em suas projeções intersubjetivas, são dificuldades de enfrentar, mitigar ou evitar conflitos: se a raça não é um tema de pauta das sessões, o racismo certamente é, tanto para os pacientes vítimas quanto para os autores (para ficarmos em um só exemplo). As ações de assistência social miram as vulnerabilidades, nas quais sempre se escondem conflitos. Pedagogias mais ou menos estimulantes do senso crítico estão apresentando aos educandos modos diferentes de entender os conflitos de que são protagonistas. Se fosse factível a esses saberes apresentar a verdadeira resposta para cada uma de suas questões, os conflitos a que se ligam direta ou indiretamente não estariam sendo tratados, mas sim solucionados pela ditadura dos cientistas de cada área.

Os humanistas não deveriam nutrir o sentimento de inferioridade em relação aos cientistas por não desempenharem como estes. Ao contrário, deveriam se orgulhar de seus saberes opinativos e verossímeis, porque as alternativas às incertezas das humanidades são a violência, a tirania e a eugenia.

A retórica, como o saber das argumentações fundadas em opiniões verossímeis, são a garantia da consistência e do desempenho possíveis no campo das humanidades. Explicitados ou não, os argumentos retóricos dos saberes dos humanistas são as salvaguardas frente às imposições da verdade científica na solução de grandes e pequenos conflitos endógenos.

Embora seja ínsita à retórica a persuasão, nem todo argumento tendente ao convencimento é retórico. As narrativas de pós-verdade também visam ao convencimento dos destinatários. Nem por isso, contudo, são retóricas. A sua filiação às categorias epistemológicas é com a sofística. Vamos, enfim, a essas narrativas.

PARTE QUATRO – PÓS-VERDADE

11. Narradores

As narrativas de pós-verdade devem-se ao modelo de negócios das empresas de redes sociais (YouTube-Google, Facebook-Instagram, Twitter-X etc.). Nesse modelo, os lucros são gerados por engajamentos. Quanto mais tempo as pessoas ficam lendo, curtindo, repostando, comentando etc. as postagens umas das outras, mais a inteligência artificial programada para operar as redes sociais vai acumular informações sobre as preferências delas. Essas informações são o grande ativo das empresas de redes sociais porque lhes permitem oferecer no mercado a publicidade granular, a mais personalizada possível.

Metaforicamente, é o modelo "caça-cliques", porque direcionado a estimular o usuário a se conectar às redes um bom tempo de seu dia e ajudar, com isso, a robustecer o respectivo "arquivo pessoal" com os cliques que dá (e os que não dá, também). Cada um de nós, usuários, tem o seu arquivo armazenado na inteligência artificial da rede social. Nós autorizamos essas empresas a criarem e alimentarem o arquivo, bem como a utilizarem os dados nele agregados; só fomos admitidos à rede porque autorizamos.

As narrativas de pós-verdade surgiram, assim, em um mercado, o do engajamento. São elas que impulsionam bons negócios nesse mercado. Muita gente ganha dinheiro com o modelo "caça-cliques": influenciadores, anunciantes, publicitários etc.; nenhum deles, porém, lucra tanto quanto as empresas de redes sociais. E elas, as narrativas da pós-verdade, foram especialmente incrementadas quando os políticos perceberam o potencial do mercado de engajamento não para ganhar dinheiro, mas eleições.

A pós-verdade não é a substituição da verdade pela mentira; nem a substituição da verdade melhor pela pior, a troca da sua percepção das coisas pela minha; não é tampouco a radicalização niilista da provisoriedade da verdade científica, embora se reporte a essa condição do conhecimento humano quando lhe convém. A pós-verdade é a *indiferença* com a verdade, é o dar de ombros, o tanto faz. Os interessados em ganhar dinheiro ou voto por meio das redes sociais passaram a interagir nesses ambientes sem darem a mínima importância à verdade das mensagens porque haviam aprendido, com o resultado da aplicação do algoritmo da inteligência artificial, o quanto ela é irrelevante na lógica do "caça-cliques".

O argumento subjacente a todas as narrativas de pós-verdade é "quem se importa com a verdade, se o que interessa é mais dinheiro na conta bancária e votos na urna?" Por isso, por não ser uma recusa aberta à racionalidade, mas o mero desinteresse com os critérios de delimitação da verdade, a tática de combater as narrativas de pós-verdade com renovados apelos à razão e à evidência científica mostra-se tão desalentadoramente ineficaz.

A verdade infelizmente não derrota a pós-verdade. Não derrota porque não tem nenhuma importância para ela. As táticas positivistas são infrutíferas por esta razão. Não adianta, como fazem os positivistas entusiastas, denunciar as pseudociências com veemência e indignação para propor, em seguida, o aperfeiçoamento da educação formal, a formação de pessoas mais racionais, a difusão de informações etc. A pós-verdade dá de ombros para a racionalidade. A sua marca é a indiferença à verdade ou à verossimilhança.

Produtores e reprodutores de narrativas no mercado de engajamento

Se há narrativas de pós-verdade, há narradores. Convém prestar atenção a eles.

Comecemos pelos humanos. Podemos dividi-los, inicialmente, em duas classes, conforme reúnam os produtores ou os reprodutores de narrativas.

Os narradores produtores operam no *mercado primário do engajamento*. São os criadores da mensagem geradora de cliques. Penso que a maioria deles é composta de narradores intencionais, isto é, pessoas conscientemente interessadas em colocar nas redes sociais mensagens potencialmente virais. Estão nessa subclasse narradores de motivações e porte financeiro variados, que alcançam desde o jovem comunicativo, cujo capital é apenas a vontade de se profissionalizar como influenciador, até escritórios aparelhados para prestarem serviços para campanhas eleitorais endinheiradas, nos quais trabalham psicólogos, estatísticos, engenheiros e programadores. Esses escritórios são especializados na viralidade fabricada.

Embora no mercado primário do engajamento devem predominar, como suspeito, os narradores intencionais, há a hipótese também do narrador acidental. Aquele que, ao postar a mensagem, queria apenas se divertir interagindo na rede social e não mirava o objetivo de gerar engajamento, mas acabou sem querer criando um meme pós-verdadeiro.

De outro lado, os narradores reprodutores de conteúdo operam no *mercado secundário do engajamento*. São eles que, ao repostarem uma narrativa de pós-verdade, simultaneamente se engajam e estimulam o engajamento de suas conexões na rede social. Nenhum mercado de engajamento seria minimamente lucrativo se contasse apenas com os produtores de narrativas. Aqui, suspeito que se equilibram em termos quantitativos os narradores intencionais e os acidentais. Os intencionais são os repostadores que identificam na mensagem recebida o potencial de viralização e a retransmitem com o objetivo de gerar engajamento de que possa receber sua pequena parcela dos lucros.

A mais interessante, contudo, é a figura dos narradores acidentais do mercado secundário do engajamento. São os que retransmitem a narrativa de pós-verdade por acreditarem que os destinatários (suas conexões na rede social) gostariam de recebê-la. Digo que é interessante porque basta o clique repostando a narrativa de pós-

-verdade para se tornar o seu narrador. O repostador inevitavelmente *narra* a mensagem pós-verdadeira para suas conexões. Ele é o narrador do discurso de ódio, da desinformação ou da mentira tanto quanto os repostadores que o antecederam no mercado secundário, tanto quanto o criador no primário.

Retransmitir com ressalva do tipo *"não sei se é verdade..."* é ser ainda assim um narrador de uma narrativa de pós-verdade. Como esta se define pela indiferença com a verdade, nada poderia ser mais pós-verdadeiro que uma ressalva em que explicitamente se quer tomar distância da veracidade ou falsidade do conteúdo retransmitido. O narrador com ressalva contribui para a disseminação da pós-verdade engajadora do mesmo modo daquele que endossa o conteúdo reproduzido ou nada diz ao repostar. Aliás, se o critério de identificação do narrador é a ajuda dada ao engajamento "caça-clique", também quem reposta a narrativa de pós-verdade com críticas à mensagem ou denúncia da falsidade do conteúdo veiculado está igualmente gerando lucros para as empresas das redes sociais.

Um programa de inteligência artificial também pode ser narrador, operando no mercado primário ou no secundário. Em redes sociais como o TikTok ou mesmo na ferramenta Reels do Instagram, não são mais apenas usuários repostando mensagens para amigos (conexões) que poderiam ter interesse nelas, mas também o algoritmo trazendo para cada usuário, segundo as preferências que ele identificou, as mensagens postadas por desconhecidos digitais.

Há, enfim, várias narrativas nas redes sociais que geram maior ou menor engajamento, mas não são pós-verdadeiras. Quando o casal grávido posta o vídeo do chá de revelação em suas redes sociais, em princípio quer apenas celebrar e ostentar um momento especial da vida. É uma mensagem verdadeira, se estiver retratada a cerimônia como realmente ocorrida. Mesmo que seja um vídeo postado com a intenção de viralizar, por serem os pais figuras públicas por exemplo, também não se veicula uma narrativa de pós-verdade. Não há interesse nessas postagens engajadoras mas não pós-verdadeiras porque o objetivo é demarcar, na teoria do conhecimento, as narrativas da pós-verdade como *nova sofística*.

A exortação da nova sofística

Os narradores da pós-verdade são os novos sofistas. Eles não querem exatamente que os destinatários se convençam da pertinência de certa mensagem. Querem que ajam, que tomem uma atitude, que se juntem à causa, que cliquem. Se o fazem por terem se convencido da validade da mensagem ou simplesmente porque vislumbraram no chamamento àquela ação coletiva uma oportunidade de ganho econômico ou político, isso é inteiramente irrelevante para a nova sofística. Como seu objetivo não é o convencimento, a nova sofística é sempre uma exortação.

Na exortação da pós-verdade, os destinatários são sempre imediatamente convocados ao engajamento digital, contribuindo para um frenesi de repostagens nas redes sociais. A exortação representa particularmente um perigo para a saúde pública, a democracia e a convivência em sociedade quando os destinatários são convocados também a praticar ações no ambiente não digital: "não se vacinem", "protestem nas ruas contra o resultado da eleição", "surrem os homossexuais", "estuprem as feministas", "mandem mensagens ao empregador da pessoa trollada exigindo a demissão dela" etc.

A retórica pode conter um chamamento à ação, mas o objetivo principal do retórico é o convencimento. Essa distinção não é banal. É por conta dela que o argumento retórico não rompe nunca o seu compromisso com a verossimilhança da mensagem transmitida. Há um conteúdo específico a ser defendido perante o interlocutor, com o objetivo de obter o convencimento dele. A retórica não dispõe de recursos para persuadir a qualquer preço em razão desse comprometimento com a verossimilhança da mensagem, ao passo que a sofística, assumidamente indiferente a ela, foca na finalidade da exortação e deixa fluir o vale-tudo.

A igualação subentendida

O completo descomprometimento com a verdade ou verossimilhança das narrativas leva a nova sofística a negar a existência de pessoas com maior ou menor preparo para discorrerem sobre determinados assuntos. Para os novos sofistas, qualquer um pode tomar parte de qualquer debate. Essa pressuposição parece refletir a legítima igualdade democrática e tem ares de justa repulsa ao elitismo. Mas, como qualquer outra narrativa sofística, a defesa de que todos estariam igualmente legitimados a discutir qualquer assunto é mais uma afirmação descompromissada com a verdade e a verossimilhança.

Esse argumento comum a vários discursos de nova sofística é descolado da realidade. Todos nós temos limitações no processamento de informações, que se tornam ainda mais patentes quando a informação a processar é complexa. Por isso, sempre serão poucas as pessoas realmente capacitadas para explicar verdades, filtrar falsidades ou opinar de modo embasado, qualquer que seja o tema.

As pessoas com menos repertório para processar informações complexas estão mais expostas ao risco de atenderem às exortações da nova sofística. Suas limitações as tornam vulneráveis e elas acabam mais facilmente aderindo aos engajamentos digitais e não digitais. Ao mesmo tempo que a nova sofística pode prejudicá-las (exortando, por exemplo, a não se vacinarem), precisa delas para se disseminar. Essas pessoas com menos repertório para processar informações complexas são muito suscetíveis a se tornarem narradoras de pós-verdades do mercado secundário do engajamento. A nova sofística sempre subentende uma ilusão de empoderamento do seu auditório. Sempre faz os destinatários de suas exortações acreditarem que qualquer um está preparado para debater qualquer tema, para criar as próprias narrativas descompromissadas com a verdade e a verossimilhança.

Destruindo as tribunas de legitimação

Na democracia, todos têm direito à voz. Essa é uma decorrência incontornável da liberdade de expressão, não se discute. Ao contrário do que Eco esbravejou num momento de irritação, as redes sociais não deram o "direito à voz a uma legião de imbecis". Elas, na verdade, deram *voz* a pessoas excluídas do debate público que estavam ávidas por se fazerem ouvir (Coelho, 2021:262-264). Antes das redes sociais, todos os moradores dos países democráticos já tinham direito à voz, mas isso não significava necessariamente que tivessem voz. Nem todos tinham acesso às condições necessárias para fazer chegar suas ideias a um auditório anônimo de pessoas desconhecidas e conseguiam apenas apresentá-las a amigos e familiares.

Quando não existiam as redes sociais, poucos tinham voz. Nas reuniões de família, nas pausas do trabalho, nos encontros fortuitos com vizinhos e na roda de amigos qualquer pessoa normalmente sempre tinha a chance de apresentar suas ideias e considerar-se ouvido e entendido. A maioria das pessoas conseguia exercer o seu direito a voz somente em conversas presenciais. Poder falar para auditórios anônimos, para um universo de pessoas desconhecidas que não fossem parentes, colegas, vizinhos e amigos era uma oportunidade restrita a poucos.

Eu gosto de uma imagem para acentuar essa diferença: antes das redes sociais, só tinham voz e falavam para auditórios anônimos as pessoas com acesso a uma "tribuna de legitimação". O escritor não publicava sua obra se nenhuma das poucas empresas editoriais considerasse interessante fazer o investimento na edição, impressão, armazenamento, publicidade e distribuição do livro. O professor só era chamado a explicar algo de sua especialidade em um programa de rádio ou televisão se tivesse títulos (eram poucos os mestres e doutores) e lecionasse em uma instituição universitária com tradição e prestígio. Para ganhar uma coluna periódica com o próprio nome em um jornal de grande circulação o jornalista político devia se sobressair pela maior argúcia de suas análises em comparação com a dos colegas. Para receber alguma atenção da imprensa, o político deveria ter uma atuação parlamentar diferenciada, o presidente do Sindicato de Trabalhadores precisava liderar um movimento grevista de expressão, o jogador de futebol tinha que ser goleador, o cantor reunir multidões em suas apresentações, o publicitário exibir um trofeuzinho na prateleira etc. Eram variadas, como se vê, as tribunas de legitimação, e, para aceder a uma delas, era necessário sobretudo tempo, dedicação e maturidade. A maioria das pessoas nem sequer cogitava um dia poder falar a centenas, milhares, milhões de desconhecidos.

No tempo pré-redes sociais, entre o narrador e o auditório anônimo se interpunha a tribuna de legitimação. Ela filtrava não apenas formas e conteúdos como principalmente sujeitos: em geral, só se dirigiam a um público de desconhecidos as pessoas com repertório mais robustecido e maior capacidade de processar ideias complexas.

Na "estratégia tabaco", de que falarei no próximo capítulo, a descrença no consenso científico sobre os danos à saúde ou ao meio ambiente de determinados produtos, com o objetivo de frear regulamentações e proibições, era sempre suscitada por alguém com acesso à tribuna de legitimação. O físico Frederick Seitz, que trabalhou na construção da bomba atômica e presidiu a Academia Nacional de Ciências norte-americana, depois de aposentado, "alistou-se" em várias campanhas de descrédito do consenso científico, apresentando-se como uma liderança com presumível autoridade científica em vários setores da ciência (Oreskes; Conway, 2010:25-35). Em meados do século XX, ter uma tribuna de legitimação era uma condição indispensável para que a imprensa e o público prestasse atenção no que alguém dizia. Seitz tinha a dele.

Isso mudou completamente com as redes sociais. Desde a sua difusão, no início do século XXI, ninguém mais precisa de uma tribuna de legitimação para ter voz. Basta ter um *smartphone*.

Limites e limitações

O aumento da complexidade não cessa. Vivemos tempos muito complexos, em que tomar decisões cotidianas exige um repertório cada vez mais amplo e mais difícil de processar. As pessoas temem comer alimentos geneticamente modificados, mas não hesitam em inundar seus perfis nas redes sociais com fotos da vida privada e postagens de pensamentos ocasionais. A maioria tem dificuldade para entender que consumir alimentos geneticamente modificados é mais seguro que se alimentar dos que foram tratados com agrotóxicos e que postar obsessivamente imagens e textos nas redes sociais coloca-as sob a exposição de riscos absolutamente não triviais em seus relacionamentos sociais e de trabalho, em sua segurança física e patrimonial, assim como em sua saúde mental. O desafio não é somente informar-se sobre uma crescente extensão de temas, mas principalmente aprender a discernir, entre as infindáveis informações disponibilizadas a cada instante, as que são merecedoras de crédito.

Diante dessa dificuldade, as exortações da nova sofística surgem como uma solução tentadoramente fácil. Elas empoderam ilusoriamente o seu auditório ao deixarem subentendido que qualquer um pode participar de qualquer debate. Trata-se de mais uma afirmação sem compromisso com a verdade ou a verossimilhança, porque mesmo em ambientes em que as tribunas de legitimação foram postas abaixo, ainda continuamos pessoas diferentes em nossa capacidade de processamento de informações.

Somos diferentes em razão do repertório que cada um teve a oportunidade e o interesse de amealhar. Por "oportunidade" refiro-me a uma série extensa de fatores, que inclui acasos, classe social, local de nascimento e moradia, condições de saúde etc. Por "interesse", ao direcionamento mais ou menos consciente das ações, graus de proatividade ou passividade, maiores ou menores inquietações analíticas e curiosidades etc.

Tome como exemplo da articulação entre oportunidades e interesses um dos mais importantes ambientes de formação de repertório: a educação formal. No mundo de desigualdades em que vivemos, os poucos privilegiados têm a oportunidade de uma boa educação formal, enquanto os muitos excluídos não; mas os interesses representam variáveis que podem relativizar o peso dessas diferenças de oportunidades. Jovens privilegiados nem sempre se interessam em aproveitar a boa educação formal e acabam carregando pela vida um repertório empobrecido. Por sua vez, alguns excluídos conseguem, à custa de enormes esforços e sacrifícios, ampliar o próprio repertório de informações movidos por seu interesse (por uma forte determinação e sacrifícios, na verdade).

Um elemento especial do nosso repertório de informações é a capacidade de operar os demais elementos, isto é, a de realizar com maior ou menor acuidade as ações mentais de os estruturar, relacionar, hierarquizar, valorizar, apagar, analisar, sistematizar, formalizar, explicar didaticamente etc. Como acontece em relação a todos os elementos do repertório de informações que amealhamos, somos diferentes nessa capacidade operativa também em razão das nossas oportunidades e interesses. Por isso, há quem consiga processar informações complexas, mas não é todo mundo que tem repertório para isso.

Mas, se somos diferentes na extensão e operabilidade de nossos repertórios de informações, somos definitivamente iguais em pelo menos um ponto: todos nós, sem exceção, temos limites e limitações na capacidade de processamento de informações: a incapacidade humana de conhecer tudo é um limite da nossa cognição ao qual se acrescentam as camadas das limitações derivadas da articulação entre oportunidades e interesses.

Ninguém tem repertório suficiente para processar todas as informações do vastíssimo conhecimento humano. Cada indivíduo, por mais oportunidades aproveitadas e interesses ativados, terá um repertório invariavelmente muito minúsculo, quando comparado à imensidão dos saberes da espécie. Por essa razão, porque somos todos limitados em nossos repertórios de informações, em qualquer debate público haverá sempre poucos indivíduos realmente preparados para debater e uma enorme multidão que deve apenas ocupar o seu lugar no auditório. As tribunas de legitimação não são um disparate elitista. Representam a condição fundamental de qualquer debate frutífero. A nova sofística as derrubou porque o seu interesse não é o debate (com seus frutos, aprendizagens e convergências), mas a exortação (com seus cliques, dinheiro e votos).

As limitações de Einstein

Einstein desfruta da indiscutível e universal reputação de homem inteligente, um reconhecido gênio. É tão conhecido que não precisa de credenciais. Ninguém, ao mencionar seu nome, informa que ele é ganhador do Prêmio Nobel, a incontestável chancela das mentes geniais. Seria risível uma frase como "Einstein, prestigiado físico ganhador do Nobel, foi quem descobriu...". Já qualquer referência a Hermann Minkowski, Jürgen Renn e Michel Janssen para públicos leigos em matemática e física deve vir sempre acompanhada da notícia de que foram eles os responsáveis pela correção dos erros de Einstein na formalização da teoria da relatividade.

Pois bem. Einstein, o suposto homem mais inteligente de todos, tinha suas limitações de conhecimento. A biografia do notável físico revela que era um zero à esquerda nos esportes, não aprendeu a nadar, não sabia administrar as próprias finanças, compunha versos lamentavelmente ruins, tocava violino sem virtuosismo, não era fluente em inglês (apesar de ter residido nos Estados Unidos por mais de vinte anos), frustrou a marinha norte-americana durante a Segunda Guerra por não conseguir resolver uma questão prática ligada à ignição de torpedos (tarefa pela qual havia sido remunerado), metia os pés pelas mãos em questões políticas (a ponto de se dizer dele que seria "mais perigoso como defensor de uma causa que o seu adversário"), não era um bom professor e a sua compreensão das relações internacionais era rudemente maniqueísta (cf. Neffe, 2005:34, 41, 60, 79, 125, 348, 355, 373 e 457; Bernstein, 1996:85).

Nem mesmo em seu campo de especialização, a física teórica, Einstein conhecia tudo. Ele errou ao formalizar a teoria da relatividade geral (lamentou-se: "não creio que eu mesmo seja capaz de encontrar o erro"). Com suas teorias sobre a natureza da luz havia contribuído decisivamente para a criação da disciplina que viria a ser conhecida como mecânica quântica, mas não conseguiu compreender a incerteza das dualidades do microcosmo. Criticou artigos de Alexandr Alexandrovich Friedman sobre a expansão e contração do Universo como equivocados, mas se viu constrangido a publicar uma breve retratação após ser confrontado por uma carta do russo. Além disso, investiu muito de sua energia, tempo e reputação na formulação da "teoria do campo unificado", do princípio que pudesse explicar simultaneamente as forças gravitacional e eletromagnética. Chegou a anunciar mais de uma vez que estava próximo da solução, mas fracassou completamente (Neffe, 2005:276, 403-404 e 434; Bernstein, 1996:113-114).

Além desses dados biográficos, é possível imaginar que ele não sabia cozinhar, tricotar um agasalho de lã, tocar flauta, conduzir uma orquestra sinfônica, organizar e dirigir lojas de varejo, elaborar uma crítica literária, minutar o contrato de alienação do poder de controle de uma empresa, interpretar um personagem de Shakespeare, fazer o projeto de desenho industrial de uma poltrona, decidir se um "bebê azul" deve ser tratado com suplemento de oxigênio e medicamento a base de azul de metileno ou se é o caso de cirurgia cardíaca paliativa da tetralogia de Fallot, por exemplo.

Embora vários de seus admiradores o venerem como um gênio universal, Einstein nunca reivindicou essa condição; tampouco eu desejo empurrá-lo para um papel tão despropositado. Além disso, ao escrutinar as limitações do conhecimento de Einstein, a minha intenção não é apequenar a inteligência dele. Ao contrário. Não há dúvidas de que era um homem muito inteligente, bem acima da média, um gênio. O meu ponto é que mesmo esse homem de inteligência extraordinária não era capaz de aprender senão uma parcela extremamente diminuta de todo o conhecimento humano. E se isso vale para Einstein, vale para qualquer um de nós. Todos temos limitações e não há outra atitude razoável senão a de conviver com elas.

É certo que novas oportunidades e interesses sempre podem alterar os contornos dessas limitações, mas nunca as eliminarão por completo. Einstein, um excepcional autodidata, podia se interessar em estudar tudo sobre a tetralogia de Fallot – uma malformação do coração que, se não for cirurgicamente corrigida, leva ao óbito duas de cada três crianças que a apresentam antes de completarem 10 anos de idade. Nada indica que não teria conseguido alcançar esse objetivo; provavelmente o alcançaria com maior rapidez que a maioria dos interessados nesta questão médica. Mas, ainda que se tornasse, por seus esforços, um exímio cardiologista infantil,

Einstein continuaria desconhecendo por completo uma enormidade de saberes, até mesmo em suas noções básicas.

Meu Deus! Olha o que os alemães estão aprontando!

Bohr foi um físico teórico dinamarquês muito importante. Ele ganhou o Prêmio Nobel de física de 1922, em razão de sua contribuição para a nascente física quântica. Para se ter uma ideia da centralidade de sua obra, basta lembrar que Bohr foi o criador do modelo de átomo que todos nós conhecemos: aquele do núcleo em torno do qual giram partículas (*elétrons*) como se o átomo fosse um minúsculo sistema solar.

Durante a Segunda Guerra, os aliados tinham fortes razões para acreditar que, se os alemães estivessem mesmo desenvolvendo artefatos bélicos a partir da fissão nuclear, quem estaria na liderança do projeto seria Heisenberg, o físico que formulou o princípio da incerteza e ganhador do Prêmio Nobel de 1932. Nos anos 1920, Heisenberg havia trabalhado na equipe de Bohr. Os aliados sabiam que os dois haviam se encontrado em Copenhague e temiam que os nazistas assassinassem Bohr. O serviço secreto britânico tirou-o da Dinamarca ocupada pelos nazistas e o levou a Londres, de onde partiu para os Estados Unidos.

Uma vez em Los Alamos, o isolado laboratório em que os Estados Unidos desenvolviam a sua bomba por fissão nuclear, Bohr apresentou aos físicos do projeto Manhattan um croqui da bomba alemã. O desenho teria sido feito pelo próprio Heisenberg no encontro que mantiveram em Copenhagen. (O dinamarquês escreveu diversas versões diferentes do encontro.) Os cientistas rapidamente perceberam ser o croqui de um reator nuclear e não de uma bomba. Um deles, Hans Bethe, fez pilhéria: "meu Deus! Os alemães querem jogar um reator nuclear em Londres!" (Bird; Sherwin, 2005:295-296). Eu gosto muito dessa anedota como ilustração dos limites dos nossos conhecimentos: um físico teórico de cuja capacidade ninguém duvida é tão ignorante quanto um leigo diante de algo óbvio para seus colegas experimentais.

Bohr reconhecia que não tinha nada a colaborar na aplicação de seus conhecimentos teóricos para a fabricação da bomba. Buscou protagonismo na divulgação nos meios político e diplomático de uma proposta que considerava necessária e urgente para a estruturação das relações internacionais no mundo pós-detonação. A sua proposta era envolver imediatamente a União Soviética no projeto Manhattan, a exemplo do que os Estados Unidos haviam feito com o Reino Unido e o Canadá. Bohr não foi o único cientista a defender o compartilhamento das informações científicas sobre a bomba com os aliados soviéticos. Alguns colegas que inicialmente não apoiaram Bohr passaram a lamentar que não tivesse surtido efeito a proposta dele de um entendimento internacional antes da primeira detonação. Esse entendimento, acreditavam, teria evitado a corrida armamentista entre o Ocidente e a União Soviética durante a Guerra Fria.

Bohr era um daqueles cientistas que acreditam ser possível tratar os complexos assuntos do humano pelos conceitos oriundos da física. Segundo uma abordagem que repetiu sem se cansar desde antes da Segunda Guerra, a trajetória da física no início do século XX, às voltas com as dificuldades de se compreender o plano quântico com as categorias newtonianas, fornecia um modelo epistemológico para as demais ciências. Os contrastes que os fenômenos atômicos apresentavam de acordo com as condições dos experimentos não eram "contradições" a serem eliminadas, mas "complementaridade" entre pares de características do objeto quântico insuscetíveis de medição simultânea (momento linear e posição, onda e partícula etc.). Essa complementaridade, acreditava, seria a chave para a unidade do conhecimento (Bohr, 1958).

Os responsáveis pelas decisões políticas, militares e diplomáticas, contudo, não deram ouvidos à proposta de compartilhamento das informações científicas sobre a bomba atômica com os soviéticos. E, a rigor, a proposta de Bohr e seus seguidores era realmente descabida; apenas mostrava quanto aqueles homens, profundos conhecedores da matéria inanimada, desconheciam que alianças em qualquer guerra é o mero adiamento de conflitos (Coelho, 2023:115-120).

A falácia da hierarquização dos saberes

O leitor pode ter se lembrado de alguém que faria uma pronta objeção ao modo com que ilustrei as limitações no processamento de informações apelando para um gênio incontestável, Einstein, e listando uma série de saberes inexistentes no repertório do físico. A objeção diria que Einstein deu para o conhecimento da humanidade uma contribuição incomparavelmente mais importante que a do mais competente dos flautistas ou do melhor cozinheiro do mundo. O objetor se mostra um sujeito preconceituoso com a sua hierarquização de saberes, mas vou deixar isso de lado; vou responder à objeção questionando a pertinência de qualquer hierarquia dos saberes.

Do ponto de vista epistemológico, os saberes desconhecidos por Einstein não são menos importantes que a física pura que ele dominava de modo reconhecidamente genial, embora também limitado. Não faz sentido nenhum hierarquizar os saberes porque a utilidade de cada um deles depende da necessidade a ser atendida. O que é útil para a maestra saber interpretar na partitura quando se encontra à frente de dezenas de músicos durante a apresentação da orquestra de nada serve à cardiologista infantil que precisa decidir se chegou a hora do paciente com cardiopatia cianogênica submeter-se à cirurgia, e vice-versa. Nem por isso faz sentido dizer que o conhecimento da maestra seria mais importante ou menos importante que a da médica. Certo, é provável que algumas pessoas, diante desse dilema, não titubeariam em dizer que o conhecimento da cardiologista infantil é de suma importância por lidar com a vida de crianças e o da maestra nem tanto, por apenas proporcionar entretenimento a uma elite esnobe; mas essa hierarquização continuaria sem sentido porque ela não seria suficiente para justificar o redirecionamento de todo o dinheiro, público e privado, usado para formar maestros e músicos eruditos, manter orquestras sinfônicas e sala de concertos para a construção e manutenção de hospitais cardiológicos infantis.

Por outro lado, são irrelevantes para a teoria do conhecimento os diferentes valores (preços) atribuídos aos saberes pelo mercado. Aliás, o mercado tem uma escala de valores dos conhecimentos que atende exclusivamente à lógica da geração de lucro. Uma corretora de ações que convence seus clientes abonados a fazer muitas operações, comprando e vendendo todos os dias, tem um conhecimento especialmente valioso pela ótica do mercado. Como a corretagem é remunerada com uma comissão proporcional ao valor das transações realizadas, é indiferente se os clientes têm lucro ou não ao seguirem as recomendações da habilidosa corretora. A teoria do conhecimento andaria mal se buscasse uma hierarquização dos saberes; e pior ainda se a buscasse pelos critérios de sua remuneração pelo mercado.

Descabe qualquer hierarquização dos saberes pela epistemologia porque, no final, cada conhecimento será mais ou menos útil em função das necessidades em foco. O físico altamente especializado em aceleração de partículas não tem um saber nem mais nem menos valioso que o bombeiro bem treinado na execução de seu trabalho. No momento de um incêndio no apartamento do físico mais inteligente de todos os tempos, o decisivo será saber como combatê-lo de modo eficiente com os meios existentes no local. Se a única coisa que esse genial físico souber fazer é descer pelas escadas gritando por socorro, o incêndio vai se alastrar.

Limitações e informações complexas

Desde a invenção dos meios de comunicação em massa (rádio, televisão, mídia impressa e internet) passamos a ter contato com informações de processamento complexo que só são compreendidas completamente por quem teve oportunidade e interesse de reter um substancial repertório para as processar. Pense numa fórmula física amplamente conhecida, um ícone da comunicação em massa: $E=m.c^2$.

Você compreende *de verdade* o que Einstein diz com essa fórmula? Quem compreende?

Um curioso bem-informado é capaz de explicar que E significa "energia" e é uma medida em joule, m significa "massa", uma medida em quilogramas, e c, que deve ser elevada ao quadrado, é a constante correspondente à velocidade da luz no vácuo (da ordem de três centenas de milhões de metros por segundo). Outro poderia explicar que a fórmula demonstra a continuidade entre energia e massa, a transformação daquela nesta. Mais um curioso poderia explicar que a fórmula sintetiza a teoria da relatividade especial e que ela não é válida para os campos gravitacionais. Alguém um pouco mais informado em física (sem ser físico) poderia acrescentar que se trata da formalização da incompatibilidade entre a lei newtoniana do movimento (força, massa, aceleração) e o princípio da relatividade; ou que é a demonstração da possibilidade de se extrair energia de qualquer matéria, conceito básico para os usos militares ou pacíficos da energia nuclear. Tais elucidações não serão suficientes, porém, para concluirmos que essas pessoas curiosas compreenderam inteiramente o significado da fórmula, isto é, foram capazes de reproduzir em suas mentes o mesmo raciocínio experimentado por Einstein há mais de cem anos.

Pressupõe-se que os físicos teóricos possuam repertório que os capacite a compreender de verdade o que quer dizer $E=m.c^2$. Pode-se pressupor que também alguns físicos práticos, engenheiros ou matemáticos tenham repertório de informações em que a fórmula possa ser completamente processada. Para além desses poucos círculos de profissionais, no entanto, essa pressuposição já não é mais evidente. Fora desses círculos, a pressuposição é a oposta, a de que ler a fórmula não levou à compreensão plena de todos os seus fundamentos e implicações, da lista completa de questões para as quais ela apresenta solução e das que ela não resolve, das discussões teóricas em que faria sentido referir-se a ela etc. É certo que qualquer pessoa, mesmo sem nenhuma das formações universitárias correspondentes às profissões que citei, pode processar integralmente a informação complexa, mas, repetindo, isso é uma experiência particular de certa trajetória individual e não algo que se possa presumir em termos gerais.

Os que presumivelmente não têm repertório para processar a informação complexa contida em $E=m.c^2$ entramos episodicamente em contato com o ícone da genialidade científica graças à exposição aos meios de comunicação em massa. Esse contato, convém ressaltar, nunca nos habilitará a compreendê-la de verdade. Se algum de nós tiver interesse em adquirir esse conhecimento, não será vendo entrevistas na televisão ou mesmo pesquisando na internet que chegará a esse objetivo. A aquisição de repertório para o processamento de informações complexas depende de condições muito especiais. Na maioria das vezes, requer uma formação universitária em nível compatível com a complexidade em jogo (graduação, mestrado, doutorado, estágio pós-doutoral etc.). Para nós, que presumivelmente não temos o repertório para compreender completamente o que Einstein quis dizer com $E=m.c^2$, ler pilhas de livros de divulgação científica ou todos os verbetes pertinentes da Wikipedia nunca será suficiente.

Televisão e mídia impressa são meios de comunicação em massa que costumam chamar especialistas para tentar explicar informações complexas ao público leigo. Já estive nessa posição algumas vezes e sempre tive muita dificuldade em atender às expectativas dos jornalistas. O especialista precisa, nesse momento, necessariamente simplificar ideias complexas. Simplificar é evitar expressões técnicas, omitir detalhes, ignorar críticas e reticências dos pares, apresentar dúvidas hesitantes como peremptórias certezas, apegar-se às generalidades e abusar de metáforas. Com a simplificação, o especialista acaba apresentando aos jornalistas e aos leigos sempre um conhecimento mutilado, capenga e desfocado. Há especialistas habilidosos em falar para o público leigo. A verdadeira habilidade, contudo, não consiste em fazer uma simplificação que não prejudique a complexidade da informação porque isso é impossível; consiste em conseguir ocultar com maestria a mutilação.

O esforço de simplificar, que desafia os divulgadores científicos e exaspera os jornalistas, é sempre infrutífero. Mesmo sob os cuidados dos mais habilidosos especialistas, ainda restará boa quantidade de espectadores ou leitores cujo repertório não possibilitará o processamento nem mesmo da informação em sua versão simplificada. Para essas pessoas, a despeito da simplificação, a informação apresentada pelo especialista no meio de comunicação em massa será ainda demasiado complexa para ser completamente compreendida. A ilusão de conseguir entender completamente qualquer informação, por mais complexa que seja, é no fundo uma tolice arrogante.

O humano sem limitações do liberalismo

O liberalismo mitifica o homem livre, ao pretender que o interesse coletivo pode ser naturalmente atendido pela cooperação espontânea resultante da perseguição, por cada um, de seu próprio interesse egoísta (Coelho, 2022). O mito liberal do homem livre é insaciavelmente evocado na sacralização do empreendedorismo. O liberalismo propaga que só é empregado quem optou livremente por este modo de ganhar a vida, já que a alternativa de empreender com sucesso estaria ao alcance de qualquer um.

Empreender, no entanto, está longe de ser um saber plenamente acessível por qualquer pessoa munida de suficiente força de vontade.

Quem não atenta aos limites e às limitações no processamento de informações complexas tende a se identificar fortemente com o homem livre do mito liberal, capaz de empreender com competência se um dia quiser montar uma empresa. Nutre duas ilusões que se alimentam reciprocamente: de um lado, não considera necessário escrutinar seriamente as próprias características de personalidade e repertório para entender se realmente é daquelas pessoas com aptidão para ser um empresário bem-sucedido; de outro, considera-se preparado para entender qualquer assunto a partir de duas condições simples e já dadas: uma ferramenta de busca na internet e o conhecimento da língua em que os resultados da pesquisa forem apresentados. Se um dia decidir montar um negócio comercial, acredita que terá sucesso porque sabe articular com competência a ferramenta de busca e a língua de que é falante. A razão pela qual há uma taxa não desprezível de empresas falidas é preocupação que filtra com a convicção de que os falidos certamente não tinham a mesma determinação que ele.

A ideologia do liberalismo estimula as pessoas a não se perceberem como seres com limitações. *Coaches* alardeiam mantras como "nunca desista de seus sonhos" ou "quem se empenha de verdade, consegue". Reverberam desse modo a ideia nefasta de que, num mundo supostamente com igualdade de oportunidades e meritocracia, apenas não é rico quem escolheu não enriquecer. No imaginário dessas pessoas (*coaches* e seus incautos clientes), nenhum limite da cognição humana e nenhuma limitação social, econômica, racial, étnica, de gênero etc. podem deter alguém com obstinada força de vontade e disposto a trabalhar duro. Limites e limitações não passariam de desculpas esfarrapadas dos fracos e dos perdedores, um insuportável *mimimi* de tediosa vitimização.

Nova sofística e repertório limitado

Se o jovem Einstein vivesse em 2014, não é difícil imaginá-lo como mais um *gamer* envolvido no "Gamergate", a primeira campanha de ódio que saiu do ambiente digital para causar estragos na vida não digital da pessoa assediada (Fisher, 2022:57-60). A partir desse episódio, o cancelamento deixou de ser mero isolamento na rede social e se tornou uma ação coletiva destinada a castigar severamente alguém com a perda do emprego, a expulsão da universidade, um significativo prejuízo financeiro ou o medo de sair de casa. O misógino, recluso e apático Albert teria se identificado com as centenas de anônimos *gamers* espalhados pelo mundo que ameaçaram matar, estuprar e impedir o trabalho da talentosa programadora de jogos e ativista feminista Zöe Quinn. Embalados pelas mentiras de um ex-namorado dela, também programador de jogos, os *gamers* trolladores reagiram com um inédito ódio de manada ao se sentirem supostamente ameaçados em sua identidade de tribo; uma tribo de homens, sem lugar para mulheres competentes ganharem dinheiro criando *games*.

Viu-se que quem possui menos repertório de informações é presa fácil da nova sofística, não somente como destinatário da exortação, mas principalmente como mais um engajado narrador de pós-verdade. Mas isso não significa, é preciso frisar, que pessoas com repertório robustecido pelas oportunidades e interesses estejam completamente protegidas do encantamento da nova sofística. Mesmo o engenheiro inteligente, com título de doutor outorgado por universidade de prestígio norte-americana e sem nenhuma deficiência cognitiva pode se engajar numa campanha de deslegitimação de uma eleição válida, se o candidato em que votou perdeu.

O engajamento é o resultado da articulação de fatores diversos, entre os quais têm particular relevância os de natureza psicológica. Se o jovem Einstein realmente atendesse à exortação do Gamergate e o engenheiro com doutorado à do movimento de deslegitimação da eleição limpa, esses engajamentos teriam decorrido da mobilização de sentimentos e frustrações estimulada ou apenas aproveitada pela nova sofística. Os limites e as limitações que todos temos na capacidade de processamento de informações, que se acentuam de acordo com a complexidade destas, podem certamente estar associadas a questões psicológicas. As características do indivíduo são "oportunidades" na construção de repertório, que contribuem seja para a sua ampliação (*nerds* estudam mais porque namoram menos), seja para a sua contenção (o transtorno do déficit de atenção e hiperatividade não tratado pode reduzir o rendimento da criança na escola). Nossa reflexão aqui, contudo, não pretende ultrapassar os quadrantes da epistemologia. Foca, por isso, apenas os fatores relevantes do ponto de vista da teoria do conhecimento.

Limites e limitações mostram a irrealidade do empoderamento subentendido da nova sofística liberal, de que qualquer um tem capacidade para participar de qualquer debate; que todo mundo está autorizado não somente a replicar as narrativas de pós-verdade que recebe, como para as criar, qualquer que seja o assunto.

Pontos de vista ou insuficiência de repertório?

Algumas discussões contrapõem pontos de vista diferentes. Discutem-se opiniões. Elas não são inteiramente irracionais e existe um critério para resolver quem está com a razão: o do prevalecimento da opinião verossímil.

E há discussões que parecem ser a contraposição de opiniões mas que, na verdade, se estabeleceram por insuficiência de repertório, de uma das partes ou das duas. Discute-se porque um lado sabe menos sobre o tema que o outro; ou seja, os dois não sabem tudo que precisariam saber para debater aquele assunto.

Veja a imagem de uma discussão aparentemente nascida de diferentes pontos de vista.

A imagem é um disparatado *nonsense*. Todo mundo que conhece os algarismos romanos (e eles nos são ensinados na infância) já tem o repertório de que o 6 é o 9 invertido. Dificilmente duas pessoas, mesmo crianças, discutiriam o significado de um objeto com a forma de um ou outro algarismo. Se um dissesse "é 6", o outro não responderia "você está errado, porque é 9". A resposta seria "6 é 9 invertido; visto daqui é um 9" e cada um iria cuidar da própria vida.

Mas, abstraído esse preciosismo que muitos qualificariam de arrogante desmancha-prazeres, a imagem se pretende um justo apelo à tolerância mútua: "eu fico com o meu 6 e você com o seu 9 e vamos parar de discutir, OK?" Essa é, a propósito, a mensagem que inúmeras postagens na internet associam a ela. Mas não! Bem examinada a imagem, percebe-se o retrato de uma discordância que não existe por conta de dois pontos de vista diferentes, supostamente legítimos, mas acontece em razão da insuficiência de repertório das *duas* partes.

Para desenvolver o meu argumento, definirei o sujeito da esquerda como A na posição a e o da direita como B na posição b. Para A, o objeto significa 6, enquanto para B significa 9. Se A se deslocar a b, acrescentará ao seu repertório uma informação que antes não tinha. A passará a saber que o mesmo objeto tem dois possíveis significados (6 ou 9) de acordo com a sua posição (do objeto). Se A for um sujeito honesto, não verá mais sentido em continuar mantendo a afirmação de que o tópico em discórdia significa 6. E se convencer B a se deslocar até a, B também aumentará o seu repertório e poderá, se for um sujeito honesto, deixar de sustentar que o objeto em debate significa 9.

Em outros termos, a discussão retratada na imagem não é a do confronto de duas opiniões, a ser resolvido em favor da mais verossímil. É, isto sim, a de discussão entre dois sujeitos que não sabem tudo sobre o tema a respeito do qual divergem. Nós, na privilegiada posição c, temos de pronto a informação que A e B só terão se mudarem de lugar.

Não se pode esquecer, por outro lado, a hipótese da desonestidade. O sujeito pode ter o repertório suficiente para participar da discussão, mas está interessado (por qualquer razão) em sustentar determinada afirmação mesmo sabendo que ela é falsa ou inverossímil. Se A, após ter se deslocado a b e conhecer por completo o objeto, ainda assim insistir que o significado dele é apenas 6, ele deixará de ser um sujeito com repertório insuficiente e passará a sofismar, a argumentar com indiferença à verdade.

Quando se discute, por exemplo, se a educação formal deve apresentar a versão criacionista da Terra jovem como alternativa plausível à teoria da evolução, esse debate não confronta diferentes opiniões, dois pontos de vista supostamente legítimos. Ao contrário, é uma discussão nutrida exclusivamente pela insuficiência de repertório de um dos lados. O lado que defende o criacionismo não tem repertório suficiente para participar do debate; sabe menos sobre ciência, cultura, religião e pedagogia do que deveria saber para poder dar ao tema uma contribuição real. Isso se presumirmos que o criacionista em questão é um sujeito honesto. Não podemos nunca descartar a hipótese de ele ter repertório suficiente para discernir as diferenças entre uma narrativa mítica propagada por um único conjunto de religiões (judaico-cristã) e uma afirmação do conhecimento científico e, a despeito disso, continuar defendendo a similitude entre elas nas aulas de biologia para crianças e jovens.

Busca do consenso ou da controvérsia?

No cenário nebuloso do século XXI, o animado Habermas insiste que devemos confiar no debate democrático no âmbito da esfera pública como meio de construção do consenso. Pode-se dizer que, na segunda metade do século XX, parecia fazer sentido depositar as esperanças no funcionamento de instituições onde este debate e o consenso se abrigavam, como a imprensa livre, os congressos científicos, as universidades. Era razoável crer que essas instituições tinham meios de pressão legítimos para o parlamento transformar o consenso nelas construído em leis eficazes. Mas, no século XXI, essa esperança não soa realista.

No mundo habermasiano, o conflito nascido de visões diferentes sobre a verdade era ingenuamente considerado uma contingência unindo pessoas imbuídas do sincero interesse em superá-lo. As instituições responsáveis por promover e abrigar o debate público não dariam voz aos poucos dissonantes do esforço coletivo de distender o conflito e chegar à verdade. Eram as tribunas de legitimação, que poucos podiam ocupar. A palavra estava sempre com alguém reconhecido pelos demais como preparado para contribuir para a construção dos consensos norteadores da convivência democrática, a despeito das discordâncias ocasionais.

As redes sociais deram voz aos que não tinham sido convidados ao debate público. O conflito que o consenso em torno da verdade desanuviava ganhou outra dimensão com a palavra tomada por quem não dispunha de tribuna de legitimação, tampouco estava interessado em ocupar uma. As divergências deixam de ser contingências que as estruturas da convivência democrática absorvem de forma racional. Nas redes sociais, o conflito é criado onde não existe, é exacerbado onde estava latente e reavivado onde já desaparecera. Isso se faz de modo consciente e com o uso de tecnologia de ponta visando a dois objetivos bastante nítidos: ganhar dinheiro ou ter ganhos políticos. A esfera pública não filtra mais os convidados para o debate. Entra quem quiser e tiver um *smartphone* à mão. A ciência não é mais vista como a frondosa árvore dos modernos nem como o rico rizoma dos pós-modernos, mas raivosamente denunciada como ervas daninhas a serem urgentemente ceifadas. As redes sociais a reduzem a um amontoado desconexo de narrativas interesseiras em que "vale tudo".

A salvaguarda habermasiana contra os conflitos está acuada neste século XXI. Não se pode negar o impacto sobre a esfera pública causado pelas redes sociais. Elas não apenas ampliaram a esfera pública ao agregar novas mídias em detrimento do papel desempenhado pelo jornal impresso, rádio e TV; mas principalmente escancararam as portas para a invasão por uma multidão de "autores empoderados".

Para não comprometer a consistência de seu asséptico modelo, Habermas relativiza o impacto e não vê nas redes sociais propriamente a nova feição da esfera pública, mas uma esfera *semipública*. Ele aponta para o perigo de deformação da esfera pública política embutida nesta "nova mudança estrutural", com as pessoas deixando de reconhecer nela a capacidade para definir a "universalização de interesses". Se isso acontecer, teme Habermas que a esfera pública política perca seu caráter "inclusivo".

Ele lamenta a insuficiência da regulamentação das novas mídias (chega a falar em um "imperativo constitucional"), mas não deixa de ser Habermas; quer dizer, o quadro desalentador que, no limite, desacredita o modelo de construção de consenso como essência da democracia parece não arrefecer o ânimo dele: pondera que a disrupção da invenção da imprensa tornou a todos potenciais leitores, mas foi preciso esperar um tempo para que aprendessem a ler; do mesmo modo, com a disrupção da internet, todos se tornam autores empoderados e será preciso igualmente esperar um tempo para que aprendam a escrever (Habermas, 2022).

Habermas não esclarece se considera viável adiar a regulamentação enquanto aguardamos, pedagógica e pacientemente, que os autores empoderados pelas redes sociais aprendam a só argumentar com racionalidade em suas postagens. Como eu vejo postergações táticas de conflito nas concordâncias em que ele vê consenso, não penso que haja razões para o adiamento da regulamentação do modelo "caça-cliques".

12. Narrativas

Em 2016, ano do Brexit e da eleição de Trump, o Dicionário Oxford elegeu "pós-verdade" como a palavra do ano e a definiu como "algo que denota circunstâncias nas quais fatos objetivos têm menos influência para definir a opinião pública do que o apelo à emoção ou crenças pessoais". A definição não poderia ser mais equivocada, a começar por separar razão e emoção, presumindo que nenhuma opinião racional pode ser emocional, e que a objetividade e as crenças são mutuamente excludentes, como se fosse possível abstrairmos nossos valores na hora de formarmos nossos conceitos e nossas opiniões.

A definição amontoa indagações: ao adjetivar de "pessoais" as crenças não objetivas, sugere que uma crença "coletiva" existiria e teria objetividade? Os dicionaristas teriam receado falar em "fé religiosa" em oposição a "fatos objetivos" com medo de cancelamento? Mas em que momento mesmo fomos todos iluministas? A "opinião pública" antes da pós-verdade não seria o reflexo apenas da visão de mundo dos ocupantes de tribunas de legitimação? A opinião dos excluídos dessas tribunas não deveria contar na identificação desse monstrengo improvável que seria uma monolítica "opinião pública"? Como somar opiniões díspares e inconciliáveis, que sempre existiram, embora apenas uma parte delas era ouvida antes das redes sociais?

Na esteira da epistemologia paupérrima do Dicionário Oxford, disseminaram-se as definições de pós-verdade girando em torno do emocional e do valorativo. Elas não orientam a luta contra a pós-verdade de modo adequado por partirem do pressuposto de que o problema estaria na repentina substituição de uma racionalidade fria e objetiva pelos desenfreios das emoções e crenças na formação de uma opinião pública, que se supõe homogênea. Em vez de orientar para o alvo correto, o modo oxfordiano de tratar as narrativas de pós-verdade é um convite à apatia, como se a razão dos despropósitos tivesse sido um súbito déficit de racionalidade irrompido entre gente que o Iluminismo já havia resgatado da ignorância.

É preciso evitar certos erros de diagnóstico sobre as causas das narrativas da pós-verdade. Listo os mais importantes:

- A explicação não se encontra na substituição da razão pela emoção na formação de uma supostamente homogênea "opinião pública". É um equívoco mirar a pós-verdade como a prevalência de arroubos emocionais sobre os argumentos lógicos e racionais reveladores de uma "realidade objetiva". Não há dúvidas de que algumas das balizas importantes do modelo de negócio das redes sociais são a dopamina liberada pelos cliques recebidos, a raiva mobilizada nas trolagens e o estímulo a outras emoções (Empoli, 2019:67-85); mas também a verdade é emocionante. A rigor, não há um momento em que deixamos de nos emocionar. Além disso, a pós-verdade depende muito da frieza, falta de empatia e doses de sociopatia diante de programas de computador que, ao entregarem o resultado para o qual foram programados, entregaram algo inesperado. Não precisamos nos tornar apáticos e insensíveis para entender o mundo e a sociedade de modo razoável e consistente. As pessoas podem deixar de se iludir com as narrativas da pós-verdade sem reprimir emoções. Aliás, a única maneira de se dar combate às narrativas de pós-verdade no plano epistemológico é fazendo aflorar as emoções, a solida-

riedade, a empatia, a indignação com a injustiça sofrida por outras pessoas.
- A pós-verdade não decorre do comprometimento da objetividade científica pela ideologia. Este erro está associado ao anterior, até mesmo porque os nossos valores são moldados essencialmente por nossas emoções (e não pela razão). A pós-verdade, de acordo com o equivocado diagnóstico oxfordiano, teria se disseminado por meio da contaminação do pensamento racional por ideologias das mais variadas ordens, as quais prejudicariam a compreensão objetiva da realidade. O equívoco é pressupor que ciência e valores não se misturam. Nenhum cientista, porém, consegue se apartar de seus valores e das hierarquizações de valores, tanto na escolha do objeto de investigação e formulação de conjecturas como nas corroborações ou falseamentos. Por isso, trazer para o centro do debate as noções de certo e errado em vez de as evitar é a tática adequada na luta contra as narrativas de pós-verdade.
- A questão não é exclusivamente político-eleitoral. A pós-verdade tem sido estudada como um fato da política, a partir da campanha eleitoral de Trump e dos apoiadores do Brexit, que surpreenderam até os mais experientes políticos e seus assessores, os jornalistas e sociólogos da política em 2016. O eleitoral, contudo, é apenas o momento em que as narrativas alternativas se exacerbam. Elas eclodem num contexto em que o desprezo com a verdade já vem sendo posto em prática há milênios: a política (D'Ancona, 2017:32-38). As narrativas da pós-verdade, no entanto, não se limitam às eleições e plebiscitos, mas contaminam o tratamento da saúde, o processo pedagógico, os atos de consumo, o cotidiano.
- Os filósofos do pós-modernismo não são os responsáveis pela pós-verdade como promotores de uma imprudente discussão pública sobre os limites do conhecimento. Há combatentes da pós-verdade que os culpam pelo descrédito da ciência (D'Ancona, 2017:84-88). Sugerem que, ao filosofarem sobre a relatividade do conhecimento científico, esses filósofos teriam

dado a munição aos propagadores da pós-verdade. Esse diagnóstico equivocado se assenta num positivismo anacrônico, de idolatria da ciência e dos cientistas. Relacionar a pós-verdade à filosofia produzida no pós-modernismo é uma simplificação inconsistente. Apontar os limites do conhecimento humano e a relatividade da verdade nunca foi um convite à permissividade com a mentira (Andriolo, 2021:88, 90 e 92). Além disso, são pouquíssimos os leitores dos filósofos pós-modernos, menos ainda os que os entendem. Quem retirou a discussão dos circunspectos ambientes acadêmicos para a trazer a público (e fez isso de maneira torpe) foram os "mercadores das dúvidas" a serviço das indústrias do tabaco, dos pesticidas e dos combustíveis fósseis.

- Não está em curso uma epidemia de irracionalidade. Uma pessoa se engaja na caça de cliques por várias razões não diretamente econômicas ou políticas: o simples entretenimento de uma treta (sim, há quem veja no antagonismo um passatempo divertido), o desajeitado modo de lidar com a solidão, a indignação com postagens ofensivas à sua visão de mundo etc. Entre essas razões se inclui também o inconformismo de pessoas racionais diante de mensagens irracionais. O racionalista que se põe a debater nas redes sobre o absurdo do terraplanismo está também gerando os desejados cliques que fazem a fortuna das empresas de redes sociais.

Estamos diante de um processamento de informações muito mais complexo do que sugerem as abordagens que partem de um preconceituoso despreparo de camadas da população para participar do debate público, da oposição insuperável entre razão e emoção ou crenças, da ênfase nas campanhas eleitorais ou dos perigos de uma reflexão filosófica. Esses diagnósticos devem ser descartados não por se apegarem a apenas alguns dos vários aspectos das narrativas de pós-verdade. Devem ser descartados porque estão errados.

A indiferença com a verdade e a verossimilhança

Os cliques das redes sociais são impulsionados pelas narrativas de pós-verdade, com seus discursos de ódio, negacionismos científicos, manipulação e questionamento dos valores democráticos, agressões, preconceitos, sociopatias etc. As finalidades dos narradores são as mais variadas e pouco importam às empresas de redes sociais, que lucram sempre: quando eles se expressam e quando as pessoas razoáveis os questionam.

Pelo que evoluímos em nossas reflexões até aqui, espero que não haja mais dúvidas sobre a impropriedade de chamar os argumentos das narrativas de pós-verdade de retóricos. Elas se assentam em argumentações de um tipo diferente. São sofísticas. Inspirado na definição de Giuliano da Empoli para as criações dos programadores do Vale do Silício (a quem chama de "engenheiros do caos") destinadas a promover o engajamento, pode-se dizer que a nova sofística é a "ação indiferente ao conteúdo" (2019:20).

É evidente que exortar interlocutores a aderirem a uma causa pode-se fazer de modo legítimo, sendo isso um ingrediente indispensável à convivência democrática. Mas quando a exortação é inteiramente descompromissada com a verdade factual e com a verossimilhança das interpretações, a atitude é condenável por consistir em manipulações dos auditórios e imposição de enganos aos interlocutores, que em nada contribuem para a convivência democrática. Aliás, muitas vezes, a indiferença, o desdém, o desprezo à verdade e à verossimilhança não apenas deixam de contribuir para a democracia como representam ameaças a ela. Quem invoca a liberdade de expressão para alegar que estaria em curso uma sabotagem comunista, impossível de ser detida senão por uma ditadura militar que suprima a liberdade de expressão, está fazendo uma inadmissível exortação sofística. É sofística porque, em verdade, a exortação não tem compromisso nenhum com essa importante viga do edifício democrático, a liberdade de expressão.

A pós-verdade seria culpa dos pós-modernos?

A nova sofística desdenha as ciências e as humanidades. Os saberes acadêmicos são desqualificados como simples agregados de narrativas; narrativas que qualquer um estaria igualmente legitimado a construir. Os cientistas e humanistas não são vistos como mais bem preparados, para prestarem informações confiáveis e discutirem sobre os temas de suas especialidades, do que qualquer outra pessoa.

Há positivistas entusiasmados e críticos das narrativas de pós-verdade que atribuem a culpa pelo negacionismo científico às reflexões de cientistas e filósofos concernente à relativização da força da ciência. Muitas vezes, o ataque ao relativismo não mira as falhas que ele pode ter, mas o medo do debate que suscita. Feyerabend já tinha diagnosticado que os intelectuais têm medo do relativismo "porque ele ameaça seu papel na sociedade, assim como o Iluminismo em uma época ameaçou a existência de padres e teólogos" (1978:99).

São extremamente seletivos os positivistas entusiasmados e críticos que reservam à discussão filosófica sobre o relativismo a culpa pela pós-verdade. Eles não responsabilizam todos os pensadores que criticaram o desmedido otimismo do século XIX, acerca da suposta capacidade ilimitada de a ciência conhecer e transformar eficientemente o entorno natural e social. Não culpam Popper, Kuhn, Feyerabend, Heisenberg, Planck, Einstein etc.; também não culpam os filósofos da genealogia do fenômeno. Apontam o dedo duro apenas para os pós-modernos: Lyotard, Latour, Foucault e Derrida.

A acusação é despropositada.

Pode-se criticar os filósofos pós-modernos por não terem compreendido bem o marco final da modernidade, o dramático encerramento da experiência soviética de planificação econômica. Não tendo compreendido bem esse episódio, não conseguem explicar corretamente os tempos pós-modernos. A pós-modernidade se iniciou com o fracasso do projeto de reorganização científica da sociedade e não com um alegado colapso da ciência. No trato dos objetos naturais, a ciência continuou o desenvolvimento iniciado na Idade Moderna, aperfeiçoando-se e tornando-se cada vez mais eficiente. O colapso ambiental aconteceu não por ter a ciência deixado de desempenhar, muito ao contrário.

Os filósofos pós-modernos, em suma, podem ter um enfoque não apropriado em relação ao início da pós-modernidade, vendo-o como o comprometimento de todo o saber acadêmico estruturado, incluindo a ciência, quando o que se mostrou inviável foi unicamente a tentativa de controle científico da sociedade. Mas, mesmo reconhecendo equívocos dos filósofos pós-modernos, não há base para se imputar a eles qualquer responsabilidade pelo descrédito nas ciências nas narrativas de pós-verdade que poluem as redes sociais. Para que eles pudessem ter alguma responsabilidade desta ordem, seria necessário que suas preocupações e proposições tivessem se projetado para além dos ambientes acadêmicos interessados em epistemologia e se tornado largamente conhecidas pelos mais diferentes setores da sociedade. Isso decididamente não aconteceu. Se um ou outro narrador das redes sociais leu os pós-modernos, isso pode no máximo ter refletido em algumas de suas postagens.

Culpar os pós-modernos pelo que se passa nas redes sociais é tão despropositado como seria atribuir responsabilidade a Kant e demais filósofos da genealogia do fenômeno. Associar a incognoscibilidade da coisa em si à admissibilidade de narrativas variáveis sobre qualquer objeto poderia fazer algum sentido no plano das ideias, mas faltaria substrato fático para afirmar que as discussões das diversas gerações dessa genealogia teriam chegado ao conhecimento dos narradores das redes sociais e influenciado as postagens de negacionismo científico.

A responsabilidade pela relativização da ciência ter chegado distorcida ao grande público não cabe a nenhum filósofo ou corrente filosófica, cujas proposições permanecem restritas aos circunspectos corredores das academias. A responsabilidade cabe a outros inventores de algoritmo: os "mercadores da dúvida".

Os mercadores da dúvida

As discussões sobre os limites do conhecimento científico circulavam nos meios acadêmicos e episodicamente algum veículo de imprensa noticiava algo para os leigos. Mas era mais um daqueles assuntos opacos e tediosos com os quais os acadêmicos sisudos se deleitam em suas teses, aulas e seminários. Se assim tivessem permanecido, as discussões sobre os limites da ciência não teriam servido de munição nos embates diuturnos das redes sociais.

Os limites do conhecimento científico deixaram de ser uma apática querela epistemológica em empoeirados ambientes acadêmicos para se tornarem vigorosas tretas entre leigos nas redes sociais graças a campanhas cujos resultados dependiam da descrença pública em determinados consensos científicos. Quando os cientistas com talento para a comunicação dedicados à divulgação científica publicaram livros e deram entrevistas nos meios de comunicação em massa explicando os fundamentos e avanços da ciência em linguagem acessível aos leigos, isso nem sempre convergiu com interesses de empresas poderosas, atuantes em determinados setores da economia.

O debate sobre os limites do conhecimento científico foi trazido a público pela primeira vez na campanha promovida pela indústria do tabaco destinada a desacreditar as conclusões de vários estudos científicos associando o fumo ao câncer e às doenças coronarianas. Consistiu fundamentalmente na propagação da informação de que ainda não existiria nenhuma conclusão segura a se extrair dos estudos realizados sobre o assunto, ou, como se costuma dizer, não haveria ainda o "consenso científico".

A campanha valeu-se de uns poucos e frágeis estudos financiados em segredo pela própria indústria do tabaco que questionavam as evidências da relação entre o tabagismo e doenças fatais. Dois físicos com grande reputação e conhecidos do público emprestaram o seu prestígio à mensagem de inexistência de consenso científico. Jornalistas, desavisados ou pressionados, acabavam dando voz aos "dois lados". Quando a ciência comprovou os males do tabaco para o fumante passivo, agregou-se à estratégia o cerrado ataque difamatório às credenciais e independência dos cientistas que estavam pondo em risco, com a divulgação de suas conclusões, os interesses dos fabricantes de cigarro. No final do dia, a campanha de disseminação da dúvida sobre o consenso científico e o assassinato de reputações conseguiram deter medidas regulatórias de restrição do fumo por quatro décadas.

Essa forma de adiar a regulamentação de atividade econômica danosa à saúde pública mostrou-se tão eficiente que, rotulada de "estratégia tabaco", foi empregada por outras indústrias. Na sequência do descrédito do consenso científico e dos cientistas promovido pela indústria tabagista, vieram outras campanhas com o mesmo objetivo – e, por vezes, com os mesmos físicos apontando para os estudos discordantes do entendimento predominante na ciência e recomendando o prudente aprofundamento das pesquisas antes de qualquer limitação de atividades por lei. As mais conhecidas foram as promovidas pelos fabricantes de inseticidas DDT (minando o consenso sobre os danos do produto à saúde pública), os de aerossóis (negando que abrissem o buraco na camada de ozônio) e pela indústria de combustíveis fósseis (focada na discussão sobre o aquecimento global para se opor aos climatologistas que provaram a sua natureza antropogênica). Os "mercadores da dúvida", como foram chamados por Naomi Oreskes e Erik Conway (2010), reverberaram a discussão sobre os limites do conhecimento científico para além dos circuitos acadêmicos.

Para que a estratégia tabaco tenha sucesso, é necessário que o questionamento do consenso científico e a qualificação dos cientistas extrapolem os circuitos acadêmicos e ganhem o debate público com estardalhaço. Sem os mercadores da dúvida, o tema dos limites da ciência permaneceria árido e aborrecido e não teria ganhado, no século XXI, seus *twitters* raivosos e suas tretas no Facebook e no WhatsApp. E veja a armadilha: para combater essas campanhas de dissenso e difamação, a ciência precisou apontar para o comprometimento dos dissidentes com os interesses das indústrias patrocinadoras, denunciando como os estudos e posicionamentos deles não eram confiáveis por serem financiados por empresas interessadas em determinado resultado. O combate aos mercadores da dúvida acabou gerando uma acusação difusa sobre todos os cientistas. Se o financiador determina o resultado da pesquisa, como há sempre financiamento, a independência e a objetividade da ciência estão sempre comprometidas.

Graças aos mercadores da dúvida, uma das qualidades da ciência, a provisoriedade de suas conclusões, passou a ser percebida pelo público leigo como um grave defeito (Andriolo, 2021:182). Não fosse o estardalhaço das campanhas de descrédito de certos consensos científicos, o público leigo continuaria a cultivar aquela difusa ideia de serem os cientistas os confiáveis e desinteressados detentores das verdades. Foi obra da estratégia tabaco os limites da ciência tornarem-se um daqueles temas potencialmente polêmicos que nutrem as redes sociais e geram lucros.

Pode-se, assim, dizer que as dúvidas sobre a associação entre câncer e tabaco foram as primeiras incursões a que se aventuraram os novos sofistas. Quando a imprensa começou a noticiar que estudos científicos conclusivos indicavam essa ligação, no início dos anos 1950, uma das medidas adotadas pela empresa de relações públicas contratada pelas quatro principais fábricas de cigarro norte-americanas foi listar questões que aparentemente minavam a certeza que os cancerologistas propagavam. Uma delas, por exemplo, indagava: se o cigarro causa câncer de pulmão por que há muito mais homens que falecem dessa doença que mulheres? Para a maioria dos destinatários das notícias do rádio, televisão e jornais, uma gente em geral pouco treinada em processar questões complexas, essa indagação era um xeque-mate a favor do tabagismo. Mas a indústria sabia que a diferença entre a quantidade de homens e mulheres fumantes mortos por câncer de pulmão, embora estatisticamente correta, era apenas uma "aparência de verdade". Para ser verdadeira mesmo, a diferença proporcional tinha que ser associada a duas outras informações: a doença se manifesta após décadas de tabagismo e a generalizada aceitação social do vício pelas mulheres era recente naqueles tempos (Oreskes; Conway, 2010:18-19).

Veja que a indagação suscitada pela indústria do tabaco tinha também uma aparência de dúvida científica, porque estava lastreada em mensurações estatisticamente corretas (percentual de morte por câncer de pulmão entre fumantes por sexo). O objetivo era transmitir aos leigos a impressão de "ciência contra ciência", um embate que evidentemente o fumante não tinha a menor condição de arbitrar.

O fato é que a indústria do tabaco criou, com a sua estratégia, um notável algoritmo de geração de argumentos sofísticos. Tanto é assim que a mesma estratégia de disseminar dúvida sobre consensos científicos serviu e vem servindo a várias outras indústrias. Mas, tal como aconteceu com o algoritmo das redes sociais de fortalecimento das mensagens caça-cliques, algo saiu do controle. Em vez de o leigo simplesmente permanecer com seus hábitos de consumo enquanto aguardava o fim de uma discussão da qual não teria as mínimas condições de tomar parte, que era o objetivo da estratégia tabaco, ele passou a se considerar legitimado a dar também a sua opinião. Se o embate das visões opostas de cientistas não era resolvido por eles mesmos e seus alegadamente poderosos métodos de encontrar a verdade, acreditou-se que a razão das divergências estava no fato de que elas seriam simples narrativas. A reação não foi a passividade diante de uma discussão que não poderia arbitrar, desejada pela estratégia tabaco, mas a autorização para cada um criar as próprias narrativas em temas que antes eram privativos do conhecimento científico. Para as indústrias da estratégia tabaco, esse resultado imprevisível de seu algoritmo não representava nenhum problema, porque o objetivo de exortação à dúvida havia se cumprido. Para a imagem da ciência e dos cientistas, contudo, foi um desastre de grandes proporções.

Quando positivistas entusiasmados e críticos das narrativas de pós-verdade imputam a culpa pelo descrédito das ciências aos filósofos pós-modernos, eles não estão sendo apenas injustos. Eles estão perdendo a oportunidade de debater a questão epistemológica de fundo que esse descrédito suscita: como reconhecer a relatividade da ciência e, ao mesmo tempo, excluir a completa arbitrariedade propagada pelo negacionismo científico? Para os positivistas, parece que antes de enfrentar essa discussão, na academia e no debate público, seria necessário deter uma inesperada epidemia de irracionalidade.

Uma epidemia de irracionalidade?

Steven Pinker é um positivista entusiasmado. Ele deposita no poder ilimitado da razão e da ciência a mesma confiança dos pensadores iluministas. Atribui os progressos do século XX na expectativa de vida, saúde, paz, segurança, igualdade de direitos e outros indicadores, todos mensurados e devidamente representados por gráficos, a um "novo iluminismo" (Pinker, 2018). É compreensível, assim, que o conteúdo de uma quantidade enorme de postagens nas redes sociais faça Pinker indagar "o que está errado com as pessoas?"

Em sua resposta, ele identifica sintomas de uma epidemia de irracionalidade. Destaca que a difusão de "imposturas virais, como as lendas urbanas, manchetes de tabloides e *fake News*" é compreensível pelo "entretenimento fantástico" que proporciona, assim como as teorias da conspiração e rumores de todo tipo (Pinker, 2021:325-327). Mas entender que o entretenimento possa ser uma razão para as irracionalidades veiculadas nessas postagens, ressalta Pinker, não significa perdoar os que as apreciam e retransmitem. É necessário combater a epidemia e restaurar o curso do novo iluminismo.

A epidemia, na visão de Pinker, seria causada por um relativamente enigmático déficit de racionalidade. Ele mensura o déficit pela insuficiência de conhecimentos científicos, em particular nas áreas da lógica e da estatística, que identifica mesmo nas pessoas mais instruídas. Acredita que as plataformas aperfeiçoaram os "seus algoritmos para parar de recompensar falsidades perigosas", mas outras medidas poderiam ser tomadas para "fortalecer o sistema imune cognitivo em nós mesmos e em nossa cultura" (Pinker, 2021:331).

Pinker cogita, então, de medidas como o oferecimento de cursos e videogames "bem projetados" para ensinarem os jovens a evitar falácias e o aumento da carga horária reservada à estatística na educação, desde o nível fundamental até o superior. Além dessas, empolga-se com a perspectiva de uma ação coletiva iniciada pelas pessoas racionais, cada uma contribuindo para a valorização da norma da racionalidade "sorrindo ou fazendo cara feia para hábitos racionais e irracionais" (Pinker, 2021:331). Essa comunidade da racionalidade acabaria servindo de modelo para uma mudança dos "costumes de toda sociedade". Para Pinker, em decorrência dos sorrisos e caras feias da comunidade da racionalidade, as pessoas em geral acabariam se habituando a admitir incertezas em suas crenças, questionar os pressupostos do próprio grupo político e rever conceitos diante de novos fatos, assim como passariam a considerar uma "gafe mortificante" fazer inferências a partir de casos isolados, confundir correlação com causalidade ou incorrer em falácias informais como a de invocar argumentos de autoridade (cf. Pinker, 2021:301-337).

As medidas de fortalecimento do sistema imune cognitivo para combate da epidemia de irracionalidade, que grassaria nas redes sociais, propostas por Pinker soam-me demasiadamente ingênuas, tanto quanto a crença dele no aperfeiçoamento dos algoritmos que teria sido empreendido pelas empresas de redes sociais para cessar as recompensas às mensagens falsas perigosas.

Na verdade, a difusão das exortações da nova sofística não se deve a déficits de racionalidade entre os usuários das redes sociais. Embora seja inegável que as pessoas têm diferentes capacidades para o processamento de informações complexas e isso pode significar que algumas delas estejam mais bem preparadas para se defender das narrativas da pós-verdade, o problema está longe de ser uma mera questão de racionalidade. Mesmo que todos nós nos tornássemos positivistas entusiasmados (algo altamente improvável e indesejável) e excelentes conhecedores de estatística, ainda assim as narrativas da pós-verdade, a nova sofística, continuaria a existir. Isso porque a sua causa não é um surto de irracionalidade irrompido ao meio do novo iluminismo. Como estamos vendo, a causa é o modelo de negócios das empresas de redes sociais. Enquanto existir esse modelo, as redes sociais continuarão a antagonizar os *conflitos* entre seus usuários, e se não os encontrar nas irracionalidades, irão buscá-los nos recônditos de suas almas, onde habitam os preconceitos, os arroubos da indignação ideológica, as fraquezas psicológicas, as emoções desenfreadas e toda a sorte de dimensões do humano que escarneiam do poder da razão.

De qualquer modo, admitindo-se que sejam factíveis e eficientes, as medidas de fortalecimento do sistema imune cognitivo aventadas por Pinker só apresentariam resultado muito a longo prazo. Enquanto isso, as narrativas de pós-verdade continuariam se expandindo e produzindo estragos. O mais bem-intencionado da comunidade da racionalidade, ao repostar uma inverdade apenas com o objetivo de repreender severamente o conteúdo, por mais cara feia que faça para constranger os irracionais, estará apenas sustentando o modelo de negócios das empresas de rede social, alimentando a causa das narrativas de pós-verdade com seus bem-intencionados cliques.

Causa e condições da nova sofística

Fatos complexos como as narrativas de pós-verdade têm múltiplas determinações. Fatores de variadas ordens contribuem para o seu aparecimento – tecnológicos, políticos, psicológicos, educacionais, sócio-econômicos etc. O complexo das determinações é uma dificuldade para a luta contra a nova sofística. As táticas se justificam dependendo da ênfase colocada em uma ou outra das múltiplas interações desse emaranhado.

O reconhecimento de uma multiplicidade de determinações não significa, contudo, que todas devam ter a mesma hierarquia. Certas determinações são mais importantes que outras, cabendo distinguir entre *causas* e *condições* do aparecimento da nova sofística. As condições sem a causa não a teriam gerado, embora a causa tampouco existiria sem as condições. Mas são determinações de hierarquias diferentes. É mesmo uma discussão retoricamente complexa.

Determinado desenvolvimento da tecnologia da informação, a invenção dos *smartphones* e dos aplicativos de redes sociais foram condições sem as quais não teria aparecido a nova sofística. Mas elas não causaram o aparecimento dessa incômoda realidade. Afinal, poderia perfeitamente ter ocorrido de a informática ter o mesmo desenvolvimento, os *smartphones* serem inventados e os aplicativos de redes sociais se difundirem sem que disso decorresse necessariamente o surgimento das narrativas de pós-verdade. O descrédito das ciências deflagrado pela mercancia das dúvidas foi uma condição, sem ser a causa; do mesmo modo, as demandas políticas associadas a um plebiscito (Brexit) e a eleições presidenciais em diversos países (Trump, Bolsonaro, Órban) forneceram as condições para a propagação de *fake news* pelas redes sociais, mas não deram causa à nova sofística.

A causa da nova sofística, das narrativas de pós-verdade, foi o modelo de negócios adotado pelas empresas de redes sociais. Um modelo que não existiria sem as condições determinantes, como as citadas; mas estas sem a adoção pelas empresas de redes sociais de um modelo de negócios específico também não teriam sido suficientes para deflagrar a nova sofística. O que causou especificamente as narrativas de pós-verdade e transformou os usuários das redes sociais em narradores foi o modelo de engajamento que elas adotaram. Eis a hierarquia: se o modelo de negócios for regulamentado de modo a afastar a causa, não será necessário mexer em nenhuma das condições.

O modelo de negócios "caça-cliques"

O negócio das redes sociais consiste em oferecer ao mercado a publicidade granular, personalizada. Quando o anunciante divulga seu anúncio em um meio tradicional de comunicação em massa, como o rádio, a TV ou a imprensa, a mensagem é apresentada a um vasto conjunto de espectadores ou leitores, em que se presume estaria quantidade expressiva de potenciais consumidores de seu produto ou serviço. Há certa margem para direcionamentos mais eficientes, como o fabricante de cerveja inserir seu anúncio na transmissão de uma partida de futebol. Mas a eficiência de direcionamentos genéricos como esses não se compara com a do direcionamento personalizado que as redes sociais podem oferecer. Elas fazem o anúncio chegar apenas aos potenciais consumidores e muitas vezes no exato momento em que eles estão refletindo sobre comprar o produto ou serviço anunciado. É esse o negócio das empresas de redes sociais. Tudo o mais (democratização da informação, comunidades, superação de distâncias, um mundo melhorado pela conexão etc.) é só uma mensagem publicitária para convencer as pessoas a se tornarem usuárias das redes sociais, para ficarem expostas à publicidade granular.

Para conseguir oferecer a publicidade granular ao mercado, as redes sociais precisam captar e processar uma imensa quantidade de informações sobre cada usuário. E, para tanto, elas precisam manter conectado o maior número deles pelo maior tempo que conseguir. Em outras palavras, as redes sociais dependem da quantidade de cliques dos usuários para ser um veículo de publicidade de direcionamento personalizado que atraia o interesse e o dinheiro dos anunciantes. O grande ativo dessas empresas é o que se denominou de "engajamento" de seus usuários, isto é, a quantidade de tempo que eles dedicam à interação com os demais participantes da rede, clicando bastante e fornecendo a cada clique informações que personalizem cada um deles como potencial consumidor de certos produtos ou serviços.

A captura e processamento das informações sobre as preferências de cada um dos usuários, personalizados como potenciais consumidores, são feitos por inteligência artificial. Isso significa que os dados são trabalhados a partir de critérios não inteiramente controláveis pelos engenheiros e programadores humanos que trabalham nas empresas de redes sociais. Eles tomaram a iniciativa de organizar um poderoso programa finalístico de computador, isto é, estabeleceram o fim a ser alcançado pela máquina deixando a esta a definição dos meios. Definiram como fim a ser alcançado pelo programa o aumento do engajamento e ficaram muito satisfeitos com os resultados, embora não conseguissem explicar exatamente como tinham sido alcançados. Sabiam apenas que o algoritmo do programa finalístico tinha funcionado a contento. (Um parêntese: no modelo caça-cliques, "cliques" é uma metáfora conveniente, porque a inteligência artificial coleta informações sobre os usuários a partir de diversas ações realizadas durante o tempo de conexão, como demorar-se numa postagem, passar rapidamente por outra e até mesmo não clicar.)

Tanto os engenheiros e programadores que trabalhavam nas redes sociais como os usuários que queriam monetizar a sua presença nelas perceberam que o algoritmo tinha ampliado vertiginosamente o engajamento fazendo circular com mais intensidade as mensagens polêmicas. Bebês sorridentes e gatinhos engraçados também geravam uma massa significativa de cliques, mas as mensagens polêmicas engajavam muito mais. Há estudos sugerindo que a probabilidade de uma notícia falsa, por exemplo, circular é da ordem de 70% acima da relativa à verdadeira (Bucci, 2019:43). Talvez poucos ou mesmo nenhum dos engenheiros e programadores soubessem exatamente como a inteligência artificial tinha descoberto que a polêmica era o melhor caça-cliques, mas isso não importava. O resultado estava ali à vista de todos.

A máquina evidentemente não tinha selecionado as mensagens engajadoras por seus conteúdos, que ignora, mas pela quantidade de cliques. Ela cumpriu o objetivo de identificar os meios mais eficientes para dar conta da finalidade para a qual tinha sido programada. A diferença entre pais que confiam na ciência e vacinam seus filhos e pais convencidos de que as vacinas causam autismo é que estes últimos têm uma causa pela qual lutar e estão, por isso, mais motivados a gastar tempo divulgando o movimento antivacina. A inteligência artificial, que nada sabe sobre vacinação, amplia a circulação das mensagens desse movimento apenas por ter concluído de suas medições que elas prendiam os usuários à telinha do *smartphone* por mais tempo. O engajamento digital soava como o reflexo nas redes de algum tipo de engajamento não digital.

Mas se, neste momento, para a inteligência artificial o conteúdo mais ou menos polêmico das mensagens não era escrutinado, para os investidores e administradores das empresas de redes sociais e os candidatos a influenciadores ele estava longe de ser indiferente. O algoritmo tinha descoberto o caminho para a ampliação dos engajamentos; a identidade de objetivos comerciais entre as empresas de redes sociais e os influenciadores fez o resto. Se o programa de computador não tinha uma agenda e tratava o aumento do engajamento como um fim em si mesmo, os humanos nas duas pontas das redes sociais queriam ganhar dinheiro.

O modelo de negócios das redes sociais estimulou cada vez mais as postagens polêmicas dos influenciadores (Fisher, 2022:143-150). Mesmo que o conteúdo não fosse diretamente vendável, a profusão de cliques aumentava o engajamento e propiciava a captação e processamento dos dados que levam à definição de perfis dos potenciais consumidores. Nada mais justo, empresarialmente falando, que os polemistas passassem a ser remunerados pelas redes sociais pela agregação de valor ao negócio baseado em engajamento. A monetização da influência embalada em polêmicas atraiu hordas de pessoas com vontade de se profissionalizar como influenciadores, um jeito aparentemente fácil de fazer dinheiro.

Não tardou, ademais, para o modelo de negócios das redes sociais chamar a atenção de pessoas sem nenhuma motivação diretamente ligada à monetização da influência nas redes sociais. A principal motivação delas não era econômica, mas eleitoral. Políticos e seus assessores perceberam que a base de seguidores de perfis nas redes sociais se multiplicava significativamente quando eram postadas mensagens polêmicas e extremistas. Logo surgiram profissionais oferecendo serviços de "viralidade fabricada" (Fisher, 2022:394).

Como se pode perceber, se as mensagens engajadoras são verdadeiras ou não sempre foi indiferente tanto para as empresas de redes sociais como para os engajadores de motivação puramente econômica ou com objetivos políticos. Nessa etapa da história das redes sociais, o conteúdo das mensagens era irrelevante, incompreensível. Para o algoritmo, bastava que atraísse uma quantidade significativa de cliques. Os humanos engajadores aprenderam com o programa de computador e passaram a agir do mesmo modo, não dando importância à veracidade da mensagem, mas apenas à sua capacidade de polêmica e engajamento digital.

No início, assim, era indiferente para o algoritmo encarregado de aumentar o engajamento das redes sociais se o conteúdo da mensagem trazia gatinhos fofos, discursos de ódio ou defesa do terraplanismo. A maior circulação das mensagens polêmicas parecia então dizer mais sobre a natureza humana que sobre os riscos da inteligência artificial. Mas as máquinas continuaram aprendendo e identificaram conteúdos que, apresentados em determinada sequência a alguns usuários, acabavam por atiçar neles um extremista adormecido (Fisher, 2022:378-388). O maior engajamento digital se tornou, a partir desse aprendizado da inteligência artificial, o resultado direcionado pelas recomendações personalizadas feitas pelas redes sociais a seus usuários. Ainda era um programa finalístico, mas que tinha aprendido a realizar o objetivo de ampliação do tráfego digital por meios mais sofisticados. O conteúdo da mensagem passou a ser escrutinado pelo algoritmo, mas não para conferir a veracidade ou falsidade, e sim para aferir o potencial de ampliação dos exércitos de extremistas digitais. A verdade do veiculado nas redes sociais continuou a ser inteiramente indiferente.

Foi assim que o modelo de negócio das redes sociais criou as narrativas de pós-verdade, dando voz aos novos sofistas.

O algoritmo da nova sofística

A nova sofística é um algoritmo. Possui um traço primário (estímulo à polarização extrema) e secundários (dissimulação das intenções e representação dramática). Começo pelos secundários.

Tanto em *Górgias*, como em *Sofista* e *Protágoras*, alguns dos diálogos de Platão sobre a sofística, Sócrates inicia tentando forçar os interlocutores a confessarem que dominam e ensinam a arte de persuadir a qualquer custo. Sócrates os pressiona a admitirem que são sofistas. Os interlocutores – Górgias, o Estrangeiro e Protágoras – reagem se esquivando, mas acabam reconhecendo que trabalham como professores de técnicas destinadas a vencer debates mesmo sem razão, completamente indiferente à verdade; e que são remunerados por esse trabalho pelos jovens da aristocracia grega interessados em se preparar para tomar parte da vida política.

Entre as artimanhas do conhecimento sofístico está a de ocultar os propósitos que movem quem fala, para sensibilizar mais facilmente quem ouve à exortação. O "junte-se a nós" costuma ser mais eficiente quando se disfarça. Com a ocultação de suas intenções desde o início, o sofista não joga limpo com os destinatários de sua mensagem.

Na publicidade, essa dissimulação não é lícita. A lei obriga que ela seja "veiculada de tal forma que o consumidor, fácil e imediatamente, a identifique como tal" (CDC, art. 36). Nas redes sociais, contudo, essa norma legal de transparência é cotidianamente desrespeitada, sem que os órgãos estatais repressores e a entidade de autorregulamentação publicitária (Conar) consigam reagir de modo eficiente. Grassa impune o que o moribundo Strategic Communication Laboratories (SCL Group) eufemisticamente já chamou de "comunicação comportamental". É o conceito cunhado para sintetizar o que se considera a grande revolução no *marketing* do século XXI: promover não mais produtos e suas marcas, mas sim a mudança do comportamento do destinatário da mensagem publicitária (cf. Rêgo; Barbosa, 2020:104). A comunicação comportamental se traduz, assim, em uma dissimulada exortação à ação, como são as típicas da nova sofística.

O SCL Group, diga-se de passagem, é uma empresa sediada no Reino Unido que se define como uma agência global de gerenciamento de eleições. Um de seus braços era a Cambridge Analytica, responsável por indevidas influências no Brexit e na eleição presidencial norte-americana de 2016, que teriam sido decisivas para a vitória da campanha *leave.EU* no plebiscito e para a eleição de Trump. O escândalo gerou multas para o Facebook e a falência da Cambridge Analytica. A agência anunciou o encerramento de suas atividades em 2018, mas não o efetivou por completo.

Além da dissimulação das intenções, o recurso à representação dramática é outro traço secundário do algoritmo da nova sofística. Trata-se de equação ligada à exortação dissimulada. Os novos sofistas agem muitas vezes como atores, conscientes de estarem dando voz e corpo a um personagem e não necessariamente transmitindo ideias que são deles. Em *Sofista*, Platão já apontava essa característica do sofista como mimetizador (*Sofista*, 233b-237a). "Mimese" é imitação, mas também se pode traduzir por "representação" (Malhadas, 2003:18). O novo sofista, por estar descompromissado com a verdade ou verossimilhança em seu esforço focado em exortar o interlocutor à ação, pode fazer-se porta-voz de ideias das quais descrê; ele pode atuar, representar, dramatizar a mensagem.

O descompromisso com a verdade ou verossimilhança não significa que os narradores estejam sempre mentindo e nunca digam coisas nas quais acreditem. Um *antivaciner* pode honestamente acreditar que as vacinas sejam perigosas. O descompromisso da nova sofística pode ou não acrescentar à exortação a característica da representação.

O traço primário do algoritmo da nova sofística é o antagonismo sem fim, a polêmica deliberada, a recusa definitiva a qualquer entendimento, concordância ou composição; é o tensionamento constante, o acirramento dos conflitos no lugar de seu tratamento, a insuperável divisão da sociedade em "eles contra nós". Para estimular polarizações em qualquer assunto, o algoritmo investe todos os novos sofistas na condição de pessoas legitimadas e preparadas a intervir em qualquer debate. Aliás, Aristóteles já havia notado que a sofística permite aos sofistas granjear a fama de "ser perito em todas as coisas" (*Refutações*, 175a).

Além da autoinvestidura na competência para falar sobre qualquer assunto, a nova sofística é impermeável a qualquer troca de ideias a não ser com os próprios narradores e para reforçar a narrativa. Se a retórica, como pretende Latour, é a criação de uma assimetria entre alegações que seja muito difícil reverter (1998:306), a sofística é a de uma assimetria impossível de ser revertida, porque se nega ao diálogo, apela a falas *ad hominem* e, de qualquer modo, não dá importância à verdade ou verossimilhança – com estas assimetrias, o novo sofista não se dispõe minimamente a rever nada de sua alegação.

O algoritmo da nova sofística é: 1) crie o "nós" com apelos a uma identidade a mais definida possível; 2) crie o "eles" fazendo o contrário, isto é, com contornos os mais imprecisos possíveis; e 3) coloque o "eles" contra o "nós", nunca o contrário, fazendo reiterados apelos indignados contra as ameaças à identidade do "nós" e mobilizando os medos provocados pelos "eles" que, em razão da imprecisão, cada interlocutor pode livremente escolher.

O algoritmo da nova sofística serve a qualquer ideologia (Andriolo, 2021:192). Os novos sofistas serão conservadores se estiver em voga algum tipo de otimismo com o progresso, assim como serão progressistas quando predominar o espírito de conservadorismo. O que há de novo na nova sofística de direita não é o algoritmo do antagonismo. No Brasil, progressistas já bradavam nos palanques o "eles contra nós" muito antes de as redes sociais existirem. A novidade foi a perspicácia dos conservadores em perceber que o aprendizado das máquinas, a inteligência artificial e o *big data* exponenciariam o alcance econômico e político do algoritmo do antagonismo.

A nova sofística não é uma exortação exclusiva da direita conservadora. Os conservadores foram apenas os primeiros a entender o enorme potencial do emprego maciço da tecnologia da informação de ponta na exortação sofística, para fins políticos. Foram os primeiros a *aprenderem* com a inteligência artificial das redes sociais que polarização extremada gera mais cliques e podem gerar votos. Os conservadores apenas foram alunos mais atentos que os progressistas.

O campo de batalha: a epistemologia

A tecnologia da informação acrescenta mais camadas à perversidade dos incentivos inerentes ao modelo de negócio das redes sociais. A dificuldade de identificação e responsabilização do produtor do conteúdo é um estímulo vigoroso para a difusão de mensagens pós-verdadeiras. E se o interesse na propagação delas não é diretamente econômico, mas político-eleitoral, o produtor de conteúdo investe em robôs que criarão perfis falsos de usuários para automatizar o incremento de engajamento. Com esses incentivos, a circulação de narrativas de pós-verdade nas redes sociais ganha uma dose extra de impulso, além da inerente ao modelo de negócios das redes sociais. A pós-verdade ascende a uma gigantesca escala, com máquinas ajudando máquinas a multiplicar engajamentos.

Os resultados projetados fora das redes sociais foram também imensos: corrosão da confiança na ciência e nas mídias tradicionais, eclosão de explicações irracionais e místicas, recrudescimento de pautas conservadoras nos costumes e seus preconceitos, radicalização e reconfiguração da política, messianismo e ameaça à democracia.

É improvável que as empresas de redes sociais as tenham modelado intencionalmente como portentosas máquinas de desinformação. A alternativa mais plausível é a de projeção no modelo de negócios de uma característica dos sistemas de informática, ou seja, a de desempenhos desses sistemas não previstos pelos *designers* e que surgiram da sua interação com os usuários (Cesarino, 2022:101). Como quer que tenha sido, porém, é fato que os incentivos perniciosos do modelo de negócios das redes sociais ao desinteresse com a verdade acabou nos cercando de falsidades das mais variadas formas e conteúdos, sem nenhuma espécie de filtragem.

Na reflexão que proponho neste livro, as narrativas de pós-verdade ganham um refúgio epistemológico, uma acomodação na teoria do conhecimento. Mas essa reflexão não é um insonso deleite teórico, de mero aprimoramento de certa taxonomia no contexto da teoria do conhecimento. Estou convencido que a luta contra as narrativas de pós-verdade não pode contornar a discussão epistemológica. A epistemologia é o campo de batalha desde que as narrativas da pós-verdade investiram no descrédito da ciência.

Princípio da incerteza, incompletude de sistemas axiomáticos, demarcação pela falseabilidade, inexistência de método, quebra de paradigmas e etnografia da ciência são alguns dos temas que relativizam a verdade científica. Eles levam a perguntas do tipo: como é possível que as mensurações da mecânica quântica produzam resultados previsíveis (e ela os produz em abundância) se impera o princípio da incerteza? Diante de perguntas como esta, muitas pessoas suspeitam de falta de autenticidade dos cientistas: "se eles sabem que a ciência não é um conhecimento exato, então são uns falsos quando posam de sabichões e, por isso, não merecem confiança em nenhuma circunstância" – está aí uma explicação indiferente à verdade, mas suficientemente simples de se processar para ser repassada com facilidade e viralizar.

Em sua disseminação, as narrativas de pós-verdade se aproveitam dessa tradução simplificadora, em que a complexidade da discussão sobre os limites da ciência se converte em inautenticidade de cientistas fanfarrões. Se a ciência não nos pode dar certeza da verdade, se o observador importa, se de tempos em tempos é preciso abandonar os fundamentos até então válidos para adotar outros – se assim é, os narradores de pós-verdade concluem que a empáfia toda do conhecimento científico é apenas a tentativa de ocultar uma série de narrativas subjetivas, feitas por quem apenas alardeia ser o detentor de uma verdade objetiva, mas que dela sabe tanto quanto qualquer outra pessoa comum do povo.

Moderação

Pressionadas a barrarem as narrativas da pós-verdade, as empresas de redes sociais foram buscar a solução no campo de batalha, na epistemologia. Como ressalta Evgeny Morozov, "diante de todos os problemas, o Vale do Silício" reage sempre "produzindo mais 'computação' (ou código de palavras) ou processando mais 'informações' (ou dados)". São as duas únicas respostas conhecidas. Trata-se, assim, de um "problema de epistemologia", em que "a visão do mundo é fortemente distorcida por seu modelo de negócio" (Morozov, 2018:39).

Para controlar o trânsito de discursos de ódio, da desinformação e narrativas de pós-verdade, o desligamento de camadas da inteligência artificial, como já aconteceu em momentos críticos, é a solução recomendada por especialistas independentes. Mas a medida reduziria o engajamento afetando os lucros das empresas de redes sociais. Por isso, elas rejeitam essa alternativa e apostam no controle do fluxo de mensagens via aperfeiçoamento da "moderação". Se elas mesmas conseguirem conter a programação caça-cliques, evitarão as regulações e continuarão livres para decidir como lhes é conveniente lucrar.

Em termos mais precisos, o aperfeiçoamento da moderação que as empresas têm em mente é uma questão de engenharia, de programação algorítmica. Elas apostam que, contratando um exército de moderadores humanos e pondo um bem desenhado programa de inteligência artificial a acompanhar o trabalho deles, as próprias máquinas irão aprender como selecionar corretamente quais são as mensagens que podem transitar pelas redes sociais e quais devem ser bloqueadas. Depois que a inteligência artificial aprender como se faz a tarefa, os moderadores humanos serão dispensados e a vida seguirá sua trajetória rumo à felicidade plena prometida pelo mundo inteiramente conectado.

Os engenheiros e administradores das empresas de redes sociais acreditam firmemente que é só uma questão de tempo; o tempo necessário para as máquinas aprenderem mais esta tarefa. Por isso, a estratégia delas tem sido a de tentar postergar as regulações estatais com a promessa de que tudo está sob controle, em meio a falas pendulares entre a defesa intransigente da liberdade de expressão e a responsabilidade coletiva pela construção de um mundo melhor. Precisam apenas ganhar tempo para que as máquinas consigam aprender os critérios de moderação, de seleção de mensagens indesejadas, aplicados pelos humanos.

Não tem funcionado. E não vai funcionar.

Decidir se determinada mensagem deve circular ou ser bloqueada é dar tratamento ao conflito entre quem a postou e a sociedade. A questão é que os conflitos não são passíveis de tratamento pela limitada lógica binária da inteligência artificial. O raciocínio empregado é muito mais complexo. É retórico, impermeável ao digital, ao binário, ao verdadeiro-falso. Para que o controle do fluxo das narrativas de pós-verdade, discursos de ódio e desinformação nas redes sociais pudesse dar certo pela solução algorítmica dos engenheiros, seria necessário o atendimento de uma condição que decididamente não existe: a capacidade humana de reorganizar cientificamente a sociedade.

Tecnologia persuasiva?

Se eu pedir a um programa de inteligência artificial que redija um argumento destinado a convencer qualquer destinatário sobre a importância da leitura para o desenvolvimento cognitivo das crianças, a tarefa será executada rápida e eficientemente. Isso, porém, não significa que a inteligência artificial tenha dominado a retórica. Ela irá preparar o texto convincente operando binariamente, a única forma de a máquina processar informações de acordo com a tecnologia até agora desenvolvida.

Advogados já usam a inteligência artificial para redigir petições e juízes para encontrar a melhor fundamentação de suas sentenças. Nesses usos, porém, não há nenhuma grande revolução no modo de ser do direito. Os profissionais jurídicos já usam há tempos as ferramentas de buscas para suas pesquisas de doutrina e jurisprudência; a inteligência artificial nada mais é do que uma dessas ferramentas – um bocado mais sofisticada porque, em vez de apresentar uma lista de *links* para o pesquisador humano consultar, relacionar o conteúdo de uns com o de outros e, afinal, os resumir em um texto próprio com estilo e estrutura, é a máquina que faz tudo isso por ele. Quando empregam essa ferramenta, advogados e magistrados estão sendo retóricos, mas não as máquinas, que continuam binárias, 0 ou 1.

Se um dia os computadores conseguirem processar informações de modo não binário, eles poderão talvez ser retóricos, no sentido de conseguirem criar argumentos verossímeis em função de um repertório. Por enquanto, a inteligência artificial apenas colhe e organiza binariamente os argumentos já existentes no imenso banco de dados de que faz uso para redigir determinado texto, pouco importando se o resultado é ou não argumentativamente convincente de acordo com a computação de padrões de verossimilhança. Somente após a tecnologia da informação superar a limitação do processamento binário de informações (0/1 ou V/F) é que será possível, por exemplo, começarmos a cogitar do emprego de máquinas de julgamento substituindo os juízes togados; ou de inteligência artificial moderando as redes sociais de modo eficiente.

Estão em desenvolvimento os computadores quânticos, máquinas que processam informações de modo não binário, mediante a superposição das variáveis 0 e 1 criando pelo menos mais uma nova variável. Mas, por enquanto, a superposição tem sido extremamente fugaz, como é comum no campo da mecânica quântica. Ademais, uma máquina retórica deve ser capaz de processar informações com variáveis de "repertórios de verossimilhanças" que são, por definição, indetermináveis.

A retórica é tão importante quanto a lógica. Cada modo de raciocinar é útil em situações diferentes. Conflitos resolvem-se retoricamente, e não logicamente. Enquanto a inteligência artificial não for retórica (não se sabe se um dia será), ela não conseguirá fazer a "moderação" das redes sociais. Com os instrumentos tecnológicos existentes, a nova sofística das narrativas de pós-verdade só terá fim se a lei determinar o desligamento de camadas da inteligência artificial que comanda as redes sociais.

Configuração do algoritmo e valores democráticos

O modelo de negócios "caça-cliques" das redes sociais deve ser regulamentado para reduzir o alcance da inteligência artificial. Camadas desse alcance devem ser removidas para que as decisões dos usuários sejam mais determinantes nas interações.

Os defensores da liberdade de as empresas das redes as organizarem livremente costumam alegar que a inteligência artificial seria neutra. Que ela, ao identificar que discursos de ódio e polêmicas geram mais cliques, na verdade não identificou isso pelo conteúdo das mensagens, mas simplesmente pelas sequências binárias delas. Se tais mensagens geram mais cliques, isso se deveria, segundo a alegação desses defensores, apenas à "natureza humana", às propensões de grande parte dos humanos à misoginia, à xenofobia, ao racismo, à mentira, ao fanatismo etc. É como se dissessem: "nós, os humanos, somos assim mesmo... não são os algoritmos que criam o mentiroso, o perverso, o supremacista...".

A neutralidade da IA é questionada por alguns estudiosos, mas nem quero entrar nessa questão. O fato é que se mantém uma leniência com o modelo de negócios "caça-cliques" que não corresponde ao modo como a espécie tem lidado, há milênios, com os conflitos endógenos. Ninguém diz que os modelos de negócios de quem extorque mediante sequestro, do rufião, do traficante de escravas sexuais ou do comerciante de órgãos humanos não deveriam ser proibidos porque nós, humanos, "somos assim mesmo".

O Waze, o popular aplicativo de caminhos que pertence ao Google desde 2013, já fez algumas tentativas para possibilitar ao usuário meios de evitar percursos que incluam ruas com favelas em São Paulo e no Rio de Janeiro. Como é impossível fazer isso por qualquer critério objetivo, a reconfiguração da inteligência artificial com esse propósito se orienta necessariamente por preconceitos de classe e raça. O aplicativo teve de recuar nessas tentativas. Não há razão para tratar as configurações algorítmicas das redes sociais de modo diferente: elas também têm de se amoldar aos valores da sociedade democrática.

A conclusão do aparte

Não tenho nenhuma esperança de que nos livraremos da indústria da desinformação enquanto o atual modelo de negócios de caça-cliques for lucrativo ou lícito. Não devemos nos iludir com tentativas de aperfeiçoamento da moderação e revisões dos termos de uso porque, em essência, essas medidas contrariam o objetivo de lucro das empresas de redes sociais e dos influenciadores. Enquanto não houver regulamentação, continuaremos expostos à polarização e aos riscos da exortação sofística de engajamento digital e não digital. Temos, por isso, pela frente ainda uma longa luta contra as narrativas de pós-verdade.

A minha contribuição para essa luta é muito pontual. Eu não indico nenhuma solução nova em torno da qual devamos nos unir todos nós, os inconformados com os riscos das redes sociais à saúde pública, à democracia e à convivência harmônica. A solução já se conhece – é o desligamento de camadas das inteligências artificiais construídas para impulsionar engajamentos. O norte da urgente regulamentação do modelo de negócios das empresas de redes sociais é *Nenhum clique sofístico! Nenhum clique indiferente à verdade ou à verossimilhança!*

Nessa contribuição, tenho também o objetivo de resguardar um tipo de saber do fogo amigo. É preciso demarcar um conhecimento útil e necessário, mas que não lida com a verdade, nem mesmo em sua dimensão provisória; um saber que tem sido confundido com as narrativas de indiferença à verdade. Contribuo com um longo aparte, solicitado aos discursos de objeção às narrativas de pós-verdade que as desqualificam genericamente como "retóricas". É um aparte para dizer que essas narrativas não são retóricas; que a retórica é um saber indispensável, que não pode ser sacrificada inadvertidamente em meio ao combate pela dignidade da verdade.

A ciência lida com a verdade e as humanidades com a verossimilhança, enquanto a pós-verdade, esse saber indiferente ao verdadeiro e ao verossímil, é sofística.

O que há de novo na nova retórica e o que há de novo na nova sofística são novidades diferentes, opostas mesmo. A novidade na retórica é vir à luz. Na sofística, é o uso de tecnologias que a mantenham nas sombras. Quanto mais luz a nova retórica trouxer à retórica, mais iluminará também a nova sofística. Quanto menos luz se projetar na retórica, tomando-a por sinônimo de discursos levianos, mais a sofística permanecerá invisível e ardilosa.

E com isso encerro o aparte. Na luta contra a pós-verdade, é um equívoco qualificá-la de discurso retórico. Trata-se de uma acusação que, além de infundada e injusta, só atrapalha a devida compreensão dos fatos e a correta orientação da luta. Demarcar e dignificar a retórica, antes de serem inférteis precisões epistemológicas, são ações políticas.

Bibliografia

AGOSTINHO [*Confissões*]. *Confissões*. Tradução: J. Oliveira Santos e Ambrósio de Pina. São Paulo: Victor Civita (Editor), [19--]. v. VI. (Coleção Os Pensadores).
AGOSTINHO [*Doutrina*]. *A doutrina cristã*: manual de exegese e formação cristã. São Paulo: Paulus, 2002.
ALEXY, Robert [1978]. *Teoria da argumentação jurídica*: a teoria do discurso racional como teoria da justificação jurídica. Tradução: Zilda Hutchinson Schild Silva. São Paulo: Landy, 2001.
ALEXY, Robert [1986]. *Teoria dos direitos fundamentais*. Tradução: Virgílio Afonso da Silva. São Paulo: Malheiros, 2008.
ALEXY, Robert [2013]. *Teoria discursiva do direito*. Organização, tradução e estudo introdutório: Alexandre Travessoni Gomes Trivisonno. Rio de Janeiro: GEN-Forense, 2015.
ALIGHIERI, Dante [1309]. *Convívio*. Tradução, introdução e notas: Emanuel França de Brito. São Paulo: Companhia das Letras, 2019.
ALVES, Marcelo [2007]. *Antígona e o direito*. Curitiba: Juruá, 2008.
ANDRIOLO, Eric Veiga [2021]. *A estratégia pós-verdade*: táticas de deslegitimação. Curitiba: Appris, 2021.
ARISTÓTELES [*Ética*]. *Ética a Nicômaco*. Tradução da versão inglesa de W. D. Rosá: Leonel Vallandro e Gerd Bornheim. São Paulo: Victor Civita (Editor), 1973. v. IV. (Coleção Os Pensadores).
ARISTÓTELES [*Primeiros Analíticos*]. *Organon*. Tradução para o francês: J. Tricot. Paris: Librairie Philosophique J. Vrin, 1992. v. III: *Les premiers analytiques*.

ARISTÓTELES [*Refutações*]. *Organon*. Tradução para o francês: J. Tricot. Paris: Librairie Philosophique J. Vrin, 1995. v. VI: *Les refutations sophistiques*.

ARISTÓTELES [*Tópica*]. *Organon*. Tradução para o francês: J. Tricot. Paris: Librairie Philosophique J. Vrin, 1997. v. V: *Les topiques*.

ARISTÓTELES [*Retórica*]. *Retórica*. Tradução: Manuel Alexandre Júnior, Paulo Farmhouse Alberto e Abel do Nascimento Pena. São Paulo: WMF Martins Fontes, 2012.

ATIENZA, Manuel [2000]. *As razões do direito*: teorias da argumentação jurídica Perelman, Toulmin, MacCormick, Alexy e outros. Tradução: Maria Cristina Guimarães Cupertino. São Paulo: Landy, 2000.

BACON, Francis [1605]. *O progresso do conhecimento*. Tradução, apresentação e notas: Raul Fiker. São Paulo: Editora Unesp, 2007.

BARILLI, Renato [1979]. *Retórica*. Tradução: Graça Marinho Dias. Lisboa: Presença, 1985.

BAUMAN, Zygmunt [1978]. *Hermenêutica e ciência social*: abordagens da compreensão. Tradução: Fernando Santos. São Paulo: Editora Unesp, 2022.

BERGSON, Henri [1907]. *A evolução criadora*. Tradução: Adolfo Casais Monteiro. São Paulo: Editora Unesp, 2010.

BERNSTEIN, Jeremy [1966]. *Albert Einstein e as fronteiras da física*. Tradução: Arthur Czarnobai. São Paulo: Claro Enigma, 2013.

BIRD, Kai; SHERWIN, Martin J. [2005]. *Oppenheimer*: o triunfo e a tragédia do Prometeu americano. Tradução: George Schlesinger. Rio de Janeiro: Intrínseca, 2023.

BLOOR, David [1991]. *Conhecimento e imaginário social*. Tradução: Marcelo do Amaral Penna-Forte. São Paulo: Editora Unesp, 2009.

BOBBIO, Norberto [1961]. *O positivismo jurídico*: lições de filosofia do direito. Tradução: Márcio Pugliesi, Edson Bini e Carlos E. Rodrigues. São Paulo: Ícone, 1995.

BOBBIO, Norberto [1977]. *Dalla struttura alla funzione*: nuovi studi di teoria del diritto. Milano: Edizioni di Comunità, 1977.

BOBBIO, Norberto [1997]. *Autobiografia*: uma vida política. Organização: Alberto Papuzzi. Tradução: Luiz Sérgio Henriques. São Paulo: Editora Unesp, 2017.

BOHR, Niels [1958]. *Física atômica e conhecimento humano*: ensaios 1932-1957. Tradução: Vera Ribeiro. Rio de Janeiro: Contraponto, 1995.

BORGES, Jorge Luis [2018]. *Borges esencial*. Barcelona: Penguin Random House; Real Academia Española; Asociación de Academias de la Lengua Española, 2018.

BRÉHIER, Émile [1931]. *História da filosofia*: período helenístico e romano. Tradução: Eduardo Sucupira Filho. São Paulo: Mestre Jou, 1978.

BRITO, Emanuel França de [2019]. Introdução. *In*: ALIGHIERI, Dante. *Convívio*. São Paulo: Companhia das Letras, 2019.

BUCCI, Eugênio [2019]. *News não são fake – e fake news não são news*. *In*: BARBOSA, Mariana (org.). *Pós-verdade e fake news*. São Paulo: Cobogó, 2020.

CAPRA, Fritjof [1975]. *O tao da física*: uma análise dos paralelos entre a física moderna e o misticismo oriental. Tradução: José Fernandes Dias. São Paulo: Cultrix, 2013.

CARVALHO, Paulo de Barros [2008]. *Direito tributário, linguagem e método*. São Paulo: Noeses, 2008.

CARVALHO, Paulo de Barros [2016]. *Lógica jurídica e lógicas jurídicas*. *In*: CARVALHO, Paulo de Barros (coord.). *Lógica e direito*. São Paulo: Noeses, 2016. pp. 171-185.

CESARINO, Letícia [2022]. *O mundo do avesso*: verdade e política na era digital. São Paulo: Ubu, 2022.

CÍCERO [*Orator*]. *Orator*. Tradução para o francês: Albert Yon. Paris: Les Belles Lettres, 1964.

CÍCERO [*De oratore*]. *De oratore*. Tradução para o francês: Edmond Courbaud. 4. ed. Paris: Les Belles Lettres, 1966. v. III.

COELHO, Fábio Ulhoa [1992]. *Introdução à lógica jurídica*. 9. ed. São Paulo: RT, 2022.

COELHO, Fábio Ulhoa [1995]. *Para entender Kelsen*. 7. ed. São Paulo: RT, 2019.

COELHO, Fábio Ulhoa [2021]. *Biografia não autorizada do direito*. São Paulo: WMF Martins Fontes, 2021.

COELHO, Fábio Ulhoa [2022]. *Os livres podem ser iguais?* São Paulo: WMF Martins Fontes, 2022.

COELHO, Fábio Ulhoa [2023]. *Conflito*: a origem do direito. São Paulo: WMF Martins Fontes, 2023.

COPI, Irving M. [1953]. *Introdução à lógica*. 3. ed. em português. Tradução: Álvaro Cabral. São Paulo: Mestre Jou, 1981.

DA COSTA, Newton C. A. [1961]. *Introdução aos fundamentos da matemática*. 4. ed. São Paulo: Hucitec, 2008.

DA COSTA, Newton C. A. [2018]. *O conhecimento científico*. São Paulo: Discurso Editorial, Paulus, 2018.

DA COSTA, Newton C. A.; SERBENA, Cesar Antonio; VALLE, Mauricio Dalri Timm do [2016]. *Lógica hodierna e a ciência do direito*. In: CARVALHO, Paulo de Barros (coord.); BRITTO, Lucas Galvão de (org.). *Lógica e direito*. São Paulo: Noeses, 2016.

D'ANCONA, Matthew [2017]. *Pós-verdade*: a nova guerra contra os fatos em tempos de *fake news*. Tradução: Carlos Szlak. Barueri: Faro Editorial, 2018.

DELEUZE, Gilles; GUATTARI, Félix [1973]. *O anti-Édipo*. Tradução: Luiz B. L. Orlandi. São Paulo: Editora 34, 2022.

DELEUZE, Gilles; GUATTARI, Félix [1980]. *Mil platôs*. Tradução: Ana Lúcia de Oliveira, Aurélio Guerra Neto e Célia Pinto Costa. São Paulo: Editora 34, 2011. v. 1.

DELEUZE, Gilles; GUATTARI, Félix [1991]. *O que é a filosofia?* Tradução: Bento Prado Júnior e Alberto Alonso Muñoz. São Paulo: Editora 34, 2020.

DERRIDA, Jacques [1993]. *Espectros de Marx*. Tradução: Anamaria Skiner. Rio de Janeiro: Relume Dumará, 1994.

DILTHEY, Wilhelm [1883]. *Introdução às ciências humanas*: tentativa de uma fundamentação para o estudo da sociedade e da história. Tradução: Marco Antônio Casanova. Rio de Janeiro: GEN-Forense Universitária, 2010.

DUNKER, Christian; IANNINI, Gilson [2023]. *Ciência pouca é bobagem*: por que a psicanálise não é pseudociência. São Paulo: Ubu, 2023.

DURKHEIM, Émile [1894]. *As regras do método sociológico*. Tradução: Walter Solon. São Paulo: Edipro, 2012.

DURKHEIM, Émile [1911]. Representações individuais e representações coletivas. *In*: DURKHEIM, Émile. *Sociologia e filosofia*. Organização: Célestin Bouglé. Tradução: Evelyn Tasche. São Paulo: Edipro, 2015. pp. 25-50.

DURKHEIM, Émile [1912]. *As formas elementares de vida religiosa*: o sistema totêmico na Austrália. Tradução: Joaquim Pereira Neto. São Paulo: Paulus, 2021.

DURKHEIM, Émile; FAUCONNET, Paul [1903]. Sociologia e ciências sociais. *In*: DURKHEIM, Émile. *A sociologia e as ciências sociais*. Tradução: Claudia Berliner. São Paulo: WMF Martins Fontes, 2020.

DWORKIN, Ronald [1977]. *Levando os direitos a sério*. Tradução: Nelson Boeira. São Paulo: WMF Martins Fontes, 2011.

BIBLIOGRAFIA

DWORKIN, Ronald [1996]. *O império do direito*. 3. ed. Tradução: Jefferson Luiz Camargo. São Paulo: Martins Fontes – Selo Martins, 2014.

ECO, Umberto [1968]. *A estrutura ausente*: introdução à pesquisa semiológica. Tradução: Pérola de Carvalho. São Paulo: Perspectiva, 2013.

ECO, Umberto [1973]. *As formas do conteúdo*. Tradução: Pérola de Carvalho. São Paulo: Perspectiva, 2004.

EINSTEIN, Albert [2012]. Max Planck. *In*: PLANCK, Max. *Planck*: autobiografia científica e outros ensaios. Organização: César Benjamin. Tradução: Estela dos Santos Abreu. Rio de Janeiro: Contraponto, 2012.

EMPOLI, Giuliano da [2019]. *Os engenheiros do caos*: como as *fake news*, as teorias da conspiração e os algoritmos estão sendo utilizados para disseminar ódio, medo e influenciar eleições. Tradução: Arnaldo Bloch. São Paulo: Vestígio, 2022.

ESBELL, Jaider [2020]. A arte indígena contemporânea como armadilha para armadilhas. *In*: MESQUITA, André; GARCÍA-ANTÓN, Katya (org.). *Histórias indígenas*: antologia. São Paulo: Masp, 2023. pp. 323--327.

FERRAZ JÚNIOR, Tércio Sampaio [1973]. *Direito, retórica e comunicação*: subsídios para uma pragmática do discurso jurídico. 3. ed. São Paulo: Atlas, 2015.

FERRAZ JÚNIOR, Tércio Sampaio [1978]. *Teoria da norma jurídica*. Rio de Janeiro: Forense, 1978.

FERRAZ JÚNIOR, Tércio Sampaio [1980]. *Função social da dogmática jurídica*. São Paulo: RT, 1980.

FERRAZ JÚNIOR, Tércio Sampaio [1988]. *Introdução ao estudo do direito*: técnica, decisão, dominação. 6. ed. São Paulo: Atlas, 2012.

FERRAZ JÚNIOR, Tércio Sampaio [2014]. *Argumentação jurídica*. Barueri: Manole, 2014. E-book.

FEYERABEND, Paul [1978]. *A ciência em uma sociedade livre*. Tradução: Vera Joscelyne. São Paulo: Editora Unesp, 2011.

FEYERABEND, Paul [1993]. *Against method*. 4. ed. London; New York: Verso, 2010.

FISHER, Max [2022]. *A máquina do caos*: como as redes sociais reprogramaram nossa mente e nosso mundo. Tradução: Érico Assis. São Paulo: Todavia, 2023.

FOUCAULT, Michel [1966]. *As palavras e as coisas*: uma arqueologia das ciências humanas. Tradução: Salma Tannus Muchail. São Paulo: Martins Fontes, 1985.

FOUCAULT, Michel [1973]. *A verdade e as formas jurídicas*. Tradução: Roberto Cabral de Melo Machado e Eduardo Jarcim Morais. Rio de Janeiro: Nau, 1996.

FOUCAULT, Michel [1979]. *Microfísica do poder*. 5. ed. Organização e tradução: Roberto Machado. Rio de Janeiro: Graal, 1985.

FRAZÃO, Ana [2022]. O papel das análises econômicas na difícil tarefa de conciliar valores e consequências na interpretação e aplicação do direito. *In*: FRAZÃO, Ana; CASTRO, Rodrigo R. Monteiro de; CAMPINHO, Sérgio (org.). *Direito empresarial e suas interfaces*: homenagem a Fábio Ulhoa Coelho. São Paulo: Quartier Latin, 2022. v. III, pp. 659-705.

GADAMER, Hans-Georg [1960]. *Verdade e método I*: traços fundamentais da hermenêutica filosófica. 15. ed. Tradução: Flávio Paulo Meurer. Nova revisão da tradução: Enio Paulo Giachini. Petrópolis: Vozes; Bragança Paulista: Editora Universitária São Francisco, 2015.

GADAMER, Hans-Georg [1986]. *Verdade e método II*: complemento e índice. 6. ed. Tradução: Enio Paulo Giachini. Revisão da tradução: Marcia Sá Cavalcante. Petrópolis: Vozes; Bragança Paulista: Editora Universitária São Francisco, 2011.

GAZOLLA, Rachel [2011]. *Pensar mítico e filosófico*: estudos sobre a Grécia Antiga. São Paulo: Loyola, 2011.

GIAMFORMAGGIO, Letizia [1994]. La tolérance lebérale dans la pensée de Chaïm Perelman. *In*: HAARSCHER, Guy (org.). *Chaïm Perelman et la pensée contemporaine*. Bruxelles: Bruylant, 1994. pp. 429-450.

GOULD, Stephen Jay [1981]. *A falsa medida do homem*. Tradução: Valter Lellis Siqueira. São Paulo: WMF Martins Fontes, 2018.

GRAU, Eros [2002]. *Por que tenho medo dos juízes (a interpretação/aplicação do direito e os princípios)*. 6. ed. refundida do *Ensaio e discurso sobre a interpretação/aplicação do direito*. São Paulo: Malheiros, 2013.

HAACK, Susan [1978]. *Filosofia das lógicas*. Tradução: Cezar Augusto Mortari e Luiz Henrique de Araújo Dutra. São Paulo: Editora Unesp, 2002.

HABERMAS, Jürgen [1968]. *Conhecimento e interesse*. Tradução: José N. Heck. Rio de Janeiro: Zahar, 1982.

HABERMAS, Jürgen [1981]. *Teoria do agir comunicativo*: racionalidade da ação e racionalização social. Tradução: Paulo Astro Soethe. Revisão técnica: Flávio Beno Siebeneichler. São Paulo: WMF Martins Fontes, 2012. v. 1.

HABERMAS, Jürgen [2022]. *Uma nova mudança estrutural da esfera pública e a política deliberativa*. Tradução: Denilson Luís Werle. São Paulo: Editora Unesp, 2023.

HALL, Edith [1998]. Literatura e *performance*. In: CARTLEDGE, Paul (org.). *Grécia antiga*. Tradução: Laura Alves e Aurélio Revello. São Paulo: Ediouro, 2009. (Coleção História Ilustrada).

HARARI, Yuval Noah [2012]. *Sapiens*: uma breve história da humanidade. Tradução: Janaína Marcoantonio. Porto Alegre: L&PM, 2019.

HARAWAY, Donna [1991]. *A reinvenção da natureza*: símios, ciborgues e mulheres. Tradução: Rodrigo Tadeu Gonçalves. São Paulo: WMF Martins Fontes, 2023.

HARRIS, Sam [2010]. *A paisagem moral*: como a ciência pode determinar os valores humanos. Tradução: Claudio Angelo. São Paulo: Companhia das Letras, 2013.

HART, Herbert Lionel Adolphus [1961]. *O conceito de direito*. Tradução: Antônio de Oliveira Sette-Câmara. São Paulo: WMF Martins Fontes, 2009.

HAYEK, Friedrich A. [1973]. *Law, legislation and liberty*: A new statement of the liberal principles of justice and political economy – Rules and order. Chicago: The University of Chicago Press, 1983. v. I.

HEGEL, Friedrich [1807]. *Fenomenologia do espírito*. Tradução: Henrique Cláudio de Lima Vaz. São Paulo: Victor Civita (Editor), 1974. (Coleção Os Pensadores, v. XXX).

HEIDEGGER, Martin [1986]. *Ser e tempo*. Tradução: Márcia Sá Cavalcante Schuback. Petrópolis: Vozes, 2009.

HIMMELFARB, Gertrude [2004]. *Os caminhos para a modernidade*: os iluminismos britânico, francês e americano. Tradução: Gabriel Ferreira da Silva. São Paulo: É Realizações, 2011.

HUIZIGA, Johan [1938]. *Homo ludens*: o jogo como elemento da cultura. Tradução: João Paulo Monteiro. São Paulo: Perspectiva, 2019. *E-book*.

HUME, David [1739]. *Tratado da natureza humana*. Tradução: Déborah Danowski. São Paulo: Editora Unesp, 2009.

HUSSERL, Edmund [1913]. *Ideias para uma fenomenologia pura e para uma filosofia fenomenológica*. Tradução: Marcio Suzuki. São Paulo: Ideias & Letras, 2006.

JASPER, Karl [1965]. *Introdução ao pensamento filosófico*. Tradução: Leonidas Hegenberg e Octanny Silveira da Mota. São Paulo: Cultrix, 1976.

KANT, Immanuel [1783]. *Prolegômenos*. São Paulo: Victor Civita (Editor), 1974. (Coleção Os Pensadores, v. XXV).
KARDEC, Allan [1857]. *O livro dos espíritos*. Tradução: Salvador Gentile. 183. ed. Araras: IDE, 2021.
KARDEC, Allan [1861]. *O livro dos médiuns*. Tradução: Salvador Gentile. 89. ed. Araras: IDE, 2021.
KELSEN, Hans [1934]. *Teoria pura do direito*: introdução à problemática jurídico-científica. Tradução: Alexandre Travessoni Gomes Trivisonno. Rio de Janeiro: Forense Universitária, 2021.
KELSEN, Hans [1945]. *General theory of law and State*. 3. ed. Cambridge: Harvard University Press, 1949.
KELSEN, Hans [1955]. *A teoria comunista do direito*. Tradução: Pedro Davoglio. São Paulo: Contracorrente, 2021.
KELSEN, Hans [1960]. *Teoria pura do direito*. Tradução: João Baptista Machado. Coimbra: Arménio Amado, Editor, Sucessor, 1979.
KLUG, Ulrich [1951]. *Lógica jurídica*. Tradução: J. C. Gardella. Bogotá: Temis, 1990.
KOPENAWA, Davi; ALBERT, Bruce [2010]. *A queda do céu*. Tradução: Beatriz Perrone-Moisés. São Paulo: Companhia das Letras, 2015.
KUHN, Thomas [1962]. *The structure of scientific revolutions*. 50th anniversary edition. Chicago; London: The Chicago University Press, 2012.
LACOSTE, Jean [1988]. *A filosofia no século XX*. Tradução: Marina Appenzeller. Campinas: Papirus, 1992.
LAKATOS, Imre [1976]. *A lógica do descobrimento matemático*: provas e refutações. Organização: John Worrall e Elie Zahar. Rio de Janeiro: Zahar, 1978.
LATINI, Brunetto [1261]. *A retórica*. Tradução: Emanuel França de Brito. São Paulo: Editora 34, 2023.
LATOUR, Bruno [1991]. *Jamais fomos modernos*: ensaio de antropologia simétrica. Tradução: Carlos Irineu da Costa. Revisão técnica: Stelio Marras. São Paulo: Editora 34, 2019.
LATOUR, Bruno [1998]. *Ciência em ação*: como seguir cientistas e engenheiros sociedade afora. Tradução: Ivone C. Benedetti. São Paulo: Editora Unesp, 2011.
LATOUR, Bruno [2002]. *A fabricação do direito*: estudo de etnologia jurídica. Tradução: Rachel Meneguello. São Paulo: Editora Unesp, 2019.

LEFEBVRE, Henri [1969]. *Lógica formal / lógica dialética.* Tradução: Carlos Nelson Coutinho. Rio de Janeiro: Civilização Brasileira, 1983.
LESKY, Albin [1957]. *A tragédia grega.* Tradução: J. Guinsburg, Geraldo Gerson de Souza e Alberto Guzik. São Paulo: Perspectiva, 2006.
LÉVI-STRAUSS, Claude [1952]. *A noção de estrutura em etnologia.* Tradução: Chaim Samuel Katx e Eginardo Pires. São Paulo: Victor Civita (Editor), 1976. (Coleção Os Pensadores, v. L).
LEWENS, Tim [2016]. *The meaning of science*: an introduction to the philosophy of science. New York: Perseus Books, 2016.
LEWONTIN, Richard C.; ROSE, Steven; KAMIN, Leon J. [1984]. *Not in our genes.* 2. ed. Chicago: Haymarket Books, 2017.
LOSANO, Mario G. [2008]. *Sistema e estrutura no direito.* Tradução: Carlo Alberto Dastoli. São Paulo: WMF Martins Fontes, 2019. 3 v.
LOVELOCK, James [2000]. *Gaia*: um novo olhar sobre a Terra. Tradução: Maria Georgina Segurado e Pedro Bernardo. Lisboa: Edições 70, 2020.
LYOTARD, Jean-François [1954]. *A fenomenologia.* Tradução: Armindo Rodrigues. Coimbra: Edições 70, [19--].
LYOTARD, Jean-François [1979]. *A condição pós-moderna.* Tradução: Ricardo Corrêa Barbosa. Rio de Janeiro: José Olympio, 2021.
LYRA, Edgar [2021]. *O esquecimento de uma arte*: retórica, educação e filosofia no século 21. São Paulo: Edições 70, 2021.
MacCORMICK, Neil [1978]. *Argumentação jurídica e teoria do direito.* Tradução: Waldéa Barcellos. São Paulo: WMF Martins Fontes, 2009.
MacCORMICK, Neil [1995]. *Retórica e o Estado de Direito.* Tradução: Conrado Hübner Mendes e Marcos Paulo Veríssimo. Revisão técnica: Cláudio Michelon Júnior. Rio de Janeiro: Elsevier, 2008.
MACH, Ernst [1872]. *História e raízes do princípio da conservação de energia.* Tradução: Gabriel Dirma Leitão. Rio de Janeiro: EdUERJ, 2014.
MALERBA, Jurandir (org.) [2013]. *Lições de história*: da história científica à crítica da razão metódica no limiar do século XX. 2. ed. Rio de Janeiro: Editora FGV, 2020.
MALHADAS, Daisi [2003]. *Tragédia grega*: o mito em cena. Cotia: Ateliê, 2003.
MANELI, Mieczyslaw [1994]. *A nova retórica de Perelman*: filosofia e metodologia para o século XXI. Tradução: Mauro Raposo de Mello. Barueri: Manole, 2004.

MATURANA, Humberto R.; VARELA, Francisco J. [1984]. *A árvore do conhecimento*: as bases biológicas da compreensão humana. Tradução: Humberto Mariotti e Lia Diskin. São Paulo: Palas Atena, 2001.

McKINNON, Susan [2021]. *Genética neoliberal*: uma crítica antropológica da psicologia evolucionista. Tradução: Humberto do Amaral. São Paulo: Ubu, 2021.

MEILLASSOUX, Quentin [2006]. *After finitude*. Tradução para o inglês: Ray Brassier. London; New York: Bloomsbury Academic, 2020.

MEYER, Michel [2017]. *What is Rethoric?* Oxford: Oxford University Press, 2017. E-book.

MILL, John Stuart [1843]. *A lógica das ciências morais*. Tradução: Alexandre Braga Massella. São Paulo: Iluminuras, 2020.

MONTENEGRO, Fábio Luiz de Menezes [2021]. História da ética em pesquisas humanas. *In*: FAINTUCH, Joel (ed.). *Ética em pesquisa*: em medicina, ciências humanas e da saúde. Barueri: Manole, 2021. pp. 9-18.

MORALES, Helen [2020]. *Presença de Antígona*: o poder subversivo dos mitos antigos. Tradução: Ângela Lobo de Andrade. Rio de Janeiro: Rocco, 2021.

MORIN, Edgar [1977]. *O método 1*: a natureza da natureza. Tradução: Ilana Heineberg. Porto Alegre: Sulina, 2016.

MORIN, Edgar [1980]. *O método 2*: a vida da vida. Tradução: Marina Lobo, Simone Céré e Tânia do Vale Tschiedel. Porto Alegre: Sulina, 2015.

MORIN, Edgar [1986]. *O método 3*: o conhecimento do conhecimento. Tradução: Juremir Machado da Silva. Porto Alegre: Sulina, 2015.

MORIN, Edgar [2005]. *Introdução ao pensamento complexo*. Tradução: Eliane Lisboa. Porto Alegre: Sulina, 2015.

MOROZOV, Evgeny [2018]. *Big tech*: a ascensão dos dados e a morte da política. Tradução: Claudio Marcondes. São Paulo: Ubu, 2020.

NAGEL, Ernest; NEUMAN, James [1959]. *A prova de Gödel*. Tradução: Gita K. Guinsburg. São Paulo: Perspectiva, 2019.

NEFFE, Jürgen [2005]. *Einstein*: uma biografia. Tradução: Inês Antônia Lohbauer. Barueri: Novo Século, 2022.

NEWMANN, John von; MORGENSTERN, Oskar [1943]. *The theory of games and economic behavior*. 3. ed. [*S. l.*]: Interbooks, 1953.

NIETZSCHE, Friedrich [1876]. *Introdução ao estudo dos diálogos de Platão*. Tradução: Marcos Sinésio Pereira Fernandes e Francisco José Dias de Moraes. São Paulo: WMF Martins Fontes, 2020.

NIXEY, Catherine [2017]. *The darkening age*: the Christian destruction of the classical world. Boston; New York: Mariner Book, 2019.

NOBRE, Marcos; REGO, José Marcio [2000]. *Conversas com filósofos brasileiros*. São Paulo: Editora 34, 2000.

OLIVEIRA, Djalma de Pinho Rebouças [2023]. *Planejamento estratégico*: conceitos, metodologias, práticas. 35. ed. Barueri: Atlas, 2023.

ORESKES, Naomi; CONWAY, Erik M. [2010]. *Merchants of doubt*. New York: Bloomsbury Pub., 2011.

OVÍDIO [*Metamorfoses*]. *Metamorfoses*. Tradução: Domingos Lucas Dias. São Paulo: Editora 34, 2017.

OYAMA, Susan [1985]. *The ontogeny of information*. 2. ed. [S. l.]: Duke University, 1980.

PACHECO, Pedro Mercado [1994]. *El analisis económico del derecho*: una reconstrucción teórica. Madrid: Centro de Estudios Constitucionales, 1994.

PACHUKANIS, Evgeni [1924]. *A teoria geral do direito e o marxismo*. Tradução: Soveral Martins. Coimbra: Centelha, 1977.

PASCAL, Blaise [1650]. *Do espírito geométrico e da arte de persuadir e outros escritos de ciência, política e fé*. Organização e tradução: Flávio Fontenelle Loque. Belo Horizonte: Autêntica, 2017.

PASTERNAK, Natalia; ORSI, Carlos [2020]. *Ciência no cotidiano*: viva a razão. Abaixo a ignorância. São Paulo: Contexto, 2020.

PASTERNAK, Natalia; ORSI, Carlos [2023]. *Que bobagem!*: pseudociências e outros absurdos que não merecem ser levados a sério. São Paulo: Contexto, 2023.

PEREIRA, Oswaldo Porchat [2001]. *Ciência e dialética em Aristóteles*. São Paulo: Editora Unesp, 2001.

PERELMAN, Chaïm [1945]. Da justiça. *In*: PERELMAN, Chaïm. *Ética e direito*. Tradução: Maria Ermantina Galvão G. Pereira. São Paulo: Martins Fontes, 1996. pp. 3-67.

PERELMAN, Chaïm [1976]. *Logique juridique*: nouvelle rhétorique. 2. ed. Paris: Dalloz, 1979.

PERELMAN, Chaïm [1977]. *O império retórico*: retórica e argumentação. Tradução: Fernando Trindade e Rui Alexandre Grácio. Porto: Edições Asa, [19--].

PERELMAN, Chaïm [1979]. *The new rhetorics and humanities*. Dordrecht: Reidel, 1979.

PERELMAN, Chaïm [1989]. *Rhetoriques*. Bruxelles: Editions de l'Université de Bruxelles, 1989.

PERELMAN, Chaïm; OLBRECHTS-TYTECA, Lucie [1950]. Logique et rhétorique. *Revue philosophique de la France et de l'étrager*, Paris, jan./mar. 1950. Republicado em: PERELMAN, Chaïm. *Retóricas*. Tradução: Maria Ermantina Galvão G. Pereira. São Paulo: Martins Fontes, 1977.

PERELMAN, Chaïm; OLBRECHTS-TYTECA, Lucie [1952]. *Rhétorique et philosofie*: pour une théorie de l'argumentation en philosophie. Paris: PUF, 1952.

PERELMAN, Chaïm; OLBRECHTS-TYTECA, Lucie [1958]. *Traitè de l'argumentation*. 5. ed. Bruxelles: Editions de l'Université de Bruxelles, 1988.

PIAGET, Jean [1968]. *O estruturalismo*. Tradução: Moacir Renato de Amorim. Rio de Janeiro: Difel, 2003.

PINKER, Steven [2018]. *O novo Iluminismo*: em defesa da razão, da ciência e do humanismo. Tradução: Laura Teixeira Motta e Pedro Maia Soares. São Paulo: Companhia das Letras, 2018.

PINKER, Steven [2021]. *Racionalidade*: o que é, por que parece estar em falta, por que é importante. Tradução: Waldéa Barcellos. Rio de Janeiro: Intrínseca, 2021.

PLANCK, Max [1945]. Autobiografia científica. *In*: PLANCK, Max. *Planck*: autobiografia científica e outros ensaios. Organização: César Benjamin. Tradução: Estela dos Santos Abreu. Rio de Janeiro: Contraponto, 2012.

PLATÃO [*Defesa*]. *Defesa de Sócrates*. São Paulo: Victor Civita (Editor), 1972. (Coleção Os Pensadores, v. II).

PLATÃO [*Sofista*]. *Diálogos I*: Teeteto (ou Do Conhecimento), Sofista (ou Do Ser), Protágoras (ou Sofistas). Tradução e notas: Edson Bini. São Paulo: Edipro, 2007.

PLATÃO [*Leis*]. *As leis*. Tradução: Edson Bini. São Paulo: Edipro, 2010.

PLATÃO [*Político*]. *Diálogos IV*: Parmênides (ou Das Formas), Político (ou Da Realeza), Filebo (ou Do Prazer) e Lísis (ou Da Amizade). Tradução: Edson Bini. São Paulo: Edipro, 2015.

PLATÃO [*Górgias*]. [*Eutidemo*]. *Diálogos II*: Górgias (ou Da Retórica), Eutidemo (ou Da Disputa), Hípias Maior (ou Do Belo), Hípias Menor (ou Do Falso). Tradução, ensaio introdutório e notas: Daniel R. N. Lopes. São Paulo: Perspectiva, 2016.

PLATÃO [*Fedro*]. *Fedro*. Tradução, apresentação e notas: Maria Cecília Gomes dos Reis. São Paulo: Penguin Classics: Companhia das Letras, 2016.
PLATÃO [*República*]. *A República*. Tradução e organização: J. Guinsburg. São Paulo: Perspectiva, 2018.
POPPER, Karl [1934]. *The logic of scientific discovery*. Tradução do alemão para o inglês do autor, com a assistência de Julius Freed e Lan Freed, publicada em 1959. Abingdon; New York: Routledge, 2002.
POPPER, Karl [1945]. *The open society and its enemies*. Princeton: Princeton University Press, 2020. *E-book*.
POPPER, Karl [1957]. *A miséria do historicismo*. Tradução: Octanny S. da Mota e Leônidas Hegenberg. São Paulo: Cultrix-Edusp, 1980.
POPPER, Karl [1963]. *Conjectures and refutations*. Abingdon; New York: Routledge, 2002.
POSNER, Richard A. [1992]. *Economic Analysis of Law*. 4. ed. Boston; Toronto; London: Little, Brown and Co., 1992.
POVINELLI, Elizabeth A. [2016]. *Geontologias*: um réquiem para o liberalismo tardio. Tradução: Mariana Ruggieri. São Paulo: Ubu, 2023.
PRIEST, George L.; KLEIN, Benjamin [1984]. The selection of disputes for litigation. *Journal of Legal Studies*, v. XIII, jan. 1984, reimpr. The Institute for Civil Justice. Santa Monica: The Rand Corporation, 1984.
REALE, Miguel [1994]. La conjecture dans la pensée de Chaïm Perelman. *In*: HAARSCHER, Guy (org.). *Chaïm Perelman et la pensée contemporaine*. Bruxelles: Bruylant, 1994. pp. 401-410.
RÊGO, Ana Regina; BARBOSA, Marialva [2020]. *A construção intencional da ignorância*: o mercado das informações falsas. Rio de Janeiro: Mauad X, 2020.
REIS, José Carlos [2013]. *Lições de história*: da história científica à crítica metódica no limiar do século XX. 2. ed. Organização: Jurandir Malerba. Rio de Janeiro: Editora FGV, 2020.
RICOEUR, Paul [1972]. *Hermenêutica e ideologias*. Organização, tradução e apresentação: Hilton Japiassu. Petrópolis: Vozes, 2013.
RICOEUR, Paul [1975]. *A metáfora viva*. Tradução: Dion Davi Macedo. São Paulo: Loyola, 2015.
ROESLER, Claudia Rosane [2013]. *Theodor Viehweg e a ciência do direito*: tópica, discurso, racionalidade. 2. ed. Belo Horizonte: Arraes, 2013.
ROSENFIELD, Kathrin Holzermayr [2022]. *Introdução de "Antígona" de Sófocles*. Tradução do grego: Lawrence Flores Pereira. São Paulo: Penguim/Companhia das Letras, 2022.

ROSS, Alf [1953]. *Direito e justiça*. Tradução: Edson Bini. Bauru: Edipro, 2007.

ROVELLI, Carlo [2014]. *Sete breves lições de física*. Tradução: Joana Angélica d'Avila Melo. Rio de Janeiro: Objetiva, 2015.

ROVELLI, Carlo [2017]. *A ordem do tempo*. Tradução: Silvana Cobucci. Rio de Janeiro: Objetiva, 2018.

ROVELLI, Carlo [2021]. *E se o tempo não existisse?* Tradução: Miguel Serras Pereira. Lisboa: Edições 70, 2022.

RUSSELL, Bertrand [1925]. *ABC da relatividade*. Tradução: Maria Luiza X. de A. Borges. Rio de Janeiro: Nova Fronteira, 2023.

RUSSELL, Bertrand [1946]. *História do pensamento ocidental*: a aventura das ideias dos pré-socráticos a Wittgenstein. Tradução: Laura Alves e Aurélio Rebello. 3. ed. Rio de Janeiro: Ediouro, 2001.

RUSSELL, Bertrand [1950]. *Lógica e conhecimento (ensaios escolhidos)*. Tradução: Pablo Ruben Mariconda. São Paulo: Victor Civita (Editor), 1974. (Coleção Os Pensadores, v. XLII).

SANCHÍS, Luis Pietro [1987]. *Ideología e interpretación jurídica*. Madrid: Tecnos, 1987.

SANDEL, Michael J. [2009]. *Justiça*: o que é fazer a coisa certa. 33. ed. Tradução: Heloísa Matias e Maria Alice Máximo. Rio de Janeiro: Civilização Brasileira, 2020.

SANTOS, Boaventura de Souza [1987]. *Um discurso sobre as ciências*. 8. ed. Porto: Afrontamento, 1996.

SANTOS, Boaventura de Souza [1989]. *Introdução à ciência pós-moderna*. Rio de Janeiro: Graal, 1989.

SANTOS, Boaventura de Souza (org.) [2012]. *Conhecimento prudente para uma vida decente*: 'um discurso sobre as ciências' revisitado. 2. ed. São Paulo: Cortez, 2004.

SCHLIEFFEN, Katharina Gräfin von [1992]. *Iluminismo retórico*. Tradução: João Maurício Adeodato. Curitiba: Alteridade, 2022.

SCHOPENHAUER, Arthur [1819]. *O mundo como vontade e representação (III Parte)*. Tradução: Wolfang Leo Maar. São Paulo: Victor Civita (Editor), 1974. (Coleção Os Pensadores, v. XXXI).

SCHOPENHAUER, Arthur [1864]. *A arte de ter razão*. Tradução: Petê Rissatti. Rio de Janeiro: Nova Fronteira, 2021.

SCHRÖDINGER, Erwin [1943]. *O que é vida?*: o aspecto físico da célula viva. Tradução: Jesus de Paula Assis e Vera Yukie Kuwajima de Paula Assis. São Paulo: Editora Unesp, 1997.

SEXTO EMPÍRICO [*Contra os retóricos*]. *Contra os retóricos*. Tradução: Rafael Huguenin e Rodrigo Pinto de Brito. São Paulo: Editora Unesp, 2013.

SHAPIN, Steven; SCHAFFER, Simon [1985]. *Leviathan and the air-pump*: Hobbes, Boyle, and the experimental life. Princeton; Oxford: Princeton University Press, 2018.

SICHES, Luis Recaséns [1956]. *Nueva filosofía de la interpretación del derecho*. 3. ed. México: Porrúa, 1980.

SILVA, Francismary Alves [2015a]. *Historiografia da revolução científica*: Alexandre Koyré, Thomas Kuhn e Steven Shapin. São Bernardo do Campo: EdUFABC, 2015.

SILVA, Tomás de Oliveira e [2015]. *Goldbach conjecture verification*. Disponível em: https://sweet.ua.pt/tos/goldbach.html. Acesso em: 15 out. 2023.

SÓFOCLES [2022]. *Antígone*. 3. ed. Transcrição: Guilherme de Almeida. São Paulo: Madamu: Casa Guilherme de Almeida, 2022.

STEGMÜLLER, Wolfgang [1960]. *A filosofia contemporânea*. Vários tradutores. São Paulo: EPU, 1977.

STRAUSS, Lévy [1952]. *A noção de estrutura em etnologia*. Tradução: Chaim Samuel Katz e Eginardo Pires. São Paulo: Victor Civita (Editor), 1976. (Coleção Os Pensadores, v. L).

STUCHKA, Pyotr [1921]. *Direito e luta de classes*. Tradução: Soveral Martins. Coimbra: Centelha, 1976.

TARSKI, Alfred [1983]. *A concepção semântica da verdade*: textos clássicos de Tarski. Organização: Cezar Augusto Mortari e Luiz Henrique de Araújo Dutra. Tradução: Celso Reni Braida *et al*. São Paulo: Editora Unesp, 2007.

TELLES JÚNIOR, Goffredo [1971]. *Direito quântico*: ensaio sobre o fundamento da ordem jurídica. 5. ed. São Paulo: Max Limonad, 2015.

TORRANO, Jaa [1991]. O mundo como função de musas. *In*: HESÍODO. *Teogonia*: a origem dos deuses. Tradução: Jaa Torrano. São Paulo: Iluminuras, 2015.

TORRANO, Jaa [2022]. *Antígona entre Amor e Erronia*. *In*: SÓFOCLES. *Antígona*. Cotia: Ateliê; Araçoiaba da Serra: Mnéma, 2022.

VERNANT, Jean-Pierre [1965]. *As origens do pensamento grego*. Tradução: Ísis Borges B. da Fonseca. 3. ed. São Paulo: Difel, 1981.

VERNANT, Jean-Pierre; VIDAL-NAQUET, Pierre [1981]. *Mito e tragédia na Grécia Antiga*. Vários tradutores. São Paulo: Perspectiva, 2014.

VICO, Giambattista [1730]. *Princípios de (uma) ciência nova*: acerca da natureza comum das nações. Tradução: Antonio Lázaro de Almeida Prado. São Paulo: Victor Civita (Editor), 1974. (Coleção Os Pensadores, v. XX).

VIEHWEG, Theodor [1953]. *Tópica e jurisprudência*: uma contribuição à investigação dos fundamentos jurídico-científicos. Tradução: Kelly Susane Alflen da Silva. Porto Alegre: Sérgio Fabris, 2008.

VILANOVA, Lourival [1976]. *Lógica jurídica*. São Paulo: José Bushatsky, 1976.

VYSHINSKY, Andrey (org.) [1948]. *The law of the Soviet State*. Tradução para o inglês: Hugh W. Baab. Introdução: John N. Hazar. New York: The Macmillan Co., 1948.

WEBER, Max [1904]. *A ética protestante e o espírito do capitalismo*. Tradução: Irene Szmrecsányi e Tomás Szmrecsányi. 6. ed. São Paulo: Pioneira, 1989.

WEBER, Max [1904a]. *A 'objetividade' do conhecimento na ciência social e na ciência política. In*: WEBER, Max. *Metodologia das ciências sociais*. 5. ed. Tradução: Augustin Wernet. São Paulo: Cortez; Campinas: Editora da Unicamp, 2016.

WEBER, Max [1922]. *Economia e società*. Tradução: Tullio Bagiotti, Franco Casabianca e Pietro Rossi. Milano: Edizioni di Comunità, 1981.

WIENER, Norbert [1948]. *Cibernética*: ou controle e comunicação no animal e na máquina. Tradução: Gita K. Guinsburg. São Paulo: Perspectiva, 2017.

WIENER, Norbert [1950]. *The human use of human beings*: cybernetics and society. Boston: Da Capo Press, 1954. *E-book*.

WITTGENSTEIN, Ludwig [1921]. *Tratactus logico-philosophicus.* Tradução: Luiz Henrique Lopes dos Santos. 2. ed. São Paulo: Edusp, 1994.